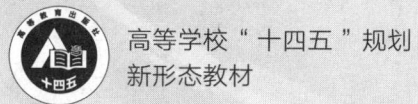

高等学校"十四五"规划
新形态教材

大学生
积极心理素养

主审

田义轲

主编

张利萍　费廷坤　刘　倩

副主编

王　峰　李文洁　李　彬　王德国　吕国莹

编者（按姓名拼音排序）

迟名龙　范　蕊　费廷坤　高秋爽　韩旭东
纪　念　李　彬　李文洁　李　雪　刘　倩
吕国莹　牟宏玮　宋　倩　王德国　王　峰
尹海兰　张利萍

中国教育出版传媒集团
高等教育出版社·北京

内容简介

　　《大学生积极心理素养》是立足当前高校大学生心理健康教育的新要求，旨在帮助学生培养积极心理品质的一本教材。本教材结构清晰，内容丰富，共包括十章，涵盖了心理学科学知识、自我认知、情绪和压力管理、人际交往和社会影响、学习能力、亲密关系、心理危机、生命意义等主题。

　　通过本教材，学生可以掌握系统的心理学和心理健康理论，了解积极心理素养对于个人成长和未来发展的积极作用，树立自我成长、自助他助的科学理念。教材还提供了很多心理自测、自我练习和课堂活动，帮助读者在日常生活中实践和培育积极心态，从而更加积极地面对生活和学习。

图书在版编目（CIP）数据

　　大学生积极心理素养 / 张利萍，费廷坤，刘倩主编 .
-- 北京：高等教育出版社，2025.1. -- ISBN 978-7-04
-064023-6

　　Ⅰ. G444

　　中国国家版本馆 CIP 数据核字第 20256FU458 号

DAXUESHENG JIJI XINLISUYANG

策划编辑　郁述涛　　责任编辑　高新景　　特约编辑　李明洋　张　彤　　封面设计　张　楠
责任印制　刘弘远

出版发行	高等教育出版社	网　　址	http://www.hep.edu.cn
社　　址	北京市西城区德外大街4号		http://www.hep.com.cn
邮政编码	100120	网上订购	http://www.hepmall.com.cn
印　　刷	北京宏伟双华印刷有限公司		http://www.hepmall.com
开　　本	787mm×1092mm　1/16		http://www.hepmall.cn
印　　张	19.25		
字　　数	450 千字	版　　次	2025 年 1 月第 1 版
购书热线	010-58581118	印　　次	2025 年 8 月第 2 次印刷
咨询电话	400-810-0598	定　　价	45.00元

新形态教材网
Abooks

数字课程（基础版）

大学生积极
心理素养

主编　张利萍　费廷坤　刘倩

abooks.hep.com.cn/64023

使用方法：

1. 电脑或移动设备访问课程网站。

2. 注册并登录后，进入"个人中心"。

3. 刮开图书封底防伪码涂层，通过扫描二维码或

　　手动输入 20 位密码，完成防伪码绑定。

4. 绑定成功后，即可开始本数字课程的学习。

如有使用问题，请点击页面下方的"疑问"按钮。

在历史发展的长河中，人类从未停止对自我内心的探索。当前，科技的发展、社会的变革带来多元的价值和选择，也使人们的内心世界面临挑战。大学生肩负着建设中国特色社会主义、实现中华民族伟大复兴的重任，面临着自我认同、人际关系、学业与生涯发展、亲密关系等诸多发展主题，其积极心理品质培育不仅是个人，也是党和国家关注的重大课题。

近年来，我国高校围绕"促进学生思想道德素质、科学文化素质和身心健康素质协调发展，培养担当民族复兴大任的时代新人"这一目标做出了很多努力。通过课程教学，教授科学知识，促进理性观念，提升积极心理素养，是高校心理育人的主渠道。在此时代背景下，我们编写了本教材。

教材适应新时代高校心理育人的新要求，立足中国文化与大思政背景，突破了个体心理的视角局限，融入了中国哲学思想、课程思政元素，设计了【文化润心】和【时代心能量】板块，引导学生思考人生意义和社会责任。教材吸收了发展心理学、社会心理学、管理心理学等学科知识，设计了【知识拓展】、【推荐阅读】板块，丰富学生的知识视野。教材注重学以致用，以积极心理学为导向，【心理自测】、【自我练习】、【课堂活动】提供了多种有效的积极心理培育方法与技巧，旨在帮助大学生提升幸福感、增强心理韧性，以更加积极的心态应对生活中的挑战。教材编写者均为从事大学生心理健康工作的一线教师，具有多年心理咨询和辅导经验，希望学生们能够树立积极的心理健康理念，看见生活中更多的美好，以无畏的勇气和行动成长为积极的人，勇挑时代大任。

由于编者学识有限，不足之处在所难免，恳请广大读者批评指正。同时，教材编写过程中参阅了大量研究资料和文献，借鉴了一些专家学者的观念、成果和数据，在此一并表示衷心感谢！

编　者

2024 年 12 月

第一章
新时代需要积极心理素养

1936年中国心理卫生协会成立之时，发起人之一章颐年有以下发言："国于大地，必有兴立，立国基本之道为何？民心或民族之精神而已。无论任何国家，其民心健全者国必强盛，民心堕落者国必衰微，民心者实一国国力兴衰升降之寒暑计也。故先哲皆以心地为本，治学者以治心为先，治军者以攻心为上，治国平天下者以诚意正心为主。心之为用大哉，操则存，舍则亡，个人如此，一国民族尤然。"

第一节 心理、心理健康与积极心理素养

一、什么是心理

（一）心理、心理活动及其内容

作为地球上的高级智慧生物，人类具有非常复杂的心理活动和行为表现。人类的心理活动与行为离不开身体，心理是神经系统的机能，特别是人脑的机能。心理的表现形式称为心理现象，也称为心理活动，如感觉、知觉、记忆、思维、想象和情感、意志及个性等。

为了便于开展研究，心理学研究者把人的心理活动划分为心理过程和个性心理两方面（图1-1）。心理过程包括认知过程、情感过程和意志过程，称为"知、情、意"。

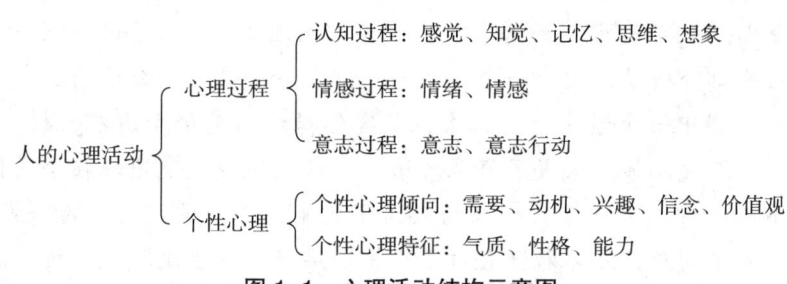

图 1-1 心理活动结构示意图

认知过程是人的感觉器官接受刺激后产生的感觉、知觉，并通过记忆、思维、想象等心理活动来完成，它是心理活动中最基本的过程。人们除了通过感官去感知事物外，对感知的事物还会产生一定的情绪和情感，如喜、怒、哀、乐等，这称为**情感过程**。人在改造客观事物活动时常常是有目的的，在目的支配行动、克服困难过程中所产生的心理活动，称为**意志过程**。

心理过程体现了人心理活动共性的一面，但反映在不同人身上会表现出不同的特点，且具有比较稳定的特征，这种心理特征的总和称为个性心理，简称**个性**（也称为人格）。个性心理由个性心理倾向和个性心理特征两方面组成。**个性心理倾向**主要包括需要、动机、兴趣、信念、价值观等，是个人从事活动的基本动力，决定着一个人的行为方向。**个性心理特征**包括气质、性格、能力等，是个性心理差异性的集中体现，比较稳定地反映了个体的独特之处。

值得注意的是，心理的认知、情绪情感、意志过程不是彼此孤立的，心理过程和个性心理也不是截然分开的，而是密切相连的。

◎ 知识拓展 1-1

走过鳄鱼桥的实验——心理对行为的影响

一天，几个学生向美国著名心理学家弗洛姆（Fromm）请教：心态对一个人的行为会产生什么样的影响？

弗洛姆微微一笑，一句话也没说，把他们带到一间黑暗的房子里。在他的引导下，学生很快就穿过了这间伸手不见五指的神秘房间。

接着，弗洛姆打开房间里的一盏灯，这盏灯暗淡昏黄，光线不足，在里面适应一阵子，才能看清房间里的东西。等学生看清楚房间的布置后，不禁吓出了一身冷汗。原来，这间房子的下面是一个很深很大的水池，水池里不仅游动着几条张着血盆大口的大鳄鱼，还有很多各种各样的毒蛇，其中几条毒蛇正高高地昂着头，朝他们"咝咝"地吐着信子，进行挑衅。

"我们刚才是怎么过来的？"学生更加惊诧了。原来，在这座水池的上方，搭着一座很窄很窄的独木桥，他们刚才就是从这座独木桥上走过来的。学生你看看我，我看看你，面面相觑，不禁又是一阵后怕。

停了一会儿，弗洛姆问："谁愿意再一次走过这座桥？"大家的心一下子都又缩紧了，有的人脸色都吓白了，没有一个人作声。过了好一会儿，终于有3个学生畏畏缩缩地站了出来。其中一个学生一走上去，就像体操运动员踩平衡木一样，异常谨慎，大气都不敢出，速度比第一次慢了好多。第二个学生战战兢兢地踩在小木桥上，身子不由自主地颤着，才走到一半，一头鳄鱼追了过来，吓得他"哇"的一声大哭起来。后来弗洛姆赶走了鳄鱼，他才勉强爬过了小桥。第三个学生刚跨上小桥腿就软了，他干脆趴到桥上，匍匐着慢慢地爬过了小桥。

"啪"，弗洛姆又打开了房间里的另外几盏灯，强烈的灯光一下子把整个房间照耀得如同白昼。学生揉揉眼睛仔细一看，原来小木桥的下方装着一层透明的玻璃地板，只是因为刚才光线暗淡，他们没有分辨出来。

"原来老师是在考验我们。"学生不禁轻松地笑了。

弗洛姆又问："现在，谁愿意通过这座小桥？"

学生相视一笑，一个个争先恐后地过了小桥。

"你们不是问什么叫心态吗，现在我可以告诉你们了，"弗洛姆笑着说，"这座桥本来不难走，可是桥下的鳄鱼、毒蛇对你们造成了心理威慑，于是，你们就失去了平静的心，乱了方寸，慌了手脚，表现出各种程度的胆怯。面对同样的困难，心态好时，心静如水，如走平地；心态不好时，心乱如麻，如履薄冰。可见心态对行为有多么大的影响啊。"

在现实生活中，有的人总是面带微笑，笑对人生；有的人则双眉紧锁，怨天尤人。其实，你的心态就是你真正的主人。要么你去驾驭生命，要么是生命驾驭你。你的心态决定谁是坐骑，谁是骑师。

资料来源：王耀廷，王月瑞.改变生活的68个心理学经典故事［M］.长沙：湖南人民出版社，2010.

（二）心理学及研究领域

心理学是研究人和动物心理现象的发生、发展和变化规律的科学，主要以研究人的心理现象为主。总体来说，可以分为理论心理学和应用心理学。

1.理论心理学

主要以人类心理机制及与此相关的脑机制为对象，通过实验测量及问卷调查等研究方法得到普遍适用的理论，为应用心理学提供理论依据。如普通心理学、发展心理学、人格心理学、生理心理学、心理语言学等。

2.应用心理学

主要是将基础领域的理论成果应用于人类群体，以便更好地帮助其发展与生活。如管理心理学、教育心理学、犯罪心理学、经济心理学、咨询心理学、音乐心理学等。

二、什么是心理健康

2020年联合国秘书长古特雷斯（Guterres）在一段视频演讲中指出："心理健康是人类人性的核心。它能使我们的生活丰富充实，又能让我们参与社会"。然而人的心理怎样才算健康？这是一个很复杂的问题。心理现象是主观精神现象，心理健康不像生理健康那样有具体、精确、相对的衡量指标，如脉搏、体温、血压、血糖等。

目前，学界对于心理健康并没有一个公认的定义。1946年第三届国际心理卫生大会指出，心理健康是指在身体、智能以及情感上与他人的心理健康不相矛盾的范围内，将个人心境发展成最佳的状态。《简明不列颠百科全书》将心理健康解释为个体心理在自身及环境条件许可的范围内所能达到的最佳机能状态，但并不是绝对的十全十美。美国普林斯顿大学（Princeton University）WordNet 网络词典中，心理健康是指个体对情绪与行为的调节机能处于满意水平的一种心理状态。世界卫生组织 2004 年提出，心理健康是一种幸福的状态，在这种状态下，个体能认识到自己的能力，能应对生活中的正常压力，能富有成效地工作，并为所在社群作出贡献。

　　理解什么是心理健康，要重点把握心理健康的三个主要特征：一是心理过程具有完整性和协调性，即心理活动中的认知、情感、意志三个过程内容要完整、统一、协调；二是心理活动与外部环境具有同一性，即个体能够根据客观环境的需要和变化，不断调整自己的心理行为，使所思所想、所作所为能正确反映外部世界，达到与客观环境保持协调的状态；三是个性心理特征具有相对稳定性，即人的个性心理特征在没有重大的外部环境改变的前提下，气质、性格、能力等个性特征相对稳定，行为表现出一贯性。

◎ **知识拓展 1-2**

心理健康的"灰色区理论"

　　长期以来，人们习惯于将人的精神状况看作黑白分明的事情：要么是个正常人，要么就是一个病人。这种判断未免太过简单化。国内学者张小乔提出心理健康的"灰色区理论"：人的精神正常与不正常之间没有明显的界限，它是一个连续变化的过程。具体来说，如果将人的心理正常表示为白色，心理不正常表示为黑色，那么在白色与黑色之间存在着一个巨大的缓冲区域——灰色区域（图1-2）。灰色区域又可划分为浅灰色区域与深灰色区域。处于浅灰色的人只有心理冲突而没有人格的变态，其突出表现为诸如失恋、丧亲、工作学习不顺心、人际关系不和睦等生活矛盾所带来的心理不

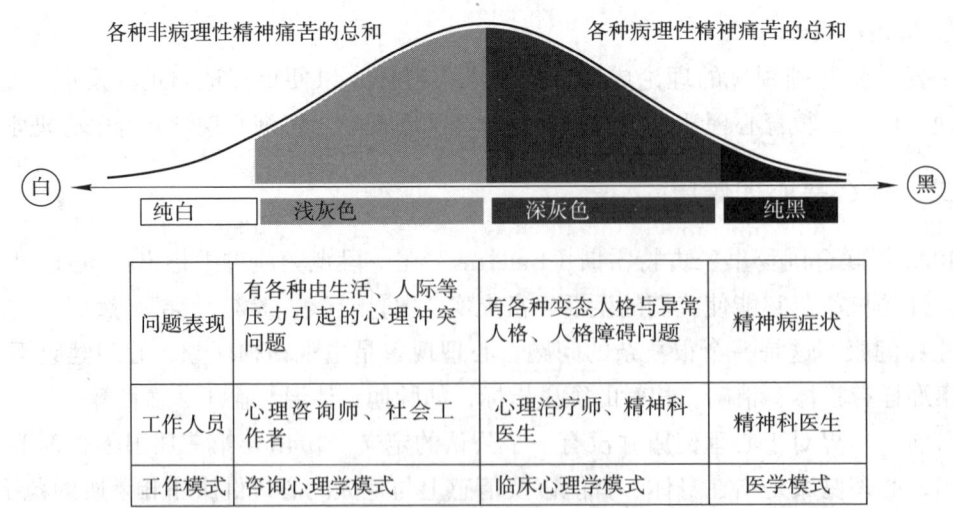

图 1-2　心理健康的"灰色区理论"及工作模式

平衡与精神压抑。深灰色区域的人则患有某种异常人格障碍和神经症等。但是，即使"确诊"为各种神经症、人格障碍、精神疾病的个体，其人格、认知思维、情绪情感和行为反应也有正常的部分，而非"全"和"无"的关系。对应不同的心理健康水平，不同群体的工作模式也有所不同。

三、心理健康素养和积极心理素养

（一）心理健康素养

心理健康素养是指个体在促进自身及他人心理健康，应对自身及他人心理疾病方面所获得的知识及形成的态度和行为习惯（图1-3）。这个概念包括自助心理健康素养和助人心理健康素养。**自助心理健康素养**包括维护和促进自身心理健康以及应对自身心理疾病的知识、态度和行为习惯，体现于重视自身健康、觉察和了解自身心理状况以及能恰当地自助与求助。**助人心理健康素养**包括帮助和促进他人心理健康以及帮助和促进他人应对心理疾病的知识、态度和行为习惯，体现为具有心理学思维、重视他人心理健康、对他人的心理状态敏于觉察，以及恰当地帮助他人应对心理疾病、维护心理健康。

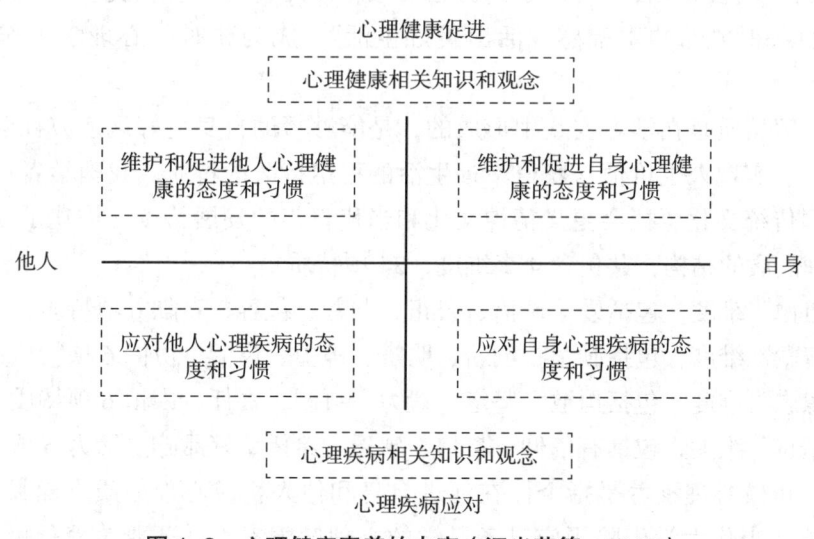

图1-3　心理健康素养的内容（江光荣等，2020）

（二）积极心理素养

已有大量研究证实，心理健康素养可以促进个体的心理健康，拥有高水平心理健康素养者可以较早地识别自身和他人的心理问题，并采取适当的措施获得有效的支持和治疗，进而改善自身和他人的心理健康。在前人的工作基础上，挪威学者 Bjørnsen 等（2017）提出了**积极心理素养**的概念，即获得和保持良好心理健康的知识和信念，拓展了心理健康素养的内涵。

近年来，世界的剧烈变化带给人们强烈的心理冲击，人们为工作和生活所迫，心神不定，焦躁不安。"情绪价值""精神内耗""内核稳定"等词语的流行反映了现代人——特别是年轻人的境遇。有学者指出：当今世界的主要特征是不稳定（volatile）、不确定（uncertain）、复杂性（complex）、模糊性（ambiguous）交织，我们进入了乌卡时代（VUCA）。也正因如此，当代人更加需要积极的心理力量来应对艰难的外部环境。

2004年，美国著名学者路桑斯（Luthans）提出了"**心理资本**"的概念。它是指个体在成长和发展过程中表现出来的一种积极心理状态，是超越人力资本和社会资本的一种核心心理要素，是促进个人成长和组织绩效提升的心理资源。心理资本由4个核心要素构成：①自我效能，指个体对自己能力的信念，影响其行为选择、动机性努力和对压力的耐受性。②乐观，指对结果的积极预期，乐观的人倾向于将成功归因于内部、持久和特殊的因素。③希望，指对成功动因与路径的积极认知，与目标预期、正性情绪和控制感呈正相关。④韧性，指从逆境中恢复的能力，涉及对变化和风险的适应与持续回应。除此以外，创造力、心流、心智觉知、感恩、宽恕、情绪智力、精神性、真实性和勇气等是心理资本的潜在成分。

心理资本的管理和应用越来越受到重视。通过心理资本的获得、保持和提升，增强积极认知，增加成功体验，获得幸福生活，成为人们对美好生活的追求和向往。清华大学彭凯平教授指出，"用科学的方法去发现人积极心理的力量，并利用这个力量，让人们获得普遍的幸福感，活出美好生活"，成为新时代心理学工作者的重要使命。

积极心理品质是在学习实践中形成的，是能够帮助自身更好地适应社会环境、明确发展目标、实现人生价值、获得幸福生活的稳定持久的特质。我国学者肖倩和张鹏程结合中国传统文化、社会主义精神文化和当代青年的发展特点，构建了新时代大学生积极心理品质的结构，共包含4个维度，24项特质：

①"道德"维度，包括爱、诚信、公正、友善、包容、奉献6项特质；
②"智慧"维度，包括勤学、创新、明辨、谦虚、灵活、协同6项特质；
③"意志"维度，包括勇敢、坚定、毅力、自制、责任、谨慎6项特质；
④"超越"维度，包括有信仰、自信、感恩、希望、好品味、活力6项特质。

因此，积极心理素养是指个体在促进自身和他人积极心理品质方面具备的知识、态度和技能。当代大学生除了应具备科学的心理健康素养，还要培养积极心理素养，使自己在生活中以积极的心理学理念和方法调适负面情绪，激发积极情绪，积累心理资本，培养积极心理品质，成为更具适应力、行动力和幸福感的新时代大学生。

◎ **自我练习**

心理健康自评问卷（self-rating questionnaire，SRQ）

指导语：以下问题与某些痛苦有关，如果您觉得问题符合您的情况，并在过去30天内存在，请回答"是"。如果问题不符合您的情况或不存在，请回答"否"。如果您不能确定如何回答，请尽量给出您认为最恰当的答案。

1. 您是否经常头痛？ 是 / 否
2. 您是否食欲差？ 是 / 否
3. 您是否睡眠差？ 是 / 否
4. 您是否容易受惊吓？ 是 / 否
5. 您是否手抖？ 是 / 否
6. 您是否感觉不安、紧张或担忧？ 是 / 否
7. 您是否消化不良？ 是 / 否
8. 您是否思维不清晰？ 是 / 否
9. 您是否感觉不快乐？ 是 / 否
10. 您是否比原来哭得多？ 是 / 否
11. 您是否发现很难从日常活动中得到乐趣？ 是 / 否
12. 您是否发现自己很难作决定？ 是 / 否
13. 日常工作是否令您感到痛苦？ 是 / 否
14. 您在生活中是否不能发挥应起的作用？ 是 / 否
15. 您是否丧失了对事物的兴趣？ 是 / 否
16. 您是否感到自己是个无价值的人？ 是 / 否
17. 您头脑中是否出现过结束自己生命的想法？ 是 / 否
18. 您是否什么时候都感到累？ 是 / 否
19. 您是否感到胃部不适？ 是 / 否
20. 您是否容易疲劳？ 是 / 否

计分方法："是"计1分，"否"计0分。如果得分高于8分，您需要进行进一步心理评估，建议尽快寻求专业的心理帮助，但这并不意味着您一定出现了心理疾病，它只是一个粗略的指标，而确诊则需要在有资质的医疗机构进行。

第二节 大学生的心理发展

一、大学生心理发展任务

成长和发展是人一生都在进行的内容，每个年龄阶段都有独特的发展问题。美国克拉克大学（Clark University）著名心理学家阿奈特（Arnett）教授开创性地提出了**"成人初显期"**的概念。它产生于独特的社会历史文化背景，从人口统计学的角度来讲，现在人们结婚生子的平均年龄已经推迟到了将近30岁甚至超过30岁。在这个阶段，虽然个体比青春期更加独立于父母，但他们中的大多数尚未进入自行安排成人生活的角色。对于大多数人来说，从结束中学时代到进入成人角色之间还有数年时间，而这个时间段属于独特的生命阶段。因此，成人初显期在青春期和青年期之间破茧

而出。

处于**成人初显期**的大学生，生理上已经趋于成熟，心理的发展又将面临哪些重要问题呢？发展心理学家哈维格斯特（Havighurst）列举了10项青年期的发展任务：

① 学习与同龄男女之间熟练的交际方式；

② 学习作为男性或女性的社会任务及角色，发展独立性；

③ 认识自己的身体结构；

④ 在精神上独立于父母及其他成人；

⑤ 具有在经济上自立的自信；

⑥ 选择职业及为其准备；

⑦ 做结婚及家庭生活的准备；

⑧ 发展作为社会成员所必须具备的知识和态度，发展人生观；

⑨ 追求并完成负有社会责任的行动；

⑩ 学习作为行动指针的价值观念和伦理体系。

齐克林（Chickering）对 18～24 岁大学生进行了 4 年的纵向研究，提出了大学生心理发展理论，确定了 7 个"发展向量"：发展能力、管理情绪、由自主迈向相互帮助、发展成熟的人际关系、确定自己的角色地位、目标的发展和完整性的发展。因此，我们建议大学生注重以下内容的发展：

首先，要学会对自己负责。对自己负责意味着要独立作决定，并自己承担行为后果。如果一个人在日常生活中作细小或重大决定时，能够保持独立的判断，而不是由别人命令你去做什么，告诉你该做什么；并且在事后为自己所说、所做及所坚信的一切负责，而不是依靠别人承担责任，尤其是在事情"搞砸"的时候，不会把过失或失败归因于父母、他人或社会，这样的人才能称为成人。

其次，要形成作为一个公民所必要的知识、态度、人生观和价值观。大学阶段是高度自我关注的时期，大学生要更加全面地观察自己、认识自己并引导自己成为期待的样子，但大学生不仅是学生，更是公民。作为一个公民，要在关心自己的基础上，关心他人，关心社会，既在乎自己的感受和利益，也重视他人的感受和利益，绝不伤害他人，对周围的人有责任感，而不是事不关己高高挂起。把自己融入社会和集体中，主动承担更多责任，做更多利于社会、利于国家的事。心中不仅有"小我"，还要有"他人"，有"家"，有"国"，要胸怀天下，心存高远。

第三，要提升适应力，以应对不断发生的变化。大学阶段后的十几年，一个人人生的重大决策、重大变化最为密集。年轻人会在这段时间褪去学生身份，找到工作、更换工作，会组建自己的家庭，为人父母，会从一个城市迁居到另一个城市，甚至是迁居到另外一个国家……这一系列的变化都需要良好的适应力来应对。此外，随着时间的流转，个体所处的时代也在不断发生变化，有时甚至是巨变，这些变化将带来更加巨大的影响。如果想在各种变化中好好生活，就要在大学阶段注重提升适应力。

◎ **知识拓展 1-3**

成人初显期的特征

"成人初显期"的典型特征有以下 5 个：

1. 自我同一性的探索时期：这是回答"我是谁"这一问题，并在各方面（特别是在恋爱和职业上）尝试多种生活选择的时期；

2. 不稳定的时期：这是恋爱、职业和居所三者都不确定的时期；

3. 自我关注的时期：这是仅仅关注自我发展的时期，较少向他人承诺并承担责任；

4. 处于夹缝感的时期：这是一段转换时期，既不属于青春期，也不属于成年早期；

5. 充满机遇和选择的时期：这是一段充满希望的时期，这甚至意味着这段时期是获得人生转机的绝佳机会。

在此理论视角下，我们发现，当今我国年轻人的生命状态也正在不同程度地呈现着上述特征，尤其是经过了经济高速发展、社会的巨大进步与开放、新媒体时代的到来、高等教育从精英化向大众化的转型等，年轻一代获得了更多自我探索的机会，这个理论在我国也越来越受到关注。

二、影响大学生心理发展的因素

（一）早期养育环境

许多心理学实验表明，儿童早期与父母的关系及父母对儿童的态度是影响个体心理健康的重要因素。如患有恐怖症、强迫症、焦虑症和抑郁症这 4 种神经症个体的父母与正常个体的父母相比，表现出较少的情感温暖，较多的拒绝态度，较多的过度保护或过多的惩罚。在儿童的早期发展中，父母的爱、支持和鼓励会使他们建立起对最初接触者的信任感和安全感，这保证了成年后与他人的顺利交往。若缺乏则会逐渐使儿童产生一种孤独、无助的依恋模式，难以与人相处，因此容易产生心理问题。同时，对儿童的过度保护和过度严厉，也同样会影响他们的独立性及自信心的发展，极易出现过多的依赖和过度的自我谴责。

（二）生活事件

生活事件是指人们在日常生活中遇到的各种各样的社会生活的变动，如结婚、升学、亲人亡故等。生活事件不仅是测量应激的一种方法，也是预测心理健康的重要指标。例如，大量的研究结果表明，即使是中等水平的生活事件，如果连续发生，其累加效应最终也会导致个体出现心理障碍。生活事件的发生会增加个体适应环境的压力，Ostrow 等人曾表明心理障碍或精神病理变异可用生活事件解释的部分占 15%。换言之，个体每经历一次生活事件，都要付出精力去调整由于这一事件的发生所带来的生活变化。当个体在某段时间内遭遇很多生活事件时，生活事件对个体的作用就会累加，心理应激就会增加，从而影响个体的心理健康。

（三）人格特点

每个人都有自己独一无二的人格特点，它直接影响着人的心理健康。特殊的人格往往成为导致某种心理问题或心理障碍的内在因素之一。例如强迫性神经症，其相应的特殊人格被称为强迫性人格，这种人往往表现得谨小慎微，追求完美，自我克制，优柔寡断，墨守成规，拘谨呆板，敏感多疑，事后容易后悔，责任心过重和苛求自己等。这就是面对着同样的生活事件或生活境遇，有的人会得病，而有的人则相安无事的原因。因此，培养健全的人格已经成为保持心理健康、预防心理障碍、避免罹患精神疾病的一项重要课题，也是学校开展心理健康教育的重要任务之一。

（四）应对方式

当我们面对生活事件的压力时，所采取的应对方法、手段或策略被称为**应对方式**。不同的人处于相同的困境，由于采取各自习惯的应对方式，往往会产生截然不同的结果。研究表明，消极、不成熟的认知或行为应对（如回避、依赖等）与抑郁症状具有显著的正相关关系，能加大生活事件的负面影响，进而影响心理健康。

◎ **知识拓展1-4** ▬▬▬▬▬▬▬▬▬▬▬▬▬▬▬▬▬

我爱我

为了引导大学生关注自身心理健康，2000年，"5·25全国大学生心理健康节"在北京师范大学拉开帷幕。心理健康节选取"5·25"的谐音"我爱我"，倡导的积极理念是：关爱自我的心理成长和健康，爱自己才能更好地爱他人。

2004年，教育部、团中央、全国学联办公室向全国大学生发出倡议，把每年的5月25日确定为全国大学生心理健康日，得到了全国高校的认同和响应。

心理健康的第一条标准就是认识自我，接纳自我，能体验到自己存在的价值，乐观自信，这样才能用尊重、信任、友爱、宽容的态度与人相处，能分享、接受、给予爱和友谊，能与他人同心协力。因此，从自我做起，成为一个积极、健康、乐观的人吧！

第三节　大学生心理健康促进

一、心理咨询

（一）心理咨询的含义

心理咨询是具有专业技能的心理咨询师通过语言文字等交流媒介，运用心理学的理论和技术，针对求助者的各种问题，与其进行协商、交谈等，使其在认识、情感和行为上有所改善，从而使求助者更好地发挥潜能，适应环境，保持身心健康。

◎　**知识拓展 1-5**

关于心理咨询和心理治疗的认识误区

1. 心理咨询和心理治疗是窥心术

人们总是以为心理学家应该能透视眼前人的内心活动，认为只要简单说几句，咨询师就应该能猜出他心中的想法，否则就是咨询师水平不高。其实临床心理学工作者没有什么特异功能可以窥见他人的内心世界，他们只是应用心理学的理论和方法，提供更多信息和视角，并与来访者一起面对问题，解决问题。因此，来访者需详尽地提供有关情况，才能使咨询起效。

2. 心理咨询和心理治疗就是做思想工作

有些人认为心理咨询无非是讲些道理、聊聊天，没多大用处，因而忽视或未意识到心理问题是需要治疗的。比如，一个女孩因为具有强迫观念而异常痛苦，至医院就诊时家人干涉并反对："你就是死钻牛角尖，想开点就会好的。"女孩得不到家人的理解支持，内心很绝望，从而影响到治疗的连续性和效果。心理咨询和心理治疗作为一门学科，有着严谨的理论基础和诊疗程序，它与思想工作是有本质区别的。另外，某些心理障碍的患者同时具有神经和生理机制的改变，需要结合药物治疗，这更是思想工作不能取代的。

3. 去做心理咨询是见不得人的

许多同学觉得做心理咨询是一件很难为情的事，因此总是躲躲闪闪，反复犹豫，结果长期承受痛苦。其实，心理咨询是一项专业的助人工作，只是受传统观念和病耻感的影响，很多人还没有树立科学的求助意识。正如哈佛大学博士岳晓东所说："心理咨询是一种享受而不是痛苦，是明智的选择而不是蠢笨的做法。"因此，我们需要共同努力，去除关于心理问题和心理咨询的不正确认识。

4. 一次心理咨询就可以解决问题

许多人对心理咨询的期望值非常高，希望一次咨询解决所有问题。其实"冰冻三尺，非一日之寒"，心理问题是在诸多因素影响下，长期积累形成的；因此需要较长时间的工作才能起效。同时心理咨询需要咨访双方的互动以及来访者的领悟的主动实践。

5. 心理咨询师是万能的

许多人走进咨询室，目的是要求咨询师告诉他怎么做，这只是一种"授鱼"的方法，而咨询的最终目标是"助人自助"，即"授渔"。所以，缓解烦恼、焦虑，还需要来访者自身的努力。

6. 心理咨询能解决所有问题

心理咨询解决问题的范畴是心理问题，目标更多聚焦在个体的认知、情绪情感以及在此基础上引发的行为问题。当然，由现实问题、道德问题和法律问题引发的心理问题也属于临床心理学家的工作范畴，只是主要关注点仍然是心理层面的内容。比如：心理咨询不能直接给你好成绩，也不能让离开你的爱人回来，更不能治疗癌症，但是它可以帮助你探索获得好成绩的方法，正确面对失恋时的伤痛和应对罹患癌症之后的绝望感。

（二）心理咨询的作用

1. 倾诉心声

倾诉是人的一种心理需要，它能帮人们缓解心理压力，是分析和解决问题的前提。朋友、同学、亲人都可以成为倾听心声的人，但也有不方便、不适宜的时候。而心理咨询师持中立态度，能耐心听你诉说，并且掌握心理学的专业知识，能帮你分析问题，排忧解难。

2. 澄清问题

人的心理问题分为各种类型和性质，其中许多并非心理疾病，它们是由纷繁复杂的社会生活问题引发的心理冲突。心理咨询会与你一起分析所面临问题的实质，发现引起问题的原因。

3. 磋商对策

当一个人处于生活旋涡之中，在精神压力的重负下，他的思路常常会被堵塞。而咨询师处于旁观者的角色，他的头脑冷静，思路较为开阔，能为你提出一些合理化的参考建议，帮你打开思路。

4. 平衡情绪

心理咨询鼓励你宣泄压抑的情绪，使你的不良情绪得到缓解，身心状态也随之得到平衡。

5. 促进成长

学校心理咨询的性质多属于发展性咨询，目的在于助人成长。即不仅要帮你处理好当前的问题，更要通过处理当前的问题提高你的认知水平，增强你的自信心，发展和完善你的人格。

需要特别强调的是，心理咨询并不是万能的，其咨询效果不仅取决于咨询师的学识水平，更取决于当事人是否具有强烈的成长与改变自己的意愿。因此要想取得较好的心理咨询效果，不仅要找一位专业可靠的心理咨询师，而且自己也要抱有解决心理问题的决心和信心。

◎ **知识拓展 1-6**

大学生需要心理咨询的时刻

1. 对大学生活不适应，或感觉对生活失去了控制感。
2. 同学关系不融洽，或正在结束某段重要的人际关系。
3. 生活中遇有重大选择时，犹豫不定。
4. 经常感到情绪焦虑、抑郁、痛苦。

5. 经历了失恋、单恋后，心理创伤无法自愈。

6. 过分自卑，经常感到心情压抑、孤独。

7. 经受挫折后，精神一蹶不振。

8. 学习压力大，有无力感，但又不能自行调节。

9. 睡眠状态发生改变，经常失眠。

10. 觉得自己并没有发挥出全部的潜能。

二、团体辅导

团体辅导是在团体情境下进行的一种心理辅导形式，团体成员在共同的活动中彼此进行交往，探讨自我，改变旧有行为，学习新的行为，改善人际关系，解决生活中的问题。

团体辅导中，1~2 个团体带领者可以对多人进行辅导，感染力强，效率高。在团体中，成员可以表达感受和观点；可以宣泄情绪，也可以彼此传递接纳和爱护，使团体成员产生归属感。通过团体活动，成员可以观察和学习到他人在相同情境下如何应对，了解别人对自己的看法，从而对自己有更清晰的认识，从而提高适应社会的能力。团体辅导过程中，成员建立起真实的互动关系，因此，其成果也更容易迁移到社会生活中，有助于对现实生活特别是人际关系的改善起到积极作用。

三、心理求助时应注意的问题

（一）主动积极参与

做心理咨询，不能像到医院就诊那样，把病情向医生一说，就被动地等待医生开药方、配药。在整个咨询过程，来访者的主动性十分重要，来访者与咨询师共同努力，才能一起面对问题，采取恰当的方法解决问题。

（二）建立较强的改变动机

要想在心理咨询中取得满意的效果，必须要有"改善"或"改变"的真诚愿望。在去咨询之前，要先给自己提两个问题："对自己的现状，我确实不满意吗？""我确实愿意在某个方面、某种程度上改变自己吗？"如果你的回答是否定的，那么你可能还没有做好心理咨询的准备。

（三）坚持和深入

心理困扰、心理障碍不可能像感冒那样吃些药就可以很快恢复，它需要一个过程，需要耐心探索自我的实践，因此，切不可浅尝辄止，似"蜻蜓点水"，因一时看不到明显的咨询效果就放弃。

（四）做好遇到困难的准备

心理困扰最终的解决必须依靠来访者自己的力量，在这一过程中必定会遇到困难，因为心理咨询可能会触及来访者的创伤防御机制。因此在恢复到良好状态之前，来访者也许会感觉更加糟糕，心理咨询的进程也很困难，因为心灵的伤口被揭开了。

◎ **知识拓展1-7** ▬▬▬▬▬▬▬▬▬▬▬▬▬▬▬▬

心理咨询的基本原则

《中国心理学会临床与咨询心理学工作伦理守则》明确了心理咨询的总则：善行、责任、诚信、公正、尊重"。同时对专业关系、知情同意、稳私权和保密性、专业胜任力和专业责任、心理测量与评价、教育培训和督导等工作进行了规定。以下是一些基本原则。

1. 保密性原则

除非危及自身和他人生命安全，咨询师对来访者个人信息及谈话内容全部予以保密，因而来访者可以保持放松的状态进行咨询。

2. 理解性原则

咨询师对来访者的语言、行为和情绪等充分接纳和理解，帮助来访者分析出现问题的原因并寻找解决问题的方法。

3. 时限性原则

心理咨询一般规定为50分钟/节（初次访谈时间可适当延长），原则上应保持稳定设置，咨询双方均不得随意延长咨询时间或变更咨询频率。

4. 客观中立和无条件积极关注原则

来访者会带着各种各样的问题和自己特有的应对方式走进咨询室，而心理咨询师不会因为来访者的个人特质、价值观、兴趣偏好等给予"特殊对待"，即持有客观中立的态度。同时，咨询师会给予来访者无条件的积极关注，以创设安全环境、增强成长动力。

四、心理咨询主要理论简介

（一）精神分析理论

精神分析学派是20世纪最重要的学术思潮之一，由奥地利心理学家弗洛伊德（Freud）于1896年创立。他的理论学说、治疗技术，以及对人类心灵世界的理解，开创了一个全新的心理学研究领域。它所包含的内容比较庞杂，其理论要点主要有以下几个方面。

1. 潜意识学说

弗洛伊德把人的心灵比作大海中的冰山：露出水面的部分仅仅是冰山一角，属于意识内容；而其主体部分则隐匿在海水下面，是看不到的，属于潜意识内容，它占据了心灵的绝大部分。他认为，潜意识中储存着那些实际存在，但却意识不到的心理事实。所以该学说把人的心理活动分为意识、前意识和潜意识（又称无意识）三个部分。

其中**意识**指人能够感知的心理活动；**前意识**指那些当前不在意识中的记忆和思维，必要时能被提取到意识中的经验；**潜意识**指人意识不到，却没有被清除而是被压抑了的心理活动。弗洛伊德认为，许多心理障碍的形成，是由于那些被压抑在个人潜意识当中的本能欲望没有得到释放。

2. 人格结构理论

弗洛伊德依据潜意识理论的心理划分，建构了人格理论。他把人格结构分为三个部分，从低级到高级依次排列为"本我""自我"和"超我"。**"本我"**是人格的原始部分，包括一切与生俱来的本能冲动，比如食欲、性欲、攻击欲、自我保护欲等，它依照"快乐原则"行事。**"自我"**是"本我"的表层部分，是由"本我"与现实的接触中衍生出来的一部分，是有意识的。它依照"现实原则"行事，并调节"本我"的冲动，采取社会所允许的方式行事。**"超我"**是道德化的自我，是"自我"的典范，主要是指人性中的高级本性，如良心和自我批判能力等。它依照"理想原则"行事，是人格的最高层次，也是良知与负疚感形成的基础。弗洛伊德认为，"本我""自我""超我"之间的矛盾冲突及协调构成了人格的基础。人想要维持心理健康，就必须使三者保持一种平衡关系。

3. 释梦理论

"梦是欲望的满足"。释梦理论是精神分析学说的重要组成部分，是探索无意识心理过程的一条基本途径。弗洛伊德认为，梦以视像为代替物来满足的那个欲望，并不是现实实现的欲望，而是未实现或被压抑的欲望。梦中实现的欲望，属于无意识，而背后的推动力是本能的冲动。他把梦的内容意义分为两个层次：一个是表层意义，是梦的"显意"，指梦者可以回忆起来的梦的情境及其意义；一个是深层意义，是梦的"隐意"，是指梦者联想可以知道的隐藏在"显意"背后的意义。他用凝缩、转移、象征作为释梦的基本方法，探讨了梦的来源，如生活的残迹、躯体内外感知觉的刺激、压抑的欲望、已经遗忘的童年体验，等等。1899 年发表的《梦的解析》是他一生中最伟大的著作之一。

4. 心理防御机制

弗洛伊德认为，人们在社会生活中，其生理的、心理的需要和愿望不可能都会得到即时满足，或多或少地总会遇到挫折与冲突，因而人们会产生情绪上的紧张与焦虑、烦恼与不安，多数人会用自己较能接受的方式加以解释和处理，从而不至于引起难以接受的痛苦和不安。弗洛伊德将其称为**"心理防御机制"**，根据发展水平不同，防御机制又分为成熟的、不成熟的和病态的三种类型。通常成熟的机制包括升华、补偿、认同、幽默等；不成熟的和病态的机制包括合理化、退化、冷漠、否认、压抑、反向、逃避等。弗洛伊德认为，这些心理防御活动多是无意识的，前者对人们的心理健康起到积极作用，后者则会起到消极作用，甚至使人罹患精神疾病（具体内容见第五章第三节）。

5. 精神分析学派的其他代表人物及观点

学界将弗洛伊德的精神分析理论称作经典精神分析，将之后衍生发展的各学派统称为现代精神分析，更多地称为精神动力取向。

（1）在精神分析学界，影响力几乎与弗洛伊德相当的是荣格（Jung）。他提出了意识、个体无意识、集体无意识、原型等精神系统的结合概念，主张在治疗中采取宣泄、分析、教育、个体化治疗手段和广泛的创造性技术。他的贡献还在于对心理类型学的发展工作，现在广泛应用的沙盘游戏疗法，其理论基础就是荣格心理分析。

（2）在弗洛伊德之后，两位杰出的女性分析家发展了新的精神分析理论。一位是安娜·弗洛伊德（Anna Freud），她尝试了利用精神分析对儿童进行治疗并提出了有关儿童自我发展的诸多理论。另一位是英国分析学家克莱茵（Klein），她创造性地建立了客体关系理论。该理论是当今精神分析学派中最重要的理论之一。

（3）美国分析学家科胡特（Kohut）在客体关系理论基础上，建立了自体心理学派。该理论从人格的自恋问题着手来治疗来访者，其中最有特点的是对于自恋型人格障碍的治疗。

（4）拉康（Lacan）创建了关于主体心理发展的"镜像阶段"理论。他在实验中发现：6~18个月的婴孩能逐步辨认出自己身体（譬如在镜子中的形象），从而逐步获得自己身份的基本同一性，证实了婴儿的自我意识由此开始建立。拉康认为，人在前语言期就有了自我意识，并建立起一种"内在世界"与"外在世界"之间的关系，然而这个意识到的"自我"一开始就不是真实的，它不过是一个虚幻的"镜像"。"镜像阶段"之后，个体逐渐进入社会这个语言文化的网络。拉康首次把以索绪尔语言学为代表的现代语言学引入精神分析学，对无意识与语言的关系、主体的符号建构及其与他者的关系等进行了深入的探讨，从而建立了拉康式的结构精神分析学派。

在当下的心理咨询与治疗实践中，心理分析师通常使用谈话、自由联想、催眠、释梦等技巧使来访者呈现"本我"与"超我"的冲突、被压抑的潜意识，同时对阻抗和移情进行处理，以减轻"自我"的压力，从而缓解焦虑等症状。

（二）行为主义理论

行为主义理论是由华生（Watson）于1913年创立的。他反对研究意识，极力主张以实验方法研究人的行为，强调通过对环境的控制来改变人的行为表现，他想出了四种客观方法：一是自然观察法和实验观察法；二是言语报告法；三是条件反射法；四是测验法。行为主义理论基础包括"条件反射"理论、"操作性条件反射学习"理论等，其代表技术包括系统脱敏法、暴露疗法、厌恶疗法、阳性强化法等。其主要观点如下。

1. 人的所有行为都是通过学习获得的，强化对行为的巩固和消退起决定性作用。强化可采取正强化（嘉奖或鼓励）的方式，也可采取负强化（批评或惩罚）的方式。由此，学习与强化，是改变个人不良行为的关键。

2. 心理治疗的目的是利用强化使来访者移除个体厌恶的东西，消除某一特定行为，建立新的行为方式。它通过提供特定的学习环境促使来访者摒弃不良行为。由此，它很注重心理治疗目标的明确化和具体化，主张对来访者的问题采取就事论事的处理方法，不去探究个人潜意识和本能欲望对偏差行为的作用。

◎　时代心能量

新时代高校学生心理健康工作

2023 年 4 月，教育部、国家卫生健康委员会、最高人民检察院、中央宣传部、中央网络安全和信息化委员会办公室等十七个部门联合印发了《全面加强和改进新时代学生心理健康工作专项行动计划（2023—2025 年）》（以下简称《行动计划》）。《行动计划》要求，要坚持以习近平新时代中国特色社会主义思想为指导，全面贯彻党的教育方针，坚持为党育人、为国育才，落实立德树人根本任务，坚持健康第一的教育理念，切实把心理健康工作摆在更加突出位置，促进学生思想道德素质、科学文化素质和身心健康素质协调发展，培养担当民族复兴大任的时代新人。

《行动计划》对八项主要任务进行了部署：一是五育并举促进心理健康。二是加强心理健康教育，开设心理健康相关课程，关注学生个体差异，帮助学生掌握心理健康知识和技能。三是规范心理健康监测，定期开展学生心理健康测评。四是完善心理预警干预，及早发现学生严重心理健康问题，畅通预防转介干预就医通道，及时转介、诊断、治疗。五是加强心理人才队伍，配齐心理健康教师，畅通教师发展渠道。六是支持心理健康科研，推动成果应用。七是优化社会心理服务，加强家庭教育指导服务，加强未成年人保护。八是营造健康成长环境，广泛开展学生心理健康知识和预防心理问题科普，加强日常监督管理。《行动计划》对高校完善各项保障措施也提出了要求，充分体现了党和国家对大学生心理健康问题的高度重视。

（三）人本主义理论与当事人中心治疗

20 世纪五六十年代，人本主义心理学在美国兴起，成为当代心理学的主要流派之一。人本主义心理学以美国的马斯洛（Maslow）、罗杰斯（Rogers）等人为代表。它假设人应该对自己的行为负主要责任，强调人的自由意志，认为人有能力决定自己的命运和行动方向。其主要理论观点如下。

1. 人都有能力发现自己的缺陷和不足，并加以改进

心理咨询的目的不在于操纵一个人的外界环境或其消极被动的人格，而在于协助来访者自省自悟，充分发挥其潜能，并最终实现自我。

2. 人都有两个自我：现实自我和理想自我

现实自我是个人在现实生活中获得的自我感觉，而理想自我则是个人对"应当是"或"必须是"等的自我概念。两者之间的冲突导致了人的心理失常。

3. 强调建立具有治疗作用的咨询关系，以真诚、尊重和理解为其基本条件

罗杰斯认为，当这种关系存在时，个人内在的自我力量就会发生作用，而其在行为和人格上的积极变化也会随之出现。所以，心理咨询师应该与来访者建立彼此平等、相互尊重的关系。这样就可使来访者处于主动的地位，学会独立决策。

4. 咨询技巧多样

咨询技巧包含倾听、无条件积极关注、让来访者发掘自身"自我实现"的潜能，调整行为，向"自我成长"方向迈进等。这一疗法反对操纵或支配来访者，主张在谈话中采取不指责、不评论、不干涉的方式，鼓励来访者直抒己见，言尽其意，营造一个真诚、温暖和信任的气氛，使来访者无忧无虑地释放自我。

（四）认知理论与认知－行为治疗

认知疗法是由贝克（Beck）在 20 世纪 60 年代发展出的一种有结构、短程、认知取向的心理治疗方法，主要针对不合理认知导致的心理问题。它主要着眼在来访者不合理的认知问题上，通过改变来访者对己、对人或对事的看法与态度来解决心理问题。其代表疗法包括快速眼动心理治疗和现实疗法。

认知行为治疗认为人的情绪来自人对所遭遇的事情的信念、评价、解释或哲学观点，而非来自事情本身。正如其主要代表人物贝克所说："适应不良的行为与情绪，都源于适应不良的认知"。例如，一个人一直认为自己表现得不够好，连自己的父母也不喜欢他，因此，做什么事都没有信心，很自卑，心情也很不好。治疗的策略便在于帮助他重新构建认知结构，重新评价自己，重拾对自己的信心，更改认为自己"不好"的认知。

（五）后现代心理咨询与治疗

后现代心理学是后现代主义与心理学结合的产物，是 20 世纪 90 年代在西方兴起的一种新的思潮，它包含了许多不同的理论和技术，如建构主义心理学、焦点解决疗法、叙事疗法等。

后现代心理治疗与现代心理治疗相比主要有以下几个变化。

第一，对心理问题定位的视角转换。与现代心理治疗着眼于个体的感受、把心理问题定位于个体内部有所不同，后现代心理治疗把心理问题定位于人际关系，即以语言为媒介的种种关系构成的社会空间，强调的是语言的社会过程。

第二，治疗任务的不同。后现代心理治疗的任务就是对固有的社会观念进行重构，即建构新感受的过程。也可以说是通过咨询师与来访者的对话（参与的媒介是语言），建立和发展新的意义的过程。面对新的治疗任务，咨询师要问的问题是某种特定的自我描述能否被改造成一种新的形式，或是用另外一种替代的描述能否同样处理好同一个事实。咨询师与来访者并不是主体与客体的关系，而是共同的参与者。他们所进行的思考、感受及想象并不是个体的内心事件，而是通过参与而建立起来的过程。在这样的治疗方案中，咨询师帮助来访者把症状或问题看作是生活的社会形态的一部分，而不是一种疾病或是个体的内部问题，以创造出一种新的、令人满意的、可发展的情境。

第三，治疗师角色的变化。心理治疗师放弃对心理问题无所不知的权威态度，而是采取一种不知者的立场，不对问题做任何预先的假定、期望及回答，这样可以排除他们根据以往知识所带来的偏见，以免对新的意义关上理解的大门。他们要做的是，尽可能多地倾听来访者的发言，鼓励来访者带来新的意义和理解。

（六）积极心理学

积极心理学（positive psychology）由宾夕法尼亚大学（University of Pennsylvania）教授塞利格曼（Seligman）提出。"积极心理学是致力于研究人的发展潜力和美德的科学"。塞利格曼认为，每个人的心灵深处都有一种自我实现的需要。这种需要会激发人们内在的积极力量和优秀品质，而这又是人类赖以生存和发展的核心。积极心理学的力量就是帮助人们发现并利用自己的内在资源，最大程度地发掘自己的潜力，进而提升个人的素质和生活的品质，获得美好的生活。积极心理学的本质体现在修正先前心理学发展的不平衡，强调心理学的发展既依赖于预防和治疗人类的心理疾病，同时更依赖于培养和建构人类的优秀品质，二者可以相辅相成，平衡发展。

正如塞利格曼所说："当代心理学正处在一个新的历史转折时期，心理学家扮演着极为重要的角色和新的使命，那就是如何促进个人与社会的发展，帮助人们走向幸福，使儿童健康成长，使家庭幸福美满，使员工心情舒畅，使公众称心如意。"

◎ **课堂活动**

抓蜻蜓

设计理念：心理学家认为，当人们将注意力集中在某件事物上时，往往会高度紧张，产生强烈的生理反应，比如：心跳加快、手心出汗等等。有趣的是一旦这种令人产生紧张的刺激消除时，人们就会立刻感到放松与快乐。

活动目的：使学生在由紧张到放松的过程中，体验自己情绪的转变，体验快乐的感觉。通过轻微的身体接触，促进学生彼此的交流。

活动时间：根据故事长短可进行调整，一般5分钟左右。

活动步骤：

（1）学生围成一个圆圈（可以站也可以坐），每个人的右手手掌伸平，掌心朝下放在右边学生的左手食指上方，做好"抓"的准备；同时，左手食指朝上顶住左边学生的右手手掌心，做出"蜻蜓"的样子。

（2）教师讲一个故事，在听故事的过程当中，学生听到"乌鸦"和"乌龟"这两个词的时候，要迅速去抓右边学生的食指，同时避免自己的左手食指被抓。根据故事内容，会出现多次抓"蜻蜓"的情况。

（3）在活动过程中，学生仅可以变换手部的姿势，但不能移动手臂来探抓或逃避。每个人在手部姿势变化后要快速复原。听到其他词的时候不能动手。

（4）讨论与分享："刚才玩游戏的时候，你有什么感觉？"

附：《乌鸦与乌龟》的故事（教师用，此处略）。

五、中国心理学的发展

中华民族拥有数千年的文化思想底蕴，如果要考究和比较中西方心理学的历史渊源，则可以追溯到孔子和老子，其发源时期与西方心理学几乎处于同一时期——即公元前六至四世纪的希腊世界。可以说，中国古代虽然没有"心理学"这一概念，但是其所言"人性""心性""心学"等等，实质上都是心理学思想范畴的概念。

（一）中国传统优秀文化与心理健康促进

1."知"与"心"

在认知上，传统文化讲求中立、辩证、平衡。儒家经典《中庸》有言："喜怒哀乐之未发，谓之中；发而皆中节，谓之和；中也者，天下之大本也。"这里的"中"，也就是我们常说的心平气和的时候，这个时候人们看问题是比较中正平和的，较少掺杂个人的感情色彩，也就容易作出公正的判断。孔子曰："君子中庸，小人反中庸。君子之中庸也，君子而时中。"它的意思是说，君子能把握自己的内心世界，对外界各种刺激能够随时控制和调节自己的体验，使内心世界居于适中状态，即保持心理平衡。有句古话"物无美恶，过则成灾。"它是说任何东西没有好与不好，一旦过了那个度，就会变成灾难。这就是结果转化的辩证之理，也是事物和心境的平衡之理。

2."情"与"心"

在情绪方面，传统文化强调身心一体，并提倡通过内省、遵从本性、追求和谐、顺其自然来维护身心健康。如《黄帝内经》探讨了生理疾病的心理原因，认为七情，即喜、怒、哀、惧、爱、恶、欲是导致疾病的内因。因此，要通过调整情绪，做到身体健康。

中国传统文化强调"静"，用"静"来达到自省自律。其中，儒家的方式是静坐。王阳明《传习录》中说："初学时心猿意马，拴缚不定，其所思虑，多是人欲一边，故且教之静坐息思虑"。《大学之道》中说："知止而后有定，定而后能静，静而后能安，安而后能虑，虑而后能得。"诸葛亮《诫子书》说："夫君子之行，静以修身，俭以养德。非淡泊无以明志，非宁静无以致远。"曾子曰："吾日三省吾身：为人谋而不忠乎？与朋友交而不信乎？传不习乎？"

而自省的最终目的，儒家可以归结为"穷则独善其身，达则兼善天下"，是要通过个人的自律和修为，让天下人都能得到好处，让社会更加进步清明。从道家的观点看，则要归结于"道法自然"。它是说人们在认识世界和处理事情的时候，一切都要顺其自然。我们平常讲的"尽最大努力，其他顺其自然""做能做的，改变能改变的"也是道家思想的体现。道家在处理纷繁的内心世界和自然世界时，也有精辟阐述。老子云："致虚极，守静笃。万物并作，吾以观其复。夫物芸芸，各复归其根。归根曰静，静曰复命"。意思是说，这世间一切原本都是空虚而宁静的，万物也因而能够在其中生长。因此要追寻万物的本质，必须恢复到其最原始的虚静状态。万物的生长虽蓬勃而复杂，其实生命都是由无到有，由有再到无，最后总会回到根源。

可见，"静"是修身养性、处理自身与世界万物关系的法则。这里的自省，与现代心理学中的自我觉察是同一概念，通过自我觉察，处理内心冲突，做到心平气和，在此基础上再去面对外部世界和处理外部事物，就会澄静、自然、得体。当然，还有最近几年颇为流行的"正念""冥想""调息"以及"寻找初心"其实也是发源于此。

3."志"与"心"

我国的农耕文明绵延千载，在与自然交互的过程中，以农业社会为主的社会结构和生产生活方式限制了发展，但也成就了勤奋进取、刚健有为的中华精神。这些则是心理学中的"意志和行为"的部分。从个体发展的角度讲，中国传统文化强调个人意志的强大作用。如《周易》中说："天行健，君子以自强不息"；《孟子》中说："故天将降大任于是人也，必先苦其心志，劳其筋骨，饿其体肤，空乏其身，行拂乱其所为，所以动心忍性，曾益其所不能。"孔子非常看重"刚"的品德，将其视作"有为"的必需条件。他说："三军可夺帅也，匹夫不可夺志也。"曾子讲："士不可以不弘毅，任重而道远。"孟子推崇"富贵不能淫，贫贱不能移，威武不能屈"的大丈夫气节，赞赏刚毅的秉性。这里的"志"是意志，是精神，是希望，是个体在走向成功、承担责任的过程中不可或缺的优秀心理品质。

此外，我国传统文化中强调个人通过努力和坚持达成目标。荀子《劝学》中说"骐骥一跃，不能十步；驽马十驾，功在不舍。锲而舍之，朽木不折；锲而不舍，金石可镂"。可见，坚持、毅力是个人走向成功的重要因素。不仅如此，千百年来，中华民族历经风风雨雨，始终保持了自尊、自立、自信、自胜的精神，这种集体意识正是千亿个体凝聚成的民族精神的写照。

◎　**文化润心**

中国古代心理学思想代表

在中国古代，几乎所有思想家都或多或少地探讨过人的心性问题，并得出了一些系统的观点和学说。早在先秦，百家争鸣中就有关于人性的争论，后来孔孟"性善说"在中国文化中占据了主导地位，形成了中国人基本的人性观。从现代心理学来看，个体对于人我关系的最初认知深刻影响着后续的行为和选择，因此，性善观对于保护人与人之间的信任感和安全感具有莫大的促进作用。

春秋战国时期，孔子提出了性习论、学知论、发展观和差异观等教育心理学思想。范缜提出了"形质神用"的观点，肯定"形存则神存，形谢则神灭"，确立了完善的唯物一元论中心身关系的理论。荀子在其著作中阐述了人与自然的关系，强调了人与环境的互动对心理的影响。

随着时间的推移，中国古代心理学思想逐渐发展，形成了丰富的理论体系。儒家思想强调人与人之间的仁爱、尊重和信任，这种思想可以培养人们的同情心、爱心和尊重他人的态度。道家思想强调顺应自然、无为而治，这种思想可以帮助人们调整心态，减少焦虑和压力。佛教禅修是一种修行方法，可以帮助人们缓解压力、提高专注力和增强自我认知。

中医理论强调情志与人体健康的关系。明朝时期，李时珍在《本草纲目》中提出了"脑为元神之府"的论断，强调了脑在心理活动中的重要作用。《黄帝内经》提出了"多阳者多喜，多阴者多怒"，还提出了五行学说，将情志与五脏相对应，如肝"在志为怒"，心"在志为喜"等，进一步阐述了情志与脏腑的关系。中医理论认为人体内部阴阳平衡是保持身体健康的关键，这种思想可以指导人们调整生活习惯和饮食方式，以达到身心健康的目的。

（二）中国现代心理学的发展

中国现代心理学始于北京大学首次建立心理学实验室（1917 年），之后开始建立独立的心理学组织并培养人才。1918 年陈大齐出版了《心理学大纲》一书。1920 年南京高师（东南大学）建立了中国第一个心理学系。1922 年中国第一本心理学杂志——《心理》由张耀翔创办。二十世纪二三十年代，现代心理学许多理论流派经由归国的中国学者引入国内，并且海外的中国留学生也开始了许多重要研究。新中国初期心理学有所发展，五十年代末至七十年代中期有所停滞，八十年代之后，心理学的发展程度不断增强，本土化水平也在逐步上升。

国家自然科学基金委员会生命科学部在 2018—2019 年期间开展了心理学学科发展战略调研，调研报告指出当前中国心理学研究具有以下突出特点：

第一，心理学更加注重价值观的研究、关注人类个体与社会行为的机制，以调节和提高人的社会行为效率，助力经济社会和谐、稳定和可持续发展；

第二，心理学研究积极应对全球化、信息化、城镇化和老龄化带来的新问题和新挑战，关注基于新媒体、大数据分析的宏观社会心理规律研究和针对不同种族、民族、文化背景人群的大队列、纵向、跟踪研究，尤其重视对特殊人群的研究；

第三，心理学与神经科学、计算机科学、数学、医学、经济学等学科之间正进行着深度交叉融合，心理学研究得益于相关学科的技术进步，而相关学科与心理学交叉合作的需求和潜力越来越显著；

第四，心理学界更加重视对心理疾患和心理健康的研究，努力为解决各种心理疾患和行为问题提供预防、诊断和干预的手段以及宏观决策参考，对提高国民整体幸福感和建设和谐社会具有重要战略意义。移空技术、正念、内观、格板技术等本土化心理咨询与治疗技术都是在我国心理学家的努力下不断发展和完善的。

◎ 本章要点

1. 心理是神经系统的机能，特别是人脑的机能。

2. 心理健康标准不是黑白分明的"全"或"无"的关系，而是动态变化的连续体。

3. 我们不仅要关注并维护自己和他人的心理健康，还要培育积极心理素养。

4. 心理咨询是一项科学性和艺术性相结合的工作，必须要遵守严格的专业规范。

5. 要想在心理咨询中取得满意的效果，必须要有"改善"或"改变"的真诚愿望。

6. 中国古代心理学思想具有丰富的理论体系，心理咨询和治疗技术要注重挖掘传统文化资源，创立了具有本土特色的心理咨询理论与方法。

◎ 本章主要概念

心理	成人初显期	心理防御机制
心理现象	生活事件	行为主义理论
心理过程	应对方式	人本主义理论
个性心理倾向	心理咨询	认知行为治疗
心理健康"灰色区理论"	团体辅导	后现代心理咨询与治疗
心理健康素养	潜意识学说	积极心理学
心理资本	积极心理品质	人格结构理论
积极心理素养	释梦理论	

◎ 推荐阅读

罗伯特·戴博德.蛤蟆先生去看心理医生.天津：天津人民出版社，2020.

理查德·格里格.心理学与生活.20 版.北京：人民邮电出版社，2023.

彭凯平.活出心花怒放的人生.北京：中信出版社，2020.

彭凯平.幸福的种子.北京：生活书店出版有限公司，2024.

◎ 数字课程学习

⬇ 教学课件　　✎ 在线自测　　📖 参考文献

第二章
认识自我和发展自我

◎ **话题导入** ━━━━━━━━━━━━━━━━━━━━━━━━━

　　自我是一个跨越时间与空间的话题，不同文化中关于自我的探索从未停歇，笛卡尔谈"我思故我在"，孔子曰"吾日三省吾身"，富兰克林认为"世上有三样东西极其坚硬：钢铁、钻石以及认识自己"。随着经济的发展和技术的进步，在现代社会中认识和发展自我变得更具挑战性。我们如何在错综复杂的外部世界中找到属于自己的坐标？又如何在内心的深处发现那个真实的、独一无二的"我"？

第一节　自我和自我意识

一、什么是自我

　　心理学中的**自我**是一个多维度、多层次、有组织的结构，是每个独立个体的生理和心理特征的总和。关于自我，国外研究有两个容易混淆的概念，即 self 和 ego，这两个概念在起源、内涵、理论上有着很大不同。

（一）self 相关的自我理论

　　詹姆斯把自我区分为主体我和客体我。**主体我（I）**是作为认知者的自我，是在主体内、在主观上构成的自我，主体我体验着自己的身体、心理和关系，具有调整、控制、组织的功能。**客体我（me）**是主体通过客观反映、客观评价而认识的自我，客体我包括物质我、社会我和心理我。当一个人说"我看见……"时，其中只涉及主体我。而当一个人说"我看见我自己"时，两个术语都涉及了，第一个"我"是看的主体，第二个"我"是看的客体。

　　库利认为个体的自我产生于和他人的交往之中。通过交往，每个个体可以觉察到他人对自己的外表、行为、目标、性格等各方面的看法，从而导致对自我的认知，并把自我的这个方面称为**投射自我**。

　　罗杰斯把自我区分为现实自我和理想自我。**现实自我**是对现实中自我的各种特征的认识，包括身体特点、行为特点、人格特点、身份特点等。**理想自我**是个体构建出的将来要达到的理想标准，它引导个体实现理想中的个人自我。罗杰斯主张，充分实现理想自我与现实自我之间的和谐是人格成长的关键，但两者间的差异或冲突则会导致人的心理失常和不协调。

（二）ego 相关的自我理论

西格蒙德·弗洛伊德是将自我引入心理学研究的第一人。弗洛伊德认为，人格结构分为本我、自我和超我。自我是人格的现实部分，作用是协调本我与超我之间的矛盾冲突，力图在不违反超我的道德标准情况下，按照现实原则来满足本我的冲动要求。自我在同时应对本我的驱力、超我的压力以及外在现实的要求时，还会时时感受到来自三者的威胁，从而产生焦虑。为了应对焦虑，自我就采取一些方式来否认或歪曲现实，即**防御机制**。

安娜·弗洛伊德进一步提出了几十种不同层次的自我防御机制，包括压抑、否认、退行、反向形成、隔离、投射、内投、转移、对攻击者认同、理想化、合理化、幽默和升华等（详见第五章第三节），并将这些自我防御机制推广至正常的心理过程中。相比西格蒙德·弗洛伊德，安娜更加强调自我的独立功能，反对本我对个体心理活动的绝对支配权，主张自我对本我的约束作用。自我还为个体了解本我和超我提供了媒介，由于自我是三种人格结构中唯一能够被观察到的部分，只有当自我、本我、超我不一致时，通过观察自我，其他两种心理结构才得以被部分了解。安娜给予了自我应有的重视，将自我的功能从简单的被动防御转到对环境的主动适应，推动了精神分析的自我心理学的诞生。

"没有冲突的自我领域"这一概念的提出，标志着精神分析的自我心理学的真正建立。哈特曼（Hartmann）认为，自我发展是为了适应环境，并非一定要在本我与超我的冲突中成长。在哈特曼看来，自我并非本我的副产品，而是两种同时存在的心理机能，自我在发展上也独立于本我的本能发展，即自我的**自主性发展**，分为初级自主性和次级自主性两种形式。**初级自主性**是先天独立于本能的无冲突的自我过程，主要表现为一种自我机能的成熟过程，诸如知觉、思维、记忆、语言、创造力的发展，以及各种动作的成熟和学习等。**次级自主性**则是从本我的冲突中发展出来的，最初服务于本我的防御机制，之后逐渐演变为一种独立的结构，摆脱了冲突的领域。哈特曼主张自我的核心机能是适应，强调人与环境的交互作用，自我也从病理学的视角扩展到了适应性的视角。

◎　**知识拓展 2-1**

网络虚拟自我：理想的我？失控的我？

网络时代带来了一个新的领域——网络虚拟世界。在网络平台上，人们可以摆脱现实世界的各种限制，随心所欲地扮演自己想要的角色，甚至重新定义自己的性别、年龄、职业等，给人们的自我存在与自我表现带来了一种新的方式。这一全新的自我形象究竟是自我的理想表征，还是自我的另类表达呢？在不同方面的答案不尽相同。

从外在自我形象来看，人们似乎更喜欢在网络平台上展现一个理想化的虚拟自我。Dunn 等人招募了 136 名大学生参与角色扮演类型的网络游戏，在游戏中可以自由定制自己的虚拟形象（性别、身材、皮肤等方面）。结果发现，无论男生还是女生，所选的虚拟自我化身都通常比现实自我更具有吸引力。

在伦理道德方面，由于网络虚拟世界的隐匿性，人们有时会陷入失控的状态。调查结果显示，我国约有 52.2% 的青少年在过去一年中至少有过一次网络欺凌行为。这可能是因为人们在隐匿状态下，更容易出现去个性化现象。去个性化指处于隐匿环境或大群体时，个体丧失道德感和责任感，从而出现行为偏差的一种现象。津巴多设置了一项实验，让一部分人拥有在实验情境中惩罚他人的权力，而另一部分人只能接受惩罚。结果发现，如果让惩罚者穿上帽衫和大长袍（具有隐匿性），他们会对被惩罚者进行更长时间的惩罚。

但与此同时，网络虚拟世界提供的零旁观者情境，也可能会促进人们的亲社会行为。对于高内倾个体来说，现实情境中往往有他人在场，由于评价焦虑、害羞等因素的限制，他们表现出更少的帮助行为。而在网络情境中，内倾个体的羞怯感减少，有更多的机会表现出真正的自我，做出亲社会行为，比如主动提供信息帮助、提供资源共享、通过网络救助弱势群体等。

资料来源：陈莉.青少年网络虚拟自我及其与现实自我差异的研究［D］.南昌：江西师范大学，2016.

二、什么是自我意识

自我意识是一个人对自己存在的意识，是个体在社会实践中对自身及周围关系的认知、体验和评价，是个体关于自我全部的思想、情感和态度的总和。自我意识是个人意识发展的高级阶段，是意识的核心。

（一）生理自我、心理自我和社会自我

从内容上进行区分，自我意识可分为生理自我、心理自我和社会自我。

1. 生理自我

生理自我是指个体对自己的生理属性的意识，包括对自己的身体、体能、容貌及温饱感、舒适感、病痛等生理方面的意识。生理自我是自我意识的最初形态。如果一个人不能接纳生理自我，嫌自己个子不高、身材不好、相貌不漂亮、皮肤太黑，就会产生自卑心理；如果认为自己容貌姣好、身材标准，就会对自己比较满意而自信满满。

2. 心理自我

心理自我是对自己心理活动状态的意识，如关于智慧、能力、性格、气质、兴趣、爱好、意志等的认识和体验。如果一个人嫌自己不够聪明、能力差、性格不成熟、不能很好地与人交往、自制力差等，就会对自己的心理自我评价较低，进而否定自己、

讨厌自己；如果觉得自己聪明、多才多艺、性格随和、爱好广泛、坚强自制等，就会对心理自我有较高的评价，进而肯定自己、喜欢自己。

3. 社会自我

社会自我是对自己与周围关系的意识，对自己在群体中的地位、作用以及和他人相互关系的认识、评价和体验。如果一个人认为自己不善于交流和沟通，周围的人不喜欢自己、不接纳自己，就会导致自我封闭，时常体会到孤独，容易影响自身的发展；如果一个人认为自己善于和他人沟通与交流，深受大家的喜爱和欢迎，就会时常体验到自豪、快乐等，并会把这些正能量传递给周围的人。

自我的生理、心理和社会三个层面并非相互独立、完全分离，而是相互影响、紧密联系。**社会认同理论**认为，个体会根据某个属性将自己归属于某个群体，并在相应的社会规范中构建自我意识。有研究发现，与女性相比，男性往往不会对自己的外貌持负面评价，更少关注自身体重，外在形象导致的生活困扰较少，很少进行节食减肥。一种可能的解释是，社会规范更强调男性所达到的成就，因此男性更看重认真和负责等心理品质，而不是更好的外表。相比之下，社会环境给予女性外貌方面的关注远大于男性，使得女性更看重身体形象。当男性更多地感知到自身的积极心理品质，其自尊水平越高，当女性持有更积极的身体意象时，其自尊水平越高。需要注意，个体差异远远大于群体差异，尽量避免依据上述群体性研究结论来无差别评判个体。

◎ **知识拓展 2-2** ▬▬▬▬▬▬▬▬▬▬▬▬▬▬▬▬▬▬▬▬▬

社交媒体正在降低你对身体的满意度

近年来，大量社交媒体兴起，人们能够随时接收或发表美容、健身、穿搭等方面的信息，面对社交媒体上铺天盖地的"巴掌脸""A4腰"，很容易产生"身材焦虑""外貌焦虑"。

国内外研究发现，青少年的社交网站使用强度与其身体满意度表现为显著的负相关。换句话说，越高强度使用社交网站的青少年，越容易对自己的身体感到不满意。但这并不意味着你要拒绝使用一切社交媒体，因为越来越多的研究发现，在使用社交媒体的过程中，那些聚焦于身体外貌的行为才会使身体满意度降低。

一种常见的行为是在社交媒体上进行身体谈论。王玉慧等人的一系列研究发现，当个体在社交媒体中越频繁地谈论身体外貌，凸显外观的重要性和价值，越容易对身体感到不满意、对整容手术持趋近态度、采取节食减肥行为。自拍则是另一种常见的社交媒体使用行为，研究发现，个体在观看带妆自拍照后，自我的外貌满意度随即降低，并且表现出更强烈的改变面部、头发和皮肤的意愿。此外，自拍后的修图过程，也可能影响你的身体满意度。实验研究表明，那些在发布自拍前有机会修图的个体，在评价自我的身体吸引力时，倾向于给出更低的分数。

这些社交媒体使用行为是如何降低我们对身体的满意度呢？一些心理学家认为，

社会比较和内化理想外貌在其中起着重要作用，社交媒体为人们提供了丰富的外貌比较机会，使得来源于明星、网红的身材外貌内化为自身的"外貌理想"，以此严苛要求自己，进而导致对当前外貌的不满。另外，也可以通过自我客体化解释社交媒体是如何影响身体满意度的。自我客体化是指个体更多从观察者角度来评估自己的身体，强调身体的"外观特征"，而非"能力属性"。在社交媒体上频繁接触美容瘦身相关信息，很容易诱发个体的自我客体化过程，使得个体不断地评判自己的身材外貌，满意度也随之降低。

资料来源：张天羽，张亚利，张向葵. 社交网站使用对青少年身体不满意的影响及其内在机制［J］. 心理科学进展，2024，32（9）：1514-1527.

（二）自我认识、自我体验和自我调节

从心理成分上区分，自我意识可分为自我认识、自我体验和自我调节。

1. 自我认识

自我认识就是自己对自己的认识，它是自我意识的一部分，它使个人认识到自己的身心特点、自己和他人及自然界的关系等。

自我认识主要涉及"我是一个什么样的人""我为什么是这样的人"等问题。它包括自我感觉、自我观念、自我观察、自我评价、自我批评、自我分析等，比如，"我很漂亮""我非常真诚"等都属于自我认识的内容。其中，自我评价集中代表自我认识的发展水平，是自我意识的核心。

认识自我是智慧的体现。《孙子兵法》中说："知彼知己，百战不殆；不知彼而知己，一胜一负；不知彼，不知己，每战必殆。"善于认识自我，清楚地知道自己的优点和缺点，从而扬长避短，成就自我。

2. 自我体验

自我体验属于情绪范畴，是指情绪情感的体验，它是在自我评价的基础上，个体对评价结果是否符合自己的需要所产生的一种情感体验。

自我体验主要涉及"我是否接受自己""我是否满意自己""我是否悦纳自己"等。它主要表现为某种自我感受，包括自爱、自尊、自信、自骄自傲、自卑、自怜自弃、羞耻感、责任感、义务感、优越感、成就感、挫败感等情绪情感体验。比如，当一学期结束了，经过考试的检验，你达到了预期的目标，成绩优秀。总结这一学期的收获，你发现成绩提高了，各方面的能力提升了，整体状态改进了，这时候你会感到幸福、快乐、自豪。如果状态不佳，你就会产生自卑、挫败感。

3. 自我调节

自我调节是在自我评价指导和自我体验推动下，个体对自己心理行为的自觉和有目的地调节、控制，以达到理想自我的目标。自我调节又包括自立、自强、自主、自制、自我监督、自我调节、自我控制等心理成分。其中，自我控制是最集中的调节手段。自我调节主要涉及"我应当成为一个怎样的人""我怎样改变现状来成为理想中的

那种人"等问题。

自我认识、自我体验、自我调节，也像意识一样表现为知、情、意的统一，三者紧密联系，有机结合，完整统一，成为一个人个性中的核心。通过自我认识，知道"我是一个怎样的人"；通过自我体验，知道"我是否满意自己，接受自己"；通过自我调节，特别是自我控制、自我教育，可以解决"我应当成为一个怎样的人"。

三、关系中的自我

你如何定义你自己？人们关于自我的认识中，有一个非常重要的途径——即他人和关系。

（一）关系依存性

在许多西方的文化中，人们拥有**独立的自我观**：这是一种以自己内在的想法、感受和行动来定义自我的方式，而不是以别人的想法、感受和行动来定义自我。相反地，许多亚洲文化及其他的非西方文化则拥有**相互依存的自我观**：即以自己和他人的关系来定义自我，并认识到自己的行为经常会受到别人的想法、感受及行动左右的方式。一般来讲，女性有较高的关系的相互依存性，这意味着她们更加关注亲密关系。男性有较高的对团体的相互依存性，这意味着他们关心自己在较大的团体中的成员身份。

（二）客体关系与自体发展

这两个概念源于心理动力取向的人格发展理论。**客体**是一个与自体相对应的概念，指的是一个被爱着或恨着的人物、地方、东西或者幻想，包括内在客体和外在客体。**外在客体**是指真正的人物、地方和东西；**内在客体**指的是心理表征，即与客体有关的影像、想法、幻想、感觉或记忆。**自体**是一种心理表征，指的是一个内在的影像，基本上是属于自己的想法、感觉或幻想。**客体关系**是指存在一个人内在精神中的人际关系形态的模式。

客体关系理论认为：人们在客体互动中建立和发展自体，外部客体（父母、孩子和其他重要的人）对于建立内部心理具有重要的影响作用，"与客体之间的关系"是人类精神的主要动力。**克莱因学派**认为：人们关于自己的内部镜像（internal image）是在外部客体的帮助下形成的（如父母的反馈、表扬、批评），自我的内部成像可以发展为"自我感觉"，进一步发展为"自我意识"。"人总是沿袭早年形成的客体关系观，并在之后的生活中寻找符合这种观念的人，依此建立人际联系"。**温尼科特学派**细致地阐述了母婴互动，严重的心理疾病多是因为早年时养育者没有充分满足个体的需求，是一种环境性的缺陷，可以通过营造"抱持"环境来修复早年的创伤。在临床实践中，人类很多精神障碍的发生机制都可以从客体关系理论中得到答案，如边缘型人格障碍、自恋型人格障碍、孤独症等。

◎ **课堂活动** ▬▬▬▬▬▬▬▬▬▬▬▬▬▬▬▬▬▬▬▬

假如我是……

每 10 个同学为一组，每组中的每位同学独立填写下列句子。

1. 假如我是一朵花，我希望是 _____ ，因为 _____ 。

2. 假如我是一种动物，我希望是 _____ ，因为 _____ 。

3. 假如我是一种乐器，我希望是 _____ ，因为 _____ 。

4. 假如我是一种颜色，我希望是 _____ ，因为 _____ 。

5. 假如我是一种交通工具，我希望是 _____ ，因为 _____ 。

填写完之后，请在小组内进行互动。每位同学念出各自的 5 个"假如"，并分享感受和感悟，分享过程中避免对他人进行评价，可以选出代表在班级中分享答案和感受。

（三）自我边界与人际关系

马勒（Mahler）描述了个体心理成熟的顺序，这个过程包括三个主要的发展阶段：自闭阶段、共生阶段和分离－个体化阶段，就是从刚出生婴儿与母亲的共生依恋状态，转向三岁左右实现稳定的自主认同的过程开始。这个过程，**"边界"**是一个重要概念，并在个体自我发展和人际关系中起着重要的调节作用。**自我边界**是指在人际关系中，个体清楚地知道自己和他人的责任和权力范围，既保护自己的个人空间不受侵犯，也不侵犯他人的个人空间。从心理发展上看，自我边界是逐渐形成的。胎儿在母亲体内，感觉到和母亲是一体的，母亲就是他，他就是母亲的一部分。出生以后，虽然在肉体上与母亲已经分开，但在心理上仍然是连在一起。没有母亲或母亲的替代者，他一天也活不下去。随着孩子慢慢长大，与母亲的心理距离也就越来越远。成长的过程，也就是与母亲在心理上分离的过程。

自我边界不清具体表现是：一方面，他会过多地在他人面前展露自己的内心世界，过分地渴望他人了解自己，并过度地依赖他人，希望他人在本来该自己作决定的方面代替自己作决定；另一方面，他会过多地希望了解别人的内心世界，以便获得与别人融为一体的感觉；还希望别人依赖自己，甚至希望参与别人私人化的决定，等等。边界不清晰可能带来诸如拯救、控制、依赖、讨好、猜疑、敏感、假我、分离焦虑等问题，还包括与他人产生冲突、负面情绪无法得到舒缓、责任感过重、人际关系凌乱等。

自我界限清楚的人，并不意味着他不需要别人，也就是说，他并非在任何情形下都拒绝别人在情感上和行动上的支持，自己承担一切。自我界限清楚意味着，一个人与他人接近，但没有近到他失去自己的程度，也没有近到把别人当成了自己的一部分的程度，他还是他，别人还是别人；与此同时，他也不会离别人太远，不会远到丧失爱自己想爱的人的能力和可能性，在他真正需要的时候，他会从别人那里获得不虚假的安全感与温情。即使在夫妻之间、父母与儿女之间、朋友之间，每个人也都应该有清楚的自我界限。那种消弭了自我界限的情感，迟早会对身处这种情感关系中的每一个人造成伤害。也许有人会说，在这样亲密的关系中把界限弄得那么清楚，会不会使关系变得很冷漠？答案是不会。因为自我界限清楚，并不意味着没有情感。而且，两个都有着清楚的自我界限的人之间的情感交流，才是最深厚、最真实和最有价值的。

那么，如何建立自我边界，并保持恰当、舒适的人际关系呢？

1. 认识并尊重你和其他人的"边界"。接受他们和你都是独特的个体这个事实，你的情绪只有自己知道，别人只能够发现，别人的情绪对你也是如此。

2. 要明确自己的价值观和需求。这意味着要知道自己的喜好、忌讳和底线，不对他人的要求和期望盲从，而是根据自己的内心感受来设立边界。

3. 要学会表达自己的需要和意见。在人际关系中，如果一直被动地接受他人的要求和期望，就会导致自己内心的积压和不愉快。因此，需要学会坦诚地表达自己的需求和意见，而不是一味地妥协和迁就他人。

4. 要学会说"不"。在人际关系中，经常有人会给我们施加压力，我们需要学会拒绝他人的要求，特别是一些不合理或对自己不利的要求。这样做可以帮助我们保护自己的时间、精力和情绪。如果你在关系中处于被控制、干涉的现状，你可以先从小事上开始和控制者对峙。最好是找好一个点，持续地和控制者沟通、交流、对峙，一次次地向对方说：我是我，我有我的想法、我的选择。

5. 需要保持一定的距离。人际关系中的界限有三层：地理界限、身体界限和心理界限。地理界限是你在地理空间中的归属感，例如这是你的家，那是你的办公桌。一般越过地理界限的行为，会让你感到财产被侵犯。第二层是身体界限，也就是让你感到安全的行为距离。一旦越过这个界限，你就会感到安全被侵犯。第三层是心理界限，越过这一层，你会感到隐私被侵犯。这三种界限是交织的关系，它们有可能同时被侵犯。

6. 保持边界的态度——不含敌意的坚决。即"我很坚决地守住我的立场，但我没有敌意"。当说出"不"的时候，其实传达了一个很重要的信息："我要的仅仅是不想被对方干涉而已。在我自己的事情上，我要自己说了算，但对对方没有任何敌意和侵犯"。如果你在关系中习惯控制别人，请记住不要过度干涉别人。当你参与到每个关系中时，你可能成为各种冲突的根源——因为所有的问题都与你相关。所以，分辨清楚"热心"和"干涉"的区别，非常重要。

四、自我建构与文化

如果被问到"我是谁"这个问题，你会如何回答？你是否倾向于从个性特点来定义自我？或是更倾向于将自己归属于某个社会群体？这可能与你的自我建构方式有关。**自我建构**指的是个体在认识自我时，会将自我放在何种参照体系中进行认知的一种倾向。

（一）自我建构的取向

自我建构包含个体、关系和集体三种取向。**个体取向**以独特的内在属性来建构自我，其幸福感来源于自尊与自我价值的实现，强调自我相对于他人所具有的独特性。**关系取向**通过人际关系的角度定义自我，从与重要他人的关系中获得幸福感，强调自我与他人关系的价值。**集体取向**从社会成员身份中衍生出自我定义，其幸福感与集体成员相互依托，注重个体作为群体成员的身份。每一种自我建构取向都影响着个体的认知、情感、动机等多个层面，与个体的身心健康密切相关。

自我建构取向优势性的差异可能与文化因素有关。在西方研究中，个体自我普遍占优势。而国内研究者发现，自我建构取向的优势性并非一直不变：当关系自我被"父亲、母亲"等亲属关系表征时，关系自我的重要性与个体自我相当；当关系自我被"好友"等非亲属关系表征时，个体自我更具优势。这意味着，"家庭关系"是中国人关系自我的核心，这种关系的作用强度远大于其他亲密关系。

（二）中国人的自我观

中国人的自我建构不是单纯的集体主义下的产物，要想真正了解中国文化对中国人的自我观的深刻影响，必须从"我"字入手来研究，因为在汉语中，人们更常用"我"来表示"自我"。中国人的自我主要包括以下内容。

1. 人前我与人后我

前者指在公共场合或众人面前表现出来的我，后者指在私下场合或极少数人面前表现出来的我。人前我像演戏，一般是将自己的最好一面展现给他人看，依社会规范的要求行动，朝他人期望的方向努力，希望给他人留下好印象。相对而言，人后我则真实得多，一般会依自我的真实想法行动，而不是像人前我那样需要不断严格要求自己。

2. 大我与小我

前者代表多数人利益的自我，后者代表少数人乃至个人利益的自我。大我与小我的内容是可以变化的。中国文化历来赞同牺牲小我保全大我的做法，认为"没有国，哪有家；没有家，哪有我"。

3. 公我与私我

前者代表公家或公共利益的我，后者代表私人或小集团利益的我。公我与私我也是相对而言的，例如，当私我仅代表个人利益时，代表其家庭利益的我就称为公我；当私我代表家庭利益时，公我至少代表家族利益的我；当私我代表家族利益时，公我就代表社会乃至国家利益。

4. 表我与里我

前者指个体表现出来的自我，有真伪之分；后者指个体藏在内心的我。因为里我潜藏于心，所以若不以一定的言行流露出来，别人便无法知晓，故而，里我全是真的。

5. 真我与伪我

前者指真实反映个体本来面目的自我；后者指未真实反映个体本来面目的自我。绝大多数人在向外人展现出来的自我里，往往是真伪掺杂的。

◎　**文化润心**

谈中国文化中的自省精神

自省，是中国文化背景下孕育出的独特价值观和实践方式。自古以来，圣贤们对自省的探讨与实践，构成了一条贯穿中国文化的发展脉络。

古人通过自察和自讼两种方式进行自省。自察指的是自我观察、自我审视，如"见贤思齐焉，见不贤而内自省也。"自讼指的是自我责备、自我批评，如"已矣乎！吾未见能见其过而内自讼者也。"

自省的内容极为丰富，包括德性、伦常、日常、学识等方面。德性上要"自省所行，仁义不备"；人伦上要"为人子者，父母非瞽瞍，尚有不能致其底豫者，可以自省矣"；日常方面应当"然自省于日用之间，言焉未能无口过，则有所不乐"；学识方面则有"故曾子自省其传不习者恐为德之弃也。"

自省的目的在于修身、齐家、治国、平天下。从"君子必自反也"到"为人子者，止于孝"，再到"然用则治，不用则乱，反掌之耳，为政者可以知自省矣"。这些经典表述，不仅反映了自省在个人修养中的重要性，更体现了它在维护社会伦理秩序、促进社会和谐中的核心地位。

自省作为中国文化中的一项重要传统和实践，既是一种自我完善的工具，也是一种社会进步的动力，传承其文化内涵和实践价值是中华民族的重要使命。

资料来源： 王馥芸.中国成年人自省人格的结构与测量［D］.重庆：西南大学，2019.

第二节　自我和自我意识的发展

自我意识并非与生俱来，不只是个体生物成熟的结果，而是个体在社会化过程中逐渐形成和发展的，是一个从无到有、从低级到高级逐步发展的过程。自我意识既随着生命周期变化呈现出较为规律的发展过程，同时也在多重因素的影响下表现出系统性、复杂性的发展特点。

一、自我意识的发展阶段

自我意识的发展可分为三个阶段：第一是自我中心期（8个月～3岁），当儿童能够用"我"字来表达自己的要求并进行交流时，生理自我意识便基本形成；第二是客观化时期（3岁～青春期），通过家庭、幼儿园、学校及其社会环境的人际交往，儿童社会自我意识也开始形成；第三是主观化时期（青春期～成年），属于自我意识成熟，进入心理自我的时期，其个性逐渐形成。

（一）自我中心期

人刚出生的时候，没有自我意识，也不能意识到自己和外物的区别。你可以看到几个月大的婴儿吸吮自己的手指，就像吸吮母亲的乳头一样津津有味，此时的婴儿还生活在主客体尚未分化的状态之中。8个月左右，婴儿的生理自我开始萌生，这就是自我意识的最初形态。1岁左右，儿童开始能把自己的动作和动作对象区别开来，初步意识到自己是动作的主体。1岁以后，逐步认识自己的身体，也开始能意识到自身的感觉。不过，他只是把自己作为客体来认识，他从成年人那里学会使用自己的名字，并且像称呼其他人一样称呼自己。2~3岁，儿童学会用第一人称"我"来代表自己，这是个体自我意识建立的标志。随着"我"的使用频率提高，许多事情都要求"我自己来"，开始有了自立的要求。应该说，3岁儿童的自我意识已经有了一定发展，但其行为仍然是以自我为中心的，即以自己的想法解释外部世界，并把自己的想法和情感投射到外界事物上去，可见，这个阶段儿童的自我意识处于自我中心期。

◎ 知识拓展 2-3

点红鼻子实验：自我意识何时觉醒？

你是什么时候开始意识到"我"是我？什么时候有了关于"我"的概念？换句话说，人的自我意识是从什么时候觉醒的呢？心理学家阿姆斯特丹（Amsterdam）设计了一个简单却巧妙的实验来回答这个问题。首先悄悄地在6~24个月婴儿的鼻子上粘一个小红点，然后把他们放在镜子前，指着镜子里的影像问孩子："那是谁？"

从这些孩子身上，阿姆斯特丹发现了三类反应。

6~10个月：他们对红点很感兴趣，表现出接近的意愿，比如微笑、发出声音，似乎想要跟镜子里的"伙伴"玩耍。

13~20个月：他们看到自己在镜子里面的样子时，不再感到特别兴奋。有些孩子表现出警惕，而另一些则会偶尔微笑并弄出些声音，似乎能够发现镜中人和自己有对应关系。

20~24个月：他们会用手去摸自己的鼻子，这意味着他们能够认出镜子里的是自己，那个红点是在自己的鼻子上。

之后，又有很多心理学家重复了同样的实验。这些研究一致显示，大约在24个月，个体才开始有"自我"的概念。这也意味着自我意识并非天生的，而是从无到有不断发展的过程。

资料来源：李拓也.一分钟趣味心理学常识［M］.北京：中国法制出版社，2021.

（二）客观化时期

从3岁到青春期，是自我意识的发展时期，这个阶段是个体接受社会文化影响最深的时期，也是学习角色的时期。个体在家庭、幼儿园、学校中游戏、学习、劳动，通过模仿、认同、练习等方式，逐渐形成各种角色观念，如性别角色、伙伴角色、学生角色、家庭角色等。青春期以前，个体的眼光向外，引起个体兴趣和注意的是外界，对自己的内心视而不见。虽然已经意识到自己是一个主体，可以充分认识到自己的行为，但却不了解自己的心态；常常把自己的情绪视为某种伴随行动而产生的东西，而不懂得情绪是自己的主观感受；不善于用自己的眼光去认识世界，只是照搬成年人的观点作为自己对外界的认识。这一时期，也是个体获得社会自我的时期。因此，心理学家也把这一时期的自我意识称为"社会自我意识"。

（三）主观化时期

从青春期到成年的大约 10 年中，个体自我意识趋于成熟，并逐步获得了心理自我。青春期是人发展过程中一个特殊又重要的时期，是自我意识发展的关键期。有人把这一关键期定义为自我意识由"客观化"到"主观化"的过渡期。伴随个体在生理、认知、情绪等各方面的急剧变化，如性的成熟、抽象思维和想象力的发展、感受性的提高，个体把关注的重点转向内部，开始去发现、体验自己的内心，关心自己的形象，不再简单认同别人的观点，有了自己的独特见解，自我意识逐渐趋于成熟。

自我意识的发展是一个连续的过程，自我的成长伴随人的一生。虽然理论上一般将自我意识的发展分为以上三个阶段，但不同的个体在不同的生理机制、生活经历、社会文化的影响下又会有所差别。此外，并非每个人都能获得成熟的自我意识，有的人一生都会处于客观化时期，使自己完全受外界环境的影响而缺乏主动性和自觉性；也有的人过早地进入主观化时期，显得与生理年龄不协调或过度关注自身而陷入焦虑、紧张的负面情绪状态。因此，自我意识发展是否正常、是否完善是个体心理健康的一个重要标志。

二、自我和自我意识发展的影响因素

自我是在生物、心理和社会因素交互影响下持续建立、评估和修正的动态过程。布朗芬布伦纳（Bronfenbrenner）提出的生态系统理论采用动态视角，分析生命全程中个体心理特征的发展变化过程，整合了心理发展过程中的四个关键性变量，即个体、环境、过程、时间。个体变量在生命发展过程中具有最重要的影响，环境变量具有层层嵌套、相互影响的四个层次，即微观系统、中间系统、外层系统和宏观系统，时间变量则表征了发展过程中的动态性（图 2-1）。

（一）个体变量

遗传素质包括机体的构造、形态、感官和神经类型的特征等。遗传素质是身心发展的生物前提，为身心发展的个别差异提供了最初的可能。如巴甫洛夫（Pavlov）认为，大脑皮层的基本神经过程有强度、均衡性和灵活性三种基本特性。可根据这三种特性将人的气质分为兴奋型、活泼型、安静型和抑制型。人的气质类型不同，对自我、他人和社会的体验不同、认知倾向不同，由此发展出来的人格结构也不同。因此，自我意识的发生发展与年龄的增长、身心成熟发展密切相关，离开了生理及相应的心理能力的发展，自我意识不可能发生。

（二）环境变量

1. 微观系统

微观系统指个体活动和交往的直接环境，如家庭、同伴、老师、学校等。

家庭是我们接触到的第一个社会环境，家庭结构、养育方式、亲子沟通等因素对自我的发展都有直接的影响。研究发现，如果父母对孩子的情感和需求持积极的态度，使孩子感受到关怀、赞赏、爱护、温暖，孩子的自我意识就会更加积极。相反，可能导致孩子难以正确

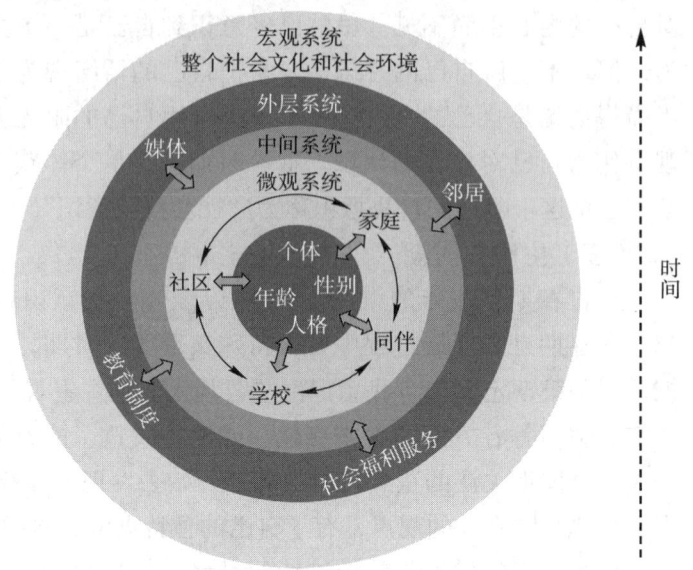

图 2-1　生态系统理论

认识自己，影响自我意识的正常发展，出现一系列的自我偏差。

与同伴、老师等重要他人的交往，也对个体的自我发展有着巨大影响。研究显示，积极健康的友谊关系可以促进儿童的自我概念的形成和发展。如果在成长过程中重要他人的否定性评价过多，个体就会直接内化为否定性评价，形成"我真的不行"的自我认识。

2. 中间系统

中间系统指个体所处的微观系统之间的紧密联系。自我发展的微观系统之间存在着复杂的相互作用，比如，中间系统表现出的积极作用，很可能抵消某些微观系统对自我发展的消极影响。研究发现，当不稳定的家庭关系导致个体在自我探索过程中产生焦虑情绪时，同伴关系可能成为支持性力量。

3. 外层系统

外层系统指个体未直接参与、但会对发展产生影响的系统。家庭地位、教育制度、社会福利、大众传媒等外层系统，能够通过中间系统和微观系统对个体产生间接影响。例如，网络虚拟空间的出现就为个体的自我存在与自我表现带来了一种全新的方式。

4. 宏观系统

宏观系统是存在于微观系统、中间系统、外层系统中的社会文化和社会环境，这是自我发展的大背景。西方工业文化下，人们更多地持有个人主义，宣扬自我身份的独立性。而以亚洲为代表的集体文化中，人们将集体利益放在更重要的位置。社会文化的影响并不是全然好或全然坏的，它既可能为自我发展提供动力，也可能成为阻碍。集体主义文化下，虽然人们更多地进行自我批评，很少自我肯定，但这也促进了自我改进。而在个人主义文化下，尽管人们更能从成就中获得自豪感，但鼓吹个人主义带

来的过度自由可能会导致生活满意度降低。

（三）个体变量与环境变量的动态交互

自我发展的各层次因素存在着复杂的交互作用，不能割裂开来考虑。不同因素的影响作用之间可能相互促进或抵消，一些外层环境因素的作用也需要通过更内层的环境因素发挥作用。

另外，应当重视自我发展的变化性和时间性。各层次因素之间的交互作用随着时间变化，既体现着个人的发展轨迹，也折射出社会的发展脉络。在新时代背景下成长起来的人们，自我意识更加强烈。研究发现，25岁以下的人群比25岁以上的人群更同意那些凸显自我意识的表述，如"为给自己起一个名字""过你自己想要的生活"。

总的来说，个体变量和环境变量相互依存、相互影响，在互动基础上实现动态平衡，引发自我和自我意识的发展变化。

第三节 大学生自我和自我意识的建构

大学时期是个体自我和自我意识发展的关键时期。人生阶段的全新启程，使得大学生的自我体验趋于深刻，常常受困于自卑感或自恋心理。生活方式骤然转变的过程中，以自我为中心的现象凸显，自我独立意识增强，大学生追寻自我的动机愈发强烈。大学阶段面临的学业、社交、亲密关系、职业规划等任务，也对个体的自我同一性提出了挑战。因此，在这一关键时期，正确应对成长危机，顺利度过发展阶段，建构良好的自我和自我意识既是发展的保障，也是成长的目标。

一、自卑感

（一）自卑感的定义

自卑感是自我情绪体验的一种形式，是个体由于某种生理或心理上的缺陷，或其他原因导致的对自我认识的态度体验。表现为对自己的能力或品质评价过低，轻视或看不起自己，担心失去他人尊重的一种心理状态。

自尊是常常与自卑感联系在一起的心理学概念，是指一个人通过自我评价肯定自己某些人格品质，从而尊重自己，并期望也能受到他人或社会群体给予应有的尊重。许多研究将自卑感与低自尊等同起来，认为自卑感是自尊水平过低的表现。然而，有学者提出，自尊与自卑感可能并非一个总结构体，低自尊与自卑感不一定必然联系。生活中有些低自尊的人，并不一定有明显的自卑感。高自尊的人群则呈现出多样性：稳定的、安全的高自尊个体能够在现实自我的基础上，客观看待成败经验，总体自我评价积极、稳定，不容易受到自卑感的困扰；对于不稳定的、脆弱的高自尊个体来说，他们需要不断获得成功来维持自己的感受，任何失败的经验都会影响其自我评价，因此，一些看起来功成名就的高自尊个体也可能处于自卑感的心理困扰中。

◎ **心理自测 2-1** ▰▰▰▰▰▰▰▰▰▰▰▰▰▰

罗森伯格自尊量表

仔细阅读以下陈述，"1"至"4"表示句子的描述与你的情况的符合程度，"1"表示非常不符合，"4"表示非常符合，在适合你情况的选项上打钩（√）。

内容	非常不符合	不符合	符合	非常符合
1. 我感到我是一个有价值的人，至少与其他人在同一水平上	1	2	3	4
2. 我觉得我有许多优点	1	2	3	4
★3. 归根结底，我倾向于觉得自己是一个失败者	1	2	3	4
4. 我能像大多数人一样把事情做好	1	2	3	4
★5. 我觉得自己没有什么值得自豪的地方	1	2	3	4
6. 我对自己持一种肯定的态度	1	2	3	4
7. 总的来说，我对自己感到满意	1	2	3	4
8. 我希望我能为自己赢得更多尊重	1	2	3	4
★9. 有时我的确感到自己毫无用处	1	2	3	4
★10. 我时常认为自己一无是处	1	2	3	4

计分方式：标有"★"的题目为反向计分（即选1计4分，选2计3分，选3计2分，选4计1分），其余题目为正向计分，计算总平均分作为量表得分。

你的得分为_____。

分数解释：根据得分所处的范围来评估你当前的自尊水平，百分等级可以帮助你了解你的自尊水平在人群中的位置，如百分等级≥95代表自尊水平超过95%的人群。

得分范围	自尊水平	百分等级
≥3.90	很高	≥95%
3.60～3.90	较高	83%～95%
2.50～3.60	中等	17%～83%
2.10～2.50	较低	5%～17%
≤2.10	很低	≤5%

资料来源：闫艳，谢笑春，盖笑松，等．中国大中学生的罗森伯格自尊量表测评结果［J］．中国心理卫生杂志，2021，35（10）：863-868.

（二）自卑感的来源

1. 社会比较

自卑感是个体对自我的评价过低所带来的情绪体验，而我们如何评价自我的好坏呢？研究发现，人们并非完全依靠纯粹的客观标准评价自我，而是通过与他人比较来评估自己的社会及个人价值，即**社会比较**。

在大多数情况下，社会比较并不会直接导致自卑感。如果个体采取**下行比较**，即寻找那些在某方面表现比自己差一点的人作比较，会感觉自己是一个更有价值的人，生活满意度得到提升。如果个体采取**上行比较**，与那些被认为比自己更有优势的人进行比较：一种可能是发生同化效应，自我评价向比较目标转变，个体向上比较后变得更加积极，主观幸福感有所提升；另一种可能的结果则与自卑感有关，由于自我与优势他人之间的对比效应，个体很容易产生负性情绪体验。

然而，现实生活中人们很少完全按照向上或向下的方式进行社会比较。根据**相似性假说**，人们往往会选择在一些重要特征方面与自己相似的人进行社会比较，以提供更准确且有价值的参考。由于群体结构的多元化，大学生进行社会比较的对象和领域更加广泛，如经济水平、能力、观点、地位、人际关系等。在广泛的社会比较中，大学生很可能在某个具体领域认为自己比别人差，产生负性情绪体验。个体在尚未形成稳定人格特征的背景下，这种最开始由于某一方面的原因造成的负性情绪很容易泛化到其他方面，进一步形成自卑情结。

2. 自我差异

自卑感也可能来源于内在自我的比较，现实中的自我和希望成为的自我之间的差距称为**自我差异**。自我差异理论认为，自我导向的目标涉及**理想自我**和**应该自我**两个方面，理想自我导向使个体关注目标和成就的实现，应该自我导向使个体关注责任和义务。当现实自我和理想自我不一致时，会使个体感到悲伤和沮丧；当现实自我与应该自我不一致时，会使人感到焦虑、难过，甚至内疚。过大的自我差异可能引发自卑情绪，但也可能作为动机及行为标准来调节、推动人的行为。

实际上，自卑是人类社会普遍存在的心理现象。无论性别、年龄、文化程度、职业、社会地位、健康水平如何，人们都在生活中或多或少地体验着自卑感。阿德勒（Adler）认为，每个人都有先天的生理或心理缺陷，这就决定了每个人的潜意识里都有自卑感存在。自卑确实可能会成为阻碍个体成功的因素，但也是隐藏在所有个人成就后面的主要推动力，是人在追求优越地位时的一种正常的发展过程。自卑可能促使人发奋图强、力求振作，从而超越自卑、补偿弱点，成为卓越的人。

（三）如何化解自卑感

在难以避免的社会比较和自我差异中，自卑的人常以批评者的角色对待自我，对于缺点过分强调，使得个体表现出自我认知偏差。因此，建立起准确的自我评价，接纳不完美的自我并做出改变，有助于个体化解自卑感。

1. 完善自我评价

自我评价反映了个体如何看待自己。人们在不同范畴内的自我评价可能是不同的，例如，认为自己学习能力尚可，但人际交往技能不佳。但对于自卑者来说，在某一方面糟糕的自我评价可能严重损害了他对自我整体的满意度，或者说，自卑者往往持有消极的核心自我评价，不认可自身能力和价值。在核心自我评价的主导下，自卑者的自我认知往往偏离现实，有时会令周围的人感到困惑，因为他们并未发现自卑者自以为有的缺点。

自我评价每时每刻都在发生，自卑者要有意识地以更全面、更客观的态度认识自我，尝试与固有的消极自我评价进行分离，避免为自卑感提供"燃料"。可以通过下面的自我练习来不断完善自我评价。

◎ 自我练习

自我万花筒——20个"我"

1. 写出20个"我是一个_____的人"的陈述句。尽量选择能反映个人特点的，真正代表独一无二的自己的语句。

2. 将你所陈述的20项内容归类并填入相应的框内：A.生理（体貌特征，如年龄、体形等）；B.性格；C.才智（智力、能力）；D.社交（人际关系等方面）。

3. 回顾每一项表述，在你认为是优势的表述前标记"+"（表示满意），在你认为是劣势的表述前标记"－"（表示不满意），在中立客观的表述前不加任何标记。

4. 根据每个分类里"+"和"－"的数量，思考你在各个方面的自我评价，是积极肯定的还是消极否定的？是客观的还是有失偏颇的？

5. 划掉标有"－"的表述并修改为新的表述。改写规则如下：①避免使用贬义词；②使用客观中立的表述；③表述尽可能具体化；④找出证据反驳缺点。

6. 综合生理、性格、才智、社交方面的自我评价，对自己进行重新描述。

生理	
性格	
才智	
社交	

2. 学会自我接纳

自我评价意味着客观、全面地认识自己，评价结果可能是积极的，也可能是消极的。而自我接纳不受任何条件的限制，即使意识到自我有缺点、有局限、有失败，人们还是可以悦纳自己，因为"我"本身就值得爱与尊重。

无条件的自我接纳是一种温和、关怀和宽容的态度，并不取决于我们的相貌、成绩、家庭背景。然而，自卑者的自我评价往往伴随着自我苛责，甚至抱怨自己的存在。这可能来源于早期经历，自卑者将主要养育者的批评和否定内化为自己的感受，从而在内心深处否定自己存在的意义。因此，自卑者要接纳自我，关键是重建与自己的关系，以"无条件的接纳"来重新养育内在小孩。

学习自我接纳，先要尝试自我表扬和接受赞美。你可以每天留出 5~10 分钟的时间来庆祝你这一天的胜利，比如"我为自己感到骄傲，因为我完成了 / 我帮别人……"。如果面对他人的赞美时你感到局促不安，可以尝试这样做：①抑制忽视赞美或改变话题的冲动；②回应赞美，比如表达感谢；③分享你听到赞美时的感受；④给予对方赞美。

3. 积极寻求改变

自信与自卑都是在生活经验中逐步形成的，做出行动上的改变是改善自卑感、发展自信心的必然途径。自信的人在生活中会做出更多的尝试，因此他们也会收获更多的成功，这些成功的经验会不断强化自我效能感，进而推动他们更有信心行动，遭遇失败时也有重新尝试的勇气。

相反，由于害怕批评、否定，自卑的人在行动前总是犹豫不决，甚至不采取行动，以这种最简单、最极端的方式来杜绝失败。即使采取行动，过程中的轻微波动也可能直接造成消极的自我评价，进而自我苛责，很难坚持行动。并且，成功带给自卑者的积极体验也微乎其微，他们常常会将成功归因为外在、不稳定的因素（如运气）。总的来说，自卑者难以获得令自己"满意"的成功经验。

要意识到，生活上几乎不存在某种巨大的成功能够消灭自卑、重建自信，人们也不可能每天、每个方面都能获得成功的经验。幸运的是，日常生活给重建自信提供了大量的机会，你可以将生活中的很多事务看作提升自我的方式，从中获得自信的"养料"。另一方面，你可以尝试成为某一方面的"业余的专家"，发展一个爱好（如绘画），逐步改变你对自己个人能力的看法。

◎　**时代心能量**

史铁生的自我救赎之路

史铁生曾在《病隙碎笔》里写道"生命本无意义，是我们使它有意义，是'我'，使生命获得意义"。如果你也在找寻自我，不妨去看看史铁生的作品，看看他如何在与自我的对话中获得生命的意义。

史铁生，1951 年 1 月 4 日生于北京，1967 年初中毕业后到陕西省延川县插队。1971 年因多发性脊髓硬化症导致双腿瘫痪，史铁生在《我与地坛》中写道"二十一岁末尾，双腿彻底背叛了我"。残缺的身体让他的脾气愈发暴躁，生活的困境让原本要强的他感到无比苦闷。

残疾禁锢了史铁生的生活，但也促使他走上了文学道路。1978年，他开始写作，在文字宣泄中自我疗伤和救赎。无数个"写作之夜"让他得以自我探寻，他在《病隙碎笔》中写下"史铁生以外，还有着更为丰富、更为混沌的我"，在《我的遥远的清平湾》中以温厚豁达的态度描绘插队生活，在《自言自语》中回答了人的三种根本困境。

回顾史铁生的一生，约三分之一的时间都在轮椅上度过，这也让他的生命与写作完全联结。他是纯粹地活在自我内心的人，用描述苦难的文字，传达出勃勃生机和熠熠光辉。生命的意义，关键在于"我"会赋予它怎样的意义。

资料来源： 乔宇 . 扶轮问路：今天如何读史铁生［M］. 北京：中国人民大学出版社，2021.

二、自恋心理

（一）自恋者的表现和特点

自恋是一个连续体，健康的自尊和病态的自恋位于两端。健康的自尊包括，在事情进展顺利时对自己持积极看法，并努力维护自己的幸福感，同时仍能与他人保持亲近的关系，容忍与理想化自我的不同之处。而在连续体的另一端是病态的自恋，其特征是无法保持稳定的自尊心，会以牺牲他人为代价来保护自己的自恋观念，当这种观念受到威胁时，就会感到愤怒、羞耻、嫉妒和其他负面情绪。

自恋者普遍存在浮夸感、特权感和自我专注感，并且强烈地想要得到他人认可和赞赏。因此，他们会通过多种调节方式维持自我观，使自我始终保持相对积极的状态。但**面具模型**认为，自恋者表现出的傲慢和自信等特征背后，掩盖的是自恋者的不安全感和自卑感。尽管心理健康从业者对自恋的概念存在巨大的差异，但都认同自恋型人格障碍会以夸大和脆弱的方式表现出来。

自恋性夸大以膨胀的自我形象为核心，拥有一种特权感，不断地追求权力、优越以及完美状态。**自恋性脆弱**则主要以维持积极自我形象时的耗竭和无力感为核心，可能伴随着抑郁、焦虑、神经质、自伤自杀等风险。自恋性夸大和自恋性脆弱并非相互独立的两种类型，它们可能在个体中同时出现或以交替振荡的形式出现。

然而，需要警惕自恋标签的滥用，在相当长的时间里，自恋都被认为是一种人格障碍，这使得自恋在大众印象中带有鲜明的消极色彩。但已有研究者提出，从功能上看，自恋其实有非适应性自恋和适应性自恋两种类型。**适应性自恋**主要包括权威和自我满足两个成分，**非适应性自恋**则主要包括特权感、剥削性和自我表现三个成分。适应性自恋涉及的成分大多数情况下是有益的，而非适应性自恋涉及的成分则相反，它通常与更高的神经质、理想－现实自我偏差、抑郁、焦虑、攻击性以及更低的自尊与共情水平相联系。因此，一概而论是不准确的，自恋心理也可能具有适应性意义。但当自恋心理呈现出明显的非适应性特点，达到病理性自恋甚至自恋型人格障碍的程度，导致内在人际功能失调时，个体应当主动寻求自我调适和外部干预来改善自恋心理。

（二）病理性自恋的心智化发展模型

心智化指对自己心理的觉察以及对他人心理的理解，是在人际互动过程，特别是早期依恋关系中逐渐发展形成的心理能力。具体来说，在良好的养育环境下，父母或其他主要照料者会向儿童进行镜映。镜映指个体在婴儿时期，无法表达自己的感受、需要、意图、想法，需要通过养育者的反馈，帮助其确认自己的能力和各种感受。例如，当孩子因为肚子饿了而哭泣时，母亲抱起了孩子说："宝宝肚子饿了，想要吃东西了。"如果来自父母的镜映与儿童自我内心体验一致，同时父母能够在镜映过程进行标识，让儿童意识到这是来自父母的内心感受，而不是来自自我内在，儿童就会逐渐发展出心智化能力。

以往研究发现，病理性自恋与童年创伤经历和父母养育方式有关。心智化视角下，早期情感忽视和虐待经历使得自恋者难以获得恰当的镜映，溺爱型和控制型的养育方式则意味着父母的过高评价或期待，自恋者很容易将父母期待的形象内化为自我。这些异常的镜映导致心智化发展受到阻碍，使得个体难以建立起外在现实和内心体验的深刻联系，因此，病理性自恋者大多都表现出缺乏共情能力的特点。

基于上述观点，研究者提出了病理性自恋的**心智化发展模型**。该模型认为，一旦处于积极评价需求受到威胁的依恋情境时，病理性自恋者很可能通过忽视自我和他人主观感受的方式（表现为缺乏共情能力）抑制心智化过程，自恋者的心理体验陷入**非心智化模式**。例如，病理性自恋者极端渴望成就、名望、他人关注的表现，可能受到**目的论**这一非心智化模式的影响。在目的论模式下，只有当体验到结果是明显可见的时，个体才能感受到该经验有意义，这是一种结果导向，类似于"你对我笑了，所以我知道你爱我"。自恋者体验到越多的非心智化模式，面临着实现自恋性异化自我的压力也越大，为了维护积极的自我概念或公众形象，自恋者不得不采用自我增强策略，比如，只与权威人士交往，或通过报复、攻击等方式来获得优于他人的体验等。

（三）如何提升自恋者的心智化水平

心智化发展模型强调，改善病理性自恋的关键在于培养反思能力，增强对自我及他人主观经验的好奇心，最终实现个体心智化水平的提升。在日常生活中，可以尝试通过以下练习来提升心智化水平。

1. 尝试共情

共情需要我们去识别自己和他人的情绪和想法，以恰当的方式对情绪和想法进行反应。体验自我知觉的感受，并保持心灵的开放去听听他人的感受。

2. 调整情绪

处在强烈的负面情绪时人们是没有办法心智化的，要觉察和接纳自己的情绪，就要在情绪不是很强烈的时候试着心智化自己的情绪，提高对情绪的觉察力和感知力。

3. 充满好奇

尝试带着好奇心去理解情绪和行为的意义，看到在这个情绪和行为背后的意义，试图去理解它。

4. 切换视角

每一个人对于同一件事情都有他们自己的解读，这些解读的视角、立场可能是不同的。因此持续地去体会和思考他人看问题的角度是非常重要的。

5. 现实检验

心智化能够使你关注到他人的内心，尝试思考他人心里有什么样的想法。但是你还需要想象其他视角的可能性，进行现实检验，了解对方真实的心理状态，也就是从尝试性的假设转向去验证自己假设是否成立。

三、自我中心

（一）自我中心的发展

自我中心这一概念源于儿童认知发展理论，皮亚杰（Piaget）认为儿童的认知发展具有明显的阶段性，不同阶段有其主要特征。在 2~7 岁时，儿童的认知发展处于前运算阶段，这一阶段儿童会表现出以自我为中心的发展特征。为了揭示儿童的这一现象，皮亚杰设计了著名的"三山实验"（图 2-2）。实验材料是一个包括三座高低、

图 2-2 皮亚杰的"三山实验"

大小和颜色不同的假山模型，让儿童从前后、左右不同方位观察这座模型，然后要求儿童面对模型而坐，并放一个玩具娃娃在山的另一边，向儿童呈现四张从不同方位拍摄的假山模型照片，要求儿童从四张图片中指出哪一张是玩具娃娃看到的"山"。实验结果发现，7~8 岁的儿童能正确地选出代表玩具娃娃视角的图片，而年龄更小的儿童无法指出正确答案，只能从自己的角度来描述三座山的形状。

皮亚杰由此推断，处于前运算阶段的儿童只会从个体主观角度出发，将自我的经验投射到他人身上，并将这种只能考虑自身，且无法协调自身与他人之间的观点的现象称为**自我中心**。大约 7 岁以后，儿童进入具体运算阶段，思维能力飞速发展，开始在互动中感受到来自不同客体的差异性并接纳他们的观点，逐步掌握观点采择的能力，即能够站在他人的角度，从他人的角度看待问题。

艾尔金德（Elkind）则认为自我中心现象不仅限于儿童时期，而是会在青少年时期达到一个高峰。在这一时期，个体无法区分自己同他人关注内容的差异，通常会以自己的想法推测他人的想法，表现为假想观众和个人神话两种形式。**假想观众**是指，青少年容易在心理上制造想象中的观众，认为其他人都像自己那样时刻关注着自己，将自己作为关注的焦点。许多研究在大学生群体中都观察到这种焦点效应，例如，让大学生穿上印有特殊标语的运动衫去见同学，约 40% 的大学生确信同学会记住自己衣服上的字，但事实上仅 10% 的人会记住，大部分观察者甚至没有发现对方中途出去几分

钟再回来时换了衣服。另一方面，个体在这一阶段常常会认为自己是独一无二的、特别的，持有自己无所不能、拥有特殊能力、不可能受到伤害的认知和信念，即**个人神话**。从发展心理学的视角来看，假想观众和个人神话都是心理发展过程中的正常现象，随着认知能力和心理化水平不断提升，个体会逐步去自我中心化，但由于所处环境和受教育程度的不同，每个人去中心化的程度也不同。

与发展心理学不同，社会心理学视角中，自我中心更多地被描述为一种服务自我的认知偏差，是人们常见的利我性行为。在事件发生后，人们倾向于把好的结果归因于自己，而把坏的结果归因于其他，例如，考试失败时认为是运气不好，考试成功时则认为与能力有关，这种现象称为**自利归因**。人们还可能高估自己的想法和行为的普遍性，认为别人跟自己一样，即**虚假普遍性**现象。例如，"我确实撒谎了，但大家不都这样吗？"自我中心偏差有其适应性的一面，有利于个体缓解压力、焦虑、维护自尊，但也会带来一些不良后果，过度自我中心的个体在社交生活中更难以他人建立联系和协作。

（二）如何避免过度自我中心

如果你已经意识到自己具有过度自我中心的特征，这表明你迈出了改变的第一步。接下来，你可以通过尝试以下方式，减少对自己的关注，更多地关注他人需求。

1. 专注倾听

以自我为中心的人往往引导对话围绕着自己展开，当焦点不在他们身上时，他们往往会感到无聊。点头和提问是练习专注倾听的好方法。

2. 减少使用"我"的表述

克制自己在每次谈话中总谈论自己的冲动。试着主动减少在日常对话中说"我"和"我自己"的陈述。比如，跟朋友打电话时，与其立即告诉他们你的一天，不如先问问他们一天的情况。

3. 感恩练习

挑战自己，多说"谢谢"。如果你对生活中的美好事物不感恩，那通常意味着你觉得自己有权拥有它们。表达感激之情可以帮助你与他人建立更多的联系，激励你继续自我完善。你可以试着在未来两周里，每天睡前花费五分钟的时间，回想今天发生的事，把它们写下来。然后另起一行，写下你生命中值得感恩的五件事，例如"拥有一个包容的朋友""父母给予我物质上的支持""我有不错的记忆力"等。

4. 参加志愿者活动

帮助他人可以迫使你把目光投向自己之外。做志愿者是一种有效的方法，它让你有机会将他人的需求放在自己之前。为他人付出你的时间和精力不仅使他人受益，也会增加你的幸福感。

四、自我独立性

自我意识随年龄不断增强，个体想要真正成为独立自我的需求也愈发强烈。然而，自我独立不完全取决于生理层面的成熟和物质层面的自主，更重要的是要完成分离－

个体化的心理发展任务。

（一）分离 - 个体化

分离 - 个体化的概念最早是由马勒提出，她认为个体心理的诞生是在与母亲的互动中实现的，具体来说，会经历自闭、共生、分离 - 个体化三个阶段。在这个过程中，婴儿体验着逐步与母亲分离的感觉，当婴儿感到自己是一个独立的个体时，标志着个体化的开始。

霍林沃斯（Hollingworth）在马勒的理论基础上进一步发展，认为青少年时期有一次类似婴幼年时期的分离 - 个体化，也叫**心理断乳期**。青春期分离 - 个体化涉及亲子关系的重新协商，从单方面的权威向相互协商的关系转变，逐步脱离对父母的依赖，对父母去理想化，在心理上与父母分离，进而获得独立性和自主性，形成个体化。分离 - 个体化顺利完成，青少年才能意识到自己真正成为了一个独立的个体，为下一阶段的发展任务（如步入亲密关系）奠定良好的基础。但是，如果此阶段的发展滞后或受阻，个体很容易在接下来的环境中产生心理问题，转而退回到对父母的依恋上以获得安全感，从而导致心理发展陷入停滞。

大学生正处于青少年晚期，其分离 - 个体化的完成情况与自我独立性密切关联，维持亲子依恋关系的同时，实现一定程度的心理分离，对于大学生人际交往和心理健康都有着深远影响。

（二）如何实现自我独立

由于青春期自我意识的膨胀，实现自我独立的渴望更加强烈和急切，很容易进入一些自我独立的误区，反而阻碍自我发展。有意识地避免这些误区，可以帮助个体更有效地实现自我独立。

1. 自我独立≠完全自主

一些个体在追求自我独立的过程中，可能陷入过度追求自主的误区，认为自主性越多越好，拒绝任何来自外界的建议和意见。但以往研究显示，相比无自主性和完全自主性条件，具有适度自主性的个体在实验任务中表现更佳。实际上，适度的指导和限制对于促进个人的表现和成长是有益的，追求完全自主反而可能会影响决策合理性，成为个人发展的障碍。

2. 自我独立≠完全分离

分离个体化是实现自我独立过程中必要的心理社会性任务，这并不意味要与父母完全隔离开来。相反，父母在个体自我独立过程中的角色极为重要，父母的支持和指导有助于青少年发展自我意识，建立个人价值观。如果为了实现自我独立，用冷漠或轻蔑的态度来摆脱父母控制，这可能会陷入"伪独立"的状态。合理的分离应当要认识到父母的复杂性，既包括优点也包括缺点，从而在对父母进行**去理想化**的过程中建立起自己的价值观和行为标准。

3. 自我独立≠完全自由

自我独立的结果不仅有生活的自主性、关系的分离化，还涉及责任感的形成。当个体感到自己的行为是自主选择时，他们更有可能感到负有责任，并且更有动力承担这些责任。自我独立不是为所欲为，真正独立的个体要能够在认识到自己的需求和愿望的同时，为自己的行为负责，并在可能的情况下对他人和社会负责。

五、自我同一性

（一）埃里克森的心理社会发展模型

自我同一性的概念最早是由心理学家埃里克森（Erikson）在心理社会发展模型中提出的。埃里克森认为，人要经历 8 个阶段的心理社会演变，这种演变称为心理社会发展，这些阶段包括四个童年阶段、一个青春期阶段和三个成年阶段（表 2-1）。每一个阶段都有这个阶段应完成的任务，并且每个阶段都建立在前一阶段之上，这 8 个阶段紧密相连。如果个体难以完成他所处阶段的任务，就会出现发展危机。而解决发展危机的方法对一个人的发展具有非常重要的意义。积极的解决办法有助于自我的加强，因而也有助于自己形成较好的顺应能力。消极的解决办法削弱了自我，阻碍了顺应能力的形成。

表 2-1　埃里克森 8 个阶段的心理社会发展模型

生命阶段	心理社会危机	积极结果和消极结果
婴儿期 （0～1岁）	信任 vs 不信任	当婴儿受到温暖、持续的照顾时，他就能建立起信任感；缺乏照料或照顾不够则产生不信任感。
幼儿期 （1～3岁）	自主 vs 羞怯	当儿童被鼓励探索自我和环境时，自主感得以发展；当儿童的探索受到抑制时，羞怯感产生。
学龄前期 （3～5岁）	主动 vs 内疚	当鼓励儿童进行各种各样的尝试时，他们的主动性就得到促进；如果父母嘲笑孩子或过度批评他们，就会使他们产生内疚感。
学龄期 （5～12岁）	勤奋 vs 自卑	儿童受到表扬时他们就会获得勤奋感；当他们所做的努力被认为是不充分或差劲时，就会产生自卑感。
青春期 （12～18岁）	同一性 vs 角色混乱	个体要面临的一个关键问题是"我是谁"，拥有可靠和整合特性的个体被认为是达到同一性的；无法建立稳定和统一特性的个体将会面临角色混乱。
成年早期 （18～25岁）	亲密 vs 孤独	个体所面临的关键问题是建立一种亲密的人际关系；这个过程失败将导致孤独。
成年中期 （25～65岁）	繁殖 vs 停滞	个体是社会中能够进行生产活动的成员，包括为社会作出贡献，为未来创造人口，通过工作、志愿努力和抚养孩子可以实现繁殖；与之相反是停滞，它的特征是个体过度关心自己的幸福或认为生活是无意义的。
成年晚期 （65岁以上）	整合 vs 绝望	整合是指当个体回头看自己所经历的生活时会有满足感，这使他们能够有尊严地面对死亡；如果遗憾成为主导，那么个体会感到绝望。

　　该模型为不同年龄段的教育提供了理论依据和教育内容，任何年龄段的教育失误，都可能会给一个人的终身发展造成障碍。它也告诉每个人：我为什么会成为现在这个样子？我的心理品质哪些是积极的、哪些是消极的？是在哪个年龄段形成的？这些都会给我们提供反思的依据。

　　埃里克森认为，在第五个阶段，即青春期，主要任务是解决同一性对角色混乱的冲突。同一性，本质上是指人格发展的连续性、成熟性和统合感。玛西亚（Marcia）等心理学家更加详细地界定了**自我同一性**的概念：指个体将自身动力、能力、信仰和历史进行组织，纳入一个连贯一致的自我形象中。它包括对各种选择和最后决定的深思熟虑，特别是关于工作、价值观、意识形态和承诺等方面的内容。如果青少年无法将这些方面和各种选择整合起来，或者说他们感到根本没有能力选择，那么角色混乱就发生了。例如，不知道自己是谁，自己要做什么，不能认清自己的发展方向。

（二）自我同一性状态

　　玛西亚以探索和承诺为变量对自我同一性进行操作定义。由探索和承诺两个变量的组合提出了四种同一性状态。

1. 同一性获得

　　同一性获得指经历了一段可能性选择的探索阶段，并呈现出相对固定的承诺。也就是说，个体考虑了各种实际选项，做出了选择，并实践选择。跨入大学校门的学生需要花一定的时间做出决定并实践。对个体而言，自我同一性达成，并不意味着一成不变，之前形成的同一性也可能被摒弃，而形成新的同一性。

2. 同一性延缓

　　同一性延缓指正处于可能性选择的探索过程中，但没有达到最后的承诺。大学生在探索自我的过程中，会不断地去发现新的自己，积极考虑各种选择，虽然没有达到最后的承诺，但也是牢固建立自我同一性的重要部分。这一阶段不再成为危机，因为对于大多数人来说，自我同一性的达成是一个缓慢的探索过程，而不是外在的急剧变化。延期选择很正常，而且是健康有益的。

3. 同一性早闭

　　同一性早闭指从未经历同一性危机（探索），就对一定的目标、价值观和信念作出了承诺。描述的是个体过早地将自我意象固定化，没有考虑各种选择的可能，便停止了对同一性的探求。同一性早闭的大学生往往缺乏主见，容易遵从他人的目标、价值观和生活方式。这里的他人主要包括父母、同伴群体等。同一性完成过早的人会显得刻板与肤浅，不会沉思，应变能力差，但很少会忧虑。这类人倾向于与父母保持密切的关系，并采纳父母的价值观。他们喜欢有组织、有秩序的生活，尊重权威。

4. 同一性扩散

　　同一性扩散指没有探索也没有固定的承诺。个体很少"发现自己"，不知道自己是谁，不知道想做什么，也没有明确的发展方向。经历着同一性扩散的青年无法成功地做出选择，或者他们会逃避思考问题。对事物缺乏兴趣，感到孤独，对未来不抱希望，或者可能很叛逆。他们宁可塞着耳塞听音乐或睡觉，也不愿接触父母和老师。

从玛西亚对同一性的分类来看，同一性早闭和同一性扩散都属于同一性混乱，或者是同一性达成较低的水平，这二者通常是联系在一起的。

◎　**心理自测 2-2**

自我同一性状态客观测量问卷

仔细阅读下面每一句话，注意要对整句话而不是句子的某一部分做出判断。"1"至"6"表示句子的描述与自己情况的符合程度，"1"表示完全不符合，"6"表示完全符合。请在题后相应数字上打钩（√）。

内容	完全不符合	大部分不符合	有点不符合	有点符合	大部分符合	完全符合
1. 我还没有决定自己真正想从事的职业，有什么工作就先做什么，等有了更好的再说	1	2	3	4	5	6
2. 在男性和女性的角色方面（即男女应该有什么样的言行举止、权利义务等），我与父母的看法一致，他们赞成的我也赞成	1	2	3	4	5	6
3. 世上人有很多种，我仍在努力寻找那些适合做我朋友的人	1	2	3	4	5	6
4. 有时我会在别人的邀请下参加一些娱乐活动，但很少主动尝试	1	2	3	4	5	6
5. 我还没有真正考虑过"约会方式"问题，我也没有好好想过我是否该谈恋爱	1	2	3	4	5	6
6. 在职业选择方面，我一直在试图评价我的个人能力如何，我适合做什么样的工作	1	2	3	4	5	6
7. 对于信仰问题我没做多少思考，我也不会因此而烦恼	1	2	3	4	5	6
8. 家庭中划分夫妻双方责任的方式有许多种，我正试图确定哪一种方式最适合我	1	2	3	4	5	6
9. 根据以往的经历，现在我已明确了我该与什么样的人谈恋爱	1	2	3	4	5	6
10. 我还没有真正考虑过政治方面的问题，这类问题不会让我非常激动	1	2	3	4	5	6
11. 我原来可能想过将来从事什么职业的问题，但自从父母说出他们的期望之后，对此我就再也没有任何疑问了	1	2	3	4	5	6
12. 每个人都应该有属于他的信仰，我已经反复考虑过这个问题，知道我该信仰什么	1	2	3	4	5	6

内容	完全不符合	大部分不符合	有点不符合	有点符合	大部分符合	完全符合
13. 经过深思熟虑之后，我对于理想的"生活方式"已经形成了自己的观点，并且没有人能改变我的看法	1	2	3	4	5	6
14. 我已经从许多娱乐活动中选出了自己定期参加的一两种活动，并且对自己的选择很满意	1	2	3	4	5	6
15. 父母对于国家政治和社会政策方面的问题（如社会保障和教育收费制度改革）都有自己的看法，我接受并赞同他们的观点	1	2	3	4	5	6
16. 我想知道信仰对我来说有何意义，但还没有确定	1	2	3	4	5	6
17. 父母告诉我什么样的生活方式适合我，对此我不需要怀疑	1	2	3	4	5	6
18. 在人生观问题上，我经常思考或与人讨论，努力寻找一种适合自己的人生观	1	2	3	4	5	6
19. 我只与父母赞赏的那些人交朋友	1	2	3	4	5	6
20. 我已经仔细考虑过自己的政治观念，发现我与父母的观点有些是相同的，有些是不同的	1	2	3	4	5	6
21. 我与他人建立了各种友谊关系，现在很清楚自己要交什么样的朋友	1	2	3	4	5	6
22. 目前我仍在探索自己适合跟什么样的人谈恋爱，但还没有完全确定下来	1	2	3	4	5	6
23. 我的政治观还没有确定，但我正设法弄清楚自己在政治上的立场是什么	1	2	3	4	5	6
24. 我花了很长时间来决定自己该从事的职业，现在我已明确了自己的职业方向	1	2	3	4	5	6
25. 夫妻分担家庭责任的方式有很多，对此我有过很多思考，并清楚自己将来该怎么做	1	2	3	4	5	6
26. 我想我的生活只要过得一般就行了，并不想遵循一种特定的人生观去生活	1	2	3	4	5	6
27. 我没有亲密朋友，只喜欢与周围的人在一起消磨时间	1	2	3	4	5	6
28. 我认为适合父母的信仰一定也适合我，我从未怀疑过自己的信仰	1	2	3	4	5	6
29. 社会上对于男性和女性角色的观点多种多样，对此我没做多少思考	1	2	3	4	5	6
30. 我不知道什么样的朋友最适合我，现在我正努力弄明白友谊对我的真正意义	1	2	3	4	5	6

续表

内容	完全不 符合	大部分 不符合	有点不 符合	有点 符合	大部分 符合	完全 符合
31. 我所有的娱乐爱好都受父母影响，我还没 有真正尝试过其他的娱乐活动	1	2	3	4	5	6
32. 我只与父母赞同我们谈恋爱的人约会	1	2	3	4	5	6

计分方式：问卷包括四个分量表：同一性获得状态、同一性延缓状态、同一性早闭状态和同一性扩散状态，每个分量表包括 8 个题目（见计分表）。所有题目均为正向计分，分别计算各分量表的平均分作为四种同一性状态的得分。在某一状态分量表上的得分越高，代表你越有可能处于该种同一性状态。

同一性获得	9	12	13	14	20	21	24	25	得分
同一性延缓	3	6	8	16	18	22	23	30	得分
同一性早闭	2	11	15	17	19	28	31	32	得分
同一性扩散	1	4	5	7	10	26	27	29	得分

资料来源：王树青，陈会昌. 大学生自我同一性状态问卷中文简版的修订［J］. 中国临床心理学杂志，2013，21（2）：196-199.

（三）如何发展自我同一性

实现自我同一性是一个动态的、持续的过程，它要求个体在自我探索和实践中不断前进，你可以根据以下步骤来逐渐构建起稳定而全面的自我同一性。

1. 认识自我

认识自我并不容易，这不仅因为自我的结构复杂，而且还因为自我会随着人的成长不断变化。乔哈里窗口理论（图 2-3）揭示了自我的不同领域，对我们探索认识自我有重要的指导作用。

该理论认为，人对自我的认识是一个不断探索的过程，人的自我可以划分为四个领域：第一块是公开的我，这部分自己很了

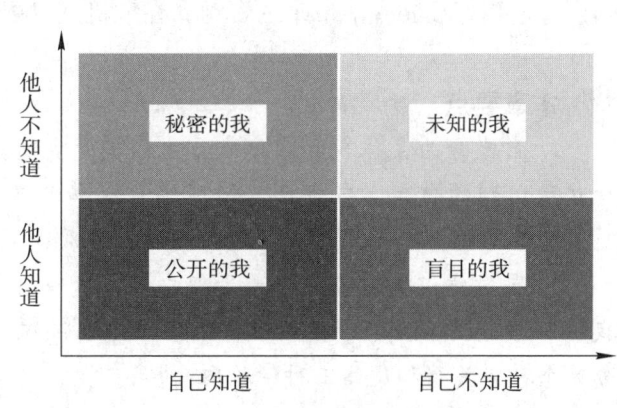

图 2-3　乔哈里窗口理论

解，别人也很了解；第二块是秘密的我，是自己了解但别人不了解的部分；第三块是盲目的我，别人看得很清楚，自己却不了解；第四块是未知的我，是别人和自己都不了解的潜在部分，通过一些契机可以激发出来。

每个人的自我都由这四部分构成，但每个人四部分的比例是不同的。而且，随着人的成长和生活经历的增加，自我的四个部分也会不断地发生变化。因此，要想不断认识自我，最好的方法是借鉴别人对我们的评价、恰当运用比较以及不断通过生活实践来认识自我。

2. 尝试不同角色

你可以通过角色体验的方式，比如志愿服务、兼职工作或社团活动，尝试不同的社会角色和职业路径，观察在不同环境下的适应情况，或者在相对安全的环境中采用角色扮演的方式——如情景剧表演，体验不同的社会身份，增强自我表达和适应能力。通过尝试不同角色，你能更加了解哪些角色更能体现自己的价值，有助于你发现自己的独特性和潜能，为后续的选择提供重要信息。

3. 澄清价值观

在对不同身份和角色有了一定的体验之后，你需要对自己内心深处的价值和信念进行深入的探索，识别出自己真正关心的事物以及希望为之奋斗的目标。你可以通过价值观澄清练习（见第三章）来反思你在生活中最重视的方面，在这些方面有哪些价值观对你来说最重要，并分析你的价值观跟现实生活的差异性。

4. 承诺和投入

最后，实现自我同一性要求个体对所选定的身份和价值观进行承诺和投入。你可以根据价值观，进行大的目标设定，并将其分解为可操作的日常小目标。通过这些持续的投入和承诺，你不仅能够实现自我同一性，还能在这一过程中不断成长和完善。

自我同一性是人类个体一生的探索任务，需要个体去思考、探索、回答、实践关于"我是谁""过去哪些经验塑造了现在的我""我未来要成为什么样的人"等问题。大学阶段是构建自我同一性的关键时期，面对生活目标的丧失、生活节奏的转变，很容易陷入迷茫无助的同一性危机中，但也正是危机推动着构建自我同一性的动机愈发强烈，把握好校园生活带来的资源，在危机到发展的转换过程中实现自我成长。

◎ 本章要点

1. 自我分为主体我和客体我，主体我是主观上构成的自我，客体我则是通过客观反映认识到的自我。自我也包括现实自我和理想自我，两者的和谐有利于人格成长。自我的三结构由本我、自我、超我构成，分别遵循快乐原则、现实原则和道德原则。

2. 自我意识从内容上分为生理自我、心理自我和社会自我。从心理成分上分为自我认识、自我体验和自我调节。根据个体在认识自我采用的参照体系，可将自我建构分为个人、关系和集体三种结构取向。

3. 自我意识的发展可分为三个阶段：自我中心期、客观化时期、主观化时期。个体变量、环境变量和两者之间的动态交互共同影响着自我和自我意识的发展。

4. 自卑感是由于某种生理或心理上的缺陷或其他原因所产生的对自我认识的态度体验。

5. 自恋心理以浮夸感、特权感和自我专注感为特征，伴有过分需要他人认可和赞赏的期望。

6. 自我中心现象指无法区分自己同他人关注内容的差异，通常会以自己的想法推测他人的想法。

7. 分离－个体化是个体逐步脱离对父母的依赖，在心理上与父母分离，从而获得自我独立性的过程。

8. 自我同一性是青年期需要完成的心理社会性发展任务，可根据承诺和探索维度分为同一性获得、同一性延缓、同一性早闭、同一性扩散四种状态。

◎ **本章主要概念**

自我	主体我	客体我
投射自我	现实自我	理想自我
本我	自我	超我
自我意识	生理自我	心理自我
社会自我	自我认识	自我体验
自我调节	客体	自体
客体关系	自我边界	自我建构
自我中心期	客观化时期	主观化时期
生态系统理论	自卑感	自尊
社会比较	自我差异	自恋
心智化	自我中心	分离－个体化
心理社会发展	自我同一性	同一性获得
同一性早闭	同一性扩散	同一性延缓

◎ **推荐阅读**

阿尔弗雷德·阿德勒.自卑与超越.北京：中国友谊出版公司，2017.

克里斯托弗·安德烈，弗朗索瓦·勒洛尔.恰如其分的自尊.北京：生活书店出版有限公司，2015.

马修·麦凯，帕特里克·范宁.自尊.北京：机械工业出版社，2018.

约瑟夫·布尔戈.自恋也疯狂：面具下的极端自恋者.北京：机械工业出版社，2020.

◎ **数字课程学习**

⬇ 教学课件　　✎ 在线自测　　📖 参考文献

第三章

人格和人格测评

◎ **话题导入**

同样是看到秋天的景象，曹雪芹说："已觉秋窗秋不尽，那堪风雨助凄凉！"他看到萧瑟，看到寂寥。刘禹锡诗云："自古逢秋悲寂寥，我言秋日胜春朝。晴空一鹤排云上，便引诗情到碧霄。"毛主席有词："一年一度秋风劲，不似春光。胜似春光，寥廓江天万里霜。"他们看到秋天的辽阔，豪情万丈。这样的不同体现了人格的差异。

第一节　人格概述

一、人格的含义

世界上没有一模一样的两片树叶，在生活中也没有一模一样的两张面孔，即使是单卵双胎也是如此。人格如同人的面孔一样，千差万别。那么，什么是**人格**？从心理学角度看，它是指一个人的整体精神面貌，是在长期的社会生活中形成、丰富和发展起来的，具有一定倾向性的稳定的心理品质和心理特征的总和。其中"心理品质"包括动机、兴趣、信念、世界观、人生观和价值观等；"心理特征"包括气质、性格和能力等。

在**社会学**中，人格被视为个人在社会群体中的人品价值体现，反映了个人在社会中的地位和作用，也指个人的性格或天赋。在**法律领域**，人格特指自然人的民事权利能力，是法律赋予自然人依法享有民事权利或承担民事义务的资格。具体表现为人格权，包括自然人的身体权、生命权、健康权、名誉权、肖像权等。从**哲学角度**看，人格与个性被视为同义词，指做人的尊严、价值和品格的总和。这个概念源于希腊语"Persona"，原意是指演员在舞台上戴的面具，象征着个人在扮演不同社会角色时的外在表现。

◎ **知识拓展 3-1**

什么是完美人格

我国心理学家黄希庭教授认为，心理健康可以分为心理疾病或障碍、心理机能正常和健全人格或完美人格三个层次。完美人格属于较高层次的心理健康，他认为完美人格有以下五个方面的重要标准：①对世界抱有开放态度，乐于学习和工作，不断汲取新经验，富有创造性；②以正面的眼光看待他人，有良好的人际关系和团队精神；③以正面的态度看待自己，能自知、自尊和自我悦纳；④以正面的态度看待现在和未来，追求现实而高尚的生活目标；⑤以正面的态度对待困难与挫折，能调控情绪，心境良好。总之，完美人格就是以辩证的态度对待世界、他人和自己，对待过去、现在和未来，对待顺境与逆境，做一个自立、自信、自尊、自强、幸福的进取者。

资料来源：黄希庭.大学生心理健康教育［M］.上海：华东师范大学出版社，2004.

二、"我"属于哪种气质类型

（一）什么是气质

有人说，人出生时犹如一张白纸，可以任意勾画出不同的类型。但是，人与生俱来的特质，是在降生的瞬间，或者说胎儿阶段就已经形成了。例如，"急性子""慢性子"就属于先天的特质。在日常的生活、工作和学习活动中，可以发现有的人性情急躁，喜怒形于色；有的人说话办事总是慢条斯理，难得发火；有的人活泼好动，善于交朋友；有的人少言寡语，喜欢独处；等等。这些心理活动的差别都是由于个体具有的不同人格特质。

◎ **案例**

4个人一起去看戏，结果都迟到了。如果按照惯例，检票员不会让他们进去。第一个人立即面红耳赤地与检票员争吵起来，声称自己有票，一定要进去；第二个人头脑灵活，想检票员是不会让他们进去的，就绕剧场一周，发现一个无人看管的边门，就溜进去了；第三个人很有耐心，他慢条斯理地与检票员磨嘴皮子，阐述自己想进去看戏的种种理由，在他的软磨硬泡下，检票员动了恻隐之心让他进去了；第四个人首先想到的是自我责难，认为是自己运气不好，难得出来看戏就遇到这类倒霉的事情，算了，还是回家吧。

这个故事是由苏联心理学家达维多娃（Davydova）编写的，目的在于描述4种典型气质的人在同一情境下的不同行为表现。从中可以看出，气质使个体的心理活动涂上一层独特的色彩。那么，气质是什么？气质的类型有哪些？具体行为表现又怎样？

现代心理学认为：**气质**是个体不以活动的目的和内容为转移的、典型的、稳定的心理活动特征。气质是心理活动表现在强度、速度、稳定性等方面的动力性和心理特征。它相当于日常生活中所讲的脾气、秉性或性情。具体来讲，心理活动的速度和稳定性是指个体知觉的速度、思维的灵活性程度、注意力集中时间的长短等；心理过程的强度是指个体情绪的强弱、意志或努力的程度等；心理活动的指向性是指个体是倾向于外部事物，从外界获得新印象，还是倾向于内向，经常体验自己的情绪、分析自己的思想行为等。

（二）气质的类型

早在约 2 500 年前，古希腊医生希波克拉底（Hippocrates）就提出了体液说，他认为人体内有 4 种液体，即血液、黏液、黑胆汁和黄胆汁，进而把人分为**胆汁质**、**多血质**、**黏液质**和**抑郁质** 4 种气质类型。各种气质类型及心理特征与行为方式表现见表 3-1。

表 3-1 气质类型及其心理特征与行为方式

气质类型	气质心理特征的组合	行为方式的典型表现
胆汁质	感受性低，有一定的耐受性，反应快但不灵活，情绪兴奋性高，抑制力差，外倾性明显，行为有一定的可塑性	热情，直率，灵活，精力旺盛，性格刚直，情绪易激动，心境变换剧烈，脾气急躁，易感情用事
多血质	感受性低，耐受性高，反应快而灵活，情绪兴奋性高，抑制力差，外倾性明显，行为可塑性大	活泼好动，反应迅速，动作敏捷，思维灵活，善于交际，但是注意力易转移，兴趣易变化，缺乏持久力
黏液质	感受性低，耐受性高，反应速度缓慢，稳定性高，情绪兴奋性低，内倾性明显，行为具有一定的可塑性	安静，稳重，喜欢沉思，反应缓慢，善于忍耐，情绪不易外露，注意力稳定，难以转移，灵活性不足
抑郁质	感受性高，耐受性低，反应速度慢，刻板而不灵活，情绪兴奋性低而体验深，内倾性特别明显，行为可塑性小	感情稳重，情绪体验深刻，多愁善感，能够觉察他人无法觉察的细小事物，行动迟缓，胆小孤僻

◎ **自我练习 3-1**

气质类型测试

下列各题中，每题都有 5 个备选答案，请按照你的实际情况，选择一个最适合你的答案，根据评分标准将所得分数填到对应的栏目中，最后计算出 4 种气质类型的总分数。若很符合，记 2 分；若较符合，记 1 分；若一般，记 0 分；若较不符合，记 -1 分；若很不符合，记 -2 分。

1. 做事力求稳妥，不做无把握的事。

2. 遇到可气的事就怒不可遏，想把心里话全说出来才痛快。

3. 宁可一人干事，不愿很多人在一起。

4. 到一个新环境很快就能适应。

5. 厌恶那些强烈的刺激，如尖叫、噪声、危险镜头等。

6. 和人争吵时，总是先发制人，喜欢挑衅。

7. 喜欢安静的环境。

8. 善于与人交往。

9. 羡慕那种善于克制自己感情的人。

10. 生活有规律，很少违反作息习惯。

11. 在多数情况下情绪是乐观的。

12. 碰到陌生人觉得很拘束。

13. 遇到令人气愤的事，能很好地自我克制。

14. 做事总是有旺盛的精力。

15. 遇到问题常常举棋不定、优柔寡断。

16. 在人群中从不觉得过分拘束。

17. 情绪高涨时，觉得什么都有趣；情绪低落时，又觉得什么都没有意思。

18. 当注意力集中于某一事物时，别的事物很难使我分心。

19. 理解问题总比别人快。

20. 碰到危险情景，常有一种极度恐惧感。

21. 对学习、工作、事业抱有很高热情。

22. 能够长时间做枯燥、单调的工作。

23. 符合兴趣的事情，干起来劲头十足，否则就不想干。

24. 一点小事就会引起情绪波动。

25. 讨厌做那种需要耐心、细致的工作。

26. 与人交往不卑不亢。

27. 喜欢参加气氛热烈的活动。

28. 爱看感情细腻、描写人物内心活动的文学作品。

29. 若是工作学习时间长，就会感到厌倦。

30. 不喜欢长时间谈论一个问题，愿意实际动手干。

31. 宁愿侃侃而谈，不愿窃窃私语。

32. 别人说我总是闷闷不乐。

33. 理解问题常比别人慢些。

34. 疲倦时只要短暂的休息就能精神抖擞，重新投入工作。

35. 心里有话，宁愿自己想，不愿说出来。

36. 认准一个目标就希望尽快实现，不达目的誓不罢休。

37. 同样和别人一起学习、工作一段时间后，常比别人更疲倦。

38. 做事有些莽撞，常常不考虑后果。

39. 老师讲授新知识、新技术时，总希望他讲慢些，多重复几遍。

40. 能够很快地忘记那些不愉快的事情。

41. 做作业或完成一件工作总比别人花的时间多。

42. 喜欢运动量大的体育活动，或参加各种文艺活动。

43. 不能很快地把注意力从一件事转移到另一件事上去。

44. 接受一个任务后，就希望迅速完成。

45. 认为墨守成规比冒风险强些。

46. 能够同时注意几件事。

47. 当我烦闷的时候，别人很难使我高兴。

48. 爱看情节起伏跌宕、激动人心的小说。

49. 对工作（学习）认真严谨，具有始终一贯的态度。

50. 和周围的人总是相处不好。

51. 喜欢复习学过的知识，重复做已经熟悉的工作。

52. 希望做变化大、花样多的工作。

53. 小时候会背的诗歌，我似乎比别人记得清楚。

54. 别人说我"出口伤人"，可我并不觉得是这样。

55. 在体育活动中，常因反应慢而落后。

56. 反应敏捷，头脑灵活。

57. 喜欢有条理而不麻烦的工作。

58. 兴奋的事常使我失眠。

59. 老师讲新的概念时，常常听不懂，但是弄懂以后就很难忘记。

60. 假定工作枯燥无味，会马上情绪低落。

胆汁质	题号	2	6	9	14	17	21	27	31	36	38	42	48	50	54	58	总分
	得分																
多血质	题号	4	8	11	16	19	23	25	29	34	40	44	46	52	56	60	总分
	得分																
黏液质	题号	1	7	10	13	18	22	26	30	33	39	43	45	49	55	57	总分
	得分																
抑郁质	题号	3	5	12	15	20	24	28	32	35	37	41	47	51	53	59	总分
	得分																

评分规则及 7 种类型的分类方法如下。

请将上面各题目的得分填入上表的气质答题卷中，并分别计算出 4 种气质类型的总分，根据 4 种类型的总分，进行气质类型分类。

（1）如果某一项或两项的得分超过 20 分，则为典型的该气质类型。如胆汁质超过 20 分，则为典型的胆汁质；如黏液质和抑郁质得分超过 20 分，则为典型的黏液质与抑郁质混合型。

（2）如果某一项或两项的得分在 20 分以下、10 分以上，而其他各项得分都很低，则为该项一般气质。如一般胆汁质，一般胆汁质与多血质混合型等。

（3）各项得分都在 10 以下，但某项或几项得分较其他项为高（相差 5 分以上），则为略倾向于该项气质（或几项混合），如略倾向于黏液质或胆汁质与多血质混合型等。以此类推。

一般来说，正分值越高，表明该项气质类型越明显；反之，分值越低，表明越不具备该项气质类型。

经过计算判断，我的气质类型是＿＿＿＿＿＿＿＿＿＿＿＿＿＿＿＿＿。

气质具有复杂的心理结构，其心理特性主要如下。

1. 感受性

感受性即人对外界刺激的感受能力。其大小可以根据个人的感受能力与刺激强度的关系来判断。如一个人对引起感觉所需要的刺激量越小，说明这个人的感受性越强。

2. 耐受性

耐受性是指人在经受外界刺激作用时，表现在时间、强度上的耐受程度。耐受性强的人，对已形成的条件反射经受多次强化时，条件反射并不消退，并且有所增强；耐受性差的人，在多次强化的刺激下，则会出现条件反射的消退。表现在长时间从事某项活动时注意力的集中性、对强烈刺激（如疼痛、噪声等）的耐受性等方面。

3. 反应的敏捷性

反应的敏捷性是心理反应和心理过程进行的速度，是神经过程灵活性的表现。它包括两类：一类是指不随意的反应性，无意注意的指向性、不随意反应的指向性等；另一类是指一般的心理反应和心理过程进行的速度，如说话的速度、识记的快慢、思维的敏捷度和注意转移的灵活性等。

4. 行为的可塑性

行为的可塑性是指依据外界事物变化情况而改变自己适应性行为的可塑程度。若主体会根据外界事物的变化而改变自己的行为，而且行为果断敏捷，情绪上不出现困扰，那么这种人就具有较大的行为可塑性；相反，如果主体感到很难适应外界的变化，情绪上受到困扰，行动迟缓，态度犹豫，那么这种人的行为可塑性较小。

5. 情绪的兴奋性

情绪的兴奋性是神经过程的强度特性和平衡性的重要表现。包括情绪的兴奋强弱和外观表现的强烈程度。例如，有的人兴奋性强而情绪抑制力弱，表明其神经过程有强而不平衡的特点。

6. 内外倾性

内外倾性是指人的心理活动、言语和动作情绪反应是表现在外还是隐藏于内的活动特性。表现于外的就称为外倾性，是兴奋过程占优势的表现；隐藏于内的就称为内倾性，是抑制过程占优势的表现。

你觉得自己是什么类型的气质呢？仔细观察周围的人，包括自己的父母、亲人、同学、朋友，他 / 她们又是什么气质类型？例如，中国四大名著之一《水浒传》里的

"黑旋风"李逵，脾气暴躁，为人耿直，勇敢坚强，行为鲁莽，他应该是属于典型的胆汁质。"浪子"燕青，聪明过人，灵活机智，广交天下朋友，十八般武艺样样精通，吹拉弹唱无所不能，他应该是属于典型的多血质。"豹子头"林冲，沉稳老练，忍耐克制，最终被逼上梁山，他更像是黏液质。而《红楼梦》里的林黛玉，多愁善感，敏感细密，孤僻清高而聪慧，她更多体现的是抑郁质的特点。但是，现实生活中，我们可能觉得自己既像浪子燕青又像豹子头林冲，甚至也有一些李逵的气质。实际上，属于一种典型的气质类型的人很少，绝大多数的人是属于这4种气质类型的混合型，只是以某一种为主罢了。

每一种气质都有其积极的方面和消极的方面，我们应了解自己、悦纳自己，扬长避短，发挥气质积极的方面，努力克服气质消极的方面。如胆汁质的人精力旺盛，热情豪爽，勇敢果断，但是脾气暴躁，易冲动；多血质的人机智灵活，活泼敏捷，善于与人交往，但是做事难以持之以恒，缺少耐心；黏液质的人稳重，情绪平稳，认认真真，但是缺乏激情，易墨守成规；抑郁质的人细心谨慎，敏捷聪慧，做事认真仔细，但是胆小孤僻。了解自己的气质特征，就可以扬长避短，在人际交往、专业、职业的选择与发展等方面，有针对性地完善自己。

三、"我"的性格是怎样的

（一）什么是性格

性格是一个人对人、对己、对事、对物的稳定的态度及相适应的习惯化的行为方式，表现在人对现实的态度和行动方式当中，比较稳定的、独特的心理特征。例如，一个人具有与人为善的态度，则他通常的行为表现就会是利他、谦让、宽容的。

◎ **课堂活动**

梦想性格大揭秘

活动目的：明确自己真实和理想的个性特点。

活动时间：30分钟。

活动材料：笔、纸。

活动步骤：

1. 6~8人为一组，围坐一圈。请大家放松身心，然后认真地想一想，自己的性格特点是怎样的。把描述词语写在纸上。

2. 认真思考一下，在所有的性格特点当中，哪些特点是你认为最宝贵的、最想要拥有的（如自信、开朗、乐观等）。然后把它们写在纸上，每人写3~5个。

3. 5分钟后，每个人都依次向其他人展示自己真实的个性特点和理想的性格，分享的过程中要说明，如何才能拥有这样的性格特点。等一人说完后，其他同学可以讨论和提议。

（二）性格的类型

性格可以分为很多类型，它们可以从不同的角度来反映个体性格的某一侧面。主要的分类方法如下。

1. 理智 - 情绪型

这是按照情绪的控制程度来分类的。**理智型性格**是指人的性格中理智特征鲜明。这种人善于控制自己的情绪，能使自己的行为具有鲜明的理智导向，自制力强，处事谨慎，但是容易瞻前顾后，缺少应有的激情。如果理智被不健康的意识控制，就可能表现为虚伪、自私、见风使舵、冷漠等。**情绪型性格**是指情绪体验深刻，举止言行易受情绪左右。这种人待人热情，做事大胆，情绪反应敏感，但是情绪容易起伏，有时会冲动，注意力不够稳定，兴趣易转移，容易招惹是非、激化矛盾，进而产生人际关系冲突。

2. 独立 - 顺从型

这是按照个体独立的程度来划分的。**独立型性格**的人意志坚强，不仅善于独立地发现问题，而且敢于坚持自己的意见，独立自主，自强不息。但是独立性过强的人，也喜欢把自己的思想和意志强加于人，固执己见，独来独往，不易合群。**顺从型**的人，服从性好，易于与人合作，随和、谦恭，但是独立性差，依赖性强，易受暗示，在紧急的情况下易惊慌失措。

3. 外向 - 内向型

这是按照个体个性倾向性分类来划分的。**外向型**的人心理活动倾向于外部，活泼开朗，善于交往，感情易外露，关心外部的事物，处事不拘小节，独立性强，能适应环境，但是易轻信，自制力和坚持性不足，有时表现得粗心、不谨慎、情感动荡多变，等等。**内向型**的人心理活动倾向于内部，感情较内敛、含蓄，处事谨慎，自制力强，善于忍耐、克制，富于想象，情绪体验深刻，但是不善于与人交往，应变能力弱，反应缓慢，易优柔寡断，显得有些沉郁、孤僻、拘谨和胆怯。外向者和内向者的不同，突出地表现在人际交往中，表3-2罗列了一些实例，可以通过对比，看看自己是属于外向型还是内向型性格。

表 3-2　内外向性格者交往中的特点

外向者在交往中的特点	内向者在交往中的特点
喜欢表达，即便谈话对象是陌生人	喜欢倾听
喜欢亲自参与进去	喜欢观察事物，洞察力强
坦率、随和、乐于助人、直率、开放、轻信、易于适应环境	安静、耐心、富于想象、爱思考、退缩、害羞、防御性强、敏感
认识很多人，并将他们视为自己的朋友	只是将关系较深的人视为朋友
高调、喜欢表现，易与人冲突	低调，不露锋芒，不易与别人产生冲突

4. A-B-C 型

这是按照人的行为方式，即人的言行和情感的表达方式来分类的。**A型性格**是指性格外向、不可抑制、主动紧张、节奏快、敏感的性格。主要表现为：个性强，有过高的抱负，固执，急躁，紧张，好动，行为匆忙，好胜心强，时间观念强等。**B型性格**，表现为情绪心理倾向较稳定，社会适应性强，为人处事比较温和，生活有节奏，做事讲究方式，想得开，放得下，与他人关系协调，能正视现实，不气馁，不妄求，抱负较少等。**C型性格**是指那些情绪受压抑的抑郁性格。主要表现为：害怕竞争，逆来顺受，爱生闷气等。

任何性格的分类法都不是非此即彼的，它更像是一个连续体，一个人的性格有可能是在这个上面任何一个点，是一个偏混合的状态。一般来讲，典型的某一性格的人也并不多，多数人都处于两极之间或者偏向于某一类型。事实上，任何人都有某些正向的性格特征，也有一些负向的性格特征，所以每个人都应以积极的态度对待自己的性格，对自己的性格进行优化改造。

◎ **知识拓展 3-2** ▬▬▬▬▬▬▬▬▬▬▬▬▬▬▬▬▬▬▬▬▬▬▬▬

内向者优势

你是否为自己的内向而烦恼？你是否曾想过转变为性格外向的人？其实，内向不是弱点，更不是性格缺陷。马蒂·奥尔森·兰妮（Marti Olsen Laney）在《内向者优势》一书中提出，只要找到正确的打开方式，内向型性格和特质就不再是短板，而会成为独特的魅力和优势。

（1）内向者脑内处理外部刺激的神经回路比外向者长。因为他们要通过与长期记忆、计划相关联的神经回路来进行信息处理。这也意味着他们处理信息时会更加"深思熟虑"，考虑也更为周全。

（2）在面临赌博与冒风险的事情时，内向者的大脑在面对快乐与赌博胜利时更不容易有所反应。因此，他们有着对惊喜与风险不为所动的性质，也即看起来"更稳重"。

（3）内向者对多巴胺很敏感。因此他们只需要很少的多巴胺，就能感受到幸福。因此，他们也会更敏锐的觉察到外部刺激带来的感受。如果能将内在感受有效转化、输出为作品，则可以取得较高的成就。

（4）性格内向的人喜欢深度，他们限制从外部进入的经验，但对每一经验都体验深刻。因此，他们通常也比较稳定，如只有较少的几个朋友，但关系都较为密切；他们的兴趣爱好较单一，但投注时间较为持久。

（5）内向的人在处理信息的同时，也会把注意力放在自身的考虑与情感上。从某种程度来讲，这会带给他们很快苦恼，但是也会带给他们更多的自我反思和觉察，这会促使着他们在人生中不断成长进步。

四、需要和价值观

(一)什么是需要

需要是有机体内部的一种不平衡状态,它表现在有机体对内部环境或外部生活条件的一种稳定的要求,并成为有机体活动的源泉。这种不平衡状态包括生理的和心理的。如血液中缺乏水分,会产生喝水的需要;血糖水平下降,会产生饥饿求食的需要;失去亲人,会产生爱的需要;社会秩序不好,会产生安全的需要等。在需要得到满足后,这种不平衡状态暂时得到消除,当出现新的不平衡时,新的需要又会产生。

(二)马斯洛需要层次理论

1954 年,美国人本主义心理学家马斯洛(Maslow)对人类需要层次关系和发展顺序进行了描述,形成了需要层次理论(图 3-1)。该理论将人类需要划分为 5 个层次,从低到高依次为:生理需要、安全需要、社交需要、尊重需要和自我实现需要,这五种需要是最基本的、与生俱来的,构成不同的等级或水平,并成为激励和指引个体行为的力量。

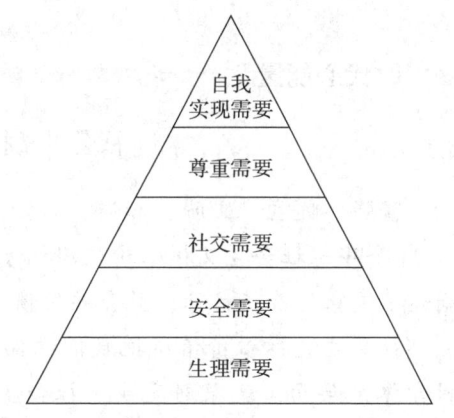

图 3-1　人类需要的层次(Maslow,1968)

生理需要是人类最基本的需要,包括食物、水、空气、睡眠和性欲等基本的生理需要。只有这些需要得到满足,个体才能维持生存。

安全需要是指对物质和心理安全的渴望。包括对人身安全、稳定的居住环境、稳定的工作和收入等方面的需要。个体需要感受到一定的安全和稳定,以保护自己免受潜在的危害。

社交需要包括与他人建立联系、归属感和被接纳。个体希望与他人建立和维持亲密的关系,得到爱与被爱的体验。

尊重需要包括自尊和他尊两个层面。自尊需要是指对自我的尊重、自信、自重和自尊心的需求,而他尊需要是指得到他人的认可、尊重和重视的需要。满足这些需要可以帮助人们建立自信心和自尊心,同时也为他人树立榜样。

自我实现需要是最高层次的需要,指个体实现自己全部潜能和发展个性的渴望。这包括个人追求自己的兴趣和激情、实现自己的目标和理想、发挥创造力等。达成自我实现需要可以带来成就感和满足感,并且对整个人生的意义和目的起到重要作用。

马斯洛认为各层次需要之间有以下一些关系。

需要层次越低,力量越大,潜力越大。随着需要层次的上升,需要的力量相应减弱。高级需要出现之前,必须先满足低级需要。在从动物到人的进化中,高级需要出现得比较晚,婴儿有生理需要和安全需要,但自我实现需要在成人后出现;所有生物都需要食物和水分，但是只有人类才有自我实现的需要。

低级需要直接关系到个体的生存，也称为缺失需要，当这种需要得不到满足时直接危及生命；高级需要不是维持个体生存所绝对必需的，但是满足这种需要使人健康、长寿、精力旺盛，所以称为生长需要。高级需要比低级需要更复杂，满足高级需要必须具备良好的外部条件，如社会条件、经济条件、政治条件等。

同一时期，个体可能同时存在多种需要，因为人的行为往往是受多种需要支配的。每一个时期总有一种需要占支配地位。

这种层次的划分并不总是适用于所有人，有些人可能会跳过一些层次，或者某些需要在某些时期对个体的重要性可能会有所变化。

◎ 时代心能量

社会主义核心价值观与心理和谐

富强、民主、文明、和谐，自由、平等、公正、法治，爱国、敬业、诚信、友善，这24个字是社会主义核心价值观的基本内容。分别从国家层面、社会层面和个人层面阐述了国家的价值目标、社会的价值取向和公民的价值准则。

社会主义核心价值观把我们党倡导并着力推进的主导价值理念提升到一个完整的科学体系层面，既深刻反映了社会主义建设的规律，又能作用于经济、政治、文化、社会等各个方面；既有鲜明的导向作用，又尊重差异、包容多样，可以最大限度地促进和形成全社会的共识，并促进人们的心理和谐。

从心理的发展看，心理是思想稳定的基础，思想又是心理发展调节的中枢。从思想的形成来看，心理是思想形成的基础，思想又是心理发展的升华；从心理、思想、行动三者的关系来看，思想是行动的指导，心理是思想转化为行动的桥梁。思想离不开心理因素的支持，心理活动也离不开思想的主导，在正确思想支配下的心理活动，才具有方向性、自觉性和有效性。人们的世界观、人生观、价值观把握着人们心理发展的方向，成为心理健康发展的航向并为心理发展提供动力。

社会主义核心价值观中的"和谐"蕴含着"和为贵""和而不同""和以处众""内和外顺""求同存异""相互协调""共生共长"等深刻的处世行事理念，这些都是中华民族优秀的文化传统和美德。这些理念强调人与人之间相互尊重、相互信任、相互帮助；倡导用和谐的思想来分析问题，用和谐的态度来解决问题、化解矛盾；提倡与人为善、乐于助人的道德情感和见利思义、顾全大局的处事准则。"和谐"还要求在处理利益关系和各种矛盾时，互谅互让、相互协商，形成我为人人、人人为我的社会氛围，进而为人的心理和谐和社会和谐营造良好的人际环境。"和谐"还强调人的自身修养、自我完善，塑造健全的人格和良好的意志品质，是实现人的心理健康、心理和谐的文化源泉。

经济和谐是人们心理和谐的基础，人民生活富裕、国民机会公平、收入分配合理，人们心理不会失衡。政治和谐是人们心理和谐的保证，得人心则得天下。文化和谐是人们心理和谐的精神支点，社会精神文明建设好了，人们有了精神追求，心理才会和谐。社会和谐是人们心理和谐的重要保障，社会治安状况保持良好，人们"学有所教、劳有所获、病有所医、老有所养、住有所居"，心理自然就和谐了。

（三）什么是价值观

价值观是指主体按照客观事物对其自身及社会的意义或重要性进行评价和选择的原则、信念和标准。价值观是一个人思想意识的核心，对个人的思想和行为具有一定的导向或调节作用。符合价值观标准的事物和行为就被认为是有价值的，否则就被认为是没有价值的。个人的价值观直接影响着个体对各种观念、事物和行为的判断，使个体发现事物对自己的意义，确定自己的奋斗目标，并按照自己认为有价值的事情或目标去行动。

价值观是个体在生活实践中逐渐形成的，一旦形成，就相当稳定，个体会自觉或不自觉地时时以自己的价值观来判断事物的意义。虽然事物是客观存在的，但是由于价值观不同，人们对事物的认识会有很大的差异。

人们的价值观是多种多样的，心理学家从不同的角度对价值观进行了分类。德国心理学家斯普兰格根据社会文化生活方式把人的价值观区分为经济价值观、理论价值观、审美价值观、社会价值观、政治价值观和宗教价值观等。**经济价值观**是以谋求利益为最高价值。有这种价值观的人，倾向于从经济观点出发看待一切事物，判断事物的有用程度。他们的生活目标是获得财富。**理论价值观**是以发现事物的本质为人生的最高价值。有这种价值观的人，对批判的观点或思想感兴趣。他们追求各种观念和理想，可能会忽略具体问题。**审美价值观**是以感受事物的美为人生的最高价值。有这种观点的人致力于使事物变得更有魅力。**社会价值观**崇尚人的交往和帮助他人。有这种观点的人，致力于增进社会的福利。**政治价值观**是以掌握权力为最高价值。有这种观点的人追求权力，且有一定支配和控制他人的欲望。宗教价值观是以超越现实生活为最高价值。他们的主要兴趣在于创造最高的和绝对满意的境界和体验。

◎ **自我练习 3-2**

生活价值观澄清练习

1. 明确现阶段的生活价值观

思考在生活中的各个方面，包括人际关系、健康、创造力、家庭、信念、价值、学习与发展、休闲娱乐、工作等，哪些价值观对你而言最重要。你可以参考这些问题进行回答：（1）在生活的这个方面，你最想成为什么样的人？（2）你最想展现出哪些品质和态度？根据你认为的重要性给每组价值观打分，10分代表最重要，0分代表完全不重要。

2. 检查生活价值观与现实的一致性

参考示例图3-2，制作价值观星形图。六角星的每一个角代表的是对你来说比较重要的生活方面。直线上的每一个点代表1分，分值范围为0~10分。比如，你认为身体健康很重要，但目前你饮食不健康，也很少运动，因此在这组价值观上评为2分。六个方面都打好分数后，你可以把六个点连起来，看看你的六角星是什么样的。如果六个角的角度相差很大，你就要重点关注较短的线所在的区域，思考你的生活是否因此而出现了不平衡。

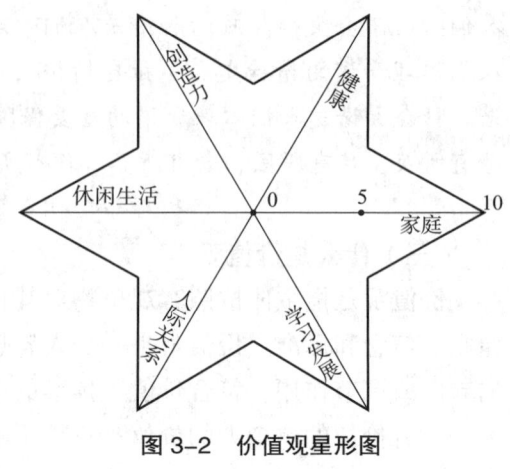

图 3-2　价值观星形图

资料来源：朱莉·史密斯.为什么没人早点告诉我？[M].薛玮，译.北京：中信出版社，2022.

（四）中国传统文化关于理想人格的倡导

中华传统文化与理想人格是密不可分的，传统文化中蕴含着丰富的理想人格思想，这些思想对中国人的价值观和行为方式产生了深远的影响。

1.《周易》中的理想人格

《周易》中隐藏着许多重要的心理学思想，从儒家文化的角度，设计并塑造了一种儒家理想人格模式，即低级层次的"君子"和高级层次的"圣人"。一般来说，君子必须具备仁、义、礼、智四德，圣人也一样，但在智的修养上，圣人却要高过一般的君子。根据我国心理学家燕国材的研究，儒家的理想人格模式可以概括为如下18项心理特征。

（1）天人合一的观念。既要掌握客观规律，又要善于发挥主观能动性，保持主体与客体的统一。

（2）奋发有为的积极态度。要时刻奋发、不懈努力，谨慎小心地致力于事业的完成。

（3）自强不息的进取精神。

（4）仁、义、礼、智的完整道德。每个人都应当具备仁、义、礼、智的德行，成为君子。

（5）谦逊谦让的美好德行。谦逊并非消极退让，而是积极有为；谦让亦非优柔寡断，更非自卑、畏怯、虚伪。

（6）诚信不欺的正直思想。待人接物要真实，不虚伪；要互相信任，不要尔虞我诈；要刚正无私，不要只顾自我。

（7）不怕苦难的坚强意志。遇到困难或危险时，奋不顾身，勇敢排除困难，但有时要等待时机，不可轻率冒进。

（8）自我节制的调控能力。善于自我节制，则进退有度，更易达成目标，但节制不可过度，否则会使自己吃亏受苦。

（9）持之以恒的坚持精神。做任何事，只有持之以恒，坚持到底，才能达到理想。

（10）与人和乐的积极情感。要正确地对待和乐，和乐易于沉湎，必须高瞻远瞩、居安思危；和乐应是众乐，只有与人和乐，随和众意、众利，方可获取幸福。

（11）与人和同的待人态度。必须破除私见，重视大同，不计较小异，要本着大公无私的精神，以道义为基础，于异中求同，以实现大同世界的理想。

（12）光明磊落的胸怀。要胸怀坦荡，精诚团结，开创新局面。

（13）认真负责的工作态度。要小心翼翼地去做事，要认真负责地去工作，以求工作有始有终，结果尽善尽美。

（14）刚柔并济的处世方法。效法天地，阴阳协调；在处事上，刚柔并济，外圆内方。

（15）对待成败的正确态度，要做到胜不骄、败不馁。

（16）趋时守中的处事原则。《周易》十分强调物极必反的原则，要求人们做任何事都必须留有余地，适可而止。

（17）革新创造的变革精神。要不断地采取变革的行为，以适应并推进新的生活。

（18）特立独行的完善人格。要特立独行，择善固执，坚持原则，不同流合污、为所欲为，不盲从附和。

《周易》认为只要个人坚持不懈地追求，都可以养成上述的优良人格特征。

2.《黄帝内经》的人格类型说

《黄帝内经》对人的划分是从两个方面进行的。一是从持阴阳之气的多少，把人分为太阴之人、少阴之人、阴阳和平之人、少阳之人和太阳之人五类。二是从五行的角度，将人分为金形之人、木形之人、水形之人、火形之人和土形之人五类。前者侧重于心理，后者侧重于生理。两类相互搭配，又形成25种复合型人格。此外，《黄帝内经》还从情态、年龄、体型、勇怯等方面揭示人格的特征，均有一定的参考价值。

3. 孔子的人格类型说

孔子在德行、气禀和智能三个方面对人格进行分类。

首先，孔子从德行方面将人分为君子和小人。这一划分影响了中国几千年的历史，直至今日，仍深入人心。孔子对君子与小人的解说是："君子周而不比，小人比而不周。""君子喻于义，小人喻于利。""君子怀德，小人怀土；君子怀刑，小人怀惠。""君子坦荡荡，小人长戚戚。""君子和而不同，小人同而不和。""君子泰而不骄，小人骄而不泰。""君子上达，小人下达。""君子固穷，小人穷斯滥矣。""君子成人之美，不成人之恶。小人反是。""君子求诸己，小人求诸人。""君子有九思：视思明，听思聪，色思温，貌思恭，言思忠，事思敬，疑思问，忿思难，见得思义。"此后，

《荀子》《淮南子》等著作对孔子学说做了进一步的发扬。

其次，孔子从人的气禀方面将人分为狂、狷和中行三种。孔子说："不得中行而与之，必也狂狷乎！狂者进取，狷者有所不为也。""狂"即敢说敢为，积极进取；"狷"即遇事拘谨，不敢作为；"中行"则是言行合乎中庸。

最后，孔子从智能的角度将人划分为上智、下愚和中人。孔子说："唯上智与下愚不移。""中人以上，可以语上也；中人以下，不可以语上也。"

第二节 常见人格测评及应用

人格差异表现在许多方面。如何鉴定人格的差异？人格测评的方法有很多，这里介绍典型的、具有代表性的人格测评方法。

一、卡特尔十六人格因素测验（16PF）

美国伊利诺伊州立大学（Illinois State University）人格及能力测验研究所卡特尔（Cattell）教授，是人格特质理论的主要代表人物，他对人格理论的发展作出了很大贡献。他认为，人格的基本结构元素是特质。特质的种类很多，有人类共同的特质，也有个人独有的特质。有的特质取决于遗传，有的取决于环境；有的与动机有关，有的则与能力和气质有关。卡特尔在其人格的解释性理论构想的基础上编制了 16 种人格因素问卷（Cattell's 16 personality factor，16PF），从 16 个方面描述个体的人格特征，其因素或分量表的名称和符号分别是：乐群性（A）、聪慧性（B）、稳定性（C）、恃强性（E）、兴奋性（F）、有恒性（G）、敢为性（H）、敏感性（I）、怀疑性（L）、幻想性（M）、世故性（N）、忧虑性（O）、实验性（Q1）、独立性（Q2）、自律性（Q3）、紧张性（Q4）。

16PF 是世界上最完善的心理测量工具之一，主要用来进行人才选拔测评。施测该问卷可以得到 16 种主要的人格特质因素，这 16 种特质是影响人们学习生活的基本因素。16 种因素在一个人身上的不同组合，就构成了一个人独特的人格，完整地反映了一个人个性的全貌。由于测得的 16 种人格特质因素各自独立，相关性较低，因此，每一种人格因素都能对受测者某一方面的人格特征有清晰而独特的说明。16PF 适用于 16 岁以上的青年和成年人，我国现在通用的是刘永和博士于 1970 年发表的中文修订本，其常模来自 2 000 多名中国大学生。

◎ **文化润心** ▬▬▬▬▬▬▬▬▬▬▬▬▬▬▬▬▬▬▬▬▬▬▬▬▬▬

君子文化

"君子"一词早在西周时期已广为流传，其内涵主要是对贵族或执政者的专称，到了春秋末期，通过孔子从不同侧面的反复解说和阐发，"君子"一词被赋予许多优秀道德的内涵，成为一种理想人格模式的称谓。君子形象在中华文化数千年演进的历史长河中，受到上至历代思想家及文人士大夫，下至社会各阶层人士的广泛认同和推崇。以下是关于"君子"的品格描述：

"天行健，君子以自强不息"；"地势坤，君子以厚德载物"。《周易》

"君子莫大乎与人为善"；"君子贵人而贱己，先人而后己"；"君子以仁存心，以礼存心，仁者爱人，礼者敬人，爱人者人恒爱之，敬人者人恒敬之"。《孟子》

"君子之交淡如水，小人之交甘若醴，君子淡以亲，小人甘以绝"。《庄子·山水》

"法不能独立，类不能自行，得其人则存，失其人则亡。法者，治之端也，君子者，法之原也。"《荀子·君道篇第十二》

"君子处患难而不忧，当宴游而惕虑，遇权豪而不惧，对茕独而惊心"。《菜根谭》

"君子存心，但凭忠信，而妇孺皆敬之如神，所以君子乐得为君子；小人处世，尽设机关，而乡党皆避之若鬼，所以小人枉做了小人"。《围炉夜话》

由此可见，"君子"是数千年中华优秀传统文化塑造的中国人的理想人格。先贤崇尚君子品格，甚至把象征高洁、清雅、虚心和气节的梅兰竹菊四种植物人格化，称为"四君子"，因此是个人修养的楷模。君子文化在现代社会仍然具有重要的现实意义。它强调个人的道德修养和社会责任感，提倡积极进取、向上发展的精神，是社会和谐与进步的重要推动力量，为中国人的精神成长提供源源不竭的动力。

二、明尼苏达多相人格测验（MMPI）

明尼苏达多相人格测验（Minnesota multiphasic personality inventory，MMPI）是现今国外最流行的人格测验之一，此量表是由美国明尼苏达大学（University of Minnesota）教授哈萨威（Hathaway）和麦克金里（Mckinley）编制的。该量表内容包括健康状态、情绪反映、社会态度、心身性症状、家庭婚姻问题等26类题目，可鉴别强迫症、偏执狂、精神分裂症、躁狂抑郁性精神病等。MMPI 包括 10 个临床量表：疑病（Hs）、抑郁（D）、癔症（Hy）、精神病态（Pd）、男子气或女子气（Mf）、妄想狂（Pa）、精神衰弱（Pt）、精神分裂症（So）、轻躁狂（Ma）、社会内向（Si），另外还有 4 个效度量表：说谎分数（L）、诈病分数（F）、校正分数（K）、疑问分数（Q）。所有题目均采用是、否、不一定来回答。

该测验适用于年满 16 岁、具有小学以上文化水平、没有影响测试结果的生理缺陷的人群。这个测验重视的是被试的主观感受，而不是客观事实，又因为在编制量表时采用正常人和精神病人两个对照组为样本，因此 MMPI 不但可用作临床上的诊断依据，而且也可用来评定正常人的人格，使人们对一个人的人格有个概略的了解。

三、艾森克人格问卷（EPQ）

艾森克人格问卷（Eysenck personality questionnaire，EPQ）是英国伦敦大学（University of London）心理系和精神病研究所艾森克（Eysenck）教授编制的，他搜集了大量有关非认知方面的特征，通过因素分析归纳出三个互相成正交的维度，从而提出决定人格的三个基本因素：内外向性（E）、神经质（N）和精神质（P），人们在这三方面的不同倾向和不同表现程度，构成了不同的人格特征。

1. 内外向

分数高表示人格外向，可能好交际、渴望刺激和冒险，情感易于冲动。分数低表示人格内向，可能是好静、善于内省，除了亲密的朋友之外，对一般人缄默冷淡，不喜欢刺激，喜欢有秩序的生活方式，情绪比较稳定。

2. 神经质

反映的是正常行为，与病症无关。分数高可能是焦虑、担心、常常郁郁不乐、忧心忡忡，有强烈的情绪反应，以至于出现不够理智的行为。

3. 精神质

并非暗指精神病，它在所有人身上都存在，只是程度不同。但如果某人出现明显表现，则容易发展成行为异常。分数高可能是孤独、不关心他人，难以适应外部环境，不近人情，感觉迟钝，与别人不友好，喜欢寻衅搅扰，喜欢干奇特的事情，并且不顾危险。

四、迈尔斯 – 布里格斯性格分类指标（MBTI）

迈尔斯 – 布里格斯类型指标（Myers–Briggs type indicator，MBTI）是由美国作家迈尔斯（Myers）和她的母亲布里格斯（Briggs）共同制定的一种人格类型理论模型，用以衡量和描述人们在获取信息、做出决策、对待生活等方面的心理活动规律和不同的人格类型表现。

该指标以瑞士心理学家荣格（Jung）的 8 种心理类型为基础。荣格阐述了通过临床观察和心理分析得出的个体行为差异的三个维度：（1）精神能量指向：外向（extraversion）– 内向（introversion）；（2）信息获取方式：感觉（sensing）– 直觉（intuition）；（3）决策方式：思考（thinking）– 情感（feeling）。迈尔斯和布里格斯母女在这三个维度的基础上补充了一个新维度，即（4）生活态度取向：判断（judging）– 知觉（perceiving），从而用 4 个维度描述个体的行为差异。其中，"外向 E– 内向 I"代表着心理能量的不同指向；"感觉 S– 直觉 N""思考 T– 情感 F"分别表示人们通过感知（perception）活动获取信息和经过判断（judgment）权衡做出决定时不同的用脑偏好；"判断 J– 感知 P"是就人们的生活方式而言，它表明个体是以一种有计划（确定）的还是随意（即兴）的方式适应外部环境，是信息获取维度和决策维度的综合效应在个人生活方式中的体现。以上每个人格维度都有两种不同的功能表现形式，经组合可得到 16 种人格类型。

MBTI 在测量人格类型时，采用了被测者自我报告、问卷选答、他人报告与测评师辅导下的类型探索相结合的全方位评估模式，其评估并非简单依赖于问卷结果。事实上，MBTI 的每一位测评师都必须经过系统的培训和严格的认证，确保在实际操作和理论知识两个方面都具备过硬的素质，有能力掌握整个评估过程，真正帮助人们发现自我。调查表明，没有测评师参与，仅使用MBTI问卷，结论的误差率高达30%；而在未经认证的测评师的误导下，结果可能更糟。因此，MBTI的使用必须严格遵守使用资格要求，严格执行规范的施测程序，通过全方位的评估确定个体的人格类型，并作出准确的解释。

需要注意的是，任何测试都有局限性，人格测评可以帮我们更好地了解人的性格特征，但不能仅以单一的测试结果，就推断一个人的心理特征。要想真正考察一个人，必须用多种方法、从多个角度来考察，再用心理测试结果进行辅助分析，这样才可能得出一个比较可靠、全面的结果。

◎ **本章要点**

1. 人格是指一个人的整体精神面貌，是在长期的社会生活中形成、丰富和发展起来的，具有一定倾向性的稳定的心理品质和心理特征的总和。其中"心理品质"包括动机、兴趣、信念、世界观、人生观和价值观等；"心理特征"包括气质、性格和能力等。

2. 每一种气质都有它积极的方面和消极的方面，我们应了解自己、悦纳自己，扬长避短，发挥气质积极的方面，努力克服气质消极的方面。

3. 人格测评可以帮我们更好地了解人的性格特征，但不能仅以单一的测试结果，就推断一个人的心理特征。

4. 中国传统文化中关于理想人格的阐述，仍然值得我们去学习。

◎ **推荐阅读**

黄志坚.讨好型人格.北京：北京理工大学出版社，2018.
西尔维亚·洛肯.北京：北京日报出版社，2022.
兰迪·克雷格.边缘型人格障碍.北京：台海出版社，2018.

◎ **本章主要概念**

人格	气质	胆汁质
多血质	黏液质	抑郁质
性格	理智－情绪型	独立－顺从型
外向－内向型	A－B－C型	需要
马斯洛需要层次理论	价值观	卡特尔十六人格因素测验
明尼苏达多相人格测验	艾森克人格问卷	迈尔斯－布里格斯性格分类指标

◎ **数字课程学习**

⤓教学课件　　✎在线自测　　📖参考文献

第四章

人际交往与社会影响

◎ **话题导入**

1959 年，美国心理学家斯坦利（Schachter）设计了一个"人际剥夺实验"。实验者以每小时 15 元的酬金招募志愿者，他们将在一个与外界完全隔绝的小房间中居住，居住的时间越长，得到的报酬越多。这个小房间只供应饮食等必需品，没有报纸，没有电话，不准写信，听不到外界的声音，当然也找不到人聊天。先后有 5 人参加了这个实验。结果，其中 1 人在房间里只待了 2 小时就出来了，3 人待了 2 天。最长一个人待了 8 天，他出来以后说：在里面多待一分钟，就要发疯了。实验结果表明：人是社会动物，人际交往是人正常生存和发展的一个必要条件。

第一节 人际交往概述

一、人际交往的含义

（一）人际交往的相关概念

人际交往又称社会交往，是指个人与个人、个人与群体或群体与群体之间通过一定方式进行接触，从而在认知、情感和行为上相互影响的过程。

人际关系是指人与人之间在交往活动过程中直接的心理关系或心理上的距离，它反映了个人或群体寻求满足其社会需要的心理程度。它是人们在交往中关系的深度、密切度和协调性等心理方面的联系程度的反映，如友好关系、亲密关系、敌对关系等。

人际交往和人际关系是两个既有联系又有区别的概念。人际交往是人际关系实现的根本前提和基础，也是人际关系形成的途径；而人际关系则是人际交往的表现和结果。

（二）人际交往的意义

美国管理学学者德鲁克（Drucker）说过："一个人，他必须知道应该说什么、什么时候去说、对谁说、怎样说"。每个人作为社会群体的一员，必须学会与他人建立良好的沟通关系。良好的人际互动和关系，能够促进个性发展与完善，包括向他人学习，对问题进行多视角审视,提高同理心与理解力等。人与人之间的交往和相处,能够化解来自生存发展给个体带来的危机和压力以及孤独、焦虑等不良的负面情绪,促进个体心理健康。人际交往还具有学习知识、传递信息的功能,能激发潜能,提高效率和创造性。最后,人际交往能够促进社会化进程。**社会化**过程是个体从婴儿期开始,通过与他人的交往与互动,逐渐学习社会规范和价值观念的过程。每个人都是社会的成员,都希望自己有所归属,希望被朋友接纳、关心和理解,希望在社会上被人尊重,这种需要主要从人际交往中得以满足。同时,人际关系的质量和数量决定了一个社会的凝聚力和稳定性。一个充满互信、合作和尊重的社会能够提供更多的机会和资源,促进个体的成长和社会的繁荣。而一个充满冲突、争斗和不信任的社会则会制约个体的发展,阻碍社会的进步。

◎ 知识拓展 4-1

全媒体时代下的大学生网络人际交往

第 53 次《中国互联网络发展状况统计报告》显示,截至 2023 年 12 月,我国网民规模达 10.92 亿人,互联网普及率达 77.5%,20～29 岁网民占比为 13.7%。《青少年互联网使用情况调查报告(2024)》显示:我国青少年互联网普及率增长到 97.2%,半数以上每周"触网",近三成每日"触网"。

当代大学生是伴随全媒体时代互联网成长起来的一代新人,网络人际交往已经成为大学生重要的生存、生活、交往方式。大学生最常用的网络人际交往媒介包括即时通讯、网络论坛、网络游戏、短视频平台等,这些方式构成了大学生人际交往的新结构和新模式,呈现出自由自主性、平等开放性、间接便利性、互动广泛性、匿名虚拟性等 5 大特征,由此也形成了相应的网络人际交往圈层及文化。

有研究显示,网络人际交往在大学生拓宽交往时空、拓展交往途径与方式,以及提升自主性、促进社会化进程等方面都具有积极影响。但在主体认知、情绪情感等方面也具有不同于现实人际交往的特点,可能对其自我发展产生长远的消极影响,具体表现在:

(1)主体认知。网络世界里每个人都是"原住民",都可以成为中心。身处更加自由、平等的网络社会,这种"主导关系"的错觉会被放大,使得大学生构建非真实的自我,形成虚拟人格。当这种虚拟人格与现实社会相脱节甚至相背离时,便会形成冲突,导致大学生的自我认知出现偏差。数据显示,有48%以上的学生表示,在现实伙伴与网友面前会展示自己的不同方面。

(2)交往动机。调研结果表明,大学生进行网络人际交往大多以提高人际交往能力(75.49%)、表达真实想法(58%)为目的,这种网络人际交往一旦实现其交往目的,所谓的"网络好友"关系便会随之消失。其次,网络世界极易成为大学生遭遇挫折时的"逃避处所",他们可以在网络世界中暂时忘记现实生活中的挫折,可以对接收到的信息进行拣选，"塑造"自己所接触的世界；可以只展示自身的优长，有效地避免人际交往失败，从而逃避自身需要面对的现实问题。

（3）情绪情感。调研发现，大学生网络人际交往内容主要体现在兴趣爱好、娱乐八卦、新闻快讯等方面，很少进行深层次的交流，有62.37%的大学生在网络人际交往中感到"孤独失落"。另外，互联网技术发展促使经济等的全球化，信息极速传播，在"圈层文化""算法黑箱"背后潜藏着的价值观念、网络暴力等内容对大学生产生了一定的影响。有研究显示，21.72%的大学生曾遭受网络暴力，13.86%为实施网络暴力者，8.04%大学生不仅遭受过网络暴力同时也曾参与实施过网络暴力；而且经历网络暴力与负面心理之间存在着明确的联系。

二、人际关系的建立过程

人与人之间从互不相识到建立良好的人际关系，一般都要经历一个由浅入深、不断深化的过程。奥尔特曼（Altman）和泰勒（Taylor）提出了**人际发展阶段理论**，将人际交往过程分为4个阶段。

（一）初始阶段：选择定向

初始阶段包括对交往对象的注意、选择和初步沟通等。在这个阶段，由开始的彼此无关，即零接触状态，逐渐实现选择性注意。这种选择本身反映着交往者的某种需要倾向、兴趣特征和个性心理特征。只有当双方的某些特质能引起自己情感上的共鸣，才会吸引我们的注意，从而把对方纳入知觉对象或交往范围。有些人定向阶段会在第一次见面时就完成，而对于那些有较强的自我防卫倾向的人，这一阶段可能要经过较长时间才能完成。

（二）试验阶段：情感探索

如果双方经过初步了解沟通后，有继续交往的兴趣，就会逐渐开始情感探索、情感沟通，可能会有轻度的情感卷入。在这个阶段，交往双方开始了角色性接触，如打招呼、聊天、工作上的联系、学习上的帮助和生活上的相互照顾等，这种一般性的人际接触是为了探索彼此的共同情感领域。随着双方共同情感领域的发现，双方沟通内容的范围也会越来越广泛，双方自我暴露的深度和广度有所增加。但在这一阶段，人们的话题未进入对方的私密性领域或隐秘敏感区。此时，双方在一起能友好相处，离开对方也无关紧要，彼此没有强烈的吸引力。因而，这个阶段也是普通的人际关系阶段。

（三）强化阶段：情感交流

随着交往的深入和更多的情感投入，交往双方建立了信任感。此时双方会有更多的自我暴露，会涉及相当私人的话题，例如，诉说自己的生活烦恼、感情纠葛、家庭情况等。此时双方对事物的看法、评价逐渐趋于一致，并产生情感上的高度共鸣，各种信息的输入输出不再"失真"，彼此已成为知己好友，一旦分离或产生冲突，会出现某种焦虑、牵挂和烦躁的情绪。但是如果双方在这一阶段发生矛盾，将会给彼此带来一定的心理压力。

（四）融合阶段：稳定交往

在这一阶段，人们心理上的相容性会进一步增加，自我暴露也更加广泛深刻，可以允许对方进入自己高度私密的个人领域，分享自己的生活空间和财产。但在实际生活中，很少有人能达到这一情感层次的友谊关系，正所谓"千金易得，知己难求"。

◎ **知识拓展 4-2**

人际发展阶段理论

美国心理学家莱文格（Levinger）和斯诺克（Snoek）对人际关系相互作用水平随时间的递增关系做了直观的描述，形象地说明了人际关系形成与发展的整个过程（表 4-1）。

表 4-1 人际发展阶段图解

图解	人际关系状态	相互作用水平
	互不相识	低
	单向注意	
	双向注意	
	表面接触	
	轻度接触	
	中度接触	
	深度接触	高

三、社交距离

当人们进行交际的时候，交际双方在空间所处位置的距离具有重要意义，它不仅告诉我们交际双方的关系、心理状态，而且也反映出民族和文化特点。

心理学家发现，任何一个人都需要有一个自己能够把握的自我空间，这个空间的大小会因不同的文化背景、环境、行业、不同个性等而不同。根据美国人类学家霍尔（Hall Jr.）的研究，人们在社交礼仪中通常有以下 4 种距离（图 4-1）。

公众距离： 适用于非正式的聚会，如在公共场所观看演出等，大概 3.6 ~ 7.5 m。

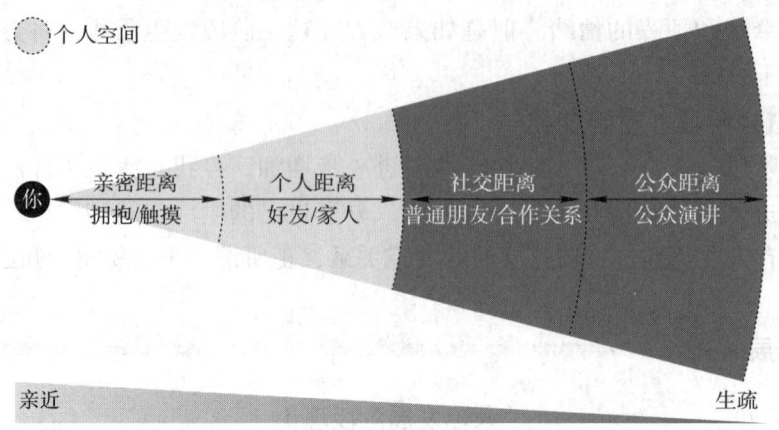

图 4-1 社交距离

社交距离：用于处理非个人事物的场合中，如进行一般社交活动，或在办公、办理事情时，大概 1.2 ~ 3.6 m。

个人距离：朋友、熟人或亲戚之间往来一般以 0.45 ~ 1.2 m 距离为宜。

亲密距离：交谈双方关系密切，身体的距离从直接接触到相距约 45 cm 之间，这种距离适于双方关系最为密切的场合，比如夫妻、情侣、密友之间。

◎ 课堂活动 4-1

人际交往树轮

活动目的：觉察自己的人际交往圈和人际交往技能。

活动时间：10 分钟。

活动步骤：

1. 请你按照图 4-2 所示的人际距离图，由近及远写出你的人际交往对象。可以是真实姓名，也可以用代号、符号来代替。

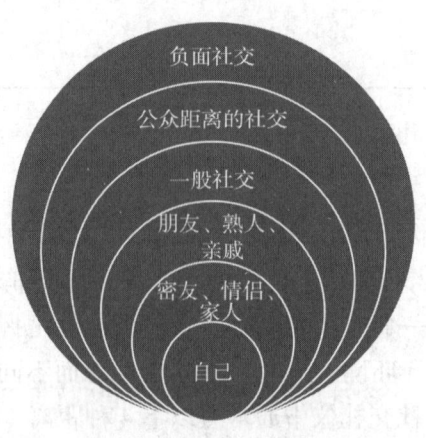

图 4-2 人际关系树轮图

2. 请在图4-3的左侧写出你的人际交往技能劣势；在右侧写出你的人际交往技能优势。

3. 思考：你对自己目前的人际交往圈感到满意吗？请保持你的人际交往技能优势，同时请思考劣势方面。如果需要，如何优化？

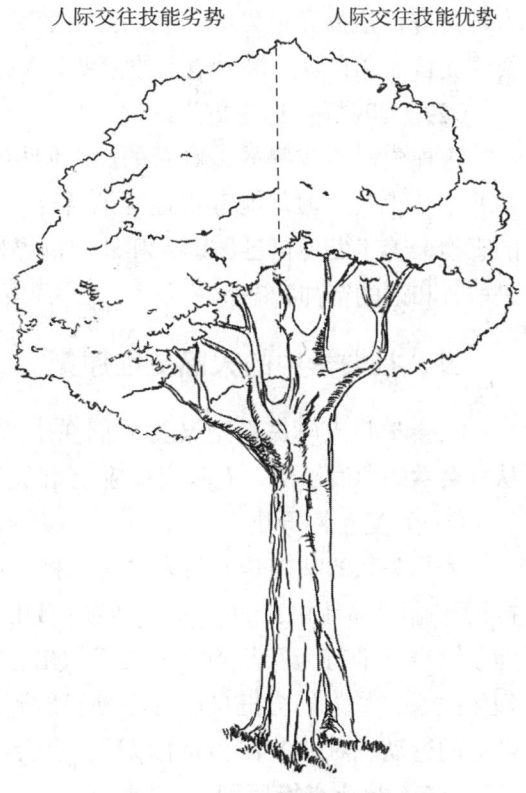

人际交往技能劣势　　　　人际交往技能优势

图4-3　人际交往技能觉察树

四、人际交往中的心理模式

如果你在同学、朋友或其他社会关系中，始终存在某些困惑和问题，那么，请你回答下面的两个问题。

"我是怎么看我自己的？我好吗？"

"我是怎么看别人的？他们好吗？"

美国著名心理学家伯奈（Berne）提出了4种人际交往心理模式。这些模式可能是比较固定的人际交往行为模式，也可能是个体内在关系的投射。

（一）"我不好，你好"

这是一种表现为自卑或社交恐惧的模式。他们通常认为自己不够好，不值得被爱，需要依靠他人的认可和支持才能感到安全和满足；他们容易放弃自我或顺从他人，希望赢得他人的赞赏，重视父母或权威的意见。这种模式的改进方法是：认识到自己的价值和能力，学会重视自己的需要和感受，敢于拒绝他人不合理的要求，并维护自己的权益和尊严。

（二）"我好，你不好"

这是一种对自己充满优越感，极度自信，但对他人持否定态度的交往模式。这种模式的人常常骄傲自大，总以为自己是对的，别人是错的；把人际交往失败的原因都归咎于他人，常常感到愤懑不平。这种模式的人需要调整自己的心态，培养谦虚谨慎的态度，平等待人，并注意反思自己的错误，承担自己的责任。

（三）"我不好，你也不好"

这是一种不喜欢自己也不喜欢别人的模式，可能源于不被接纳的创伤经历。这种模式的人通常认为自己和别人都不值得被爱，也不值得被信任，生活没有意义，世界是残酷和无情的。他们往往对自己和他人都没有期望和要求，也没有动力和目标，只是消极地接受现状，或者逃避现实。他们常常孤立自己，不愿与人交往，也不愿意接受他人的帮助和关心，害怕被伤害或拒绝。这种模式的改进方法是：认识到自己和他人都是有价值的和可爱的，生活是有意义的和美好的，世界是多样的和有趣的；也需要建立自信和自尊，接受他人的帮助和关系，建立信任的关系。

（四）"我好，你也好"

这种模式是成熟的、健康的。人们相信自己也相信他人，爱自己也爱他人。他们并非十全十美，但却能客观地悦纳自己和他人，正视现实，并努力去改变自己能改变的事物，善于发现自己、别人和外部世界好的一面，从而使自己保持一种积极、乐观、进取、和谐的精神状态。

五、社会学中的人际交往原则

社会学将人际关系定义为人们在生产或生活活动过程中所建立的一种社会关系。从社会学的角度来讲，人际交往应遵循以下原则。

（一）交互性原则

人际关系的基础是人与人之间的相互重视、相互支持。人际交往中的喜欢与厌恶、接近与疏远都是相互的。这是因为：①任何人都有着保持自己心理平衡的稳定倾向，为了对自己的行为及与别人的关系做出合理的解释，人们倾向于同他人保持适当且合理的关系；②人们会把自己的心理投射到与之发生联系的人身上。当对别人做出一项友好的行动、对别人表示接纳以后，也会产生一种对别人做出相应回答的期望。

（二）社会交换原则

社会交换理论认为：人们所知觉到的一段关系的正性或负性程度取决于：①自己在关系中所得到的收益；②自己在关系中所花费的成本；③他们对自己应得到什么样的关系和他们能够与他人建立更好关系的可能程度知觉。换句话来说，人们在交往中总是在交换着某些东西：或是物质，或是情感，或是其他。在这种社会交换中，人们都希望交换对于自己来说是值得的，希望在交换过程中得大于失或至少等于失。当收益是正性的、令人愉悦的，这让我们觉得一段关系是值得的，并且应该巩固。

个体对人际关系的满意程度还取决于**比较水平**：一些人的比较水平很高，期望在一段关系中得到巨大的收益而成本微小。如果一段既有的关系不能匹配这个比较水平，他们便会失落和不满。与此相反的是，那些比较水平很低的人在同样的一段关系中就会很快乐，因为他们认为维持关系本就不易，或未将回报期望寄托在别人身上。

（三）公平原则

维持人际关系还有一个重要因素：公正或公平。**公平原则**的支持者认为，人们并非简单地以最小代价换取最大利益，他们还要考虑关系中的公平性，即与关系中的同伴相比，两者贡献的成本和得到的收益是基本相同的。相比较而言，不公平的关系导致一方感到**过度受益**（得到许多的收益，耗费极小的成本，不用在这段关系中耗费太多时间和精力）或者**过度受损**（得到极少的收益，付出众多成本，不得不在这段关系中耗费诸多的时间和精力）。根据公平原则，过度受益和过度受损的关系双方对这种状态都可能感到不安，且双方都具有在关系中重建公平的动机。

（四）自我价值保护原则

任何人在人际交往过程中都会有明显的对自我价值感进行维护的倾向。别人的肯定会增加我们的自我价值感，而别人的否定会直接威胁到我们的自我价值感。人们对来自人际关系的否定性信息特别敏感，别人的否定会激起自己强烈的自我价值保护倾向，表现为逃避别人或者否定那些否定自己的人，以维护自己的自尊心。

（五）情境控制原则

人们对一个新情境的适应是一个逐渐对情境实现自我控制的过程。情境的不明确，或不能达到对情境的把握，会引起强烈焦虑，并处于高度紧张的自我防卫状态，使人们倾向于逃避这样的情境。

◎　**知识拓展 4-3**

人际交往中的竞争与合作

竞争是人际关系中普遍存在的一种现象，它指的是个体或群体为了争夺有限的资源或利益而进行的行为。竞争激发了人们的斗志和积极性，推动了社会的进步和发展。然而，过度的竞争也容易导致争斗与矛盾，破坏人际关系的稳定与和谐。

与竞争相对应的是合作。合作是为了实现共同目标而进行的一种互助与协作行为。合作能够促进人与人之间的沟通和理解，加强彼此之间的信任。通过合作，人们能够实现资源共享、信息共享和共同进步。合作的力量可以克服竞争中的障碍，将个体利益与共同利益相结合，实现共赢的局面。

在人际关系中，既要正确对待竞争，也要善于合作，寻求竞争与合作的平衡点。

1. 培养竞争与合作意识

个体应该正确认识竞争与合作对自身发展的重要性。认识到竞争能够激发个体潜能和动力，实现个人的成长与进步。同时，认识到合作能够拓展个体的资源和机会，实现共同的价值和目标。

2. 建立良好的沟通与合作机制

人际关系中的合作需要通过有效的沟通加以实现。建立积极的沟通与合作氛围，减少信息不对称和误解。通过互相配合和支持，实现团队共同目标的达成。

3. 提高个体与团队的综合素质

个体应该提升自己的竞争力和协作能力，增强自身的综合素质。在团队中，要主动承担责任，注重团队协作和贡献。通过不断学习提升自身能力，使自己在竞争与合作中具备更强的能力。

六、人际吸引及影响因素

人际吸引是指在人际交往过程中，相互给予对方积极评价的心理倾向，让人与人相互接纳和喜欢，并相互形成深入交往的意愿。它是人际关系中的一种积极形式。影响人际吸引的因素主要有以下 6 个方面。

（一）时空接近

人际吸引是以时空的接近为先决条件的。人与人在交往时空上的接近，便于形成彼此的相互吸引，形成相互的密切关系。时空接近效应之所以能够发挥作用，是因为**熟悉度或曝光效应**：对方暴露在某一刺激下越多，我们也就越可能对其产生好感。

（二）相似性

人们倾向于喜欢在某些方面与自己相似的人。一是人口特征的相似性，包括年龄、性别、出生地等。二是外表特征的相似性。因为人们认为与自己长相接近的人，与自己有相同的社会交换价值。三是态度特征的相似性。如果彼此态度类似，则易于得到对方情感上的共鸣和行为上的支持，容易相互吸引。

（三）互补性

有时候，人们会喜欢与自己在某些方面相反的人，这是因为各自不同的需要可以得到相互补偿。例如，支配型和顺从型，爱聊天与爱倾听，就可以相互吸引。

（四）互惠式的好感

我们都喜欢被别人喜欢。事实上，仅仅知道某个人喜欢我们就足以提升我们被那个人吸引的程度。

（五）外表的吸引力与好感

人们会把外表吸引力放在建立关系重要的位置上。那么，人类是否共有一套关于"美"的定义标准呢？研究者通过评估大学生对异性照片吸引力，发现两性之间的评分有些重合之处。两性都倾慕有着大眼睛的异性，这被认为是"娃娃脸"的特征，因为初生的哺乳类动物相对于脸庞的大小而言，都有着大大的眼睛。"娃娃脸"特征具有吸引力，是因为它激起了观察者的温情以及想照顾他人的感觉——就像我们对婴儿、小猫和小狗的反应一样。

（六）个性和能力特征

美国心理学家安德森（Anderson）曾在 1968 年进行了一项研究，将几百个描绘个性品质的形容词列入表格，让被试大学生按照喜欢程度由高到低依次排列。结果发现，影响人际吸引的 6 个人格品质分别是：真诚、诚实、理解、忠诚、真实、可信。而一个具有某种超群能力的人，也会对他人产生巨大的吸引力。但是能力出众者如果过于完美，反不如偶有失误或小有缺点更受欢迎。有人把这称为"犯错误效应"。

◎ **自我练习 4-1**

你的人际关系如何？

这是一份人际关系行为困扰的诊断量表，共 20 个问题，每个问题做"是"（打√）或"非"（打×）两种回答。请你根据自己的实际情况如实回答，答案没有对错之分：

1. 关于自己的烦恼有口难言。（　　　）

2. 和陌生人见面感觉不自然。（　　　）

3. 过分地羡慕和妒忌别人。（　　　）

4. 与异性交往太少。（　　　）

5. 对连续不断的会谈感到困难。（　　　）

6. 在社交场合，感到紧张。（　　　）

7. 时常伤害别人。（　　　）

8. 与异性来往感觉不自然。（　　　）

9. 与一大群朋友在一起，常感到孤寂或失落。（　　　）

10. 极易受窘。（　　　）

11. 不能专注地倾听。（　　　）

12. 自己的烦恼无人可倾诉。（　　　）

13. 受别人排斥与冷漠。（　　　）

14. 被异性瞧不起。（　　　）

15. 不能广泛地听取各种各样意见、看法。（　　　）

16. 自己常因受伤害而暗自伤心。（　　　）

17. 常被别人谈论、愚弄。（　　　）

18. 与异性交往不知如何更好相处。（　　　）

19. 讨厌某人或被某人讨厌。（　　　）

20. 瞧不起异性。（　　　）

计分方法：打"√"的计1分，打"×"的计0分。

0~8分：说明你在与朋友相处上的困扰较少。而且，你能够从与朋友相处中得到乐趣。

9~14分：你与朋友相处可能存在一定程度的困扰。你和朋友的关系并不牢固，经常处在一种起伏波动之中。

15~28分：你在人际交往中的困扰可能较严重。你可能不善于交谈，也可能比较喜欢孤独，不开朗，有时候显得骄傲和自大。

你可以尝试写出你所尊敬的人身上所具有的人际交往技能，试着运用到生活中。

七、人际知觉：对他人做出判断

（一）归因理论

为了有效地适应和控制环境，人们往往对各种社会行为有意识或无意识地做出一定的解释，即根据他人某种特定的人格特征或某种行为特点推论出其他未知的特点，以寻求各种特点之间的因果关系，这就是**归因理论**。

1. 内部归因与外部归因

在解释别人为什么会有那些行为时，一般人可以做出两种归因。一是**内部归因**：倾向于认为之所以出现这样的行为，其原因与自己有关，如态度或个性等。一是**外部归因**：一个人之所以出现某种行为，其原因与他所处的情境有关，并假设大多数人在同样的情境下会做出同样的反应。

2. 归因失真

人们常常存在归因失真的错误或偏见。例如，人们在评价他人的行为时总是倾向于低估外部因素的影响，而高估内部或个人因素的影响，这称为**基本归因错误**。个体和组织还倾向于把成功归因于内部因素（如能力或努力），而把失败归因为外部因素（如运气或他人）；或者倾向于把模糊性的信息当作恭维，乐于接受积极反馈，抗拒消极反馈——尤其是当人们的自尊受到威胁时。这称为**自我服务偏见**或**自利归因**。

这可能是由于：当我们遭遇失败并感到无力改进这一现状时，外部归因的确能够保护我们的自尊；但是如果我们相信自己能够有所改进，那么更可能把自己的失败归因于内部原因并致力于改进工作。也有可能我们都希望别人觉得我们很棒，希望获得别人的尊敬，因此告诉别人自己不好的表现是由于外在因素的影响，可以给失败"找到借口"。

3. 公正世界的信念

"好人必有好报""与人良善，终有福报"。这些谚语反映了公正世界信念的内在哲学。**公正世界信念**是一种具有多种适应功能的较为稳定的个人特质，指的是人们相信自己所处的世界是公正的，在这个世界里，人们得其所应得，所得即应得的信念。同时，公正世界信念也是一种归因方式。研究显示，持有高公正世界信念的个体通常会具有更多的积极情绪、更低的抑郁水平、更高的主观幸福感。公正世界信念可以让个体认为这个世界是有意义的、可预测的、可控的，这有助于维持"个人契约"（即努力会获得回报），最终促使个体更积极地投资于未来。因此，公正世界信念是青少年面对该阶段典型发展任务的重要个人资源。

（二）选择性知觉

人类大脑不可能容纳自己见到的所有内容，只有那些能够对我们产生刺激的具有突出特征的人、事、物才能让我们留下印象，这就是知觉的选择性。它既受知觉对象特点的影响，又受知觉者本人主观因素的影响，如兴趣、态度、爱好、情绪、知识经验、观察能力或分析能力等。

因此，人们更有可能会注意到与自己兴趣相投的人的观点。选择性知觉能使我们"快速阅读"他人，但同时也有信息失真的风险，因为我们看到的是我们想看到的东西。我们也许会从一个模棱两可的情境中得出没有根据的结论。

（三）首因效应

首因效应又称第一印象，是指与陌生人第一次接触后所形成的印象，也可以称为先入为主。心理学研究表明，最初得到的信息与以后得到的信息相比具有压倒性的优势，因此，第一印象会影响甚至决定今后的交往关系。如对某人第一印象良好，人们就愿意接近他，对于他的言行给予较多的关注、理解和信任；反之，第一印象不好，人们就有可能不愿意接近他，对他的言行不予理解和信任。

（四）近因效应

近因效应是指最近的信息对人的认知具有较大的影响，最后留下的印象比较深刻。研究发现，在印象形成的过程中，当不断有足够的引人注意的新信息出现，或者原来的印象已经淡忘时，新近获得的信息的作用就会较大，就会发生近因效应。

首因效应与近因效应看起来似乎有些矛盾，但实际上，它们是一个问题的两个方面。一般来说，在对陌生人的知觉中，首因效应较明显，而对熟人或久违的人的认知中，近因效应更加突出。因此，在人际交往中，我们应注意自己近期的言谈举止，注意保持已经树立起来的形象。

另外，近因效应是以新近信息为依据对人做出的判断，忽略了以往信息的参考价值，从而使人不能全面、客观、公正地看待问题。因此，我们应注意克服近因效应带来的认知偏差，要用动态的、历史的、发展的眼光看待他人，不因一时一事随便肯定和否定一个人。

（五）晕轮效应

当人们以个体的某一特征（如智力、社会活动能力、外貌）为基础而形成对一个人的整体印象时，就会受到晕轮效应的影响。以偏概全、一俊遮百丑、爱屋及乌、"情人眼里出西施"都是此效应的通俗表达。

（六）刻板印象

在生活中，人们经常会以性别、年龄、种族，甚至是体重为基础，对特定个体或群体进行评论，即基于对某人所在群体的知觉而去判断某人。如"男性不擅长照顾孩子""老年人很难学会新技能""大龄单身者可能在某一方面存在缺陷"，这就是刻板印象。刻板印象可能根深蒂固，难以改变；它足以影响重大决定，并会影响我们的情绪。值得注意的是，刻板印象并不一定都是负面的，事实上，正面刻板印象和负面刻板印象一样多，如"男性的数学能力优于女性"。但是无论正面负面，可能都是在强调群体之间的差异，而让个体觉得自己的个性被抹杀了。因此，我们必须对这一知觉"捷径"保持戒备：既不传播刻板印象，也不以刻板印象待人。

（七）投射效应

投射效应是指个人将自己的内心愿望、情感和行为意向，通过某种形式投射到他人身上。通俗点说，就是按照自己是什么样的人来知觉他人，而不是按照被观察者的真实情况进行知觉。"以小人之心度君子之腹"是此效应的典型例证。受这种效应影响的人常以自己的观点评判别人。要避免其消极的影响，关键是要客观地认识自己，正确对待自己与别人的差异，不能处处以自己的标准要求别人。

第二节 人际技能提升

一、人际交往技能的维度

人际交往是人类的一项基本技能和本质性的存在形式。西尔（Seal）提出，个人的人际交往能力包括以下 3 个维度。

一是自我认知，即对自己的情感和才能的了解与理解，包括自我察觉和准确的能力评估两个维度；二是考虑他人，即在思考与行动之前考虑他人及实际情况，包括同情心和自我监控两个维度；三是与他人的联系，即与他人建立融洽和亲密的关系，包括人际交往与亲密性两个维度。

我国有研究者基于 6 个省（市）大学生的深度访谈，探讨"00 后"大学生在人际交往时应具备的核心能力维度（表 4-2）。大学生可以逐项对照，有意识地练习自己的社交技能。

表 4-2 "00 后"大学生人际交往能力框架（陈唤春和王倩，2023）

核心维度	二级维度	具体行为
自我意识	良好的自信水平	自然地与人交谈或当众发言
		对自己的仪表、容貌、谈吐等具有一定信心
	判断他人的情绪状态	通过言语、动作、表情等大致判断他人的情绪状态
		在交往中察觉到他人明显的情绪变化
		交往中感到不悦时也能保持礼貌
	管理自身情绪	能够克服紧张、害怕、不安等情绪正常完成交流或发言活动
		抑制兴奋情绪和冲动的言行
	表达自己的感受并意识到对他人的影响	有效通过语言、表情或肢体动作等向他人传达自身感受
		表达自身情绪时考虑到他人的感受并作相应调节
	意识到他人对自我状态的影响	与朋友发生分歧或意见相左时通常有自己的立场和判断
		能够分析和处理自身在与他人交往中产生的情绪变化
同理心	认真倾听并理解他人的感受	在交流和谈话中认真倾听并有效理解信息
		当朋友在发言时不会觉得不耐烦或做出打断、只想谈论和自我相关的话题
		能够设身处地为他人提供建议或帮助
	站在他人的角度思考问题	在快乐友善的交往氛围中也能被感染而产生愉悦情绪
		听朋友谈论悲伤、不公等事情会一同感到遗憾或产生难过的情绪

核心维度	二级维度	具体行为
关系管理	与他人相处融洽	在交往中保持尊重和礼貌
		能与对方分享自己的感受，并在交流中保持有效的回应
	管理和解决人际问题	与脾气不相投的人也能够和谐相处
		与朋友发生冲突时掌握一定处理技巧和能力
	使用沟通和社交技巧 与他人进行积极互动	能够专注地倾听他人
		在交谈中能够适当地主动发起话题
		与异性交往时能保持自然和礼貌

二、倾听

（一）倾听的含义

倾听不是简单地用耳朵来听，而是双方内心的交流，也是一门艺术。因此，倾听不仅是指能耐心细致地认真倾听，还要能真正深刻地理解对方的意思并体会其情感。

（二）倾听的方法

倾听的原则是：听全部。即不评价、不选择、不排斥、不批评，完全中立、客观地倾听。作为倾听者，需要克服以自我为中心、自以为是、先入为主、急于下结论等常见沟通障碍，以"放空自己，融入对方"的状态认真聆听话语，体会情感。

倾听的技巧包括：①耐心、专注地倾听；②仔细捕捉对方表达时的语言和非语言信息；③能对对方讲述的内容与流露出的情感作出及时的反应；④恰当的提问。

◎　课堂活动 4-2

倾听和沟通

活动目的：觉察自己在人际交往中的倾听和沟通方式。

活动时间：10分钟。

活动步骤：

1. 在全班找一个喜欢足球的人和一个不喜欢足球的人（也可以是其他主题，只要观点相反即可）。

2. 请喜欢足球的人向不喜欢足球的人讲述足球的好处，说什么都可以；其他的同学不要出声，在下面仔细观察。

3. 现场提问观众：你们看到了什么？听到了什么？询问台上两个人的感受。

4. 思考：在刚才的交谈中，有哪些让我们感到不舒服，哪些感到舒服？我们平时又是怎样做的呢？

三、共情

生活中，你遇到过这样的场景吗？

小 A 正在痛苦无比，舍友小 B 突然冒出一句话，不但没有安慰到小 A，反而让人生气。

大家正在一起开心交流，小 C 沉浸在自己的世界，问了一个大家都有所顾忌的问题，顿时所有人感到尴尬无比……

似乎生活中就有这样"不会说话，不懂沟通"的人——同样的话，同样的意思表达，他们总显得生硬和不合时宜。原因是什么呢？似乎可以从"共情"中找到答案。

共情，也称"感同身受""同理心""共感"，是指个体通过理解他人的感受、情感和心理状态，从而产生与他人相似的情感体验的过程。共情是人际交往中非常重要的一种心理过程，能够促进人际关系的和谐与亲密，增进人际沟通的效果。共情能够帮助人们更好地理解他人，减少误解和冲突，增强人际关系的稳定和持久。

（一）共情的生理基础

共情是人类与生俱来的一种能力。海法大学（University of Haifa，Israel）的一项研究证明，人的大脑中有两套共情系统，分别负责处理不同的共情场景。

一套较简单的系统是情绪模仿系统。其中**镜像神经元**（mirror neurons）起到了至关重要的作用。镜像神经元最早被发现是在猴子大脑中的 F5 区域，后来在人脑中的额下回中也发现了相似的结构。这套系统帮助人们在观察别人的动作、面部表情、语言时，自动激活大脑的某些区域，产生与亲身经历相似的情感。例如当人们看到他人经历针刺、刀砍之类的画面时，负责处理痛觉的区域会变得活跃，让人们产生相似的情绪，也就是我们常说的"被对方情绪所感染"，从而产生共情。通常，镜像神经元活跃程度更高的人共情能力也更强。

另一套更高级的系统是换位思考系统，指的是能够从他人角度去想问题的能力，从别人立场上理解他们现在的情绪、举动。换位思考不仅是"我能感觉到你的感受"，而且是"我理解你的感受"，这比单纯的情绪共鸣又更近了一步。这个系统主要是被大脑中的腹内侧前额叶皮质所控制，而如果这块脑区发生了病变或者受到了损害，人的共情能力就会大大下降。

（二）共情的心理加工过程

共情的心理加工过程机制包括情绪感知、情绪调节和情绪表达三个主要方面。在共情的过程中，个体会通过观察他人的面部表情、身体动作、语言表达等方式，感知并理解对方的情绪状态。然后，个体会通过自身的情绪调节能力，将对方的情绪状态内化并产生与之相似的情感体验。个体会通过适当的情绪表达方式，将自己的情感体验传达给他人，从而建立起情感连接和共鸣。

（三）共情的影响因素

共情的心理加工过程机制受到情境因素和文化因素的影响。在不同的情境下，共情的产生和表达方式也会有所不同。例如在紧急救援的情境下，个体可能会更加倾向于产生共情并展现出积极的情感表达；而在商业谈判的情境下，共情可能更多地表现为一种战略性的表达方式。不同的文化对于共情的理解和表达也会有所差异。一些文化鼓励个体对他人情感的理解和表达，而另一些文化则更加注重自我表达和自我保护。

（四）适度共情的方法

以人为中心疗法创始人罗杰斯（Rogers）这样描述心理咨询与治疗中的共情："能够感受来访者的个人世界，就好像那是你自己的世界一样，但又绝未失去'好像'这一品质"。也就是说，共情"可以进入另一个人的内心世界，但同时又能保持着客观观察者的立场"。因此共情的底层逻辑是"接纳差异"，是"虽然我和你的价值判断不一样，我不一定理解，但你也肯定有你的道理和原因。而我也不一定为了要理解你、认同你去牺牲我自己，做出不符合我自我价值判断的事情"。

在生活和工作中，某些群体可能会产生过度共情，如：①高敏感群体，约15%～20%的人对内外部刺激具有更深层次的感知和处理能力。他们能够察觉到环境中细微的变化，情绪容易被触发，体验得更为深刻，同时也可能对悲伤、痛苦的感受更为深刻。②助人职业，如医护人员、心理咨询师、教师等。他们长时间浸泡在深入理解各种复杂的情绪状态之中，更容易受到负面情绪的侵袭。③内心善良的人。内心善良的人往往看待世界更加正面，相信人性本善，同时往往具有较强的利他主义倾向，因而很容易拥有共情能力，但有些时候也会因共情过度而使自己受到伤害。

共情过度可能会产生**"替代性创伤"**，即在目击大量残忍、破坏性场景之后，损害程度超过其中部分人群的心理和情绪的耐受极限，间接导致各种心理异常现象。这些异常现象，通常都是出于对他人及其所受创伤的同情和共情，而使自己出现严重的身心困扰，甚至精神崩溃。

那么，怎么管理共情能力，适度共情呢？

第一，设定界限。了解并尊重自己的情感边界和责任边界，认识到何时需要介入帮助他人，何时应该保持一定距离。

第二，情绪调节。尽量减少为他人情绪产生的自责。当自己的情绪陷入低谷时，要试着调节，如想想轻松快乐的事，冥想、音乐、逛街、烹饪、种植都可以。

第三，保持钝感。日本作家渡边淳一曾说："钝感力并不是简单的迟钝，而是智慧地摆脱世间各种负面的羁绊，简单快乐地坚持自己要做的事情。"我们既拥有在感知特定的事物与情境时的高敏感力，同样也可以通过降低感受能力和敏锐去提升钝感力。

四、自我表露与亲密关系

在生活里，我们会遇到很多人并形成不同的关系。而亲密关系无疑是最令人舒适、放松和信任的关系。亲密关系的形成不仅需要双方情感的付出，兴趣、价值观、行为方式等方面的匹配，还需要一个关键因素：自我表露。

奥尔特曼（Altman）和泰勒（Taylor）在 1973 年提出了**社会渗透理论**（social penetration theory），主要描述了个体之间从表面到亲密而经历的关系发展过程。该理论指出，亲密性不仅表现在身体上，还表现在智力上、感情上以及共同参加活动等方面。因此，社会渗透过程必然包括语言行为（如"我们"的用词）、非语言行为（身体姿势、表情等）和环境导向行为（传播者和受众的距离等）。

在合适的范围里，自我表露越多，彼此之间的关系就越亲密。你可以把人想象成一个洋葱，被一层一层地包裹着。最外一层是你的社会信息，如工作、年龄、身高等；往下一层便是你的兴趣爱好；再往下则是你的人生观、价值观；越往下，信息越私密。而自我表露的作用则是在交往过程中，不断表露自己给对方去了解。对你了解越多，亲密度就越高。

那么具体要怎么做呢？不妨在聊天过程中，有意识地加入哈斯（Hars）标准流程，这是亲密关系发展过程中，对一个人了解深度的四个阶段。

第一阶段：兴趣爱好。这一阶段是为了让对方大概知道你是一个什么样的人，喜静还是喜动？是喜欢电影、书籍的文艺风格，还是喜欢打球、喜欢挑战的运动风格？平时喜欢做什么，喜欢玩什么？等等。这也是两个人刚刚认识阶段最常见的话题交流，目的是让对方对你有一个宏观的方向判断。

第二阶段：态度和价值观。了解一个人的价值观，就可以判断一个人对待事物的做法和态度。这也是你的底线表态，如你是一个顾家的人，就等于告诉对方，很多时候，你会优先以家庭为重。

第三阶段：关系网。关系网的表露并不单单只包含了朋友这一个方向，还包含了你的父母、亲戚等。更多时候，你可以理解为这是一个表露自己成长环境的过程。你的父母是如何的，你的家庭是如何的。通过这些信息的表露，可以让你这个人更加立体。

第四阶段：隐私和秘密。这些是你内心的底层需要和愿望。是你内心最为柔弱的地带，是你真正意义上的"软肋"。这一层面的表露，则是在告诉对方，你是值得我信任的。

一段关系中，你们的交流至少要完成上述四个阶段，才算得上真正意义上的亲密关系。如果一直只是"吃了吗""在干嘛"这种浅尝即止的交流内容，你们根本无法建立起真正的亲密关系。当然，在人际交往中，也并非需要与每一个人都建立亲密关系，也需要保持自我恰当的距离和边界，具体方法可以参考第二章内容。

◎ **课堂活动 4-3**

建立亲密关系的 36 个问题

美国心理学家亚伦（Aron）让陌生人两两分组坐在一起，要求他们彼此提问并回答 36 个问题，回答之后凝视对方 4 分钟。现在请你和相邻的同学交流这些问题，看看有怎样的感受。

第一组

1. 假如可以选择世界上任何人，你希望与谁共进晚餐？

2. 你希望成名吗？在哪一方面？

3. 拨打电话前，你会先练习要说的话吗？为什么？

4. 对你来说，怎样才算是"完美"的一天？

5. 上一次唱歌给自己听是什么时候？唱歌给别人听又是什么时候呢？

6. 假如你能够活到90岁，并且你可以选择让你的心智或身体在后60年一直停留在30岁，你会选择心智还是身体？

7. 关于未来你可能怎么死，你有自己的秘密预感吗？

8. 列举3个你和对方共同拥有的特质。

9. 你的人生中最感恩的事情是什么？

10. 假如可以改变你成长中的任何事，你希望有哪些改变？

11. 用4分钟的时间，尽可能详细地向对方讲述你的人生故事。

12. 假如明天早上起床后能获得任何一种能力或特质，你希望是什么？

第二组

13. 假如有颗水晶球能告诉你关于自己、人生或未来的一切，你会想知道吗？你希望它说点什么？

14. 有什么事想做很久了？还没去做的原因是？

15. 你人生最大的成就是什么？

16. 友情中你最重视哪一个部分？

17. 你最珍贵的回忆是什么？

18. 你最糟糕的回忆是什么？

19. 如果你知道自己将在一年内突然死去，你会改变自己目前的生活方式吗？为什么？

20. 友情对你而言意味着什么？

21. 爱和感情在你生命里扮演什么样的角色？

22. 轮流分享你认为对方拥有的比较好的性格特点，各自说5点。

23. 你的家庭关系亲密温暖吗？你是否觉得自己的童年比大部分人快乐？

24. 你与母亲的关系如何？

第三组

25. 说出3个含有"我们"并且符合实际情况的句子，比如"我们现在都在这个房间里"。

26. 完成这个句子："我希望可以跟某个人分享……"

27. 如果你要成为对方的密友，有什么事是他或她需要知道的？

28. 告诉对方你喜欢他或她的什么地方（必须非常诚实，要说出你可能不会对刚认识的人说的事）。

29. 和对方分享你人生中尴尬的时刻。

30. 上次在别人面前哭是什么时候？自己哭又是什么时候呢？

31. 告诉对方，你现在喜欢他或她的哪些方面？

32. 有什么事是绝对不能开玩笑的？

33. 如果你今天晚上就会死掉，而且无法与任何人联系，你有遗憾还没有告诉别人什么事吗？为什么没有说呢？

34. 你的房子起火了，你所有的东西都在里面，在救出所爱的人和事物后，你还有时间可以安全地抢救出最后一件东西，你会拿什么？为什么？

35. 在你所有家人当中，谁的死亡对你的打击最大，为什么？

36. 分享你人生中的一个问题，问对方读到这样的问题会怎么做。同时也请对方告诉你，在他或她看来，你对这个问题的感受是什么。

【研究发现】30%的人在聊完这36个问题后，表示自己与对方的关系，已经超过了他们人生中和其他人的任何一段。有35%的人在问答过36个问题后，已经开始约会，甚至有一对成为了夫妻。因此，共同的脆弱是能够促进亲密感的。两个陌生人之间的亲密关系或许可以通过彼此询问一些特别的个人化问题而快速升温！

五、沟通

沟通是人类社会中不可或缺的一部分，它具有多种功能：①传递信息。人们通过语言、文字、手势等多种方式进行沟通，以将信息传达给他人。这包括日常生活中的交流、商业上的谈判、政治上的演说等。②建立关系。通过交流，人们可以了解他人的想法和需求，进而加深相互之间的理解和信任，最终建立良好的关系。③解决问题。当人们遇到问题时，可以通过交流寻求他人的帮助和建议，找到解决问题的方案。④表达情感。人们可以通过交流传达自己的情感和情绪，与他人分享自己的快乐、悲伤、兴奋等。在情感表达中，沟通不仅可以让人释放情感，也能促进人际关系的发展。⑤传递文化。不同的地区和社会拥有不同的文化和价值观。通过交流，人们可以了解和学习不同文化之间的差异和相似之处。这不仅有助于促进文化交流，也有利于增进文化多样性的理解和关注。

（一）沟通的方向

沟通的方向可以是垂直的，也可以是水平的。垂直方向还可以进一步划分为下行沟通和上行沟通。

1. 下行沟通

在群体或组织中，从一个层级向另一个更低层级进行的沟通称为下行沟通。群体的领导者和管理者向群体成员分配目标，提供工作指导，解释规章制度，指出需要注意的问题以及提供工作绩效反馈时，使用的都是下行沟通。

下行沟通的一个问题是单向性。通常，管理者会将信息告知员工，但很少征求他们的建议和看法。一项研究显示，将近2/3的员工表示自己的上司很少或从未征求过他们的建议。因此，在下行沟通中，管理者有必要对决策的原因做出解释。一项研究发现，如果对变革的原因进行充分解释，则员工认同变革的可能性会提高一倍。而且，管理层的信息必须通过多种媒介反复传达才能真正有效。因为："很简单，员工需要的只是被尊重和倾听。"

2. 上行沟通

上行沟通是群体或组织中流向更高层级的沟通。员工利用它向上级（管理层）提供信息反馈，汇报工作进度，报告当前存在的问题。上行沟通使得管理者能够了解员工如何看待其工作、同事和整个组织。管理者还通过这种沟通来获得关于如何改进工作条件的观点和建议。

3. 横向沟通

同一工作群体的成员之间、不同工作群体但同一层级的员工之间、同一层级的管理者之间或任何等级相同的人员之间的沟通都称为横向沟通。横向沟通能够节省时间和促进协调。从管理层的角度看，横向沟通有有利的一面，也有不利的一面。在管理层知情和支持的情况下进行的横向沟通是有益的。但是，在下列情况下，横向沟通可能会导致一定的冲突：当正式的垂直渠道被破坏时；当成员们绕过或避开自己的直接领导而擅自行事时；当上司发现下属在自己不知情的情况下制定决策或采取行动时。

（二）沟通的形式

群体成员之间传递信息或意图有几种基本方法，如口头沟通、会议、书面沟通、网络沟通和非言语交流等。

1. 口头沟通

最主要的信息传递方式是口头沟通。常见的口头沟通包括演说、一对一讨论和群体讨论等。口头沟通的优点在于快速传递和快速反馈。如果接收者对信息不确定，迅速的反馈可以使发送者及时核查其中不够明确的地方，并予以纠正。

但是，当信息必须经过多人传递时，口头沟通的主要缺点便会暴露出来。在此过程中，涉及的人越多，信息失真的潜在可能性就越大。每个人都以自己的方式解读信息，当信息到达终点时，它的内容常常与最初的真正内容大相径庭。

2. 会议

会议可以是正式的也可以是非正式的，通常包括两人或两人以上。会议沟通是一种成本较高的沟通方式，沟通的时间一般比较长，常用于解决较重大、较复杂的问题。如以下几种情境：

（1）需要统一思想或行动时（如工作思路、项目计划的讨论等）；

（2）需要当事人清楚、认可和接受时（如考核制度发布前的讨论等）；

（3）传达重要信息时（如工作或项目总结活动等）；

（4）澄清一些谣传信息，而这些谣传信息将对团队产生较大影响时。

视频会议，是指位于两个或多个地点的人们，通过通信设备和网络，进行面对面交谈的会议。根据参会地点数目不同，视频会议可分为点对点会议和多点会议，可以极大地节省时间成本和经济成本。

电话会议也是一种高效率的沟通方式。电话沟通既可以作为正式会议，也可以作为非正式的聊天。电话交流比电子邮件更加快速、有效。

3. 书面沟通

书面沟通就是利用书面文字作为主要表达方式，在人们之间进行信息传递和思想交流的沟通形式。其文体可以分为：行政公文、计划类文书、报告类文书、法律类文书、新闻性文书、日常事务类文书等。

虽然网络时代的到来减少了书面沟通使用频率，但是其在管理工作中仍然起到非常重要的作用。一般来讲，写作的基本要求有"4C"，即清晰（clear）、完整（complete）、准确（correct）、简洁（concise）。要注意使用简洁的词语和文字，注意内容的完整性和逻辑性，书写规范、工整，格式正确、整体美观。

书面沟通中常见的障碍主要有以下几种：①语言障碍。主要来自表达能力或地方语言和风俗习惯的差异；②知识障碍。知识的范围、文化差异、宗教信仰不同造成的沟通障碍；③人为障碍。信息发送者表达不清、词不达意，或接收者疏忽、造成信息遗漏，以及其他情况，如双方的认知不同等因素。

4. 网络沟通

随着信息化技术的飞速发展，即时通讯（instant messaging）成为大学生日常交流和沟通的主要渠道；新兴社交媒体已经深入到大学生的日常生活中，成为他们获取信息和社交互动的重要平台。这些平台以浏览参与门槛低、信息开放度高、信息传递速度快等特点，极大地丰富了大学生的信息获取渠道，并深刻改变了他们的社交生活习惯。

随着大学生网络社交活动的日益频繁和深入，"圈层化"现象也逐渐显现。网络社交圈层化是生活在现代社会中的个人以网络空间为平台，通过因价值观而聚合、兴趣点而分众形成的特征各异的网络社群，各类圈层塑造并传递自身独特的价值观念。有调查数据显示，超过70%的人表示自己会在较为固定的圈子开展网络社交活动，仅有7.07%的人表示自己从不会去关注新的圈子；而且圈层中的言论和话题与现实生活中个人的行为方式相互影响。

网络社交圈层化容易触发信息茧房。一方面，人们往往更倾向于关注符合自己兴趣和观点的信息，而忽视了与自己观点不同的信息，从而造成了信息获取的片面性。另一方面，社交媒体等平台的算法推荐机制也加剧了这一现象，因为它们会根据用户的浏览历史和兴趣偏好，推送更多相似的内容，从而使用户的信息领域更加狭窄。信息茧房现象不仅可能导致个人的视野变得狭隘，而且可能会引发一系列的社会问题。首先，它可能因为人们缺乏对不同观点和信息的了解和接触，从而导致对世界的认知变得片面和偏颇。其次，因为不同信息茧房之间的人们难以进行有效的沟通和理解，可能加剧社会的隔阂。最后，它还可能使人们逃避现实生活中的种种矛盾和问题，从而影响社会的整体进步和发展。

5. 非言语交流

非言语交流是指人们在不使用语言的情况下进行的有意或无意的沟通。面部表情、语调、手势、肢体位置和动作、身体接触以及目光的注视，都是最常用、最有启发性的非言语交流方式。

非语言线索在交流上有许多功能。它帮助人们表达情绪、态度和个人特质。例如，可以通过眯起眼睛、压低眉毛、嘴巴紧闭成一条狭长直线来表达"我生气了"。"我很外向"的个人特质，可以通过肢体动作幅度大、说话的音高和音调富于变化来传达。

非语言线索往往比语言本身更"诚实"，它可以传达出人们并未说出的真实感受。研究显示，被压抑的情绪往往会通过面部表情或身体动作流露出来。然而，人们通常很难注意到或者理解这些隐蔽的非语言线索。

（三）有效沟通的障碍

很多因素会阻碍有效沟通。

1. 过滤

过滤是指发送者有意操纵信息，以改变接收者对信息的看法。如果一名管理者告诉上级的信息都是上级想听到的，这名管理者就是在过滤信息。组织中的垂直层级越多，过滤的机会就越多。害怕传递坏消息等因素，常常会导致信息过滤的发生，从而导致上行沟通失真。

2. 选择性知觉

在沟通过程中，接收者会根据自己的需要、动机、经验、背景等个人特征有选择地观察或倾听。人们看到的不一定是事实，只是把自己看到的东西加以解读，然后将其称为事实。

3. 信息超载

个体处理信息的能力是有限的，当需要处理的信息量超过加工能力时，就会出现**信息超载**。此时，人们会筛选、忽略、跳过或忘记信息，或者会暂停更深入的处理，直到信息超载情况结束。无论采取哪种方式，最后都会造成信息丢失或沟通效果受损。在信息技术和即时通讯日益发达的今天，越来越多的人发现，我们已经无法从中脱身。因为网络，工作、休息与个人生活的边界不再清晰，可能会导致工作与生活的冲突和职业倦怠感的产生。

4. 情绪

有研究表明，消极心境的人可能会更仔细地检查接收到的信息，而积极心境的人则倾向于接受较为浅层的沟通。极端的情绪体验（如狂喜或悲痛）最有可能阻碍有效沟通。在这种状态下，我们最容易抛弃理性、客观的思维活动，而代之以情绪化的判断。

5. 沉默

沉默本身意味着没有信息。但是，沉默和不沟通是非常普遍和棘手的。在组织中，有研究发现，超过 85% 的管理者至少在一个重大事项上保持沉默。员工沉默意味着管理者缺乏相关信息去发现工作中存在的问题，同时，对重大问题保持沉默的员工也可能会承受心理压力。

6. 沟通恐惧

据统计，5%～20% 的人存在某种程度的沟通恐惧或社交焦虑。他们在口头沟通或书面沟通时会感到过分紧张和焦虑。

7. 说谎

有效沟通的最后一个障碍就是对信息的歪曲或说谎。人们对谎言有着不同的定义和理解。对于伦理学家和社会学家来说，谎言的定义也颇具迷惑性。实际上，普通人每天都会说一两个谎言，而且打电话时说谎比面对面时说谎更容易，在电子邮件里说谎比手写时说谎更加心安理得。

◎ 知识拓展 4-4

关于测谎的误区

测谎仪是一种用于记录人在情绪变化时各种生理变化（如呼吸、脉搏、心率、血压和皮肤湿度等）的科学仪器。测谎的原理是：绝大多数人在说谎或受到有关情绪词的影响时，会发生一系列植物神经系统功能的变化，检测这些变化可反映受试者当时的情绪状态、对答是否真实。受过专门训练、并有一定实践经验的人员做出的测谎结果，准确性可达 75%～80%，对案件审理有一定的参考价值，但不能作为证据，因为有 15%～20% 的结果很不可靠，5% 的结果可疑。

误区 1：测谎仪专门用来"测谎"

人在说谎时的心理变化必然引起一些生理参数的变化，它们一般只受植物神经系统的制约而不受大脑意识的控制，通过测谎仪测定这些生理参数的变化就可以分析心理变化，从而判断是"真实"还是"谎言"。"测谎其实测的是心理刺激所引起的生理参数变化，而不是'谎言'本身。"

误区 2：说谎后心慌才导致露馅

有些人认为"测谎"的依据必定是受测者——尤其是嫌疑人，在因违背良心的"不安"（罪恶感）、"恐惧"以及对谎言被揭穿后可能受处罚的"忧虑"等所引起的心理"紧张"状态下产生的心理反应。这其实是一种误解。

实际上，多道心理测试所真正依据的是受测者内心对某些事物（如犯罪过程、犯罪情节、现场情况、受害人情况等）的"关心"（concern）程度而表现于生理上的反应。有的甚至是以对该事物的"知"与"不知"作为判断的依据。

因此，真正足以影响测试结果的是案件的性质、案情资料是否充足等因素，至于受测者是否奸诈、说谎成性或天性胆小（只要没有经过反测试训练），则不致影响测试结果。

误区 3：测谎仪能够完全测出"谎话"

只要说了假话，测谎仪就一定能发现吗？不能说所有的谎言都能够攻破，应该说，在已经确定的嫌疑人范围内，基本上通过犯罪心理的这种测试，能够把他找出来。其实测谎仪并不是万能的。一方面，测谎仪能否发挥正常的作用，跟测试的外部环境、被测试者个体状态、测试师的水平以及问题的设计都密切相关。"有的测试也会因为条件不够，最终一无所获。"

（四）非暴力沟通

在日常的交谈中，语言存在着许多隐蔽的精神暴力。与身体和生理上的创伤相比，这种精神暴力带来的伤害看起来并不明显，但事实上，由它们滋生出来的危害远超想象。

暴力沟通往往从对他人的指责、批评、攻击和贬低开始。这种沟通方式的核心是认定自我是对的，而他人是错的，并通过言语来表达这种判断。其最直接的结果是伤害他人尊严，引发他人反感，从而加剧了冲突。同时，暴力沟通还会导致交流双方在心理上产生距离感，使得交流无法达到理解和接纳对方的目的。

2003 年，基于人本主义心理学基础，美国心理学家卢森堡（Rosenberg）发展出极具启发性和影响力的非暴力沟通的原则和方法，依照它来谈话和聆听，能使人们情意相通、和谐相处，这就是"非暴力沟通"（nonviolent communication，NVC）。**非暴力沟通**强调通过关注彼此的需求和感受，而不是对立的立场，来促进人与人之间的相互理解以及和平地解决问题。其核心理念是，人类内在都有积极的需求，如安全感、尊重、自由等，当这些需求得不到满足时，就容易产生负面情绪和行为。非暴力沟通的目标是帮助人们识别自己和他人的内在需求，并以同理心、坦诚的方式表达，从而找到双方都能接受的解决方案。

非暴力沟通包含四个要素。

1. 观察

观察是实现非暴力沟通的第一步。与他人沟通时，所有的表达与判断都是基于观察。但是做到客观地观察并不容易，因为我们肉眼看到的是一个动态的世界和过程，而表达的途径却是静态的语言。大多时候，在观察的过程中，人们会形成自己的判断和评论。而非暴力沟通就是让我们去区分观察与评论，将自己所看到的现象，用客观的语言具体地表达出来。注意：观察不是评论，这是实现非暴力沟通的前提。

2. 感受

这是非暴力沟通的第二个要素。感受决定了人们的交流方法和交流时所使用的语言，非暴力沟通的感受要素，能够让我们在沟通中更好地认知自己、体察他人，而通过对自己与他人感受的体会，可以更加清晰地去了解自己、倾听对方。人的情绪是多变的，在不同的情绪作用下，我们内心的感受也有所不同，如果能够确切地将这些感受表达出来，那么沟通中就会少很多无谓的猜想与质疑。

3. 需要

每一种感受的背后都隐藏着需要，非暴力沟通让人们通过观察来体会自我与他人的情绪感受，进而解读这些感受背后的需要，寻求满足的办法，例如，勇敢地说出自己的需求。非暴力沟通的目的，就是通过建立一种联系，让人们在交流中看重并且理解双方的需要，然后去寻求能满足双方的办法。也就是说，帮助人们建立人与人之间健康的联系，让相互帮助和友爱成为现实。

4. 请求

我们了解了自己的需要，就会明白怎样去做才能满足这些需要，于是有了请求。如何提出请求，是非暴力沟通重点关注的课题，因为在现实生活中，很多人将请求等同于命令，因此引发了很多冲突。在表达请求时，请注意：①清楚告诉对方，你希望他做什么，而不是希望他不做什么；②请求越具体越好，不能含糊不清，不适用抽象语言；③提出请求后，请对方给予反馈，并表示感谢；④让对方认识到你提出的是请求，而不是命令。

六、处理人际冲突

人际冲突在人际交往中不可避免，处理人际冲突是一项重要的社交技能。"冲突"的意思是碰撞、冲撞，心理学领域中的冲突，更被定义为一种知觉，即个体或组织在达到目标或所关心的事物中察觉或经历挫折的过程。也就是说，如果人们没有意识到冲突，那么"冲突"将不会存在。对立或不一致，以及某种形式的互动，是冲突过程开始的必要条件。

（一）冲突的类型与原因

冲突的类型可以分为：组织与外界的冲突、部门间的冲突、人际冲突、小组内冲突、内心冲突等（图4-4）。

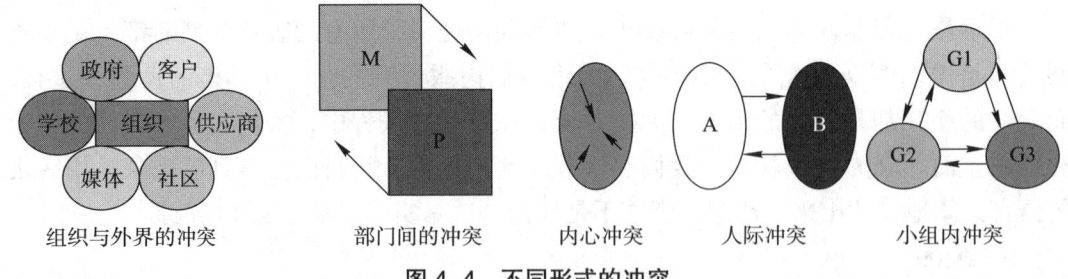

图4-4　不同形式的冲突

冲突产生的原因可能是多种多样的，如误解、个性差异、缺乏合作精神、欠佳的绩效表现、对有限资源的争夺、方式方法上的差异、文化及价值观的差异、追求目标的差异、竞争中的失败等。而导致观念差异的因素，又可能包含个人成长背景和经历、对话语的理解、情感反应特点、偏见等。

人际冲突是指个体与个体之间因为双方的文化差异、背景差异、个性差异、利益不同、沟通障碍等引起的相互反对的紧张状态。一般分为显性冲突和隐性冲突。

显性冲突的主要表现有：冲突双方发生口角争辩，都想在言语上战胜对方；当事人情绪失控，处于激动状态，出现音调拔高、语速增快的变化，甚至使用威胁语气或者暴力行为；当事人想要对方服从自己，意图控制对方的语言和行为，如出现强势打断对方的言语或行为；当事人的言行带有攻击性，完全不顾对方的自尊，甚至直接伤害到对方的利益；当事人常说"你应该""你必须""你绝对"等命令性语言；冲突双方的矛盾升级迅速，难以消除隔阂等。

隐性冲突的主要表现有：冲突双方心存戒备，相互之间关系若即若离、态度十分冷淡，彼此关心和过问都很少；双方保持表面和气，但对对方其实口服心不服；对于不得不合作的情况，当事人被动服从，沉默寡言、缺乏交流；当事人嘲笑对方，不尊重对方的世界观、人生观、价值观和生活方式等；对对方的意见和建议表示质疑，甚至消极抵制、拒不合作；对对方的损失持幸灾乐祸的心态，对对方的成功则持嗤之以鼻的嫉妒心理；当事人常以"不清楚""随便""没什么"等模糊语言搪塞对方问题；冲突双方的沟通从双向变成单向等。

（二）冲突观

传统观念中，人们通常认为冲突是一种恶性结果，因而会采取回避的应对方式。然而，越来越多的人意识到，一定程度的冲突是不可避免的。例如，互动冲突观认为，冲突可以激发成员间的讨论而不会导致消极的、破坏性的情绪；与冲突本身相比，我们更需要了解引发冲突的因素，并纠正这些因素以提高个体、群体和组织的绩效。

互动冲突观还分为良性冲突和恶性冲突。对一个组织来讲，良性冲突能够支持群体的目标和提高群体的绩效，是具有建设性的冲突。恶性冲突则妨碍群体的绩效，是具有破坏性的冲突。

（三）解决人际冲突的方法

常用的人际冲突解决策略包括四种：逃避策略、妥协策略、求助于第三方策略以及主动沟通和协商策略。

1. 逃避策略

逃避策略是一种避免面对冲突的解决方式。当人们感到冲突无法解决或超出自身能力范围时，他们可能会选择逃避，避免与对方发生直接接触。这种策略的优点是能够暂时缓解紧张局势，但缺点是问题并没有得到真正的解决。

2. 妥协策略

妥协策略是一种双方都做出让步的解决方式。当双方都有一定的合理性时，妥协是一种可行的解决方式。通过找到一个双方都可以接受的解决方案，可以平衡双方的利益和需求。妥协策略可能会导致双方都不完全满意，因此在使用时需要谨慎考虑。

3. 求助于第三方策略

当双方无法直接解决问题时，**求助于第三方策略**可能是一个明智的选择。第三方可以提供中立的意见和建议，帮助双方找到一个满意的解决方案。这种策略也有缺点，因为第三方可能无法完全了解情况，或者因为第三方的介入可能会扩大冲突的范围。

4. 主动沟通和协商策略

主动沟通和协商策略是一种积极的解决方式。通过主动与对方沟通，了解对方的观点和需求，寻求共同点和解决办法。这种策略需要双方都愿意合作和努力解决问题，但可以促进双方的相互理解和信任。

在具体沟通方法和技巧上，要注意以下几点：①在态度上，表达"我们愿意找到解决办法"；②在行为上，检查并承担自己的责任，与对方沟通；③在语言上，以"我"为开头、事实论述、表达情感；④在沟通主题和焦点上，聚焦问题内容和情感表达，而非人格和评断品行。

七、社交焦虑的应对

大多数人都有过社交焦虑或回避的经历，但这种害怕是可以被理解和控制的，不会妨碍正常的生活和工作。社交恐惧症患者则会对社交场合表现出过度的、不合理的恐惧和害怕，会主动去回避这些场合，并且无法自控。

（一）社交焦虑的表现和影响因素

社交焦虑最初为一个临床用语，源于精神病学专家提出的"社交恐惧症"，这一疾病属于神经衰弱类范畴。随着症状的分化，学者提出了社交焦虑障碍（social anxiety disorder，SAD）的概念。社交焦虑障碍的核心症状为在社交场合/过程中惧怕别人的负性评价，且存在一定的社交回避，同时，当社交活动无法避免时，容易出现一系列躯体症状，如口吃、出汗、脸红。为减轻这些不适的感受，患者往往会回避社交场合。如果不能回避，在"恐怖"场景到来前，患者往往会担心很久，甚至可能继发抑郁症状，使他们的社交、学习、工作都存在明显的困难。

社交恐惧症的产生，可能与以下因素有关。

1. 遗传因素

社交恐惧症患者的一级亲属，即父母、子女、同父母的兄弟姐妹等患此病的风险明显增高，提示该病有遗传的可能性。

2. 生物学因素

社交恐惧症的生物学病因目前尚未明确，可能的机制包括去甲肾上腺素系统的功能亢进、5-HT 系统敏感性升高、下丘脑－垂体－肾上腺轴（HPA 轴）过度反应等。影像学研究提示以杏仁核为核心的条件性恐惧网络超敏可能与该病的发生有关。神经影像学研究初步显示，社交恐惧症患者可能存在基底神经节和纹状体等区域的脑血流增强、多巴胺功能障碍。

3. 社会心理因素

社交恐惧症的患者，往往经历过大量的负性社交体验，如父母婚姻冲突、父母过度保护或抛弃、儿童期虐待、校园欺凌、人际信任创伤等。

（二）社交焦虑的应对

社交焦虑的治疗采用药物治疗和心理治疗结合的方案。其中药物治疗主要包括选择性五羟色胺再摄取抑制剂（SSRIs）、苯二氮䓬类、β-阻滞剂、单胺氧化酶抑制剂（MAOIs）、新型抗抑郁剂等其他药物。心理治疗主要包括认知行为治疗（认知重建、放松训练、社交技能训练等）和动力性心理治疗。

除了接受专业治疗外，还可以从以下方面缓解社交焦虑和恐惧的症状。

1. 分析恐惧心理产生的原因

那些让你恐惧的东西并不具有威胁性的力量，例如，害怕别人嘲笑、担心失礼等，其实这些并没有想象中的那么可怕，而且是每个人在交往初期都会遇到的问题。

2. 积极自我暗示

例如，"我不过是这么多同学当中普普通通的一员，谁也不会对我特别注意"，或者告诉自己"天生我材必有用"，从而逐步摆脱过于重视他人评价的思维方式。

3. 修正完美主义

我们应当明白：在这个世界上没有人是十全十美的。因此，没有必要要求自己事事得体、处处大方，让所有人满意。在交往中出现失误、遭到别人的拒绝，甚至嘲笑等都是不可避免的。

4. 积极参加社会交往

有恐惧心理的大学生往往回避与他人交往。其实，越是回避，恐惧心理就会越发严重。只有勇敢积极地与他人交往，才能愈加熟练地掌握交往技能，获得处理交往中棘手问题的经验，增强自己的社会适应能力。

第三节　社会情境中的人际互动

人生活在社会中，受到社会情境或他人的影响。探索个体与社会情境、社会群体之间的互动，可以更好地理解个体的动机、行为，并理解社会关系中的自我。

一、团体与合作

团体包括三个或三个以上彼此互动、彼此依赖的人，需要和目标使得他们相互影响。

（一）团体的组成和功能

人为什么要加入团体？

团体能给人们带来很多益处。首先，归属需要是人类先天的需要，并存在于所有的社会中。在人类进化过程中，与他人建立联系是生存下来的重要优势。与他人结成某种关系能够满足人类的一些基本需要，如狩猎、耕种、求偶、育婴。其次，团体是身份认同的一个重要部分，通过它可以了解这个社会和自身所处的位置。同时，团体还能帮助建立社会规范，即规定可接受行为的内隐或外显的规则。

　　一般来讲，团体的规模可能在三到几十个人之间。如果团体的规模太大，团体成员之间无法互动和交流，就不能称为一个团体。团体的另一个重要特征是成员在年龄、性别、信念、观念方面有相似之处，即具有同质性。团体通常设置了某些社会规范，并有着明确的社会角色。社会规范具体指出所有的团体成员都应有的行为方式，而角色则规定了团体中特定位置的人应有的行为。

　　团体组成的另一个重要方面是团体凝聚力：团体将成员团结起来并增强成员相互好感的品质。一个团体的凝聚力越强，成员就越希望能处于团体之中，参与团体的活动，并试图纳入更多意气相投的新成员。

（二）团体地位

　　团体地位指的是他人对群体或群体成员的位置或层级进行的一种社会界定。它渗透到社会的各个角落。即使是最小的群体也会形成一系列角色、权利和仪式来区分其成员。

　　什么决定地位？根据**地位特征理论**（status characteristics theory），地位主要有以下三个来源：①**驾驭他人的权力**。能够控制结果的人通常会被认为具有更高的地位，因为他们有可能控制该群体的资源。②**群体目标作出贡献的能力**。那些对群体的成功具有重要贡献的人通常有更高的地位。③**个人特征**。那些具有群体所看重的个人特征（如智力更高或者个性友善）的人，地位通常高于那些拥有较少此类特征的人。

◎ 知识拓展 4-5

大学生宿舍社交地位与攻击性

　　社交地位这一概念源于对儿童和青少年同伴关系及社会接纳的研究，强调个体在与其联系最紧密的生活圈（家庭、朋友、职场等）中所处的位置，常以受尊敬、被美慕及拥有的影响力作为度量指标。社交地位能够强烈影响个体对权力和社会接纳的感知，而这二者又正是幸福感的重要决定因素。国内外均有研究发现，个体的社交地位比经济地位更能显著地影响个体主观幸福感。通常，个体在儿童青少年时期即显现出社交地位的差异，而且不同的社交地位——受欢迎、被拒斥还是被忽视，对其成年后的心理健康发展有着重要的影响。

　　进入大学生活后，原本高中固定班级空间被打破，宿舍成为了学生个体间联系最密切的场所，宿舍人际关系质量与每个成员校园生活的幸福感存在紧密的关联。有研究发现，宿舍人际关系质量低将导致个体适应困难，表现出压抑、敏感、自我防卫等心理状态，从而导致较强的攻击性。我国一项研究表明，个体自我感知的宿舍社交地位（话语权、受尊重程度）与攻击性倾向呈显著负相关，而与经济地位和学习成绩的关联并不紧密。并且，遭遇社会拒斥时，大学生会表现出更高的攻击性。

（三）团体凝聚力

团体凝聚力是指团队对成员的吸引力、成员对团队的向心力，以及团队成员之间的相互吸引。团队凝聚力不仅是维持团队存在的必要条件，而且对团队潜能的发挥起着重要作用。美国社会心理学家费期汀格（Festinger）认为这种凝聚力是使团体成员停留在团体内的合力，也就是一种人际吸引力。

1. 团体凝聚力的要素

凝聚力的中心点是团队对所有成员的吸引力。这主要表现在三个方面：

① 团队本身对成员的吸引力。团队的目标方向、组织形态、行业精神、社会位置等适合成员，吸引力就大，反之吸引力就会降低，甚至会使成员厌倦、反感，从而脱离团队。

② 满足所有成员多种需要的吸引力。团队满足成员个人的各种物质和心理需要，使成员对团队产生向心力。这是增强团体吸引力的最重要条件。

③ 团队内部成员间的吸引力。团队成员利益一致、关系和谐，互相关心、爱护和帮助，吸引力就大；反之，吸引力就小，甚至反感、相互排斥。

2. 团体凝聚力的培育措施

① 明确一致的目标。管理者与团队成员共同建立目标，将团队目标与个人目标融于一体，使个人目标与团队目标高度一致。有效目标的建立一般有如下原则：

a. 目标的具体化、可测量化。

b. 清楚地确定时间限制。良好的目标应该是适时的，它不仅需要确定的时间限制，而且还要对完成任务的时间进行合理的规定。

c. 运用中等难度的目标。

除了上述三个方面以外，定期检查目标进展情况；运用过程目标、表现目标以及成绩目标的组合；利用短期的目标实现长期的目标；设立团队与个人的表现目标等都有利于团队凝聚力的培育。

② 良好的团队内部管理。

a. 领导。在领导方式上，应较多地采取民主型领导方式，在团队决策上应共商共议，力求最大限度反映民意，切忌独断专行。

b. 沟通。团队内部应保证足够的沟通时间、适宜的空间或渠道及良好的沟通氛围。

③ 制定有效的团队规范。**团队规范**，是团队成员认可并普遍接受的规章和行为模式，它可以具体化为团队成员对某种特定行为的认同或反对，区分出某种行为是有益的或是有害的。帮助成员了解什么是被期望的行为，提高团队的自我管理、自我控制的能力，促进团队的凝聚力的成长。

④ 激励和文化建设。根据成员的不同需要，合理、恰当地应用激励方式；多开展团队竞赛活动、团队拓展培训，通过参与竞争和团队体验，可以很好地增强团队凝聚力。

二、领导力

每个人在人生的某个时期都有可能被要求担任领导者，很多情境都需要领导。每种情境都对领导者提出了要求。成为领导者很有挑战性，它令人兴奋，也有回报，同时需要承担更多责任。

（一）什么是领导

在领导学文献中，可以找到有关领导的100多种不同定义，以下是公认的反映领导者本质的概念。

领导是一种**特质**：先天具有影响其领导力的某些特定特征，在不同情境中拥有特定情境所需要的特质对领导者来说是最为重要的。

领导是一种**能力**：能力这个词有时指天生的才能，但是，能力也可以后天习得。有些人拥有天生的领导能力，而另一些人则通过勤奋工作和实践来培养领导能力。

领导是一种**技能**：是培养起来的有效完成某项任务的胜任力（competency）。他们知道履行职责的手段和方法。

领导是一种**行为**：它是领导者身处领导岗位时所做的事情，包括任务行为和过程行为。

领导是一种**关系**：根据这个观点，领导力的核心是领导者与下属之间的交流，而非领导者的独特品质。领导就成了领导者与下属之间发生的一个合作过程。

领导是一种**影响过程**：是一个人影响一群人以实现共同目标的过程。影响力是领导过程的核心。领导者将自己的能量导向影响团队成员以实现共同目标。

领导的含义是复杂的，包括许多维度。在现实中，领导可能包括所有这些维度的所有成分。

（二）领导者特质

为什么有些人是领导者，而其他人却不是？是什么因素使得那些人成了领导者？领导者是否拥有某些不一般的特质？研究人员探讨了成功领导者拥有的特征，指向六种关键特质：智慧、信心、魅力、决断力、社交性、诚实而正直。

智慧：意味着具有良好的语言技能、感知技能、推理能力，这些优点的组合使人成为优秀的思考者、卓越的领导者。

信心：相信自己能够实现目标；感到自己的处境稳定而安全；不事后诸葛亮；对事业具有清晰的愿景，不断前行。

魅力：是一种特殊的人格特征。包含了以下要素：①树立榜样，表现出希望他人接受的价值观；②胜任力，人们信任他们的决定；③明确阐述了清晰的目标和坚定的价值观；④将高期望传达给追随者，对于他们实现这些期望的能力表现出了信心；⑤对他人具有鼓舞作用，他们能发动和激励他人参与真实的变革当中。

决断力：就是完成工作的决定。他们非常专注和留意所要完成的任务，知道要走向哪里，以及如何才能到达那里。

社交性：建立愉悦的社会关系的能力；友好的、外向的、有礼貌的、机智的和有外交才华的；他们对他人的需要敏感，关心别人的福祉。

诚实而正直：在行动中坚持原则，勇于承担责任。正直要求在与他人相处时坦率尽量实事求是，这并不是一件容易的事情。

（三）领导优势

领导者需要在以下方面具有优势能力：①执行能力。贯彻战略意图，完成预定目标的操作能力；②创新能力。技术和各种实践活动领域中不断提供具有经济价值、社会价值、生态价值的新思想、新理论、新方法和新发明的能力；③激励能力。领导运用恰当的方式方法对员工的工作、思想、生活等方面进行有效激励的能力；④分析能力。人在思维中把客观对象的整体分解为若干部分进行研究、认识的技能和本领；⑤调解能力。调解自身和他人的情绪、冲突、目标等的能力。

回忆一下，迄今为止，你对自己最满意的状态是在哪个时间或者哪种情形，或者哪件事情？解释一下为什么会那么高效，你或者你表现自己的方式有哪些让你感觉良好？最后，再评估自己，是否具备领导者胜任力？

三、他人在场与个人行为

当有其他人在场时，你会表现得有所不同吗？研究发现，仅仅是他人的在场就会对我们的行为产生各种有趣的效应（图4-5）。

社会促进是指个体在完成某种活动时，由于他人在场或与他人一起活动而使行为效率提高的现象。这种现象在简单任务上表现尤为明显，而在复杂任务上表现则相对较差。

社会懈怠是指当有他人在场而且他们个人的表现无法得到评估时，人们会在简单任务上表现更糟而在复杂任务上表现得更佳的倾向。

他人在场可以导致社会促进，也可以导致社会懈怠。区分两者的重要变量是个人努力是否得到评估、唤醒状态和任务的复杂程度。这似乎可以解释一种常见的社会现象：责任分数，即当多个旁观者在场时，每个人都会觉得"别人会帮忙"，从而选择袖手旁观，也称为"旁观者效应"。

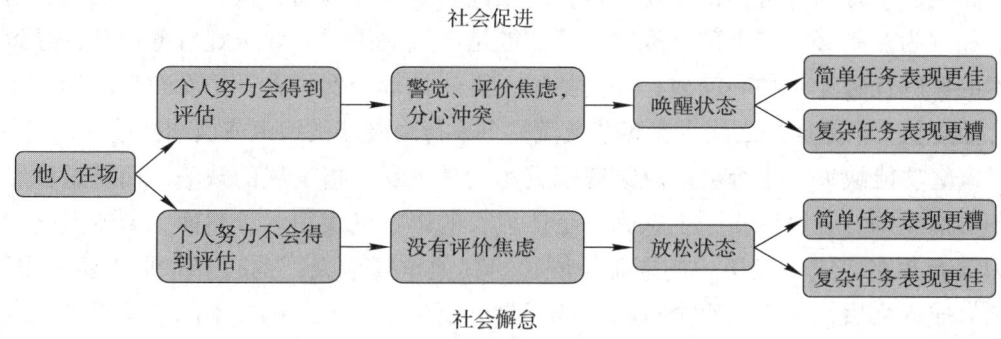

图4-5　他人在场对个人行为的影响

四、偏见

偏见是针对特定目标群体的一种习得性的态度，它包括支持这种态度的消极情感（厌恶）和消极信念（刻板印象），以及逃避、控制或征服目标群体的行为意向。偏见的观念起着过滤器的作用，一旦人们对这个目标群体的成员有偏见，就会以一定的方式看待和对待他们。

1. 偏见产生的根源

人们借助**社会分类**过程，把自己和他人分成群体来组织社会环境。最简单和最有说服力的分类形式是：判断别人是否与自己相像，从而区分"我与非我""我们与他们"。人们把世界分成内团体和外团体。对前者而言，个体把自己看作是其中的成员；而对后者则相反。这些认识性的区别导致了群体内偏见：一种认为内团体比外团体好的评价。人们一旦被看作外团体成员，常常会成为泄愤的对象或受到不公平的对待。有时候，一些非常细小的线索也能够引发对外团体成偏见；偏见也会导致性别主义（sexism）：一种根据性别差异，认为不同性别的个体有优劣之分的偏见。当人们感觉到资源匮乏且仅够分给一个团体时，区分"我们"与"他们"的倾向会变得更加强，即牺牲别人以换取自身的利益。

2. 与外团体成员的友谊能够消除部分偏见

友谊让人们能够了解外团体的成员，他们可能逐渐认同和重视外团体的成员。友谊也可能促进去地域化的过程，当人们了解很多关于外团体的社会规则和风俗习惯时，他们可能会降低对内团体规范的固执程度。

五、家庭功能与家庭沟通

中国有一句话讲得好：家和万事兴。融洽、温暖、稳定的家庭关系，会带来舒适的心理感受，能够滋养心灵，培育幸福，使人们绽放生命的光彩。而冲突、冷漠、动荡的家庭关系，则会给每一个家庭成员带来伤害，使生命力萎缩灰暗。

（一）家庭功能

家庭治疗先驱艾普斯坦（Epstein）认为，**家庭的主要功能**是为家庭成员的社会、心理和生理发育与维持提供环境条件，包括问题解决、沟通、角色、情感反应、情感卷入和行为控制等。有小部分家庭，其功能是严重缺失的，如家庭事务混乱，导致最基本的家庭任务无法顺利完成；经济拮据，无法抚育子女长大；子女教育受挫，无法正常社会化；家庭成员之间没有感情交流；个人行为极端被约束或极端被放任；等等。

家庭功能缺失，是否会造成家庭成员尤其是子女人格发展的缺陷，而且这种影响是不可消除的？应该说，原生家庭对个体成长的影响确实很大。然而，影响人格成长的因素有很多，成长经历中的老师、同伴、其他重要他人，也起着非常重要的作用。当长大成人之后，每个人完全有权利选择自己要认同的人，过好不同于父母和原生家庭的属于自己的人生。

◎ **课堂活动 4-4** ▬▬▬▬▬▬▬▬▬▬▬▬▬▬▬▬▬▬▬▬

了解你的父母

请凭记忆写下以下问题的答案。如果有些问题无法回答，请与你的父母沟通，或采访你的父母。

（1）你父母的生日是何年何月何日？

（2）如果你给父母买生日礼物，送什么会令他们最满意最开心？

（3）你父母最喜欢做的事是什么？

（4）你父母最讨厌的是什么？

（5）你父母最大的优点和长处是什么？

（6）你父母的身体状况怎样（有没有生过病，或者慢性疾病）？

（7）你父母最喜欢的人是谁？

（8）你父母希望你将来成为一个怎样的人？

（9）你父母年轻时最喜欢看的书、最要好的朋友、最大的愿望、最感到得意的事、最大的遗憾、最希望但没有实现的事情分别是什么？

（二）家庭沟通

萨提亚（Satir）是美国著名的心理治疗师和家庭治疗师，她认为"沟通之于关系，如同呼吸之于生命"，强调沟通的重要性，在此基础上，她创立了家庭治疗方法。

1. 常见家庭沟通模式

经过观察，萨提亚发现家庭普遍存在以下沟通模式。

① 讨好。使用这种沟通模式的人，自我效能感差，内在价值感比较低，言语中经常流露出"这都是我的错""我想要让你高兴"之类的话。行为上则过度和善，习惯于道歉和乞怜。

② 指责。使用这种沟通模式的人常常自我中心，从不顾忌别人的感受，习惯于攻击和批判，将责任推给别人，"都是你的错""你到底怎么搞的"是他们的口头禅。指责型的人通常孤单失败，他们宁愿与别人隔绝以保持自认为的权威。

③ 超理智。使用这种沟通模式的人极端客观，只关心事情合不合规定，是否正确，总是回避与个人或情绪相关的话题。他们告诫自己："人一定要有理智""不论代价，一定保持冷静、沉着，决不慌乱"。这类人表面上很优越，举动合理化，而实际上，他们内心很敏感，有一种空虚和疏离感。

④ 打岔。使用这种沟通模式的人似乎抓不住重点，习惯于插嘴和干扰，不直接回答问题或回答得根本文不对题。他们内心焦虑、哀伤，精神状态混乱，没有归属感，不被人关照，还常被人误解。

2. 冰山理论

其实，在每一个看起来强势或弱势的交往模式背后，都隐藏着人们内心真实的需求，萨提亚用"冰山理论"来解释这一现象（图4-6）。这一理论指出：人的行为，包括所做的或所说的，只是冰山露出水面的一部分，在水底下有更多我们看不到的部分，深深影响着水面上的所作所为。这些潜藏在冰山底下的部分，多数人并不能觉察，它仿佛是我们身心内建的驱动程序，随时自动启动，驱使我们做出某些行为，或冒然说出某些话，可能引发一些不良的后果，就算我们后悔了，提醒自己不要再犯了，但当我们又碰到类似的情形时，同样的行为模式往往又自动出现。

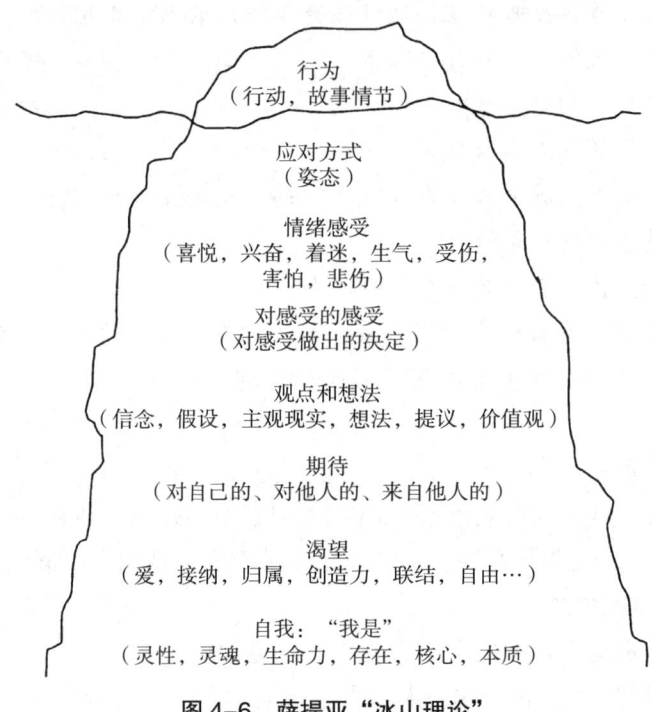

图4-6　萨提亚"冰山理论"

上述四种沟通模式也正如冰山理论假设：**讨好者**可能担心如果他们提出自己的意见或以任何独立于父母和配偶的方式来行动，就会有不被赞成的风险；**指责者**可能感到受了威胁，为了掩饰自己的空虚、无价值、不被爱的自我而以攻击作为反击手段；**超理智者**可能只有保持一段距离才有安全感，他们依赖于自己的理智以避免承认他们也有感情和容易受伤；**打岔者**可能只有通过表现出可爱和无害才能获得赞同。之所以我们会不自觉地使用这些看起来不太好的方式去沟通，本质上是因为我们缺乏"能使我们成为自己的自尊"，我们会在人际交往中避免暴露自己的真实感受，以免受到伤害。

3."表里一致"沟通模式

我们需要学习一种全新的沟通模式。"表里一致"是萨提亚模式基本理论之一，它既是一种存在状态，也是一种与自我和他人进行沟通的方式，高自尊和表里一致，是检测个体是否具有更加完善的机能的两项重要指标，因此，这种沟通模式是萨提亚所倡导的目标。

"表里一致"包含两个层面的含义。

　　一是个体内在情绪感受和言语表达一致，是指使用一致性的言语和一致性的情感。如果分别以不同走向的箭头来代表言语和情感信息，图 4-7 呈现了言语和情感不一致 / 一致的解释。当言语指向某个方向，而情感指向另一个方向时，实际上这是一种双重信息。例如，某人说："我感觉好极了"，同时他摇动的头部却在说"不"，那么他内心的加工过程可能是："我的身体告诉我感觉不好，但是现在我应该说自己感觉很好。"这种沟通无疑是不一致的形式。

　　二是自我、他人、情境均得到尊重，即在人际沟通中，要同时考虑到这三个因素，而且所占比重大概均等。其中：①"自我"状态应是内在和谐的，"我"能够做自己的主人；②与"他人"的关系是和睦的；③"情境"即"我"所处的人际系统（家庭或组织）是和谐、协作的。图 4-8 呈现了不同沟通姿态下的三因素模型。

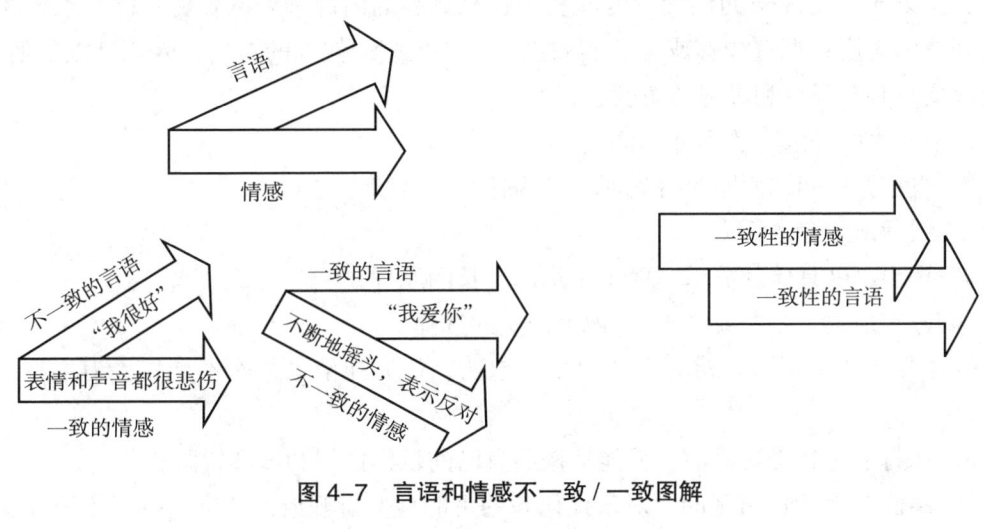

图 4-7 言语和情感不一致 / 一致图解

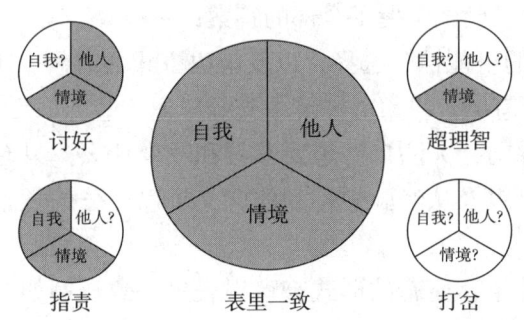

图 4-8 不同沟通姿态下的自我、他人、情境图解

◎ **自我练习 4-2**

表里一致的练习

　　"表里一致"不仅是一种开放的沟通方式，更是一种力量的体现，一种存在的状态。你可以双脚站立在地面上，通过自身的力量支持身体。感受身体是否表现出平衡、

协调、灵活和活跃的特点？如果你感受到身体的不平衡、不协调、僵化和疲倦，请试着这样做：

1. 关注自我：a.留意身体信号；b.通过呼吸保持冷静；c.巩固自我价值；d.建立自己的中心位置，并具有洞察意识。

2. 创造接触：a.审视和倾听；b.留意身体信号；c.表现出尊重；d.接纳并信任。

3. 在情境中改变：a.将"问题"转变为应对方式；b.处理感受；c.重构期望和知觉；d.增加机会和可能性。

"表里一致"具有以下特点：一种对自我独特性的欣赏；一种自由流动于自身内部和人与人之间的能量；是对个性的主张；一种乐于相信自己和他人的意愿；愿意承担风险，并处于易受攻击的位置；能够利用自身具有的内部和外部资源；能对亲密关系保持开放的态度；拥有能够成为真实的自己，并且接纳他人的自由；爱自己也爱他人；面对改变，具有开放和灵活的态度。

评估"表里一致"的标准包括：

① 直接回答问题而不是首先回问"为什么你想知道这个？"；

② 展示出生命的活力；

③ 提出自己具体的需求，而不是给出冗长的原理；

④ 诚实地说"是"或"不"（做出诚实的选择）；

⑤ "戴上侦探帽"来检验那些评论、想法、行为和情景，而不是先入为主地形成评判；

⑥ 在打消所有恐惧之前，就能够按照自己的意愿进行尝试和冒险；

⑦ 不断对生活提出疑问，对于任何新的可能性保持开放的态度，并且不要在新情况发生之前，就假装自己已经掌握了全部的答案；

⑧ 在面对任何新的可能性、选择，以及解决方式的时候，听从自己的直觉或"智慧盒"的意见，并在所有制定决策的情境中充分考虑这些。

因此，以过程为导向，关注自己想要学习和改变什么。只有对于自身内部存在的想法、感受、身体信息以及从经验中得到的含义予以充分的觉察，我们才能够在此基础上建立表里一致性。

我们可以通过四种生存姿态的形式来审视表里一致。例如，**指责型**的人需要加一些替别人考虑，宽容体谅；**讨好型**的人则需要加一些为自己着想，肯定自己的利益；**超理智**的人需要加进对自己和他人的感受的察觉，增加一些情感；而**打岔型**的人则需要增加对他人、自己和情境的察觉，在合适的情境下释放自己的创造力。这样个体才能够利用自身的创造力、玩笑，以及恰当的幽默感来实现表里一致的目标。

◎ 时代心能量

社会主义核心价值观：友善

在社会主义核心价值观中，友善是对公民维系良好人际关系和社会关系的基本道德规范。无论从事哪个行业，友善都是公民应当积极倡导的基础性的价值理念。特别是在市场经济建设过程中，竞争压力不可避免带来人际关系的紧张，培育和践行社会主义友善价值观，是缓解社会矛盾、维护社会秩序、促进社会和谐的坚实基础。

友善即与人为善，要求人们善待亲友、他人、社会、自然。友善对待他人，关注身边人的心理健康，就是建设自己的和谐生活环境。友爱和关照他人的内在修养，首先要求人们能够从心里尊重每个人，平等对待每个人。我们降临到这个世界上，"人"是我们的首要身份，这个身份对于每个人都是同等的，我们需要尊重他人的存在和他人的选择。其次是将心比心，做到"老吾老以及人之老，幼吾幼以及人之幼"。人们需要换位思考，想想你遭遇到同样的情况，你会怎么想怎么做，这样你就能够理解他人，从而减少你对他人的误解，减少很多矛盾。最后，还要做到己所不欲勿施于人。

常言道："良言一句三冬暖，恶语伤人六月寒"，让我们从自身做起，做一个温暖的人吧！

◎ 本章要点

1. 人际交往是人际关系实现的前提和基础，是人际关系形成的途径。人际关系是人际交往的表现和结果。

2. 从社会学的角度来讲，人际交往遵循五个原则，即交互性原则、社会交换原则、公平原则、自我价值保护原则、情境控制原则。

3. 归因理论、选择性知觉、首因效应、近因效应、晕轮效应、刻板印象、晕轮效应常常可以帮助人们进行人际知觉，对他人做出判断。

4. 大学生人际交往能力框架包括自我意识、同理心、关系管理三个方面。倾听、共情、自我表露、沟通、处理冲突，是重要的人际交往技能。

5. 暴力沟通往往从对他人的指责、批评、攻击和贬低开始。非暴力沟通强调通过关注彼此的需求和感受，而不是对立的立场，来促进人与人之间的相互理解以及和平地解决问题。

6. 明确一致的目标、良好的团队内部管理、制定有效的团队规范、激励和文化建设，是培育团体凝聚力的重要途径。

7. 友谊是消除偏见的有效途径。

8. 他人在场可以导致社会促进，也可以导致社会懈怠。

9. 个体需要建立恰当的自我边界，用以发展自我和保持人际联结。

10. 人们需要学习"表里一致"的沟通模式，以达到内心和谐平衡和提升自我价值感。

◎ 推荐阅读

许燕.成为更好的自己：许燕人格心理学30讲.北京：机械工业出版社，2021.

马歇尔·卢森堡.非暴力沟通.2版.北京：华夏出版社，2021.

弗德曼·舒茨·冯.沟通的力量：重塑沟通的心智模式.天津：天津人民出版社，2020.

维吉尼亚.萨提亚.新家庭如何塑造人.2版.北京：世界图书出版公司，2018.

马蒂·奥尔森·兰妮.内向者优势.北京：天地出版社，2019.

岸见一郎，古贺史健.被人讨厌的勇气.北京：机械工业出版社，2015.

戴维·迈尔斯.社会心理学.11版.北京：人民邮电出版社，2016.

埃伦·亨德里克森.如何克服社交焦虑.北京：中信出版社，2020.

◎ 本章主要概念

人际交往	人际关系	社会化
人际发展阶段理论	社会交换理论	公平理论
曝光效应	归因理论	自我服务偏见
公正世界信念	选择性知觉	首因效应
近因效应	晕轮效应	刻板印象
投射效应	倾听	共情
社会渗透理论	信息超载	非暴力沟通
人际冲突	团体	地位特征理论
团体凝聚力	偏见	他人在场
领导力	相互依存的自我观	客体关系
自我边界	家庭功能	"表里一致"沟通模式

◎ 数字课程学习

⬇教学课件   ✍在线自测   📖参考文献

第五章

与情绪讲和，与压力共舞

◎ **话题导入**

俗话说，"笑一笑，十年少；愁一愁，白了头"。现实情况虽然未必这么夸张，但情绪和健康之间确实存在某种关系。这究竟是一种什么样的关系呢？

美国卡内基梅隆大学的科恩（Cohen）进行了一项有趣的研究。研究招募了334名身体健康的志愿者参加。研究程序如下：（1）研究者在3个星期内随机挑选7个晚上对志愿者进行电话访谈，了解志愿者这一整天的心情（0~4级评分），以评估情绪状况；（2）初评结束后，研究者向每个志愿者鼻腔中喷射一种会引起感冒的微生物——鼻病毒；（3）观察志愿者5天内的变化，如果志愿者既被感染，又符合疾病标准，则被认为患有感冒。

结果发现积极情绪可以提高人们对普通感冒的抵抗力，且在积极情绪上得分高的人保健得更好，肾上腺素、去甲肾上腺素以及皮质醇的水平比其他人的要低。这三种物质都是与压力有关的荷尔蒙，当一个人压力增大时，这三项指标也会升高，负性情绪增强。此研究发现，情绪、压力与健康之间有密切的联系。

情绪和情感就像空气一样时刻围绕着我们。正因为有了喜怒哀乐等不同的情绪和情感，生活才变得五彩斑斓。在成长过程中，我们会遇到各种各样的挫折，情绪随之波动。作为新时代的大学生应该如何认识情绪呢？如何应对不良的情绪反应呢？如何应对压力呢？本章的学习将会为你提供一定的帮助。

第一节　认识情绪

一、情绪的定义与成分

也许你认为情绪只是快乐或悲伤的感觉，事实却不止于此，情绪有更广泛的定义。

（一）情绪的定义

情绪是指人们对客观事物是否符合自己的需要而产生的态度体验。当你取得了意想不到的好成绩，你会感受到快乐、自豪，会心跳加快，可能还会伴随手舞足蹈的行为等。这种快乐、自豪的情绪就源于内在自我实现需要的满足。情绪是送信人，每一封信都来源于我们的需要是否被满足。

（二）情绪的成分

情绪是一种躯体和精神上的复杂的变化模式，包括四种成分：主观感受、认知过程、行为表现、生理基础。

主观感受，即情绪反映了个体的需要是否获得满足及满足的情况如何。如果客观事物符合个体需要，就会产生积极的情绪体验，如愉快、自豪等；如果没有满足就会产生消极的情绪体验，如厌恶、憎恨等。

认知过程，即人们对于引发情绪的事件或刺激情境所作的解释和判断会影响到情绪体验。当你走在路上，看到一个人正笑着看你，如果你认为别人对你心怀爱慕，也许会心生愉快；如果你觉得别人不怀好意，可能会紧张不安。

◎　**知识拓展 5-1**

情绪的认知评价理论（cognitive appraisal theory，CAT）

拉扎鲁斯（Lazarus）提出，个体的情绪状态受到其对环境事件认知评价的影响。这一评价过程是不断进行的、多回合的，可以划分为初评价（primary appraisal）和再评价（secondary appraisal）。初评价的核心内容涉及：事件与个体的关联性、对个人目标的利弊判断。若事件被评价为与个体无关，则评价过程结束；若事件被认为对个体有益、与个人目标相符，则会引发积极情绪体验（如愉悦、安宁）；若事件被判定为有害或可能导致伤害、紧张，则会诱发消极情绪（例、如失落、威胁）。再评价在初评价的基础上进一步展开，通常出现在对威胁和挑战的评价中，包括对所采取应对策略的评价以及对应对结果的评价（图 5-1）。

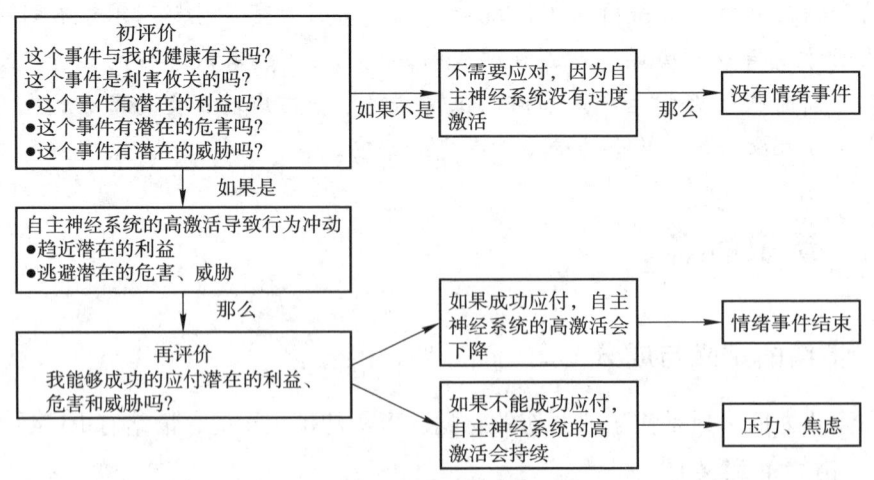

图 5-1　拉扎鲁斯的情绪评价过程

资料来源：傅小兰.情绪心理学［M］.上海：华东师范大学出版社，2016.

行为表现，即个体在产生某种情绪体验时，伴随的身体各个部位的动作、姿势的变化，即身体语言。身体语言主要包括面部表情、身体表情、言语表情，如忧郁时哭泣，恐惧时逃跑或僵住。

生理反应，即与情绪有密切关系的人体内部器官的活动。当我们产生某种情绪体验时，身体也会发生一系列变化，任何情绪都会伴随一定程度的生理唤醒。如满意或愉快时，心率在正常范围内，胃液、唾液分泌增加，胃肠蠕动加强；暴怒时，心率加快，血压升高，血糖增加。

◎　知识拓展 5-2

快乐中枢和痛苦中枢

生理心理学家发现，在我们的大脑里有专门分管快乐和痛苦的情绪中枢。

20 世纪 50 年代，心理学家奥尔兹（Olds）将微电极插入老鼠的头部并施加电流刺激，以观察动物有何反应。在研究过程中偶然发现，如果在某个地点对老鼠的下丘脑部位进行电流刺激，那么这只老鼠以后就总是往这个地方跑。研究者精心设计了一个实验。他们做了一个控制电流刺激的开关装置——横杆，可以由老鼠自己掌握。只要老鼠一按这根横杆，埋藏在下丘脑附近的微电极就产生电流刺激，持续时间为 0.5 s。实验开始后，奥尔兹等人看到了一个令人惊讶的情景：老鼠一旦学会按压横杆来获得刺激后，就会以近乎疯狂的热情来刺激自己。每只老鼠都以极高的频率按压横杆，平均频率为 2 000 次/h，有的竟高达 5 000 次/h，而且要连续按压 15～20 h，直至筋疲力尽，呼呼睡去。但一醒来，就又去按压横杆。奥尔兹等人为了进一步明确老鼠对这种刺激的迷恋程度，特意在老鼠和横杆之间摆上一个通有很强电流的架子。但老鼠竟不顾触电的痛苦，拼命穿过架子，扑向那根能给它们以刺激的横杆。后来的一系列研究也发现了类似的结果，并发现人脑中快乐中枢位于伏隔核，痛苦中枢位于丘脑。

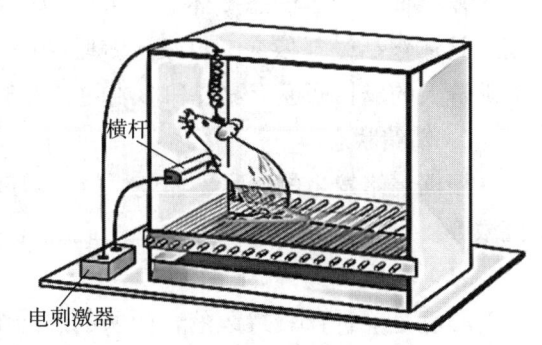

图 5-2　奥尔兹的实验装置

二、情绪的类型与功能

（一）情绪的类型

1. 基本情绪

"共有多少种情绪？"情绪研究者一直对此争论不休。《礼记》中提到："何谓人情？喜、怒、哀、惧、爱、恶、欲，七者弗学而能"。达尔文（Darwin）的《人类和动物的表情》一书中也描述了世界各地的快乐、悲伤、恐惧、愤怒等情绪的相似性。艾克曼（Ekman）提出了6种基本情绪：快乐、悲伤、愤怒、恐惧、厌恶和惊奇。伊扎德（Izard）提出了存在10种基本情绪：恐惧、悲伤、愤怒、厌恶、快乐、惊讶、兴趣、害羞、自罪感和蔑视。目前艾克曼的六种基本情绪分类是多数研究者认可的（图5-3）。

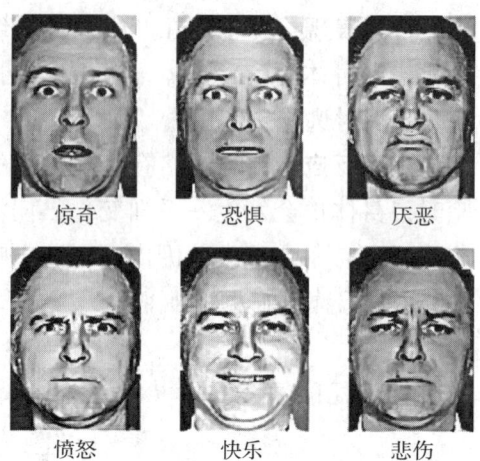

惊奇　　　恐惧　　　厌恶

愤怒　　　快乐　　　悲伤

图 5-3　Ekman 的六种基本情绪（Ekman & Friesen，1975）

惊奇与愿望或信念等心理状态有关，如果外部情境不符合主体信念，个体就会觉得惊奇。**恐惧**是企图回避某种危险情景而又无力应付时所产生的情绪体验。**厌恶**是一种对令人恶心、反感的事物的情绪体验，也是一种防御机制，促使个体远离和避免变质的食物或其他污染物来抵御潜在的疾病、病毒和污染，目前有研究发现，许多心理问题来自对周围人或事物的厌恶，对自身的厌恶是出现消极意念的关键因素。**愤怒**是指愿望无法实现或所追求的目标一再受到阻碍而产生的情绪体验。**快乐**是一种目标达到和需要得到满足时产生的情绪体验。**悲伤**是失去所追求的事物或理想破灭时，而产生的情绪体验。

2. 复合情绪

复合情绪也称社会情绪，是指与人的社会性需要相联系的情绪反应，表现为一种较为复杂而又稳定的态度体验，可分为依恋型社会情绪、自我意识情绪和自我预期情绪，具体包括爱与依恋、自豪、羞耻和内疚、敌意、焦虑与抑郁、道德情绪等，是后天随着人的成长而逐步发展和形成的。大学阶段是建立和形成个人社会情绪的关键期。

3. 情绪状态

根据情绪发生的强度、速度、持续时间的长短，情绪状态可以划分为心境、激情、应激等。

（1）心境

心境是一种比较持久的、微弱的、影响人的整个精神活动的情绪状态，也就是平常所说的心情，如心情舒畅、烦闷等。

心境持续时间较长，少则几天、几月，长则几年。影响心境持续时间的因素主要是事件的重要性和个性特征。事件对个体越重大，引起的心境反应就越持久。心境具有非定向的弥散性。当一个人处于某种心境中时，他往往以同样的情绪状态看待一切事物，使自己的整个生活都渲染上某种情绪色彩，影响自己的全部行为表现。"忧者见之则忧，喜者见之则喜"指的就是人处于不同的心境状态时，对同一事物会有不同的情感体验。

（2）激情

激情是一种强烈的、短暂的、爆发式的情绪状态。这种情绪状态通常是由对个体意义重大的事件、对立意向的冲突或过度的抑制所引发。在激情状态下，个体会体验到很难克制的喜悦感、愤怒感、绝望感或极度的悲痛感等，并伴随机体状态的剧烈变化和明显的表情动作，甚至发生痉挛。

激情也有积极和消极之分。积极的激情能增强人的敢为性和魄力，激励个体克服艰险，攻克难关；消极的激情则可能导致理智的暂时丧失，情绪和行为的失控。人能够意识到自己的激情状态也就能够有意识地调节和控制它。屠格涅夫（Turgenev）曾劝那些刚愎自用、好争吵的人，在将要争吵时，先把"舌头在嘴里转十圈"。这些提醒和暗示都可以起到缓和激情爆发的效果。

（3）应激

应激是在出乎意料的紧迫情况下所引起的急速而高度紧张的情绪状态。例如，汽车司机在驾驶过程中突然出现危险情境；意外的火灾、水灾、地震；亲人的猝然死亡等，在这些情况下人们处于的情绪状态就是应激状态。

在应激状态中，人有两种反应。一是积极的反应，即"狮子式应激"。虽身心紧张，但精力旺盛、思维敏捷，能更好地利用过去的知识经验，急中生智，摆脱困境，化险为夷。二是消极的反应，即"兔子式应激"。思维混乱，分析判断能力减弱，感知和记忆发生错误，注意的分配与转移困难，导致个体行为紊乱，不能做出符合目的的行为。

◎　**知识拓展 5-3**

情绪定律

心理学的研究成果发现，情绪变化有一定的周期性规律。费里斯（Fliess）和斯沃博特（Swoboda）发现，一些患有头痛、精神疲倦等症状的病人每隔 23 天或 28 天就来治疗一次。于是他们就将 23 天和 28 天分别命名为"体力定律"和"情绪定律"。科学研究表明，大部分人的情绪周期是与生俱来的。

情绪周期就像是人的情感晴雨表，我们可以据此做好计划。如情绪高涨时安排一些难度大、烦琐、棘手的任务，因为人在良好的情绪状态下可以更勇敢、不畏艰难；而在情绪低落时就不要勉强自己，可以先做些简单的工作，或者好好休息一下，多参加群体活动放松思想，向信任的亲人朋友倾诉烦恼以寻求心理支持，安全度过情绪低潮期。

学习观察自己的情绪周期，体验情绪高低起伏所带来的感受，不要压抑自己的情绪，并不代表我们就要随意发泄情绪，而是安然体验并领略在不同的情绪状态下，会产生的感受与观点，这就是情绪带给我们的智慧。

资料来源：张丽芳，吴蕊. 心灵成长之旅——大学生积极心理指导与训练［M］.

2 版 . 北京:中国人民大学出版社,2018.

(二)情绪的功能

情绪在人类发展过程中具有重要的功能。很多人对情绪存在一些误解,认为情绪是对理性的妨碍,并且希望自己一直拥有积极情绪(如快乐),想摒弃消极情绪(如悲伤)。实际上,情绪本身并无好坏之分,喜怒哀乐各有其功能,通过觉察、分析情绪我们可以了解自己的需要和处境,更有效地应对生活中的各种变化。情绪在日常生活中的作用有如下四个方面。

1. 适应功能

情绪可以帮助我们准确地知觉情境的危险,因而具有生存、适应和发展的功能。例如,当个体遇到危险状况时,会有紧张害怕的感觉,伴随呼吸急促、心跳加快,肾上腺素分泌增加,从而做出"战"或"逃"的行为,以保护自己,回避危险。

2. 动机功能

情绪是动机的源泉之一,能够激发和维持个体的行为,并影响行为效率。积极情绪(如兴趣、好奇、满意等)通常会提高创造力,激发积极行为,推动探索新事物,使人取得进步和更佳成就;消极情绪(如恐惧、焦虑等)则可能促使我们寻找改变现状的方法。无论积极情绪还是消极情绪,都可以成为强大的动力源泉,鼓励人们克服困难并实现个人成长。此外,情绪能够提供道德行为的动机力量,激发良好的道德行为,或阻止不良的道德行为。例如,自豪、感激能够激发个体的亲社会行为,青少年个体的内疚和羞耻会阻止其实施不良行为。

3. 组织功能

情绪具有组织作用,能促进或阻碍学习、记忆、判断、创造力和问题解决等过程。从情绪类型来看,正性情绪起协调、组织作用,负性情绪起破坏、瓦解作用。研究表明,处于积极情绪状态中的人,比处于消极情绪的人在创造性测验中表现得明显要好,同时,积极情绪下的自由回忆也优于消极情绪下的自由回忆。生活中我们也能发现,当人处于积极、乐观的情绪状态时,开放性高、愿意接纳外界事物,在工作或学习中的表现会更好、更有效率,而当人处于消极的情绪状态时,更容易失望、悲观、放弃,或出现攻击性行为。

除了情绪类型,情绪的唤醒水平(强烈程度)也会影响个体对事情的处理,如因为极度沮丧而无能为力。研究表明,情绪的唤醒水平和工作效率间存在着倒"U"型曲线的关系,这一规律被称为耶克斯 – 多德森定律(Yerkes-Dodson law)。图 5-4 显示,随着唤醒水平的提高,复杂工作的表现变差,但简单工作的表现随着唤醒水平的提高而提高。

4. 社会功能

情绪在社交活动中的作用十分广泛,如在人与人之间传递信息、沟通思想,也负责承诺、互助,处理人与人之间复杂的关系。这些功能大多可以通过情绪的外部表现,即表情来实现。一方面，情绪可以作为一种积极的社会"黏合剂"，使人们相互靠近；另一方面，也可以作为一种消极的社会"防水剂"，使人们彼此远离。例如愉悦的情绪可以向他人传递"向我靠近"的信号，爱的功能是帮助人们建立对重要关系人有承诺的感觉，以此在需要集体力量的时候去帮助他人。即使是负性情绪，也有非常重要的社会功能。回想一下最近一次你感到尴尬

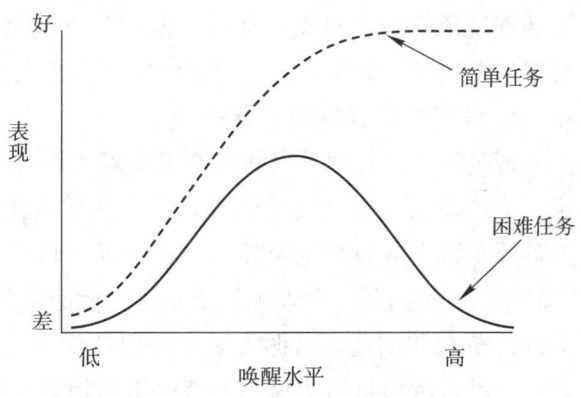

图5-4　耶克斯－多德森定律

的情境，可能是你在众人面前滑倒了，也可能是在公共场合大声打嗝，除了糟糕的感受外，尴尬具有什么功能呢？你通过尴尬的情绪让他人知道你陷入了窘境，而且你不是故意的，你自己也为发生的事情感到糟糕。这样就会使别人更倾向于喜欢你、信任你。再如"建设性地"表达愤怒情绪也可以帮助建立关系。

◎　**知识拓展 5-4**

情绪是怎样影响健康的

将老鼠分为A、B两组关在笼子里，以轻微的电击让老鼠产生痛苦，但它们却又无法回避电击。A组老鼠在电击来临前10 s会先听到警示音，提示它们痛苦就要来临了；B组的老鼠也可以听到同样的声音，但这些声音和电击的来临无关，电击会突如其来，没有任何信号。实验结束后，对老鼠进行解剖，两组老鼠都因压力而产生胃溃疡，但事先得到警示的A组老鼠，其溃疡面积较小，而没有得到警示的B组老鼠，其溃疡的严重程度约为A组的6倍。这个实验告诉我们，紧张痛苦的情绪状态使老鼠患上了胃溃疡，但可以预期电击的A组老鼠没有全天候处于紧张的情绪状态，所以身体受到的冲击也就小了很多。

三、大学生积极情绪与情绪困扰

（一）大学生情绪健康的标准

宋德如等提出大学生情绪健康具体表现为：情绪的基调是积极、乐观、愉快、稳定的，对不良情绪具有自我调控能力，情绪反应适度，高级的社会情感（理智感、道德感、美感等）得到良好的发展。

（二）积极情绪

随着积极心理学的不断发展、壮大，心理学研究的关注点也从病态、幻觉、焦躁

等病理现象转向了潜能、动机、能力、创造力、幸福感等积极品质。积极心理学要求心理学家用一种更加开放、欣赏的眼光看待人类的潜能、动机和能力等。

1. 积极情绪的拓展 – 建构理论

著名的积极心理学家弗雷德里克森（Fredrickson）提出了**积极情绪的拓展 – 建构理论**，该理论指出积极情绪能够拓展个体的瞬间思维——行动范围，进而建构持久的个人资源（智力资源、生理资源、心理资源和社会资源），给个体带来长期的适应性益处（图5-5）。例如，一个人感到快乐了，就会强烈渴望通过社交活动、智慧活动或艺术活动进行游戏和创造；与他人游戏获得的快乐，可以强化社会支持网络，还可以创造出艺术作品或取得科研成果，或者创造性地解决日常生活中的问题。社会支持网络变强、艺术作品或取得科研成果、成功解决问题的经历，都是快乐带来的相对持久的结果，有助于个人成长和发展。这会进一步带来更多积极情绪，如满足——可以让个体产生审视自己生活境况的愿望。这样做的结果是：个体可以更积极地看待自己和周围的世界，形成更积极的生活方式。这些更积极的看法和做法，反过来又会带来更多积极情绪。该理论可以解释为什么积极情感体验不仅反映了个人的幸福感，而且有助于个人的成长和发展。

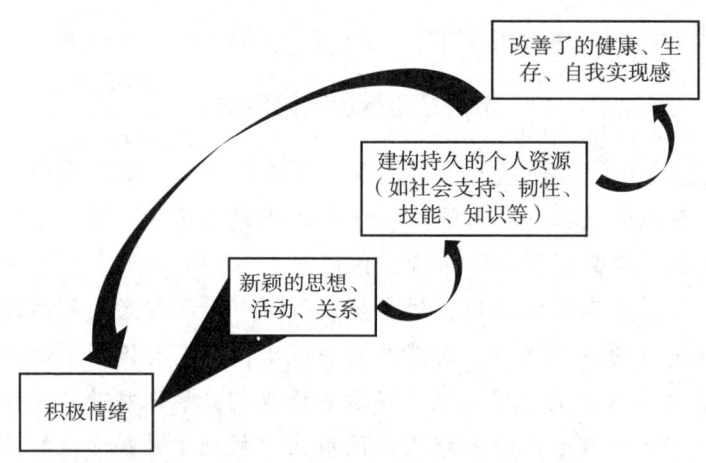

图 5-5 积极情绪的拓展 – 建构理论示意图

◎ **知识拓展 5-5**

积极情绪的对比效应

现在，请你想象一下：当你漫步街头，一个陌生人无缘无故递给你10元钱，你会有何感受？或许你会感到欣喜。但如果你随后发现这位陌生人给其他人的金额是20元，而给你的是10元，即便你得到了钱，可能也会感到沮丧或愤怒。这说明，并非所有令人愉悦的事件都会引发积极情绪，情绪的产生还受到与先前事件或其他可能结果对比的影响。

心理学家将这种现象称为对比效应，即一个结果相较于其他可能的结果是好是坏，决定了它所引发的情绪反应。想一想你的成绩，如果你在一门课程中获得了 B 等级，你的感受如何？如果你预期自己会得到 C，那么 B 等级可能会让你感到高兴；但如果你期望的是 A，那么你可能会感到失望和挫败。在现实生活中，许多教师也观察到，获得 B⁺ 的学生比那些得到 C 或 D 的学生更倾向于抱怨，因为"差一点就能拿到 A"似乎更令人沮丧。

由此可见，对比效应无处不在。很多时候，即便是一件客观上的好事，如果与更好的可能性相比处于劣势，积极情绪也难以产生。因此，我们需要认识到这一效应，合理调整预期，避免不当对比，这样才能更有效地捕捉生活中的积极情绪，从而获得更多的快乐和满足。

资料来源：米歇尔·N.希奥塔，詹姆斯·W.卡拉特.情绪心理学［M］.3 版，周仁来，等，译.北京：中国轻工业出版社，2021.

2. 积极情绪的几种形式

弗雷德里克森整合了积极情绪的 10 种形式，以下介绍其中 5 种。

（1）**喜悦**。想象一下这种情况：你的周围是安全而熟悉的，一切都按照预定的方式发展，甚至比你期待的更好，目前的形势不要求你付出多大的努力。你会有怎样的情绪感受？上面描述的是引发喜悦的条件。在生活中，我们经常会体验到喜悦这种情绪。例如，你的同学们刚刚为你办了个意外的生日聚会；你打开邮件，发现一个意想不到的奖励；你结交了新朋友，并一起聚餐。喜悦的感觉既明亮又轻松，让周围的世界看起来更生动。你会脚步轻快，脸被微笑照亮，散发着内在的光芒。你会想要接纳一切，会觉得社会活动非常有趣，想参与进去。现在请停下来想一想，是什么给你带来了喜悦？

（2）**感激**。想象一下，你刚意识到，有人煞费苦心地为你做了一些好事：一位导师，温和地给你提出建议，使你找到正确的人生方向；你的舍友，在忙碌的日子里帮你打扫卫生，使你免于这些杂务；商店的一名售货员，在你退换有问题的商品时，表现得十分友善。也许不是一个具体的人，呼吸清新的空气、拥有健康的身体，或是拥有一个安全、舒适的住所等，都会让我们心生感激。在任何情况下，当我们赞赏那些像可贵的礼物一样来到身边的事物时，感激就出现了。你最近一次体验感激是什么时候？

（3）**宁静**。和喜悦一样，当你的周围安全而熟悉、自身不需要付出太多努力的时候会出现宁静的感受。但与喜悦不同的是，宁静要低调得多。它是当你叹出那长长的、舒爽的一口气时，感到目前的状况是如此舒服和顺畅；它是当你经过辛苦而有意义的一天后，躺在宿舍床上小憩的感觉；它是在一个明媚的早晨，在沙滩上散步的感觉；它是当你捧着一本好书蜷缩在沙发上静静阅读时的感觉。宁静让你想要坐下来、沉浸其中。研究者认为宁静是夕阳余晖式的情绪，它往往紧接着其他形式的积极情绪而来，如喜悦、自豪、逗趣或敬佩。想一想你上一次品味这样的宁静的时刻。

（4）**兴趣**。在你感到绝对安全时，一些新颖的事物吸引了你的注意，并且带着可能性和神秘性的感觉。例如，在树林中看见一条新路，你就想找出它通向哪里；发现了一种能够提升能力的新挑战，你会乐此不疲地投入其中；发现了一本充满新观点的迷人的新书，你会废寝忘食地去阅读。感兴趣的时候，你会感到被吸引了，进行探索，接纳更多新的观点，并沉浸其中。兴趣最近一次牵着你走是什么时候？

（5）**希望**。虽然大多数的积极情绪都是在你感到安全和满足的时候出现，但希望是一个例外。希望，更多在你境况紧迫时发挥作用——事情的发展对你不利，或者是关于事情将如何发展存在着相当大的不确定性。希望，正是在事情看来将要无望或绝望的时候产生。也许，你刚刚在一次重要考试中失利了；或者，刚刚获知你在评选中落选了。希望的核心是相信事情能够好转的信念。无论目前它们是多么恶劣或多么不确定，事情都存在变得更好的可能性。希望支撑着你，让你免于在绝望中崩溃。它激励你发掘自己的能力和创造性来扭转局面，启发你为更美好的未来做规划。现在，你的内心在希望着什么呢？

3. 心流

从 1960 年开始，美国著名心理学家希斯赞特米哈伊（Csikszentmihalyi）通过对科学家、企业家、政治家、艺术家、运动员等不同人群的大量调研发现，这些人经常谈到一种共同的体验：全神贯注投入自己喜欢的工作时，时常会忘记当前时间的流逝和周遭环境的变化。这种由全神贯注所产生的快乐、忘我的心理体验，称为**心流**。心流体验有 9 个特征：明确的目标、即时反馈、技能与挑战相匹配、身心合一、注意力集中、控制感、失去自我意识、时间感失真和享受体验。

心流有什么好处呢？首先，心流对于健康具有一定的保护作用。Csikszentmihalyi 和 Rathunde 一项为期四年的研究发现，如果一个人的心流体验越多，那么他的焦虑水平就越低。其次，心流能够提高幸福感和满足感，使人在学习和工作中更加高效。一项以周记法为主的研究发现，增强大学生在日常生活中的心流体验不仅有助于提升其生活满意度，也有助于提升情绪平衡。

4. 幸福

说到幸福，大家都不陌生。很多人将幸福作为人生的目标，但幸福不仅仅是一个结果，更是一个追寻的过程。它有非常丰富的内涵。PERMA 理论给幸福提供了可参考的解释框架，该理论由"积极心理学之父"塞利格曼（Seligman）提出。他认为**幸福**有 5 个元素：要有积极的情绪（positive emotion），要投入（engagement），要有和谐的人际关系（relationship），做的事要有意义（meaning），完成任务后有成就感（accomplishment）。

◎ **时代心能量**

当代青年的民族自豪感

自豪感是重要的积极情感之一。每当国际舞台上响起中国国歌，升起五星红旗时，我们每个人的内心都会升起强烈的民族自豪感。中国青年报社社会调查中心曾针对青年群体的思想现状开展深入调研，结果显示，即使在价值观日益多元化的当下，"00后"和"90后"青年群体依然保持着坚定的家国信念，他们的民族自豪感分别达到了9.38分和9.21分（满分10分），明显高于其他年龄段被调查者。

民族自豪感是对中华民族历史文化、价值取向、未来发展等的认同和乐观，是一个民族创造美好未来、屹立于民族之林的精神动力。随着我国快速发展和国力增强，民族自豪感日益凸显。一方面，当前信息高度发达，我们可以更全面地感受和了解国家的发展和成就，经济的腾飞、科技的创新、文化的繁荣等都是激发民族自豪感的重要因素；另一方面，对中华民族五千年历史长河中积累的深厚文化底蕴的理解与认知，也是民族自豪感的关键来源。

培育民族自豪感是促进个体全面成长和发展的需要，更是涵育爱国情怀、培养爱国主义精神的重要举措。作为新时代的青年，我们应密切关注国家大事，深入挖掘这些事件背后的意义和价值。更为关键的是，将这些国家大事与自身价值目标相结合，从而不断激发个人的奋斗激情和行动的活力。

此外，民族自豪感作为一种积极情感，具有感染性。这提示我们不仅要独善其身，还应兼济天下、关心社会，积极参与国家重大活动，并有意识地传递积极情感，感染他人，形成正能量。

青年一代是时代的追梦者，是新时代的建设者。当代青年不仅应培养民族自豪感，更应将这种自豪感转化为实际行动，让青春在全面建设社会主义现代化国家的火热实践中绽放绚丽之花。

参考文献：

孙山.00后、90后的民族自豪感特别强.中国青年报，2019-09-26.

夏宏玉.新课改背景下初中生民族自豪感培育研究［D］.重庆：重庆师范大学，2023.

（三）常见情绪困扰的表现

1. 焦虑

焦虑是一种紧张、害怕、担忧、焦急混合交织的情绪体验，当人们在面临威胁或预料到某种不良后果时，便会产生这种体验。焦虑是人处于应激状态时的正常反应，适度的焦虑可以唤起人的警觉、激发人的斗志，使人集中注意力，是有利的。例如，考试对学生而言，是一种紧张刺激，因而产生焦虑反应是正常的。教育心理学的研究表明：中等程度的焦虑最有利于考生水平和能力的发挥，而过高的焦虑或无焦虑则不利于考生能力的正常发挥。所以说，只有不适当的高焦虑才会影响大学生的学习和生活，对其身心健康造成不利影响。

2. 愤怒

愤怒是由于客观事物与主观愿望相违背，或愿望一再受阻、无法实现时个体产生的激烈的情绪反应。程度可以从不满、生气、愠怒、激愤到暴怒，特别是当人们认为他所遭受的挫折是不公正、不合理的，愤怒可能对人的身心造成不利影响，如导致心律失常、心悸、失眠、高血压、胃溃疡等躯体反应，愤怒还可能使人的自制力减弱或丧失，不能正确评价自己行为的意义和后果，做出不理智的冲动行为。

3. 压抑

压抑是当情绪和情感被过分克制约束，不能适度表达和宣泄时所产生的内心体验，它混合着不满、苦闷、烦恼、空虚、困惑、寂寞等诸种情绪。有的时候，人们知道自己在压抑什么，但更多的人常常感到一种压抑感，却不知压抑来自何方，更不知该如何消除压抑。

处在压抑、苦闷状态中的人常常精神萎靡不振，缺少应有的朝气和活力，对生活失去广泛兴趣，不愿主动与人交往，感觉迟钝，容易疲劳。长期严重的压抑会诱发高血压、冠心病、消化道溃疡等疾病，极易导致心理障碍。

青年学生思想活跃、兴趣广泛、精力充沛，无不渴望体验丰富多彩的大学生活，但现实生活中却可能需要面对繁重的课程、激烈的竞争和沉重的考试压力。大学生在自身心理、生理和社会性发展中的矛盾性特点，也是易产生苦闷、压抑情绪的重要原因。此外，大学生受不良社会现象的冲击而产生的困惑、迷惘，以及固执、过分敏感等性格特征，都易使其产生情绪困扰，若不及时调适、宣泄，长期累积便会产生压抑。

4. 抑郁

抑郁是一种持续时间较长的低落消沉的情绪体验。处于抑郁状态中的学生，看到的一切仿佛都笼罩着一层暗淡的灰色，对什么事都提不起兴趣，常常感到精力不足、注意力难以集中、思维迟钝，同时伴有痛苦、羞愧、自怨自责、悲伤忧郁的情绪体验，自我评价偏低，对前途悲观失望。

长期处在抑郁情绪状态，会使个体的学习、工作和生活受到极大影响。情绪抑郁消沉的学生往往对学习、交往和活动失去热情和动力，体验不到生活的乐趣，学习效率大大降低。由于自我评价偏低，对生活失去信心，甚至可能产生较极端的想法。持久的严重抑郁情绪还可能导致抑郁性神经症、肿瘤、胃溃疡、结肠炎等多种心身疾病的发生。

5. 冷漠

冷漠是一种对外界刺激的主动隔离，漠不关心、冷淡、退让的消极情绪体验。处在青年期的大学生正是感情丰富、兴趣广泛、情感体验深刻强烈的时期，但有些学生却对学习缺乏兴趣，对成绩高低也不甚在意，对集体和同学态度冷淡，大多独来独往，十分孤僻，对一切都仿佛无动于衷。

冷漠状态对个体的身心危害极大，它往往是个体压抑内心愤懑情绪的一种表现。这类学生表面冷漠，内心却备受痛苦、孤独、寂寞的煎熬，有强烈的压抑感，由于没有宣泄途径，巨大的心理能量无法释放，心理平衡便可能会遭到破坏，甚至使人患上各种疾病和心理障碍。

6. 羞耻感

羞耻是以某种程度的自省和自我评价为核心特征的情绪，是一种指向自我的痛苦、难堪、耻辱的负性情绪体验。内桑森（Nathanson）认为各种形式的羞耻感"是在日常生活中主导我们行为的看不见的力量"。回想一下，你是否也有被羞耻感左右的时刻？此时可能你想到了什么，并感到羞耻，甚至为存在羞耻感而羞耻。其实包括羞耻感在内的很多负性情绪都是人类普遍存在的体验，神经心理学家证实了羞耻感的生理基础，将羞耻感视为九大基本情绪之一，它的存在对人类具有某些有用的意义。

羞耻感可以增强群体凝聚力。它帮助我们避免来自社会的贬损，避免被孤立，因此具有生存价值；羞耻感还有助于维持文明的风气，界定公共与私人之间的界限。因此，即便当今世界如此热衷"去羞耻化"，我们也不能忽视它在减少反社会行为方面的潜在价值。在个人层面，羞耻感可以促进我们对自己的行为负责，鼓励我们按照自身和社会理想中的模样行事。

过度羞耻感是有害的。它可能使个体长期处于紧张、不安，持续的自我否定也可能会陷入抑郁状态，这也会进一步削弱个体的自信心和自我价值感。此外，羞耻感过度的个体在社交场合容易感到不自在和尴尬，可能因此难以与他人建立正常的人际关系，回避参加社交活动。例如对于患某些疾病过度羞耻，可能会阻碍个体求医就诊，进而错过最佳治疗期。

羞耻感往往是由个体自身对事件的解释所诱发的，而事件可能是公开的（如失败），也可能是隐私的和藏于内心的。人们对羞耻感的反应各不相同，这与个体的成长经历以及自身学会的应对痛苦的方式有关。但不管怎样，产生羞耻感是我们日常生活中不可避免的事情，我们每个人都可以培养**"羞耻感弹性"**（shame resilience），不回避、不否认，觉察它、接受它，允许自己不完美，承认羞耻感的存在，并从中学习。

7. 内疚

内疚和羞耻一样，都属于"自我意识情绪"。**内疚**来自个体对自己的行为导致失败或导致伤害他人的评价，更多与内在的道德要求有关，代表自我的良心受到冲击后产生的更私人化的体验，多产生于无他人在场的情境中。内疚会使个体体验到焦虑、后悔和懊恼，并试图通过纠正某些事情或弥补错误来减轻内疚感。个体感到内疚时会意识到自己的言行伤害了其他人。内疚与关系有关。在一段关系中，你可能会对某些事情感到内疚，在另一段关系中，你对于同样的事情却不会那么认真。

适量的内疚有积极的作用。如一个对父母辛苦抚养自己感到内疚的人会更加发奋图强，回报父母。内疚感会促使个体对自己的行为进行深入的反思，更积极地承担责任、弥补错误、改正行为，培养同理心与关怀之情以及提升个人修养与道德水平。而过度的内疚感可能导致个体陷入自责和懊悔的循环中，影响心理健康，阻碍积极行动和享受生活。如果想要好好生活、停止过度的内疚与自责，那么我们就要学着做一个有界限感的人。有了界限以后，才能够去分辨哪些是我的责任，需要我来负责；哪些并非是由我造成的，不需要我来负责。

（四）情绪困扰的产生原因

情绪困扰并不是由单一因素引发的，而是存在生理机制和心理机制两个维度的因素。

1. 生理机制

位于人类大脑中间层的边缘系统负责喜怒哀乐等基本情绪的产生，称为情绪脑系统，主管情绪；位于最外层的大脑皮层负责高级认知过程的发生，称为大脑皮层系统（俗称理性脑），主管认知。情绪脑可以帮助我们悄悄留意周围。例如，驾车时即使我们在和乘客说话，也能在这种大脑机制的帮助下无意识地注意到正向我们驶来的卡车。情绪脑辨别危险，然后将注意力从谈话上转移到卡车上，直到危险过去。这种警报作用十分有用。当情绪过于强烈时，情绪脑对理性脑的掌控开始影响我们的心理机能。这时，我们难以控制自己的想法，发现自己"太情绪化"或者"不理性"。

情绪脑和理性脑几乎同时接收外界信息，它们要么合作，要么竞争，来控制我们的思维、情绪和行为。它们之间的合作或竞争，决定了我们的感受、我们和世界的关系以及和他人的关系。当两个大脑矛盾不断时，我们无法开心，即感性和理性在"打架"；当情绪脑和理性脑合作时，我们会感觉到内在的平静。

2. 心理机制

萨提亚冰山模型（图5-6）认为，影响情绪的最底层是自我不同层面，是人对自我的根本性思考和判断，来自渴望、期待、观点和感受等（详见第四章）。

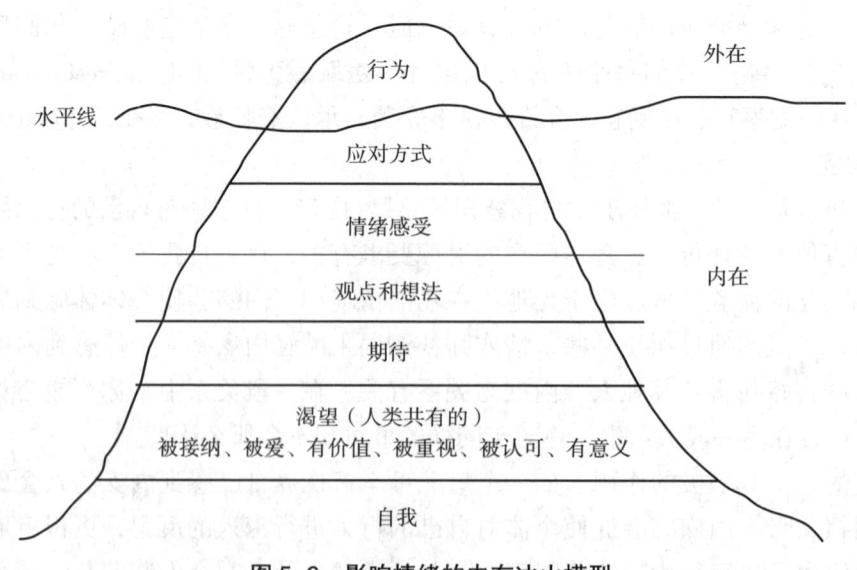

图5-6 影响情绪的内在冰山模型

渴望包括被爱的渴望、被关注的渴望、被认同的渴望、归属感的渴望、有价值的渴望、安全感的渴望、独立的渴望等。人类从具有自我意识开始便有了爱与被爱的渴求，只是在不同阶段表达的方式不一样。

因为有了渴望，所以就有了期待，这份期待包括了对自己的期待，对他人的期待。我们对他人的期待是情感互动的本源，我们期待自我形象能够得到别人的认可和喜欢，期待自己的爱和关怀得到别人积极的回应和感激。更重要的是，我们期待来自他人对我们的爱、关怀、肯定、喜欢、欣赏、尊重等。

因为有了期待，我们便有了基本的观点和想法，包括信念、假设、预设立场、主观现实、认知。有了预设，就有了标准——在这个标准之下，我们有了认知和判断，进而产生基本的情绪感受。举个例子，现在你有一个暗恋的对象，你一直期待得到他 / 她的青睐，你希望与其建立恋人关系——请注意这就是你的预设，自从预设之后，你和他 / 她的互动关系有了标准，也许你们并没有开始认识，但你会对他 / 她和其他异性走在一起感到不开心，对没有注意到你而感到郁闷。这就是情感到情绪的最关键环节：来自期待的预设。

再来看感受，也就是我们的情绪，满意 - 不满意、喜欢 - 厌恶、兴奋 - 恐惧、喜悦 - 悲伤、狂热 - 愤怒等。事实上，这些情绪在绝大多数情况下先由感受决定是积极的还是消极的，然后才是具体的满意、喜欢、喜悦、兴奋还是狂热。这些根据情绪的强度、紧张度、激动程度、快感程度、复杂程度等变化组合出来的情绪千差万别，但都会影响到行为。情绪对行为影响的特殊之处在于，它既有冰山隐于水面之下的心理体验部分，也有显于水面之上的应对方式的表现部分。

◎ **知识拓展 5-6**

关于情绪的几个误解

误解一：负面情绪是不好的。

小丽的奶奶去世了，她在宿舍里哭了好几天。她的同学很担心她，希望她坚强一些。"不要哭，不要难过"，这是最常听到的安抚情绪的话，这句话表明了很多人对待情绪的看法，人们认为哭是不好的，所以"不要哭，不要难过，要坚强"。这种观点已经深深地扎根在很多人的心里，人们不希望有负面情绪，都希望自己能够拥有阳光向上的心态。

事实上，情绪是人与生俱来的心理过程，是大自然赋予我们的感知能力，情绪具有很多重要的功能，每一种情绪都具有合理性。当人们遇到对自己有重大影响的事件时，出现难过、伤心、愤怒等情绪都是正常的。恰当的态度是接纳自己的情绪，真实地面对情绪。

误解二：要压制情绪。

为了不让情绪影响人际关系，影响自己的形象，很多人都努力压制情绪，不让情绪表现出来。这样的做法也许可以不让自己情绪失控，但是却对自己的身心健康不利。研究发现，很多身心疾病都是由不良情绪引起的。最好的做法是选择合理的方式表达情绪、疏导情绪，让情绪有一个合适的出口，尽量降低消极情绪对自己的不良影响。

误解三：情绪不重要。

小强对学习很重视，他抓紧一切机会学习，绝不让任何一点儿时间溜走。虽然他感到很压抑、很紧张，几乎学不进去了，但是他依然坚持去自习室，只有坐在自习室里才能让他感到踏实，感到没有浪费时间。

有些人过度强调主观意志，对情绪采取不管不顾的态度。从短时间来看，也许可以迫使人们将注意力放到某件事情上，但实际上，过多的不良情绪已经让人们无法专心工作，工作效率也非常低。这时候，应该暂时放下手边的事情，让自己放松下来。只有当心情变得舒畅起来，做事效率才能得到恢复。

误解四：要隐藏情绪。

当心中的情绪不被社会接纳、不被社会鼓励的时候，人们会隐藏情绪。很多时候，这些情绪被压抑到潜意识当中，有时候人们甚至很难感受到情绪的存在。这种做法不仅会诱发人的身体疾病和精神疾病，而且会影响个体的快乐和幸福感。所以，合理的做法是认真地感知情绪、识别情绪，并选择恰当的方式去表达情绪。

第二节　认识压力

人生就像心电图，有高峰有低谷，起伏变化才证明你是活着的。生活中，很多人都会说自己"处于压力中"，大家都想避免或消除压力，幻想着永远不要有压力，可以明确地说，这是不可能的。压力、变化、挫折是人生中的正常现象。但我们可以通过增加对压力的认识从而采用积极的应对方式来减少压力的负面影响。接下来，让我们重新认识一下压力吧。

一、压力的定义

压力是指人们在社会适应过程中，对各种刺激做出生理和行为反应时所产生的一种紧张的心理体验和感受。希奥塔（Shiota）提到一个比喻，压力于我们而言，就好比对待金属，每一次弯曲它，就是在削弱它，在你弯曲它后将它再次弯回去也是对它的削弱。生活中任何重大变化都会要求你改变自己，任何方向的改变，可能都会使你感到压力。

（一）压力是一种心理感受和体验

我们这里所说的压力不同于力学范畴中的概念。力学中的压力是实实在在的直接作用，可以测量，并且也容易控制和消除。而心理压力则是一种心理感受，存在个体差异。压力是心理失衡的结果，来源于内心冲突。

（二）压力是压力源作用的结果

压力虽然是一种体验，但离不开客观刺激——压力源。诸如经济压力、学业压力、就业问题等，都能成为大学生压力的原因。

（三）压力反应与主观评价

压力并不直接导致我们的感受和体验，而我们对压力的认识反应或主观评价，却决定了我们的感受和体验。

二、压力的应对

（一）压力的反应模型

压力的反应模型由加拿大病理生理学家塞里（Selye）提出，该模型将压力看成是个体对任何情境需求所作出的非特异性反应。塞里用**一般适应综合征（general adaptation syndrome，GAS）**来解释这一过程，包括**警觉反应阶段**、**抗拒阶段**和**衰竭阶段**等三个阶段（图 5-7）。**警觉反应阶段**是比较短暂的生理唤醒期，交感神经系统会促进肾上腺素的分泌，从而加快代谢，加速呼吸和心率，加快汗腺分泌，升高血压和体温，让躯体调动能量做好应对准备。如果压力持续下去，躯体就会进入**抗拒阶段**，这一时期是较长的中等程度唤醒阶段，机体可以抵抗并忍耐长时间的压力带来的影响。但如果压力持续的时间很长或强度过大，躯体的资源就会耗尽，进入衰竭阶段。**在衰竭阶段**，人体会面临许多危险，因为长时间的压力会造成应激激素分泌过多，导致个体产生焦虑、恐惧、愤怒等不良情绪反应或消极对抗行为，这些负性情绪或行为如果持续时间过长或强度过大，会使人储备的能量消耗殆尽而产生衰竭，感受到虚弱、疲劳、缺乏食欲和兴趣，免疫系统活动的减弱也会增大个体患疾病的可能性。一般适应综合征对我们理解压力、应对压力具有很好的指导作用，它指出在衰竭阶段如果采取有效的调节策略，就能够缓解压力，度过危险期；如果在衰竭阶段的应对策略无效，则易引发心身疾病。

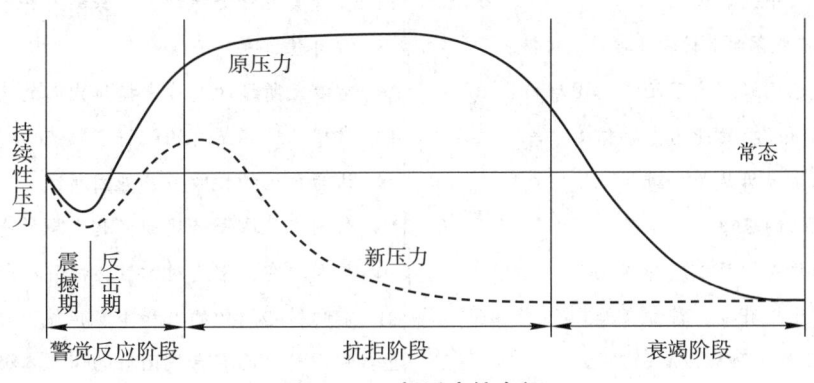

图 5-7 一般适应综合征

（二）压力的应对方式

应对（coping）是应激与压力研究领域中的一个核心课题。**应对方式（coping style）**是指个体在面对挫折和压力时所采用的认知和行为方式，又可称作应对策略或应对机制。个体的应对方式是人格特质、个体差异和应激情境相互作用的结果。它是心理应激过程中一种重要的中介调节因素，个体的应对方式会影响压力反应的性质与强度，进而调节应激压力与结果间的关系。例如，假设你现在正在备考一场非常重要的考试，并因此感到十分焦虑，如果你面对压力习惯性地采取逃避的方式，你可能会在短时间内缓解压力、减少焦虑，但随着备考时间的减少，压力会变得更大，焦虑也会涌来。如果你采取的是问题解决的应对方式，那你可能会倾向于分析自己压力的来源，审视自己当前的复习计划和行为，并且积极做出调整。由此可见，面对压力时采用的应对方式对身心健康有非常重要的影响。

心理学家认为应对压力的方法有两种：一种是**关注问题的应对**，即个体努力解决问题；另一种是**关注情绪的应对**，即个体管理自己的情绪反应。这两种方式在本质上没有优劣之分，重要的是在正确的时间、事件选择正确的应对方式。

◎ 心理自测 5-1

测测你的应对方式

应对方式问卷（ways of coping questionnaire，WCQ）由 Folkman 和 Lazarus 编制，广泛应用于评估个体面对应激情境时所采用的应对方式，是应对方式研究领域中使用最广泛的自评工具。

题目	选项 是	选项 否	题目	选项 是	选项 否
1. 能理智地应付困境			13. 不愿过多思考影响自己情绪的问题		
2. 善于从失败中吸取经验			14. 投身其他社会活动，寻找新寄托		
3. 制定一些克服困难的计划并按计划去做			15. 常自暴自弃		
4. 常希望自己已经解决了面临的困难			16. 常以无所谓的态度来掩饰内心的感受		
5. 对自己取得成功的能力充满信心			17. 常想"这不是真的就好了"		
6. 认为"人生经历就是磨难"			18. 认为自己的失败多系外因所致		
7. 常感叹生活的艰难			19. 对困难采取等待观望任其发展的态度		
8. 专心于工作或学习以忘却不快			20. 与人冲突，常是对方性格怪异引起		
9. 常认为"生死有命，富贵在天"			21. 常向引起问题的人和事发脾气		
10. 常常喜欢找人聊天以减轻烦恼			22. 常幻想自己有克服困难的超人本领		
11. 请求别人帮助自己克服困难			23. 常自我责备		
12. 常只按自己想的做，且不考虑后果			24. 常用睡觉的方式逃避痛苦		

续表

题目	选项		题目	选项	
	是	否		是	否
25. 常借娱乐活动来消除烦恼			44. 常告诫自己"能忍者自安"		
26. 常爱想些高兴的事自我安慰			45. 常祈祷神灵保佑		
27. 避开困难以求心中宁静			46. 常用幽默或玩笑的方式缓解冲突或不快		
28. 为不能回避困难而懊恼			47. 自己能力有限，只有忍耐		
29. 常用两种以上的方法解决困难			48. 常怪自己没出息		
30. 常认为没有必要那么费力去争成败			49. 常爱幻想一些不现实的事来消除烦恼		
31. 努力改变现状，使情况向好的一面转化			50. 常抱怨自己无能		
32. 借烟或借酒消愁			51. 常能看到坏事中有好的一面		
33. 常责怪他人			52. 自感挫折是对自己的考验		
34. 对困难常采用回避的态度			53. 向有经验的亲友、师长求教解决问题的方法		
35. 认为"后退一步自然宽"			54. 平心静气，淡化烦恼		
36. 把不愉快的事埋在心里			55. 努力寻找解决问题的方法		
37. 常自卑自怜			56. 选择专业或职业不当，是自己常遇挫折的主要原因		
38. 常认为这是生活对自己不公平的表现			57. 总怪自己不好		
39. 常压抑内心的愤怒与不满			58. 经常看破红尘，不在乎自己的不幸遭遇		
40. 吸取自己或他人的经验去应付困难			59. 常自感运气不好		
41. 常不相信那些对自己不利的事			60. 向他人诉说心中的烦恼		
42. 为了自尊，常不愿让人知道自己的遭遇			61. 常自感无所作为而任其自然		
43. 常与同事、朋友一起讨论解决问题的方法			62. 寻求别人的理解和同情		

计分方式：

分量表	对应题目	
解决问题	1、2、3、5、8、−19、29、31、40、46、51、55	（共12题）
自责	15、23、25、37、39、48、50、56、57、59	（共10题）
求助	10、11、14、−36、−39、−42、43、53、60、62	（共10题）
幻想	4、12、17、21、22、26、28、41、45、49	（共10题）
退避	7、13、16、19、24、27、32、35、44、47	（共10题）
合理化	6、9、18、20、30、33、38、52、54、58、61	（共11题）

（1）计算分量表总分。

各分量表项目前有"−"者，选"是"得0分、选否得1分，其余题目均为选"是"得1分、选否得0分。例如，解决问题分量表总分为1、2、3、5、8、−19、29、31、40、46、51、55题目之和。

（2）计算分量表因子分。

分量表因子分=分量表单项条目分之和/分量表条目数。如解决问题分量表因子分=解决问题分量表总分/12。

（3）根据分量表因子分从高到低排序，并根据得分划分为三种类型。

_____＞_____＞_____＞_____＞_____＞_____

"解决问题−求助"：成熟型。在面对应激事件或环境时，常能采取"解决问题"和"求助"等成熟的应付方式，而较少使用"退避"，"自责"和"幻想"等不成熟的应付方式，在生活中表现出一种成熟稳定的人格特征和行为方式。

"退避−自责"：不成熟型。在生活中常以"退避"，"自责"和"幻想"等应付方式应付困难和挫折，而较少使用"解决问题"这类积极的应付方式，表现出一种神经症性的人格特点，其情绪和行为均缺乏稳定性。

"合理化"：混合型。"合理化"应付因子既与成熟应付因子呈正相关，也与不成熟应付因子呈正相关，反映出这类个体的应付行为集成熟与不成熟的应付方式于一体，表现出矛盾的心态和对立的人格特点。

资料来源： 肖计划.应付与应付方式.中国心理卫生杂志［J］.1992，6（4）：181-183.

三、压力的影响

在很多人眼里，压力非常可怕，并认为许多心理问题都起源于压力。但我们应该清楚地认识到压力具有双重性。

（一）压力的积极作用

一般单一性社会压力有益于健康，它使人生活得充实，人生变得有意义，这类压力称为**良性压力**。俗话说，人无远虑必有近忧。事实上，完全没有压力的生活是不可想象的，也是不真实的。

心理学的研究表明，早年的心理压力是促进儿童成长和发展的必要条件。经受过生活压力的青少年在以后的生活和工作中更容易适应环境，更容易取得成功；反之，早年生活条件过于优越，没经历过挫折和压力，则犹如温室里成长的花朵，很难经受住生活的风吹雨打。

适度的压力和挫折能最大限度地激发个体内在的动力，增强个人的聪明才智，激发进取精神，发挥出最佳的状态，对维护身心健康具有积极作用。如图5-8所示，在适宜的压力水平范围内，人们变得热情、敏锐、充满干劲，绩效水平最高，压力水平过低或者过高时绩效水平表现都不够好。

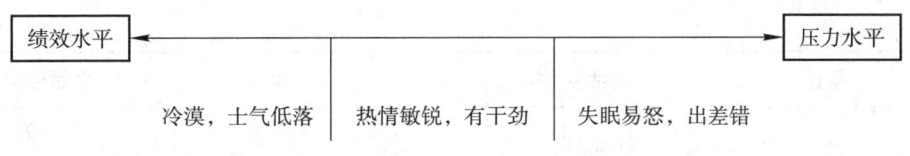

图 5-8　压力水平和绩效水平的关系

（二）压力的消极影响

压力过大或压力不足对学习和工作效率都有负面作用，会影响人的身心健康。继时性压力和破坏性压力，会损害人类健康。

继时性压力是指两个以上能构成压力的事件相继发生，后继的压力恰恰发生在第一个压力的第二阶段或第三阶段。这种压力使人处于慢性心理应激状态，长时间便容易诱发一系列的身心症状。个体易产生呼吸困难、易疲劳、心悸和胸痛等生理症状。此外，还有紧张性头痛、焦虑、抑郁、强迫行为等心理症状，称为慢性应激障碍。

破坏性压力又称极端压力，包括大地震、战争、空难、遭受攻击等，这种压力容易使人患上创伤后应激障碍，产生感知、情绪、行为等方面的系列问题，称为急性应激障碍。重大自然灾害的心理反应，则比创伤后应激障碍更为严重，会产生灾难症候群。

◎　**心理自测 5-2**

测测你的压力

下面是霍姆斯（Holmes）和拉希（Rahe）编制的社会再适应量表修订版，可以用于测量学生压力水平。其中，针对每个事件给出了一个分值，用以表征一个人面对生活上的改变时所需的再适应的总量。请你根据近一年的情况，计算一下你的生活变化单位（LCUs）的总分。考虑到文化差异，该表仅供参考。

事件	生活变化单位	事件	生活变化单位
亲密家庭成员的死亡	100	学校工作、学习负担加重	37
亲密朋友的死亡	73	出众的个人成就	36
父母离异	65	在大学的第一学期	35
服刑	63	生活条件的改变	31
个人严重的受伤或疾病	63	和教师的激烈争论	30
结婚	58	低于期望的分数	29
被解雇	50	睡眠习惯的改变	29
重要课程不及格	47	社会活动的改变	29
家庭成员健康上的变故	45	饮食习惯的改变	28
怀孕	45	长期的汽车麻烦	26

续表

事件	生活变化单位	事件	生活变化单位
性问题	44	家庭聚会次数的改变	26
和亲密朋友严重的争吵	40	缺课过多	25
改换专业	39	更换学校	24
和父母的冲突	39	一门或更多的课程跟不上	23
你有女友或男友	38	轻微的交通违章	20
		我的总分： ____	

分数解释：LCUs 总分 ≥ 150 分，提示你在近一年内可能面临一定的压力，需要及时调整、积极求助，否则可能对身心健康带来不良影响。

第三节 与情绪和解、与压力共舞

众所周知，压力、情绪与个体健康有密不可分的联系。压力引发焦虑，长期焦虑会导致身体紧张、疲劳、慢性疼痛、消化不良等身体症状，进而影响个体健康水平。接下来，我们来了解一下如何从情绪与压力层面进行调整以提升我们的身心健康。

一、情绪管理

情绪管理并不是让我们只喜无忧，而是让我们成为情绪的主人，不迷失在情绪的海洋中。希奥塔从觉察情绪、接纳情绪和调节情绪等不同的方面进行了总结。

（一）觉察情绪

首先，有效管理情绪的第一步是看见我们的情绪，提高对情绪的觉察，清楚地知道自己处于怎样的情绪状态。开始自我觉察时，可以这样问自己："我现在感觉到什么？""我现在在想什么？""我此刻在做什么？""我呼吸顺畅吗？""我的身体有什么感受？"例如，当你因朋友约会迟到而对他冷言冷语时，试着问问自己这几个问题，你就可以觉察到自己冷言冷语背后的情绪是生气。只有认清自己的情绪，知道现在的感受，才能对自己的情绪负责，而不会被情绪左右。

在觉察时要注意，不管你处在何种负面情绪中，先确认自己的情绪是什么，而非应该是什么，并且不进行"正确"或"错误"的价值判断。例如，你和朋友约了出去玩，但在路上时你觉察到自己有点烦躁、开心不起来，这是你的觉察，如果你觉得自己和朋友出去玩应该感受到开心、快乐，并且认为自己烦躁、不开心是错误的，这就是你的评判。

由于情绪本身复杂多变，直接感受或表现出来的可能是经过包装或伪装的情绪。再以朋友约会迟到的例子来看，你之所以生气是因为他让你担心，同时还伴随着被轻视的感觉。在这种情况下，你可以委婉地告诉他："你这么久没到，我好担心你在路上发生意外""你一直没联系我，我觉得你并不在乎我"。试着把"好担心"和"不被在乎"的感觉传达给对方，让他了解他的迟到带给你什么感受。我们常常认为别人"应该"知道自己的感受，不需要向他人表达自己的真实情绪，所以往往乱发脾气，或冷漠相对，或一味指责，破坏和谐关系。事实上，没有人会"读心术"。

◎ **知识拓展 5-7**

情绪觉察的五个水平

Lane 和 Schwartz 将情绪觉察划分为 5 个水平，对应不同的表现。就像有的人能用相当生动、贴切的语言描述感受，而有的人只能用"头疼""胃疼"这样的躯体反应来表达情绪。

水平 1 躯体感觉：表现为不能描述自己的体验，或只能描述自己的躯体感觉，如"我头疼"。

水平 2 行动倾向：表现为只能描述自己的行为倾向或整体状态，但用词通常不是专门用来描述情绪的，如"我感觉不好"。

水平 3 单一情绪：表现为能将情绪体验为一种心理感受，但对情绪的描述还是单一的、刻板的，如"我很生气"。

水平 4 混合情绪：情绪体验更加复杂、连贯，能同时体验到彼此对立，或明显不同的情绪感受，如"我很悲伤但也怀着希望"。

水平 5 混合情绪的交融：能同时体会自己和他人感受的复杂性；能区分情绪间的细微差异，使用新颖或独特的语言描述情绪感受，如"我……，而他……"。

资料来源：Lane，R D，Schwartz，G E. Levels of emotional awareness：A cognitive-developmental theory and its application to psychopathology［J］. The American Journal of Psychiatry，1987，144（2）：133-143.

觉察情绪的前提是为情绪命名，且越具体越好。大多时候，我们对情绪有所了解，但不会定义和探索，更多的是隔绝、否认、回避、合理化自己的情绪，或者干脆来一场大爆发，来减轻不愉快或不舒服的感觉。但情绪问题并没有被解决，只是被暂时关在了某处，等到某刻可能会有再次的情绪爆炸。这时不妨试着为自己的情绪进行命名，则可以将自己当下的感受和事件分离，腾出一段距离让自己理性地面对问题。我们能更清晰地意识到自己的内心状态，能区分愤怒、恐惧、厌恶、沮丧、内疚、羞愧、感动是什么感受，知道自己为什么哭、为什么笑，也让我们能够更有效地与他人交流情感，表达此时此刻我们的内心世界正在发生着什么。

我们可以通过尽可能多地掌握情绪词汇，并尝试用不同的词语来描述自己的情绪体验。部分情绪词汇见表 5-1。

表 5-1 情绪词汇表

情绪状态	相关描述	情绪状态	相关描述
平静－放松	放松、自在、平和、安慰、舒服、自得、镇定、心安、悠闲、怡然、平静、安静、轻松、放心、安全、满足、安详、安稳、安宁、温暖	精力充沛－活跃	大胆、机敏、生气勃勃、活力、勇敢、精神焕发、自由、有动力、有生气、充满生命力、有朝气、精力充沛、生龙活虎、神采奕奕
愉悦－兴奋	快乐、幸福、动人心魄、快活、欢喜、渴望、欢欣鼓舞、振奋、狂热、欣快、精力旺盛、兴奋	被爱－爱人	被接纳、深情、喜欢、渴望、被在乎、受鼓励、宠爱、爱／被爱、被需要、被保护、安心、被支持、信任／被信任、了解、忠诚、偏爱
自豪－胜任的	勇敢、能干、自信、崇拜、有效力、有效率、才华横溢、有吸引力、有才干、有能力	担心－关心	接纳、慈善、欣慰、怜悯、担心、体谅、合作、共情、同感、仁厚

◎ **课堂活动 5-1**

情绪比萨

活动目的：了解自己的情绪状态，尝试思考这些情绪的来源和对自己的影响。

活动时间：10 分钟。

活动准备：纸、笔。

活动步骤：

（1）画一个"大比萨"代表你一周的时间，请你分割自己的情绪。它可以分为几块？每一块代表什么？它们占多大比例？

（2）把你喜欢的颜色涂在你愉快的时间，把你不喜欢的颜色涂在你不喜欢的时间，然后看看你的情绪比萨是什么色调？你满意你的色彩基调吗？

（3）小组讨论：①为什么会产生这些情绪？②这些情绪对自己有什么影响？

（二）接纳情绪

也许因为一些过去的成长经历和生活经验，有些人会选择忽略或是压抑自己的情绪，以为这就是大家说的"情绪稳定"。事实上，"情绪稳定"不是一种对情绪的漠然，而是允许情绪来，也允许情绪走，情绪来时看见它，情绪走时可以互相道别，也就是说**接纳情绪**，将积极情绪体验和消极情绪体验都看成人的情感的必要组成部分，允许消极情绪体验。

如果我们总是不接纳情绪会怎么样呢？例如，一个你深爱的人离去之后，你感到强烈的悲伤、麻木以及深切的失落感。这些感觉本身并没有问题，它们是有作用的，让你专注于应对丧失，给你一段可以悲伤的时间。这种悲伤本身是一个信号，它提醒你在那一刻需要时间去照顾好自己。但是，如果你对自己的悲伤情绪有一连串的负性思维，如认为"悲伤代表自己是软弱的、无能力的甚至未来是没有希望的"，那么这些想法可能会使你感到更加悲伤、孤立，你会感到心情低沉、缺乏动力、更加孤单。从这个例子中可以得出，情绪并无好坏之分，接纳我们在当下的体验本身，要认识到我们的情绪，即使是那些让人不舒服的情绪，都是在告诉我们有一些事情需要给予关注。而一个情感接纳困难的人，可能会避免或压抑自己的情感体验和（或）表达，这也可能增加更严重攻击行为的可能性。

（三）调节情绪

情绪调节是由我们对自己产生何种情绪、何时产生情绪、体验到情绪的强烈程度以及如何表达情绪进行控制的策略组成的。Gross 提出了情绪调节的过程模型，该模型对情绪的发生和发展过程进行了假设：①进入一个特定的情境；②注意到情境中某一特定的方面而非其他方面；③采用一种促进特定情绪反应的方式来评估场景中注意到的部分；④接下来体验到了情绪，包括心理变化、行为冲动以及主观感受。根据情绪发生和发展的过程，情绪调节的策略可以分为三种：情境关注策略、认知关注策略和反应关注策略。

1. 情境关注策略

情境关注策略是用来控制情境的，一种有力的方式就是找到、避免或改变诱发情绪的场景。例如，你的朋友一直不停地说一个令你难受的话题，你可以在话题开始的时候就走开，或者你可以尝试转移话题。如果这些策略都失败了，你可以告诉他（她）你觉得这个话题让人难受，你不想再继续讨论它了。当你尝试着避免或改善一个消极场景时，你就会降低痛苦的来源；而当你寻找积极的场景时，你更有可能体验到积极情绪。情境关注策略又分为情境选择和情境修正。

（1）**情境选择**是指我们可以决定是否进入会诱发特定情绪的场景。研究发现，那些为自己创设愉快事件（如轻松地散步）的人们在面对压力时有更好的心理复原力。因此，我们可以选择进入那些让人享受并且可能会有长期好处的情境。要注意一点，避免进入那些短期看来有趣但长期看来可能有消极后果的情境。

情境选择策略并不是通用的，即我们不能总是使用这一策略。从一方面来说，我们根本不可能完全避免不愉快的场景。试想一下，你因为紧张而决定不去参加工作面试，你因为害怕被拒绝而不去向心上人表白，你因为恐惧而不参加任何社交活动。这样生活真的好吗？极端使用情境选择确实能让人回避糟糕的情绪，但也限制了人们成长的机会和关系的发展。此外，长期回避任何有压力的或令人不快的事件的人可能很难维持健康和正常生活。研究发现，采用较多回避方式的个体，可以预测后期面对更多的生活压力，并有更多的抑郁症状，也会有更差的身体健康水平。

（2）**情境修正**是指采取措施来改变环境以达到想要的情绪状态。例如，你不得不去参加一个聚会，但你对聚会的参与者都很陌生，为了避免焦虑或尴尬，你可以邀请朋友陪同，这样就能避免不舒适的感觉。这种策略被称为"主动的应对"。研究表明，"认为"自己有很强控制感的人比感到自己无力控制情境的人罹患抑郁症的风险更低、任务表现更好，并且会体验到更少的疼痛。

简单地相信拥有控制感的好处也有一定局限。如果你只是简单地想象那些光鲜亮丽的结果，而不采取真正有建设性的行动，它就不会真的改善你的处境，甚至会阻止你采取真正有建设性的活动。如果你想要写出一篇成功的论文，你需要想象具体的行动步骤，如自己在图书馆学习或正在整理你的笔记，然后真的去这么做！又如，你预期将会与某人有一次不愉快的交谈，你可以想象你会说些什么，对方又会如何回应以及你会如何回应。这种想象是一种认知排练，用以应对压力情境。

2. 认知关注策略

当事件已经发生，我们既不能回避也无力修正令人不快的情境时，我们可以采用**认知关注策略**，将注意指向情境中某些特定的方面，或改变看待情境的方式来促进某些情绪并（或）减少其他情绪。这包括注意控制和认知重评。

（1）**注意控制**是指在某一情境中我们可以选择将注意力放在某些事物或想法上，而忽略其他内容。例如，你正在进行一场当众演讲，你可能会因为台下观众的注视而产生较为强烈的焦虑和恐惧，这时，你可以试着将注意力指向演讲本身，回归自身的感受，这样在一定程度上可以降低恐惧。当你明显感到情绪状态差并影响到自己的正常工作、学习与生活时，就可以试试将注意力从引起负面情绪的事件转移到其他方面，如投入思考、参加休闲放松活动、与好朋友聊天。

注意控制在使用时需要很多认知能量。例如，如果现在不让你想白熊，反而你会想得更多，特别是当你感到精力不足、头脑昏沉的时候。这个时候最好去睡上一觉，补充能量，再来尝试注意控制。

（2）**认知重评**。前面提到，评价是情绪产生的重要环节，如果改变认知评价，那么相应地也就可以改变情绪。这种策略称为认知重评，即用一种可以改变你情绪反应的方式来思考诱发情绪的事件或刺激。例如，你申请的每个研究所都拒绝了你，如果你对自己说"我太差劲了，根本不可能成功"类似的话，你会感觉挫败、焦虑、沮丧，但如果你可以关注场景中更积极、有意义的方面，对自己说"哦，好吧。通过第一次申请我学到了很多，下次我可以做得更好"，这时会有不一样的感受。认知重评并不意味着假装事情没有发生或创造出一个不现实的故事欺骗自己，而是关注一个真实但积极的（或至少是中性的）对情境的解释。具体的认知调节策略请看第二部分——认知管理。

3. 反应关注策略

想象一下，最坏的事情已经发生了，对此你无力挽回，并没有任何一种重新评价可以显著地改善这种情境。这个时候，我们可以试着改变情绪的感受或表达来调节情绪，例如，有效地表达情绪，控制冲动，放松情绪，这被称为**反应关注策略**。

◎　**自我练习 5-1**

情绪管理三部曲

活动目的：学会调节自己的情绪。

活动时间：10分钟。

活动准备：纸、笔。

活动步骤：

请你在纸上，回答以下三个问题。

第一步：What（我现在有什么情绪）？

由于我们平常比较容易压抑感觉或者常认为有情绪是不好的，所以常常忽略我们真实的感受，因此，情绪管理的第一步就是要先能察觉我们的情绪，并且接纳我们的情绪。情绪没有好坏之分，只要是我们真实的感受，我们就要学习正视并接受它。

第二步：Why（我为什么会有这种情绪）？

我为什么生气？我为什么难过？我为什么觉得挫折无助？我为什么……找出原因我们才知道这样的反应是否正常，找出引发情绪的原因，我们才能对症下药。

第三步：How（我应该怎样应对或调节这种情绪）？

想想看，可以用什么方法来调节自己的情绪呢？平常当你心情不好的时候，你会怎么处理？什么方法对你是比较有效的呢？

二、认知管理

（一）理性情绪行为疗法

1. 情绪 ABC 理论

美国临床心理学家艾利斯（Ellis）在20世纪50年代提出了**情绪 ABC 理论**，其中：A 是指诱发事件（activating events）；B 是指个体在遇到诱发事件之后相应而生的信念（beliefs），即对事件的看法、解释和评价；C 是指特定情景下个体的情绪及行为结果（consequences）。该理论认为：情绪及行为结果（C）并不是某一诱发事件（A）本身直接引起的，而是由经历这一事件的个体对这一事件的解释和评价（B）引起的。

基于这一理论，认知行为主义学者发展了完整的治疗模式——理性情绪行为疗法（rational emotive behavior therapy，REBT），由 ABCDEF6 个部分组成。

A：activating events，指发生的事件。

B：beliefs，指人们对事件所持的观念或信念。

C：emotional and behavioral consequences，指观念或信念所引起的情绪及行为后果。

D：disputing irrational beliefs，指与旧的观念进行辩驳或劝导干预。

E：effect，指治疗或咨询效果。

F：new feeling，指治疗或咨询后的新感觉。

在对该理论的应用上，最核心的内容是人们可以通过改变不合理的观念和思考方式，与这些信念进行辩论，提出挑战和分析，并代之以明晰的、理智的思考模式（图5-9）。

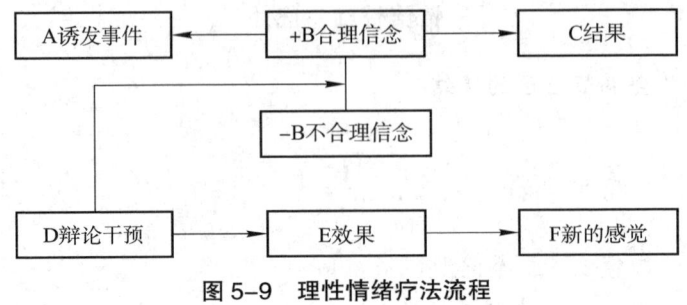

图 5-9 理性情绪疗法流程

2. 不合理信念的内容和特征

一般来说，我们在生活中常见的不合理信念，既包括对自己的不合理信念（例如，我做事必须尽善尽美），也包括对他人的不合理信念（例如，对不好的人就应当给予惩罚），还包括对周围环境及事物的不合理信念（例如，已注定的事无法改变）。不合理信念一般具有以下3个特征。

（1）绝对化的要求（demandingness）

即从自己的意愿出发，认为某事一定会发生或一定不会发生。其不合理性在于，人们不可能在每件事情上都获得成功，即使某件事取得了成功，也不可能得到所有人的赞赏。而一旦这样的现实出现，持有此类信念的人就会受不了，因而产生情绪上和行为上的障碍，这种绝对化的要求反映了个体不合理、走极端的思维方式。

（2）过分概括化（overgeneralization）

即以某一具体事件、某一言行来对自己或他人进行整体评价。这是一种以偏概全的思维方式，是思维的绝对化模式。人们在对自己的绝对化要求中常常会走极端，只要某一件事情没办好，没有获得成功，就认为自己一无是处很失败，进而否定自己。其实只是这件事情没办好罢了，并不代表其他事情办不好。因此，人们应当就自己的某一行为的表现进行评价，不能因一件事而否定个人的价值。

人们对他人也常有某种不合理的要求，如果对他人持有绝对化要求，就会发现他人的言行总是与自己作对，因而陷入消极的情绪体验中，产生如愤怒、怨恨、压抑等消极情绪。

（3）糟糕至极论（awflizing）

即如果某一件不好的事情一旦发生，其结果必然非常可怕，糟糕至极，是灾难性的。这种思维方式会导致焦虑、悲观、压抑、犹豫等不良情绪。将一件事情的负面结果夸大到极点，则反映了个体走极端的不合理的思维方式。

艾利斯认为，人一出生就有一种心理倾向，即坚持自己的向往和追求都能得到满足，期望自己的愿望会实现。生活中某些向往和要求的确如愿实现了，这种积极的记忆强化了人的"全能幻觉"，使个体认为一定能比所有的人幸福，一定比其他人更成功，应当与他人不一样。当我们一旦遇到挫折和逆境时，就无法接受，认为这些不该发生在自己身上，从而导致不良情绪反应的产生。

◎ **课堂活动 5-2** ▬▬▬▬▬▬▬▬▬▬▬▬▬▬▬▬▬▬▬▬

与不合理信念辩驳，找到合理信念

情绪 ABC 理论的创立者艾利斯通过临床观察，总结出日常生活中导致情绪困扰甚至心理障碍的 11 种常见的不合理信念。请大家进行分组，对列出的 11 条不合理信念进行"辩驳"，找到"合理信念"，并填写在横线处。

不合理信念 1：一个人应被周围的人喜欢和称赞，尤其是生活中重要的他人。

辩驳（D）：_____

合理信念（E）：_____

不合理信念 2：一个人必须能力十足，各方面都有成就，这样才有价值。

辩驳（D）：_____

合理信念（E）：_____

不合理信念 3：那些邪恶可憎的人及坏人，都应该受到责骂与惩罚。

辩驳（D）：_____

合理信念（E）：_____

不合理信念 4：当事情不如意的时候，是很可怕，也是很悲惨的。

辩驳（D）：_____

合理信念（E）：_____

不合理信念 5：不幸福、不快乐是外在因素所造成的，个人无法控制。

辩驳（D）：_____

合理信念（E）：_____

不合理信念 6：我们必须非常关心危险可怕的事情，而且必须时时刻刻忧虑，并注意它可能再次发生。

辩驳（D）：_____

合理信念（E）：_____

不合理信念 7：面对困难和责任很不容易，倒不如逃避较省事。

辩驳（D）：_____

合理信念（E）：_____

不合理信念 8：一个人应该要依靠别人，且需要找一个比自己强的人来依靠。

辩驳（D）：_____

合理信念（E）：_____

不合理信念 9：过去的经验决定了现在，而且是永远无法改变的。

辩驳（D）：_____

合理信念（E）：_____

不合理信念 10： 我们应该关心他人的问题，也要为他人的问题感到悲伤难过。

辩驳（D）：＿＿＿＿＿＿＿＿＿＿＿＿＿＿＿＿＿＿＿＿＿＿＿

合理信念（E）：＿＿＿＿＿＿＿＿＿＿＿＿＿＿＿＿＿＿＿＿＿

不合理信念 11： 人生中的每个问题，都有一个正确而完美的答案，一旦得不到答案就会很痛苦。

辩驳（D）：＿＿＿＿＿＿＿＿＿＿＿＿＿＿＿＿＿＿＿＿＿＿＿

合理信念（E）：＿＿＿＿＿＿＿＿＿＿＿＿＿＿＿＿＿＿＿＿＿

资料来源： 张丽芳，吴蕊.心灵成长之旅——大学生积极心理指导与训练.北京：中国人民大学出版社，2018.

3. 采用积极态度应对情绪痛苦

理性情绪行为疗法倡导个体采取积极态度应对情绪痛苦和烦恼，具体步骤包括：

（1）找出使自己产生不良情绪的诱发事件，包括两部分：发生了什么？感觉发生了什么？尽可能做到细致、明确；

（2）分析在遇到诱发事件时对它的看法、解释和评价，找到那些不合理的信念，注意"应该""必须"等词汇；

（3）意识到自己这些自动思维、习惯性想法与产生不良情绪之间的关系；

（4）学会认知改变和认知重建，用应对性思维替代扭曲的自我挫败思维，可以采用以下的问题与不合理信念进行辩论，"有什么证据证明自动思维是真的？""有没有其他可替代性的解释？""假如是真的？最坏的结果是什么？最好的结果是什么？最现实的结果是什么？""假如你相信自动思维是真的，会给你带来什么影响？如果改变想法，又会带给你什么？""假如你有一个朋友有了这个想法，你会告诉他什么？"；

（5）通过内在心理根源上的改变，使情绪与行为成功转变；

（6）生活并不是沿着人们的设想而运行的，它自有其运行方式，然而我们对事件的反应方式会比事件本身更能指引和影响事件发展的方向。

（二）培养乐观的解释风格

乐观是各民族文化价值观念中普遍重视的一种品质。乐观的人把消极的事件或体验归因于外部的、暂时的、特殊的因素，如大环境不好；悲观的人则把消极事件或体验归因于内部的、稳定的和普遍的因素，如自己能力不足。所以，同样是面对考试失利，乐观的人会说"题目出错了"或"考场空气浑浊真是难以集中注意"，悲观的人会说"我没学好"或"我真笨"。研究表明，在个体应对重大生活压力事件时，乐观具有保护作用，如更少生病、抑郁；乐观与良好的学业成绩、职业适应和家庭生活等也有密切的关系。

塞利格曼认为一个人选择乐观还是悲观，取决于其解决问题与挫折的方式是采用乐观的解释风格还是悲观的解释风格。那我们如何从悲观的解释风格转向乐观呢？

1. 监控坏事引起的情绪变化

可以进行 ABC 分析，即分析坏事是什么，坏事发生时自己有何想法，之后有何情绪变化和行为反应。

2. 采用转移、远离和辩论的技巧进行练习

（1）转移指做些其他事情转移注意力，让内心停止对坏事的悲观解释，具体技巧有：在纸上写个大大的"停"字，然后一直看着它；把注意力集中到某个物件上；坏事一发生，就马上写下对它的悲观解释，等等。

（2）远离是指不断提醒自己，悲观解释仅仅是一种可能的解释，而不是客观的现实。转移是"停止键"，而远离是"调小键"悲观思维对情绪的影响。"调小"的具体方法是认识到解释只是信念而并非事实，同一情景可以从多个角度加以解释，悲观解释只是一个角度。远离为辩论奠定基础。

（3）辩论是一种内部对话，目的是为坏事找一个同样有力甚至更有力的乐观解释，和理性情绪行为疗法中的辩论干预（D）基本一致。在辩论过程中，我们分别就证据、代替、影响和功用四个问题进行对话。

证据：悲观解释有何证据，这些证据是否切实？

代替：是否有比较有力的乐观解释来代替悲观解释？

影响：如果找不出一个更有力的乐观解释，那这个悲观解释的不良影响是长期的还是暂时的？

功用：如果不能决定哪个解释的证据更充分，那么想一想，哪个解释对产生积极情绪和达成目标是最有用的？

例如，当我们把在课堂上没有举手回答问题归因于自己脑子笨、不善于沟通时，则容易产生无望感。但如果我们改变归因方式，又一次在课堂没有举手时，试着告诉自己：我只是缺乏表现的勇气，下次遇到我更感兴趣的话题时，我也能够自然地表达自己的想法。

总之，凡事都有两面性，我们不能用"非黑即白"或者"全或无"的二分法看问题。其实乐观和悲观没有绝对的好坏。周岭在《认知驱动》中提到：人生最好的模式是长期乐观、短期悲观和当下愉悦。长期乐观，是我们看到事物的意义，不执着于暂时的失利，焦虑感就会降低许多；短期悲观，是指不要盲目自信，也不要满足于现状，这样可以帮助我们规避风险，去拓展舒适区的边际；当下愉悦，就是专注于眼前，享受过程，用心去体会生活的满足感和幸福感。所以说无论是乐观还是悲观，都是一种心理的能量。只要达到能量平衡，那么就可以过自己想要的生活。

◎　**文化润心** ▬▬▬▬▬▬▬▬▬▬▬▬▬▬▬▬▬▬▬▬▬▬▬▬

中国传统文化中的情绪调节和压力管理

为了更好地进行心理调节，应根据本国不同的文化视野进行针对性的调节。相较于其他国家，我国文化的思维方式突出整体性、联系性和和谐性，更强调事物间的关联。接下来一起看看中国传统文化中的情绪调节和压力管理。

1. 中国传统文化中的情绪调节

中国文化对情绪的定义非常明确，在《说文解字》中提到：情，人之阴气有欲者也。"欲"代表需要，内在有需求就会产生情绪。当需求被满足时，会产生积极情绪，未被满足时会产生消极情绪。

在儒家文化中，"中庸之道"提倡在行为和情绪上保持适度，避免极端；"仁爱之心"提倡培养仁爱宽容之心，减少对他人的敌意和嫉妒，从而调整自己的情绪；"修身齐家治国平天下"提倡通过个人品德的修养，影响和改善家庭、国家乃至整个世界的情绪氛围。

在道家文化中，"顺应自然"认为人应该顺应自然规律，学会"悦纳""放下"；"无为而治"提倡通过减少不必要的行动和思考，达到内心的宁静；"内观自省"提倡通过观察自己的内心，找到情绪的根源，从而调整情绪。

2. 中国传统文化中的压力管理

中国传统文化蕴含着丰富的压力应对策略与思想，涉及压力的来源、应对资源及具体方法。

儒家思想认为，压力主要源自于个体修养的不足，即未能达到道德要求而产生的忧惧。孔子有云："君子谋道不谋食。耕也，馁在其中矣；学也，禄在其中矣。君子忧道不忧贫。"儒家思想以伦理道德为核心，强调个人应正心修身，恪守道德规范，方能齐家、治国、平天下。道德范畴属于个人人格层面，而治国、平天下则涉及群体秩序。在儒家思想中，群体基本规范均可追溯至个人人格之根源。因此，儒家对压力的认识亦体现出重视道德及由个体道德推至群体的特征，即压力的最大来源是个人道德的欠缺，而非物质的匮乏；同时，个人对群体、社会的责任亦是压力的重要来源。

儒家文化对压力的认知可分为两部分：一为基本认知，即压力能成就人。儒家认为，苦难有助于个人成长，面对压力与挫折，应勇敢面对，而非害怕逃避，在此过程中实现自我提升。《庄子·让王篇》记载了孔子对困苦的看法。孔子被困于陈、蔡两国之间，七日不得生火做饭，所食芽菜汤中无米粒，面容疲惫，却仍在屋内弹琴唱歌。弟子不解，质问孔子。孔子曰："是何言也！君子达于道之谓达，穷于道之谓穷。今丘抱仁义之道以遭乱世之患，其何穷之为？故内省而不穷于道，临难而不失其德。天寒既至，霜露既降，吾是以知松柏之茂也。陈蔡之隘，于丘其幸乎。"意为：君子通达于道则无所不通，不能通达于道则陷入困境。今我坚守仁义之道而遭遇乱世之祸，岂能说是陷入困境！善于反省则不会不通达于道，面临危难则不失德行。严寒已至，霜雪降临，我由此而知松柏之茂盛。陈、蔡之间的困厄，对我来说或许还是一件幸事啊！言罢，孔子安详地拿起琴来，随着琴声歌咏，弟子们亦随之起舞。

对于重大压力，儒家引入"命"的概念，以缓解个人面临压力时的挫折感。天命在人生道路中起着重要作用，接受命运安排，并不意味着放弃理想与追求。《荀子·宥坐篇》云："苟遇其时，何难之有？故君子博学、深谋、修身、端行以俟其时。"意指在外部条件不利时，应发展内在品质，锻炼意志力，提升能力，以待时机成熟，实现追求，服务社会。孟子在《孟子·尽心篇》中亦强调人的选择性。从孔孟对命运的看法可知，个人应全力以赴于自己能力范围内之事，而超出能力范围者，则顺其自然，静待结果。总之，儒家命运之说认识到人的有限性，强调个人能力的有限性，即个体不能完全左右自己的命运，但也非在命运中无可作为。

资料来源：季海菊. 汲取、渗透与转化——中国传统文化融入高校心理健康教育的新思考［J］. 中国文化与管理，2022（2）：49-65+258.

三、防御机制觉察与调整

防御机制是指人在遇到挫折时，有意无意地摆脱由挫折引发的心理压力、减轻精神痛苦、恢复正常情绪和心理平衡的自我调节和自我保护方式。防御方式多种多样，若使用得当，能够帮助人们有效地应对挫折，而使用不当，则会对人的适应发展起到消极作用。

（一）成熟的心理防御机制

成熟的心理防御机制是对挫折的理智对抗行为，即在理智的指导下，使挫折反应产生建设性效果。

1. 升华

升华是指将无法实现的目标或不能为社会所接受的行为目标加以改变，用另外一种更高尚的、富有创建性和社会价值的目标取而代之，从而减轻挫折带来的精神痛苦。升华不仅需要一个人具备理性思考的能力，而且需要坚强的意志品质和开阔的胸襟。弗洛伊德认为，人类很多文艺创作，大多是作家把内心不合理的冲动升华而以社会能接受的正当形式表现出来。

2. 补偿

补偿是设法以新的目标代替原来的目标，以现在的成功体验去弥补原有失败的痛苦，达到"失之东隅，收之桑榆"的目的。

补偿包括两层含义：一是改变策略和行为方式。当目标无法实现时，就及时调整策略，寻求一种新的行为方式实现目标。我们常说的"迂回战术""围魏救赵"等就是一种策略上的替代。二是目标的改变，如降低目标和重新选择目标等。当既定目标需要付出的代价过大或无法实现时，可以修改或降低目标的要求，这是一种明智的做法。从广义上讲，它是个体通过自身努力，扬长避短，以成功的做法替代失败的行动。这是潜在力量的发挥，是一种较好的适应生活环境的方式。

在使用补偿机制时，要避免补偿的消极作用。例如，考试不及格或生活不顺心，于是就沉溺于网络，这就是消极意义上的补偿。

3. 认同

认同是指将自己看作或想象为某一成功者，借此在心里减弱挫折产生的痛苦；或者以成功者与己相似的挫折经历来冲淡自己的挫折感，求得内心的安慰。例如，大学生常以一些名人的励志故事进行积极的自我激励与暗示，用成功代替挫折。

4. 幽默

幽默代表着一种积极的态度，指用言语的趣味性和轻松性应对困境，或在不伤大雅的情形下，间接表示自己的意图。一般来说，人格比较成熟的人，常懂得在适当场合使用合适的幽默，转变困难的境地，大事化小，小事化了，让自己顺利渡过难关。这不仅是一种智慧的做法，更是个人良好修养的表现。

（二）不成熟的心理防御机制

当愤怒、委屈、感到无助的时候，很多人通常是回避的，他们不愿意体验伤痛的感觉，形成了不成熟的防御机制。

1. 合理化

合理化是指无法达到追求的目标时，给自己寻找一个借口。虽然这些借口往往是不真实的、不合逻辑的，但防御者本人却能借此说服自己，感到心安理得。例如，有的学生人际关系不好时，他们给自己的解释是"我性格就是不善于交往"。一旦将这种行为合理化，他就不再反省自己在人际交往上存在的问题了，也不去完善自己了。

2. 退行

退行是指受到挫折时，往往表现出与自己的年龄、身份很不相称的幼稚行为，或盲目地轻信他人、跟从他人等，多指大人小孩状。表现这种行为方式的大学生往往对自己缺乏信心，看不到自己的力量，像孩子一样依赖他人。例如，某一学生参加学生会干部竞选失败了，感到很"委屈"，无法进行理智的分析，不吃饭，也不上课，整天蒙头睡大觉。

3. 冷漠

冷漠即对挫折情境隔离，漠不关心、无动于衷。例如，有些大学生社会活动能力较差，多次失败后，他们渐渐对大学生活、同学关系、社会活动失去了兴趣，对任何集体活动都毫不关心，即使勉强参加，也表现得毫无生机。

4. 否认

否认是指对已发生的令人痛苦的事实加以"否定"，认为它根本没有发生过，以减轻或逃避心理上的痛苦。这种现象通常出现在突发的灾难性事件之后。例如，地震中自己的亲人去世，却相信其还活着。否认可以说是一种对于痛苦的逃避，对个体具有一定的保护作用，它可以对我们接受现实起到一定缓冲作用。但若是长期沉浸在否认之中则容易使人逃避现实，使痛苦压抑得更长久，阻碍人们对现实生活的适应。

5. 压抑

压抑是指把不愉快的经历和体验压抑到无意识中，不去回忆，主动遗忘。适度的压抑有利于情绪的调整，但长期的压抑则会导致更强烈的挫折与心理不适。例如，在宿舍中自己感觉受到了某个同学的情感伤害，既不与他本人沟通，也不向别人诉说，而是采取自我压抑的方式，时间久了，便会情绪抑郁，甚至会产生失眠、头疼等不良反应。

6. 反向

反向是指一个人的行为与动机相反。例如，自卑的同学往往表现出高傲自大；对异性充满向往的人，却装出不屑一顾的样子等。持反向心理的人，往往不敢正面表露自己的真实动机，于是便用相反的方式表达。虽然这种行为可以在一定程度上掩饰个体的真实动机，但是，长期运用会从根本上扭曲自我的真实意图，使动机与行为脱节，造成心理异常，从而大大降低自己的社会适应能力。

7. 逃避

逃避是指受到挫折后，不是面对挫折情境，而是逃避到比较安全的环境中去的行为。大学生遇到挫折后的逃避通常有三种表现：一是逃避到另一种现实中去，如学习不好就玩电脑游戏，并且沉溺其中；二是逃向幻想世界，幻想自己不用努力就可以遇到好运气；三是逃向疾病，如少数大学生由于害怕考试失败，在考试当天或考场里发高烧，使得自己无法继续考试。这是个体借助某种生理机能的障碍以避免面对困难、阻碍，它的产生往往是无意识的，与装病是不相同的。

研究表明，那些倾向于使用成熟防御方式的人，比依赖不成熟防御方式的人，更有可能过上美好的生活。但总的来说，不论何种防御方式，均对个人应对挫折和内在冲突有一定作用，关键在于我们如何去选择。根据成熟防御方式，我们可以得出一些应对压力和挫折的建议：如培养思维习惯（和行为习惯），把精力投入到富有成效的追求中，控制你的情绪而不是让情绪控制你，为未来的挑战做好准备，对他人友善、乐于助人，以及经常开怀大笑。

四、行为管理

（一）寻求支持

俗话说，"朋友多了路好走""一个好汉三个帮"。良好的社会支持，有助于我们应对压力、减少压力的不良影响。当一个人独自面对压力的时候，其应激反应的消极作用远远大于社会支持的效果。因此，要想不在压力面前孤立无助，最好构建自己的社会支持系统，其中就包括自己的亲人、朋友、同学、老师等。社会支持系统可以在你需要的时候给你情感安慰、行动建议，帮助你渡过难关。强大的社会支持让你不再感到孤立无援，可以迅速恢复信心和勇气，面对挑战，解决问题。

1. 扩大社会交往面，结识更多的朋友

首先，让你的同学成为你最亲密的朋友；其次，你需要一位人生导师，他/她可以在你遇到困难的时候客观地分析问题和提供有益的观点，而这样的导师可以是你的老师或者其他长者。

2. 你需要向亲人、朋友和老师敞开你的心扉

你可能基于自尊或面子的考虑而拒绝他人的帮助。但是在你确实无法解决问题的时候，将你面临的压力说给他们听，让他们帮助你分析并提供建议。请相信这样做不会遭到嘲笑，只会让他们感到你对他们的信任，因此你也能得到最大可能的帮助。

（二）常怀感恩

韦志中等人对一些儿童和青少年进行了为期两周的感恩拜访干预，两天一次，一次 10 ~ 15 min，实验组写感谢信并当众邮寄，控制组写日常事件及想法和感受的信件并当众邮寄。结果发现，实验组中低积极情感者在干预后报告更多的感恩和幸福感。此外，表达感恩对于提高关系的质量非常重要，经常彼此表达感恩的双方关系质量更高，持续时间更长。通过感恩拜访技术，我们可以对那些无私帮助过我们的人重新表达感激，体验人性中的真诚和善意，这是积极力量的强化，也是正能量的传播。

◎ **自我练习 5-2**

感恩拜访的操作指南

韦志中提出了感恩拜访的操作指南，供我们自行练习，从而深刻体会感恩的意义以及它所带来的蓬勃生命力。

1. 在空闲时，拿出一张纸，回想生命中那些无私帮助、关心你的人，让你感受到温暖和爱。列出至少十位对你意义重大的人，回忆与他们的交往过程。

2. 根据重要性或感激的急迫顺序，对这十个人进行排序，选出最重要的人作为首要拜访对象。

3. 回想这个人与你交往的过程，尤其是你特别感激他的地方，写一份诚恳的追忆往事和表达感激的信。

4. 找一个合适的地方，通过电话或者当面拜访，将这封信读给他听。注意，一定要他亲耳听到。可以给自己一个时限，但一定要去做，做完之后，你会发现自身奇迹一般的改变。

5. 坚持每月做一次，拜访名单中所有的十个不同的人。如果坚持下来，你会发现你身边的整个生活圈子和自己的内心状态都发生了巨大的变化。

注意事项：请确保在安静且无干扰的环境中进行，准备好所有必需的材料（如纸、笔和音乐），并以真诚严肃的态度完成所有步骤，这是一次深入自我对话的好机会。

资料来源：韦志中 . 积极心理学［M］. 北京：台海出版社，2019.

（三）三件好事

三件好事练习听上去非常简单，就是至少一周，每天都写下当天的三件好事，这是塞利格曼总结出来的方法。他的团队跟踪研究发现，能够坚持记录三件好事的被试幸福指数会持续上升，情绪状态显著改善，6 个月后可以稳定在一个较高水平。这三件

好事不一定非要"惊天动地"，可以是"今天我朋友送给我一直想吃的冰激凌""今天和家人打了电话""今天的天空很晴朗"等，在每件好事的下面，请写清楚"它为什么会发生"。例如，"今天我朋友送给我一直想吃的冰激凌"是因为"我的朋友有时真的很体贴"。写下原因的这个过程，一开始可能会有一点别扭，但请你一定要坚持一个星期，它就会逐渐变得容易。

（四）自我关怀

你有多久没有关怀过自己了？**自我关怀**由内夫（Neff）提出，她将自我关怀描述为：将自己当成一位好朋友，去进行对话。具体是指，当个体处于困难、挫折、痛苦、失望等不好的情景中，对自己消极的状态能够保持开放和友善的态度，能够安抚和关心自己的能力。内夫提出自我关怀包括以下三个核心成分。

1. 善待自己

这是指我们要以有爱的方式理解自己，而不是严厉地批评和指责。积极主动地安慰自己，就像对待陷入窘迫的好友一样。当我们善待自己时，我们受苦的心灵便得到了宁静和慰藉。这种温暖、友爱和关怀过后，真正的治愈才可能发生。

2. 共通人性

关怀之心源于对人类不完美现状的认可。因此我们需要理解共同人性，认识到每个人都会经历困难时刻，也都会体验到痛苦，即使原因不同、环境不同，但过程却是一样的。感受到与他人之间在生命体验上的契合，而不是被自己的痛苦所孤立和隔离。

3. 静观当下

首先必须认识到我们正在经受痛苦，并对此刻发生的事情保持清醒和非批评性的接纳，对我们的体验持以平衡的觉察，而不是忽视或者夸大痛苦。

通过以上三个核心成分，可以得出，在日常生活中我们可以多进行友善的自我对话，例如，当我们正在努力完成一项艰难而重要的任务时，可能会感觉到"这太难了"或是"我做不到"，这个时候可以先感谢自己，对自己说"谢谢你，我的头脑，我知道你想劝我放弃，让我感觉好受一些，但你放心吧，我自己有数"，接下来，可以尝试说些鼓励自己的话，"我能搞定""我会安然度过""如果有困难我可以求助"等。除了友善的对话，还可以采取友善、关心和支持的行动，如在完成了某项任务之后奖励自己，或者给自己放个假等。这可以结合三件好事来进行记录。

但是要注意自我关怀不是自怜。自怜是觉得自己特别惨，认为自己是唯一受苦的人，自己的痛苦没人可以理解……这种夸大容易让自己和别人对立起来，与他人分隔，这样会让情况更糟。自我关怀就是简单、友善、诚实地承认我们感受到的痛苦，像我们承认某个朋友正在感到痛苦一样。

同时，自我关怀也不是自我放纵。如果你因为压力很大就放弃努力、选择逃避等，或者通过贬低别人来抬高自己，这很有可能会陷入以自我为中心的世界，不是真正的自我关怀。

五、生理调节

生理和心理是相通的，很多情绪困扰和压力感知与身体内在的生物节奏有关。因此，通过生理方面（如饮食、睡眠和运动等）的调整，有利于管理情绪和压力。宋德如等人提出了以下方法。

（一）饮食调节

食物为我们提供了大脑活动所需的能量，因此也会影响我们的认知和情绪过程。《食物与情绪》一书的作者索姆建议，要想确保你心情愉快，应养成一些好的饮食习惯：定时就餐，每天至少喝六至八杯水。对于人体来说，维生素 C、B_6、B_{12} 和多种微量元素的缺失，可以造成情绪低落、紧张易怒甚至抑郁。而通过提高体内的维生素 C、5- 羟色胺和 w-3 脂肪酸含量，就可以起到维持和促进良好情绪的作用。临床营养学的研究发现，在众多食物中鱼肉、鸡肉、蛋类、奶酪、燕麦、香蕉、豆类及其制品等，有助于稳定情绪、镇静催眠，在睡眠中使大脑快速合成 5- 羟色胺，醒后使人紧张焦虑等症状减轻或消失，变得平静而愉快。深海鱼类，尤其是肉食性鱼，如鲭鱼、鲱鱼、金枪鱼和雅马哈鱼等，葵花子、南瓜子、亚麻子、大麻子、花生、核桃和芝麻等这些富含 w-3 脂肪酸的食物可以使人头脑清醒，反应灵敏，智力增强，是个体所需蛋白质、微量元素、抗氧化物等重要营养素的来源。

（二）音乐调节

音乐作为一种善于表现和激发情感的艺术，是心理治疗的方法之一。专家研究认为，音乐的频率、节奏和有规律的声波振动，是一种物理能量，适度的物理能量会引起人体组织细胞发生和谐共振现象，这种声波引起的共振现象，会直接影响人们的脑电波、心率、呼吸节奏等。要使一个处于兴奋状态的人安静下来，不能让其听缓和、平静的音乐，而给以活跃、激奋的音乐，人为地增强他兴奋的神经。经过一定时间，他兴奋到一定程度便会产生抑制，他就会感到疲劳。这时他自然而然地想听镇静的音乐，便能使兴奋平静下来。

（三）运动调节

研究人员发现，健身运动能使人的身体产生一系列的生理变化，随着体力的消耗和汗水的流淌，原来消极的情绪可以随之被排出体外。另据有关研究证明，体育运动能使人的注意力发生转移，情感得到宣泄，紧张程度得到松弛，情绪趋向稳定，可以为各种消极情绪提供合理的发泄，达到心理平衡。所以我们平常可以选择有趣的、自己喜爱的运动，如乒乓球、羽毛球、跳绳等，对减轻焦虑情绪很有帮助；足球、排球、篮球、健美操和集体舞等运动对缓解抑郁情绪有好处；游泳、溜冰、拳击和体操中的跳马、单双杠等对克服恐惧情绪很有效果。要做到效果明显，最好是从事有氧运动——跑步、体操、骑车、游泳等，运动之后洗个热水澡则效果更佳。

六、能力管理

（一）提高情绪智力

情绪智力是一种处理有关个人和他人情绪信息的能力，包括不同的方面，如感知与表达情绪、使用情绪、理解情绪和调节情绪等。研究发现，高情绪智力个体对信息进行加工时，更善于发现自我与他人的优点，产生更多正向积极的认知偏向，更能在体验积极或者消极情绪之后使自己恢复到相对平静的心理状态。那我们应该如何提高情绪智力呢？

1. 情绪智力随年龄的增长而提高

通过对情绪智力的测量发现，中年人的得分都普遍高于年轻人。研究者认为，随着个体年龄的增长，经历越来越丰富，情绪智力也会随之提高。

2. 积极行动，提升情绪智力

我们可以在日常生活中有觉察地做一些事情来提升情绪智力。

（1）自我监控，提高情绪感知力

前面提到，情绪觉察是第一步。可以对自己每天情绪的变化进行记录，主动去识别和分析是因为什么事件或信念导致情绪出现变化，逐步熟悉自己的情绪产生以及变化情况。

（2）有效评估，提升情绪使用力

先确定你的情绪，然后评估自己此时的情绪状况，搞清楚它究竟来自何处，最后决定采取何种行动来应对这种状况。例如，你的舍友经常在宿舍大声外放音乐，你可能会生气，想上前理论，因为这打扰到了你的休息。如果你使用你的情绪智力，你可以以另一种方式让他知道，你讨厌他这种侵略性的行为，通过发送一些微妙的肢体语言信号（每当他外放就当他面塞上耳塞）表明他的行为影响到了你。

（3）加强沟通，促进情绪理解力

首先，要多尝试与他人进行良好沟通，共情对方，努力站在对方的角度考虑问题。多了解不同人的想法，有助于我们积累不同的情绪类型，培养我们理解不同情绪间关系的能力。

其次，要保持情绪的稳定。沟通的最终目的是解决问题。在说话的时候，言简意赅，不带攻击、责备或生气的情绪陈述你的观点，必要时可以重复一遍。

最后，要确保在理解对方观点的基础上，进行有效沟通。有些人在与别人沟通时，总是在自说自话，认为把自己想说的说完了，别人就一定会被说服，殊不知自己的某些观点早已被反驳，造成沟通的不顺畅。

（二）提升心理韧性

在发展心理学领域，研究者们观察到一种现象：长期身处逆境、遭受挫折的儿童并未被打倒，相反，部分儿童发展成为"心理适应良好的儿童"（psychologically invulnerable child）。这一现象促使研究者深入探讨逆境可能对个体潜在能力产生的影响，强调帮助个体发掘自身力量的重要性，并开始研究心理韧性（resilience）这一课题。

心理韧性（又称为**心理复原力、抗逆力、心理弹性**）是指个体面对逆境、创伤、悲剧、威胁或其他重大压力的良好适应过程，也就是对困难经历的反弹能力。随着心理韧性的升高，出现情绪困扰的可能性会随之降低。心理韧性的基本特征有三点：（1）接受并战胜现实的能力；（2）在危机时刻寻找生活的真谛的能力；（3）随机应变想出解决办法的能力。

研究显示，心理韧性主要由两大核心要素构成：内在保护因子与外在保护因子。**内在保护因子**指的是个体自身所具备的、能够调节或缓解危机影响的一系列特质。这些特质包括人格特征，如稳定性与内外向倾向，以及积极性倾向，如积极解决问题的态度、乐观的生活态度、对新奇事物的追求、对他人的信任等。**外在保护因子**则是指个体所处环境中，能够促进其成功适应并改善危机影响的各类因素。在家庭环境中，外在保护因子包括温馨的亲子关系、富有情感且不过于严苛的批评方式、支持性的家庭氛围以及强大的家庭凝聚力等。而在学校环境中，外在保护因子则包括老师的支持、成功的或愉快的积极经验，以及与老师和同学之间的良好关系等。

要想提高心理韧性，首先，要从能忍受日常生活的不确定性开始，即培养耐受力。其次，要在日常生活中坚守底线伦理，坚守正道。最后，要练习从资源取向的角度去解释生活中的不幸，并具备把不幸化为成长资源的能力。

萧文根据前人的研究，总结出7个心理韧性因子：①具有幽默感并对事件能从不同角度观之；②虽置身挫折情境，却能将自我与情境做适度分离；③能自我认同，表现出独立和控制环境的能力；④对自我和生活具有目的性和未来导向的特质；⑤具有向环境或压力挑战的能力；⑥有良好的社会适应技巧；⑦较少强调个人的不幸、挫折与无价值感或无力感。

◎ 课堂活动 5-3

抗逆力资源圈

活动目的：整理自己的抗逆力资源。通过对自己可用资源的澄清，明白从挫折中反弹的力量来自自身。

活动时间：30分钟。

活动材料：白纸、马克笔（每人一份）。

活动步骤：

步骤1：请根据要求完成自己的"抗逆力资源圈"。

（1）当你遇到压力和挫折的时候，你会利用哪些资源（这些资源可以是你本身拥有的，可以是你擅长的领域，也可以是你能求助的人），以帮助自己迅速摆脱困境。

（2）取一张白纸，在白纸的中央画一个实心圆点代表自己。

（3）以这个实心圆点为中心，画三个半径不等的同心圆，代表三种资源圈。同心圆内任意一点到中心的距离表示你利用资源的优先程度。

（4）将你可利用的资源名称写在图上，越靠近中心点，表明你在遇到挫折压力时候越愿意使用该资源，或者越愿意向其求助，以帮助自己走出困境。

（5）写在最小同心圆内的属于你的"一级抗逆力资源"，在你遇到困境的时候，你首先想到的是向其求助，这些资源能够给你最大程度的心灵支持。这样的资源不多，却是你最大的心灵慰藉，也是你生命中最重要的成长力量。利用这些资源，你能够迅速地从困境中反弹，并顺利地解决问题。

（6）写在第二大同心圆内的是你的"二级抗逆力资源"，在你遇到困境的时候，这些资源虽然不是你的首选，但是对于你来说仍然重要，来自他们的支持和帮助能让你时常感到人生的温馨。

（7）写在最大一个同心圆内的属于你的"三级抗逆力资源"，这些资源平时不怎么想得起来，可一旦你需要帮助，他们愿意尽力提供帮助。

（8）同心圆外的空白处代表你的"潜在抗逆力资源"。尽量搜索你的记忆系统，把那些虽然比较疏远但你仍可利用的抗逆力资源写下来。

步骤2：思考与分享。

（1）你认为自己的抗逆力资源圈如何？

（2）你还有哪些扩展抗逆力资源的方法？

（3）你最能掌控的抗逆力资源是什么？

资料来源：阳志平，彭华军.积极心理学团体活动课操作指南［M］.2版.北京：机械工业出版社，2020.

七、具体技术

（一）正念冥想

选择一个比较安静的环境，然后全身放松，闭上眼睛，开始进行冥想。一般是想象一些美好的景物、愉快的经历，如想象自己在海边散步，繁星满天，脚下是柔软的沙滩，这时你可以充分发挥你的想象力，体会海浪的声音、海风拂面的感觉，脚下踏着沙砾和贝壳的感觉。接着想象自己在海边小憩，深呼吸数次，然后慢慢睁开眼。刚开始时，心里不易宁静，但坚持下去会大有裨益。你还可以想象曾经愉快的事情，如某次聚会或考试发挥极佳的场景。这种想象能给你美好的"意象"，有利于精神的放松。

（二）肌肉放松

肌肉放松法的原理是先让你感受紧张再让你体验松弛。没有紧张感你就很难真正体会松弛感，所以先紧张后放松能使你更充分地享受放松的效果。

下面提供一种最常用的肌肉放松法。

1. 头部放松

用力皱紧眉头，保持 5 s，然后放松；用力闭紧双眼，保持 5 s，然后放松；皱起鼻子和脸颊部肌肉，保持 5 s，然后放松；用舌头抵住下颚的门齿，口尽量张开，头向后抬，保持 5 s 后放松。

2. 颈部肌肉放松

将头部用力下垂，努力使下巴抵达胸部，保持 5 s，然后放松。

3. 肩部肌肉放松

将双臂平放体侧，尽量向上提升双肩，保持 5 s，然后放松。

4. 臂部肌肉放松

将双手掌心向上平放在座椅扶手上，握紧拳头，使双手及前臂肌肉保持紧张 5 s，然后放松；侧平举张开双臂做扩胸状，体会臂部的紧张感 5 s，然后放松。

5. 胸部肌肉放松

将双肩向前收，使胸部四周的肌肉紧张，保持 5 s，然后放松。

6. 背部肌肉放松

将双肩用力往后扩，体会背部肌肉的紧张感 5 s，然后放松；向后用力弯曲背部，努力使胸部弓起，挤压背部肌肉 5 s，然后放松。

7. 腹部肌肉放松

尽量收紧腹部，好像别人向你腹部打来一拳，你在收腹躲避，保持收腹 5 s，然后放松。

8. 臀部肌肉放松

夹紧臀部肌肉，收紧肛门，使之保持紧张 5 s，然后放松。

9. 腿部肌肉放松

绷紧双腿，伸直上抬，腿离地面 20 cm，保持 5 s，然后放松。

10. 脚趾肌肉放松

将脚趾慢慢向下弯曲，仿佛用力抓地，保持 5 s，然后放松；将脚趾慢慢向上翘，保持紧张 5 s，然后放松。

以上从头到脚 10 部分的肌肉放松连续完成，所谓放松是指努力体会肌肉结束紧张后的舒适、松弛的感觉，如热、酸、软等。每次可用 15～20 s 的时间来体会放松感。

所有动作应从熟练掌握到能连续完成，并在各种情境下都能自如运用。一开始由于不熟练，做一遍需要不少时间。随着越来越熟练，只要十来分钟就可以完成了。你可以在早晨醒来后和夜晚临睡前各做一遍，或者在感到焦虑紧张时做一遍，效果应该会不错。

（三）情绪着陆技术

遇到突发的压力事件时，可能会感到自己好像被情绪淹没、无所适从，为了避免情绪淹没带来的不适和过激行为，我们可以使用"着陆"技术来放松情绪，让自己的状态稳定下来。

着陆技术的原理是把人们的注意力从内在的思考转回到外部世界。当我们安静地体验周围环境，尝试把各种感官（视、听、味、触、嗅）充分调动起来，并与周围的环境充分连接。这是因为，当我们把注意力集中在当下时，我们就可以稳住负面情绪，和负面情绪保持距离，从而在应激状态下稳定身体、锚定当下，找回身体的稳定感和掌控感。注意，在着陆过程中不要谈论负性情绪或者书写负性情绪，用心关注当下，和负性感觉分离，不要和它们有联系。保持中立，避免去判断"好"或者"坏"。

第一步：深呼吸。选择一个舒适的姿势坐在椅子上，做几个深呼吸。深深地吸气，慢慢地呼气。之后尽量保持匀速平稳的呼吸，保持睁着眼睛，环视房间，始终与当下保持连接。

第二步：感受身体。注意你坐在椅子上的踏实的感觉。注意你的双脚，注意双脚踩在地上的坚实的触感。

第三步：环视周围。环顾一下四周，说出你所看到的各种物体的颜色、形状、名称等。你可以拿起身边的一个小物件（如一支笔或一个水杯），当你拿起这个物件，观察一下，它是什么颜色、什么形状的？它有什么样的纹路呢？感受它有什么样的温度、触感呢？它的重量如何？你也可以把它放在鼻子底下闻一闻，有没有什么样的气味？

第四步：结束程序。可以以一个深呼吸结束着陆程序，感受一下，自己的情绪和开始有什么不同？

◎　**课堂活动 5-4**

突破压力困境

活动目的：找到目前要应对的主要压力来源，发掘自身的资源和力量，积极应对压力。

活动时间：10 分钟。

活动准备：纸、笔、舒缓音乐。

活动步骤：

（1）准备。将一张 A4 纸折成四格，如右图所示。

（2）放松。让自己舒服地坐着，跟随音乐，花一点时间，调整自己的呼吸。请用鼻腔，深深地吸气，在内心默数 4 s。然后屏住呼吸，在心里默数 2 s。缓缓地通过嘴巴将刚才吸进去的空气长长地吐出来，在心里默数 6 s。重复以上步骤三次。这是一个简单的呼吸放松，做完之后，有没有觉得心里平静了许多呢？

压力管理练习：突破困境

第一幅：当下的你	第二幅：你的困境
第三幅：如何突破	第四幅：未来的你

接下来，请继续保持这样平静的心情，闭上眼睛，发挥我们浪漫的想象力。现在的你，暂时离开了家，来到了海边。大海风平浪静，阳光和煦温暖，天空纯净湛蓝，云朵洁白多姿，海鸥自由翱翔。你伫立在海边，迎面吹来的是凉爽的海风，脚下踏着的是松软的沙滩，透明的海水拍打着你的脚面，凉爽、清新、惬意。你好像整个人都融入了大自然，感觉非常地放松。在这样放松的状态里待一会儿。然后，慢慢地睁开眼睛，回到当下，依然保持轻松平静的心情。

（3）绘制。

在第一个格子里画出自己此时此刻的状态。平静的？放松的？

在第二个格子里画出你的困境。请你想一想，最近在你的生活中，让你最操心、最烦恼、最有压力感的事件是什么？越具体越好。

在第三个格子里画出如何突破。请你想一想，针对第二幅画中的压力事件，你有哪些渠道、方法、措施、策略可以去应对和解决它？请发挥自己惊人的创造力，尽可能发散地、大胆地、努力地去想象。

在第四个格子里画出未来的你。请你想一想，假如你用第三幅画中的方法，解决了第二幅画中的困扰，那你的生活会变成什么样？会变得轻松、愉悦、快乐、幸福、满足吗？那是一种什么样的状态？请细心感受并绘制。

（4）回顾与讨论：①在整个练习过程中，你的感觉如何？②这给你带来了哪些不一样的启发？

资料来源：心理公开课《压力纾解的有效方法：突破压力困境》 樊富珉

◎ 本章要点

1. 情绪是指人对客观事物是否符合自己的需要而产生的态度体验。情绪没有好坏之分，它作为信号提示我们的需要是否被满足，需要被满足则产生积极情绪，需要未被满足则产生消极情绪。

2. 情绪具有重要的功能，如帮助我们适应生存和发展、激发和维持个体行为、促进或阻碍其他心理过程、影响社交活动等。

3. 压力是指人们在社会适应过程中，对各种刺激做出生理和行为反应时所产生的一种紧张的心理体验和感受。压力具有双重性。

4. 有效管理情绪的第一步是看见我们的情绪，提高对情绪的觉察，清楚地知道自己处于怎样的情绪状态。

5. 接纳情绪是将积极情绪体验和消极情绪体验都看作人的情感的必要组成部分，允许消极情绪体验。

6. 情绪调节是由我们对自己产生何种情绪、何时产生情绪、体验到情绪的强烈程度以及如何表达情绪进行控制的策略组成的，可以根据情绪发生发展过程分为不同策略：情境关注策略、认知关注策略、反应关注策略。

7. 情绪ABC理论认为情绪并不是某一诱发事件本身直接引起的，而是由经历这一事件的个体对这一事件的解释和评价引起的。

8. 不合理信念包含三个特征：绝对化要求、过分概括化、糟糕至极。我们要学会与不合理信念进行辩驳。

9. 防御机制分为成熟的防御机制和不成熟的防御机制。某些防御机制曾提供了重要帮助，但现在已过时，甚至成为阻碍。我们要感谢"过去防御机制"的保护，并寻找更适应的方式。

◎　**本章主要概念**

情绪	冷漠	认知关注策略
心境	羞耻感	反应关注策略
激情	内疚	理性情绪行为疗法
应激	冰山模型	乐观
积极情绪的拓展－建构理论	压力	防御机制
心流	一般适应综合征模型	感恩
幸福	应对方式	自我关怀
焦虑	觉察情绪	情绪智力
愤怒	接纳情绪	心理韧性
压抑	调节情绪	正念冥想
抑郁	情绪关注策略	情绪着陆技术

◎　**推荐阅读**

乔恩·卡巴金.多舛的生命.童慧琦，等，译.北京：机械工业出版社，2018.

朱建军，曹昱.情绪词典：你的感受试图告诉你什么.北京：中国人民大学出版社，2023.

◎　**数字课程学习**

⬇教学课件　　📝在线自测　　📖参考文献

第六章
学习能力和生涯发展

◎ **话题导入**

中华民族向来崇尚学问、尊重知识。我国著名数学家华罗庚说："在寻求真理的长河中，唯有学习，不断地学习，勤奋地学习，有创造性地学习，才能越重山跨峻岭"。千百年来，无数莘莘学子通过勤奋刻苦，不懈努力，实现了个人命运的转变，也为国家发展贡献了青春的力量。2019年6月，中共中央办公厅、国务院办公厅印发《关于进一步弘扬科学家精神加强作风和学风建设的意见》，全面概括了科学家精神，即：胸怀祖国、服务人民的爱国精神，勇攀高峰、敢为人先的创新精神，追求真理、严谨治学的求实精神，淡泊名利、潜心研究的奉献精神，集智攻关、团结协作的协同精神，甘为人梯、奖掖后学的育人精神。面对百年未有之大变局，新时代大学生应以科学家精神自勉，不断学习和成长，主动担当民族复兴大任。

第一节　学习心理概述

一、学习的含义

人和动物的行为有两类，一类是本能行为，是通过遗传获得的种群经验（如鸭子会游水）。这些行为与生俱来；另一类是习得行为，是动物和人类在后天环境中通过学习获得的经验，如狮子滚绣球、老鼠走迷宫、猴子钻火圈等。人类对知识与技术的掌握，个人心智的形成，人际关系的建立，态度和品德的形成，都是后天学习的结果。

学习是一种十分复杂的心理现象，学习的概念也有广义和狭义之分。

广义的学习是指人和动物在生活过程中，凭借经验而产生的行为或行为潜能相对持久的变化。学习者必须凭借反复地练习与经验才有可能产生行为或行为潜能的持久变化。学习是经验反复积累的过程，当然也离不开个体成熟的影响，只有当个体具有一定的成熟准备时，经验才会发生作用。这个定义包含了学习的4个特点。

① 学习是动物和人共有的心理现象，虽然人的学习是相当复杂的，与动物的学习有本质区别，但不能否认动物也是有学习性的。

②　学习不是本能活动，而是后天习得的。

③　学习是人类行为表现或行为潜能相对持久的变化。

④　不能把个体的一切变化都归因为学习，只有通过学习活动产生的变化才是学习（如疲劳、生长、机体损伤及其他生理变化所产生的变化都不是学习）。

狭义的学习专指学生的学习，是在专业老师的指导下，有目的、有计划、有组织、有系统地进行的，是在较短的时间内接受前人所积累的文化科学知识充实自己的过程。大学生的学习既要掌握知识，又要形成技能，提高素质，发展智力。

二、学习的影响因素

（一）智力

人们常常疑问，学习相同的内容，花费相同的时间，为什么学习的效果不尽相同。为什么有些人逻辑思维能力突出，有些人擅长言语表达？其中，智力对学习发挥着巨大的作用，心理学家从未停止对于智力的研究，并对智力的组成成分提出了不同的科学假设。

1. 智力的定义

智力指在不同种类的活动中都会表现出来的能力，如观察力、记忆力、抽象概括力、想象力、创造力等。智商（智力商数）来衡量一个人智力高低常用的测量工具包括比奈 – 西蒙量表、韦克斯勒智力测验等。

2. 智力的理论

（1）一般智力理论

斯皮尔曼（Spearman）提出了一般智力理论。该理论根据不同心理能力之间的相关性，认为个人在所有智能领域的表现，包含学习、推理以及解决各种问题的能力，都受到了一个共同因素的影响，那就是**一般能力**，即智力，包括观察力、记忆力、思维力、想象力等。在一般能力之外，人的智力活动中还存在着特殊因素的作用，它代表个人的**特殊能力**，只是在某些特殊方面表现出来。例如，语言表达能力、算数能力、美术能力等。

（2）智力结构理论

根据能力在人一生中的发展趋势以及能力对先天禀赋与社会文化因素的依赖关系，卡特尔（Cattell）认为一般智能可以被分解为两个相对独立的组成部分，即流体智力和晶体智力。**流体智力**是用来识别抽象模式，使用逻辑，运用归纳和演绎推理的能力，如数学能力、创新能力。这种能力受先天遗传因素影响较大，受教育文化影响较小。流体智力通常是用积木图案、空间视觉等方面的测试来测量的。**晶体智力**由个人所学的知识和读取这些知识的能力组成，它依赖于先前的经验，依赖于日积月累的知识，与社会文化密切联系，如音乐、艺术、文学。晶体智力可以用词汇任务、技能测验进行测量。

流体智力的发展随着年龄增长会呈现先增加后下降的变化趋势（一般 20 岁以后达

到顶峰，30 岁以后开始下降），而晶体智力则随着经验积累而持续提升。

（3）多元智力理论

加德纳（Gardner）认为智力是在某种社会或文化环境的价值标准下，个体用以解决难题或生产及创造出有效产品所需的能力。每个人至少具备八类能力。

① 语言智力：人对语言的掌握和灵活运用的能力；

② 逻辑数学智力：用逻辑或数学运算的方法解决问题的能力；

③ 视觉空间智力：人对色彩、形状、空间位置等要素的准确感受和表达的能力；

④ 音乐智力：个人感受、辨别、记忆、表达音乐的能力；

⑤ 肢体动觉智力：人的身体的协调、平衡能力以及表现为用身体表达思想、情感的能力和动手的能力；

⑥ 人际智力：对他人的表情、语言、手势动作的敏感程度以及对此做出有效反应的能力；

⑦ 自省智力：个体认识、洞察和内省自身的能力；

⑧ 自然观察者智力：人们辨别生物以及对自然世界的其他特征敏感的能力。

（二）学习动机

1. 学习动机的定义及分类

学习动机指引起和维持个体的学习行为以满足学习需要的心理倾向，它是推动学生学习的内部动力，又称"学习的动力"。

学习动机可以分为内部动机和外部动机。

内部动机是指因学习活动本身的意义和价值所引起的动机。学习活动能够起到激励作用，无须外部的诱因或惩罚。例如，许多同学热爱体育运动，即使没有学分或者奖励，依旧乐此不疲。

外部动机是指因学习活动的外部结果而引起的动机。学习活动的结果发挥激励作用，而不是学习活动本身。努力学习的目的是取得好成绩，从而获得奖励。合理的外部动机对自身的发展具有正向的激励作用。学业奖学金是一种良好的外部激励手段。

人们常常认为，学习动机越强，对学习活动越有推动作用，但是，事实却并非如此。有时，超过一定强度的学习动机，反而会导致学习效率下降。耶克斯－多德森定律（Yerkes-Dodson law）表明，任何任务或活动都有其"最佳的动机水平"，活动效率在此水平上达到最高。如图 6-1 所示，在最佳水平之前，效率随动机的

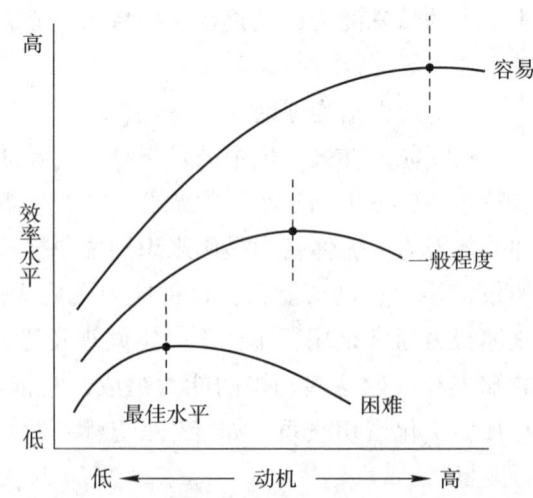

图 6-1 学习动机强度与工作效率的关系

增强而提高；超过最佳水平，效率反而随动机的增强而下降。研究还表明，对于不同难度的活动，其动机的最佳水平是不一样的。容易或简单的活动及任务，譬如背诵英语单词、抄写课文、训练打字，所需要的动机要强一点；而困难或复杂的活动及任务，譬如解答数学难题，需要的动机就要弱一点，过强的动机会导致焦虑，从而降低活动效率。

2. 学习动机不当的表现及调整方式

（1）学习动机缺乏

学习动机缺乏主要表现在两方面。

一是缺乏学习动力。主要表现为：无求知愿望，无成就感，对自己不抱什么希望；上课不愿意听讲，并对老师所讲的内容不感兴趣；学习没有目的，课余大部分时间和精力都放在娱乐消遣活动上。

二是缺乏自信心、自尊心。主要表现为：认为自己学习能力差，经常拿"我在这方面天生就不行"的话来安慰自己，因而放弃努力，缺乏意志。

那么应如何提高学习动机呢?

首先要培养学习兴趣。兴趣是指在积极探究某种事物或从事某种活动的过程中，伴随着一定的情感体验的心理倾向。兴趣是引起和维持注意力的一个重要内部因素，是学习过程中的一种积极的心理倾向。若能在专业学习过程中，将理论知识与生活应用相结合，则有利于学习兴趣的培养。

其次要端正学习态度。学习态度是指学生较为持久的肯定或否定的内在反应倾向，通常可以从学生对待学习的专注状况、情绪倾向与意志状态等方面来加以判定和说明。如喜欢还是厌倦、积极还是消极等情绪情感。端正学习态度最根本的做法是明确生涯价值观。在我们确立目标时，不妨在人生发展的角度，将长远目标与近期目标相结合，从而全力以赴。

（2）学习动机过强

与学习动机缺乏相反，学习动机过强的同学有如下表现。

① 成就动机过强。急于取得成功，所树立的抱负与期望远远超过自己的实际能力和潜力。担心失败，心理上承担很大的压力，实则欲速则不达。

② 奖励动机过强。被动学习，主要目标是获得奖励，避免惩罚。其特点是以考试和分数为中心，考试得分往往较高，忽视了综合能力培养，对知识不能举一反三，灵活应变能力较弱，知识面也不够宽广。这样的学生要摆脱封闭式学习方式，拓宽思路，改进学习方法。

③ 学习强度过大。每天用于学习的时间过长，不善于休息，常常处于过度疲劳状态；经常感到焦虑不安，感到有做不完的事情，为浪费时间而感到内疚。

对于学习动机过强，我们也要从多方面进行调整。

① 端正学习动机，思考一下自己的学习目的，防止过度追求物质奖励。

② 正确认识自身的潜力，量力而行，制订合理的目标，脚踏实地，循序渐进，不

好高骛远。

③ 培养广泛的兴趣爱好，积极参加各种文化娱乐活动，注意劳逸结合，重视综合素质的提高，培养多种兴趣。

◎ 课堂活动

我的学习动机是怎样的

活动目的：帮助学生明确自己的学习动机，树立对学习的信心。

活动时间：20分钟。

活动准备：全体人员分成若干小组，每组6～8人。

活动步骤：

1. 每个人都列出自己学习的原因。

2. 想想这些原因对自己的学习有什么影响？有何积极作用？有何消极作用？

3. 以小组为单位，讨论学习动机，比较自己的学习动机和大家的有什么不同？

4. 以小组为单位，讨论在什么情况下会产生强烈的学习愿望？小组讨论后，将结果记录下来，全班分享。

（三）学习风格

擅长学什么？何种方式学？何时学？每个人的回答不尽相同，都有自己的一套学习模式。**学习风格**，指人们在学习时持续稳定地表现出来的倾向或偏爱方式。学习风格主要有六个方面的特征：知觉偏好、物理环境需要、社会环境偏好、认知风格、最佳时间、动机和价值观。

知觉偏好是指学习者对视觉、听觉和动觉的偏好程度。例如，视觉型的学习者，对视觉刺激比较敏感，习惯通过"看"来学习，喜欢通过看书和记笔记来学习。

物理环境需要是指学习者对学习时的物理环境，如声、光线和温度等的偏好。例如，有的学习者学习时需要绝对安静。

社会环境偏好是指学习者对学习时所处的社会环境的偏好。例如，有的人喜欢独立思考、学习，完成任务；有的人则相反，喜欢和同伴一起学习，大家一起讨论交流时学习效率最高。

认知风格也称为认知方式，指个体偏爱的信息加工方式，表现为个体在感知、记忆、思维和问题解决等认知过程中经常采用的、习惯化的方式。场依存型的人在做决定时，都需要征求别人的意见。

最佳时间是指学习者学习时在时间节律方面的偏好。例如，有些人早晨学习效果最好，有些人则喜欢在晚上或深夜学习。

动机和价值观是指学习者学习兴趣或好奇心的高低、成就动机水平差异等学习的态度、动机方面的特征。

（四）学习的自我效能感

自我效能感指个体对自己是否有能力完成某一行为所进行的推测与判断，是个体对自己在具体活动中的能力所持有的信念。这种信念并非来自个体的实际能力，而是个体对自己能力的感知。简单地说，就是"相信我能行"。

1. 自我效能感的功能

（1）决定对活动的选择及对学习活动的坚持性。首先，自我效能感高的人相信自己能够应对各种情况。激发自身的学习热情和兴趣，进而将更多的精力和时间投入到学习活动中。在选择活动时，会更加倾向于选择具有挑战性的任务，并且会更加积极地去思考解决问题的方法，并坚持不懈地尝试。而自我效能感低的人可能会选择较为简单或熟悉的任务，因为他们担忧无法应对更具挑战性的任务，会更容易放弃。

（2）影响面对困难的态度。自我效能感高的人，通常会更加乐观和自信。而自我效能感低的人，可能会感到沮丧和无助。

（3）影响新行为的获得和习得行为的表现。在新行为的习得过程中，具有高自我效能感的个体倾向于相信自己能够成功掌握所需技能与行为，并愿意尝试学习新的技能与行为。相反，自我效能感较低的个体则可能担忧无法掌握新技能或表现不佳，从而对尝试新事物表现出恐惧或犹豫。在习得行为的展现方面，自我效能感较高的个体更倾向于相信自己能够表现出色，这种信念赋予了他们更多的自信与动力去展现自我。而自我效能感低的人可能会更加容易感到紧张或焦虑，从而影响自己的表现。

（4）影响活动时的情绪。自我效能感高的人，在活动过程中会感到愉悦，积极性较高。良好的情绪状态可以激发他们的动力和热情，从而更好地完成任务。而自我效能感低的人可能会感到焦虑、紧张或不安，影响在任务中的表现。

2. 自我效能感提升

（1）积累成功体验

增强自我效能感的最直接有效的途径是巩固个人的成功体验。成功体验能够显著提升个体完成任务的信心，并构成证明个人能力最强有力的证据。可以制订任务清单，实施分阶段的快速行动计划不断积累成功。例如，自身毅力不足，可从坚持体育锻炼入手，每日强迫自己进行短跑训练。初始阶段，可设定10分钟的跑步时间，随后逐步延长跑步距离和时间，多次体验达成既定目标的成就感，从而提高个人毅力的自我效能感。

（2）以相近的替代性经验来激励自己

在心理学领域，研究者们发现，与自己喜爱、认同或熟悉的人进行比较，有时能够激发个体的激励效应，此效应被学术界称为"替代性激励"。个体倾向于将他人的经历投射至自身，当面对失败时，若观察到他人亦未成功，便可能会获得心理上的慰藉。反之，当周围人能够克服困难并达成目标时，个体亦会受到鼓舞，产生"他能成功，我亦能成功"的自信感，进而形成激励。

"替代性激励"的另一面是"模仿"，向榜样学习。榜样是指已经完成目标或者已经掌握达成目标所需技能的人。最好寻找身边和我们经历相似、家境相似、各种条件都相似的优秀榜样，可以是朋友、家人，如果身边没有，也可以是在书籍、电影或者网络上了解到的人。通过模仿他们的思维方式和行为方式，反复进行相同的动作和行为，就可以习得该动作和行为，从而获得成长。

（3）表达鼓励、支持与期待

语言的力量是非常强大的，他人给予的积极的鼓励、肯定、欣赏，是我们取得成功特别重要的一种心理保障。相反，讥讽、嘲笑、侮辱、否定，是对自我效能感的重大打击。换句话说，他人对我们的期望其实是一种内化的激励，让我们产生自我效能感。所以，应积极寻找身边可以互相鼓励或者默默支持自己的人。当别人对你说"你一定可以做到"时，你会感到有人在支持自己，也能鼓起干劲继续努力。

当然也可以采用自我鼓励的方法，即"自我肯定"，不过这个方法需要一定的时间和自律，例如每天对着镜子大喊十句"我可以！"，此举也能带来一定的心理暗示，帮助自己提升自我效能感。

（4）保持良好的身心状态

情绪状态对个体自我效能感具有显著影响。具体而言，焦虑情绪在个体进行思考或任务执行过程中，往往会导致自我效能感的预期降低；相反，兴奋情绪则有助于增强自我效能感。基于此，通过情绪调节策略的运用，可以有效地提升个体的自我效能感。情绪调节策略包括积极的认知重评、注意力转移，放松技术，如正念放松和冥想等。研究表明，频繁体验积极情绪的个体相较于那些常持有悲观态度的人，更倾向于相信自己能够成功完成任务。

个体对自身生理状态的感知、对自我效能感具有显著影响。在体验到极度疲劳和全身乏力的情况下，个体的专注力、自信水平以及耐心程度均会呈现下降趋势，进而对自我效能感造成负面影响。反之，当个体感受到身体状态极佳和精神力量充沛时，通常会表现出生机勃勃、斗志昂扬的状态，这种积极的生理状态有助于提升自我效能感。因此，保持良好的生理状态对于个体而言是至关重要的。通过规律性的体育锻炼来增强体质是一种有效的方法，建议每周进行3至4次，每次不少于40分钟的体育活动。

◎ **知识拓展 6-1** ▬▬▬▬▬▬▬▬▬▬▬▬▬▬▬▬▬▬▬▬▬▬▬▬▬▬▬▬▬▬▬▬▬▬▬

习得性无助

习得性无助是指个体在长期遭受无法预测或控制的负面事件后，逐渐失去改变或掌控情况的信心，产生一种无助感。这一心理现象由马丁·塞利格曼等心理学家提出，并通过动物实验和人类研究得到深入探究。

习得性无助是一种心理状态。在这种状态下，人们往往会放弃努力，对未来失去信心。它可能源于长期处于不可控的困境中，如频繁的学业失败、工作挫折等。这种无助感不仅影响情绪，还会影响行为和决策，使个体陷入消极循环，难以自拔。但通过适当的心理干预和支持，可以帮助个体走出习得性无助。

出现习得性无助主要有以下原因：一是长期经历失败和挫折，且这些情况被认为不可控；二是缺乏有效的应对策略和支持，无法找到解决问题的方法；三是负面的自我评价，认为自己能力不足，无法改变现状。这些因素相互作用，使得个体逐渐陷入无助的状态，对未来失去信心和动力。

要克服习得性无助，可以从以下几个方面入手：一是调整认知，认识到失败并不代表自己永远无法成功；二是设定可行的目标，逐步取得小成就来增强信心，这一过程会帮助你由"无助"转为"自助"；三是学习新的应对策略，提高解决问题的能力；四是寻求他人的支持和鼓励，如同学、朋友、家人或专业心理咨询师等。

（五）学习疲劳

学习疲劳是一种因为长时间持续进行学习，个体在生理、心理方面感到疲劳，致使学习效率降低，甚至头晕目眩，不能继续学习的状态。学习疲劳是一种保护性机制，一般来说，经过适当的休息即可得到恢复，这是符合生理、心理规律的。如果长期处于疲劳状态，就会导致大脑兴奋和抑制过程失调，严重的还会产生神经衰弱等疾病。

1. 学习疲劳的表现

学习疲劳可以分为生理疲劳和心理疲劳两种。学生的学习疲劳可以是生理性的，也可以是心理性的，还有可能同时包含这两种成分。

（1）生理疲劳

生理疲劳主要是学习过程中肌肉受力过久或持续重复伸缩造成的肌肉痉挛、麻木，眼球发胀发疼，腰酸背疼，动作不准确，打瞌睡等。

（2）心理疲劳

心理疲劳主要是学习过程中由于长时间从事心智活动，大脑皮层兴奋区域的代谢逐步提高，消耗过程超过恢复过程，脑细胞处于抑制状态而使大脑得不到休息所引起的。主要表现为：注意力涣散、思维迟钝、情绪躁动、犹豫、厌烦、易怒和学习效率降低等。

2. 学习疲劳的调节方式

（1）劳逸结合，学会休息

不会休息的人就不会工作，同样，休息是为了更好地学习，因此，学生要学会劳逸结合，才能更有效地预防学习疲劳的发生。休息一般有三种方式：一是安静性休息，即睡眠和闭目养神。睡眠是最基本的、最重要的而且是不可取代的休息方式；二是活动性休息，如散步、打球、轻微的体力劳动、与他人聊天、深呼吸、扩胸运动等，又称积极休息；三是交替性休息，是指将各种不同性质的学科交叉学习，如文、理科穿插复习，这样大脑皮层的神经细胞不仅不会疲劳，还会相互促进。

（2）创设良好的学习情境

学习情境对人的心境有很大影响，良好的学习环境可以使大学生在学习时心情舒畅，学习效率提高；而在嘈杂、脏乱的学习环境下，可能会心烦意乱、焦躁不安。

（3）合理的营养调配

大脑所需的营养成分主要有脂肪、蛋白质、糖类、维生素 B、维生素 C、维生素 E 和钙元素。因此，为了提高大脑工作效率，可以多吃一些健脑益智的食物，如核桃、黑芝麻、花生、鸡蛋、鱼、虾、新鲜蔬菜、苹果等。

（六）学习焦虑

学习焦虑是指学生不能达到预期目标或不能克服困难，致使自尊心、自信心受挫，而形成的一种带有恐惧情绪和紧张不安的精神状态。适当水平的焦虑会促使大脑兴奋，可以增强学习动力，增加学习效果；但过度的、较高的焦虑则会抑制大脑的兴奋状态，对学习起到不良作用。

大学生要发挥自我的心理调节能力，控制焦虑的程度，一旦焦虑过高或过低，要想办法找到症结所在，进行理性的自我分析，从而进行有效调节。

（1）设定的目标要符合自己的能力，要与现实接轨，特别是在学习中，对自己的成绩或要达到的目标不应期望过高。

（2）学着把自己本来不感兴趣的学习任务和要求变成自己内在的需求，将其转化为兴趣。如学习高等数学，本来不感兴趣，但只要你改变一下思路，就可能产生兴趣。

（3）正确理解压力，变压力为动力。学习过程中的压力本质上是对学生学习能力与方法的一种挑战。随着知识更新速度不断加快，学生要以较强的能力去应对。

（七）网络学习

网络是我们生活中一种重要的工具。它为我们的学习提供了便利，获取知识的成本大大降低，学习渠道丰富多样，促进了人们之间的交流沟通。但是，网络资源良莠不齐，对学习者的辨别能力提出更高的要求，虚假信息和广告也阻碍人们的学习。

我国心理学家刘儒德认为网络学习行为可以分为自主学习和交互学习两种。

1. **自主学习**即学习者可以按照自己的需要选择学习内容，按照自己的时间安排学习进度，按照自己的特点选择学习方法，按照自己的能力选择学习内容的深度。

学习者的学习观念和学习方式发生改变，学习者由原先被动接受知识，转变为一种主动、探究的学习状态。当前越来越多的学习者通过各种网站寻找公开课，进行自主学习。但由于网络游戏或广告信息的干扰，在网络上难以保持长时间高效率的学习，因此还需学习者提高自我监督和自我管理能力。

2. **交互学习**可以通过音频、视频会议等同步交互方式实现，也可以通过电子邮件、论坛、网络学习平台等异步交互方式实现。

这种开放、自由的学习方式容易激发学习兴趣，提高卷入程度。另外，个体可以轻松地同时和分布在世界各地的其他学习者进行交流，选择性也更为宽泛和自由，这在传统课堂里是难以实现的。

◎   **知识拓展 6-2**

经典条件作用和操作条件作用

在心理学历史中，"巴甫洛夫的狗"和"斯金纳的小白鼠"是有名的实验，对学习心理有所启发。

一、经典条件作用——巴甫洛夫的狗

巴甫洛夫（Pavlov）是一位著名的生理学家。他与助手在对狗的研究中发现，当助手给狗食物时，狗吃到食物，会分泌很多唾液；此后又发现狗只要看到食物，就开始分泌唾液；再后来，只要听到助手的脚步声，狗似乎知道马上就可以吃到食物了，唾液的分泌也开始增加。巴甫洛夫系统研究了这种现象，提出了"条件反射（conditional reflex）"的概念，后人称之为"经典条件作用（classical conditioning）"。

在这里，狗将食物吃到嘴里，引起唾液分泌增加，这是自然的生理反应，不需要学习，这种反应称为**无条件反射**。研究助手的脚步声与狗的唾液分泌增加本来没有必然的联系，是一种无关刺激，或称中性刺激；当脚步声与食物同时、多次重复后，狗听到脚步声，唾液分泌就开始增加，这时中性刺激由于与无条件刺激结合而变成了条件刺激，由此引起的唾液分泌就是**条件反射**。条件反射的形成机制如表 6-1 和图 6-2。

表 6-1 经典条件反射形成的三个阶段

形成前（阶段一）	无条件刺激 （肉） → 无条件反应 （唾液分泌） → 中性刺激无反应 （脚步声）
形成中（阶段二）	中性刺激 （脚步声） + 无条件刺激 → 无条件反应 （肉）　　　　（唾液分泌）
形成后（阶段三）	条件刺激 → 条件反应 （脚步声）　　（唾液分泌）

图 6-2 巴甫洛夫的实验研究装置

二、操作条件作用——斯金纳的小白鼠

20世纪30年代后期，行为主义心理学家斯金纳设计了"斯金纳箱"（图6-3），并用来研究各种动物（如白鼠与鸽子）的行为。实验中，动物从初始的混乱动作中无意地碰到杠杆，得到了食物，学会了按压杠杆与得到食物之间的联结。通过更为复杂的设计，动物还可以学会分化行为。例如，当灯亮时，按压杠杆可以得到食物，而灯灭时按压杠杆得不到食物，因此，动物学会了只在灯亮时按压杠杆。通过研究，斯金纳认为存在两种类型的学习：**一类是由刺激情景引发的反应**，斯金纳称之为"应答性反应"，与经典性条件作用类似；**另一类是操作性条件作用**，它不是由刺激情景引发的，而是有机体的自发行为。在

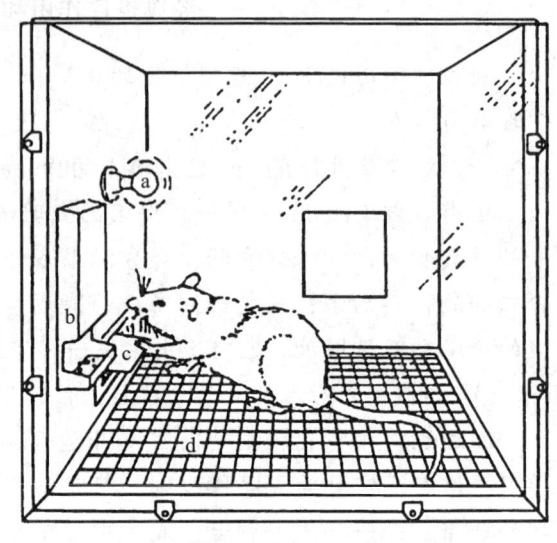

图6-3 斯金纳箱

a. 灯；b. 食物槽；c. 杠杆或木板；d. 电格栅

日常生活中，人的绝大多数行为都是操作性行为。影响行为巩固或再次出现的关键因素是行为后所得到的结果，即**强化**（reinforcement）。例如，婴儿第一次叫"妈妈"得到了母亲的爱抚，这种结果使婴儿以后不断地叫"妈妈"。

强化分为两种：正强化与负强化。当环境中某种刺激增加而行为反应出现的概率也增加时，这种刺激就是**正强化**。当环境中某种刺激减少而行为反应出现的概率增加时，此种刺激就是**负强化**。强化理论普遍应用于教育心理学中，比如：教师为了增强学生的学习兴趣，在学生正确回答问题时——给予奖励（正强化）；或免去一天作业（负强化）。同理，作为学生，也可以给自己设置强化物，增强自己的学习动机和学习兴趣。

资料来源：彭聃龄.普通心理学［M］.4版.北京：北京师范大学出版社，2012.

第二节　大学生学习能力的培养

一、时间管理

大学生的时间管理，是对大学生活时间（包括学习时间和闲暇时间），采用科学的手段，围绕学习生活事务及其进程，进行有计划、有系统地控制、调节，最终达到有效利用时间来实现自我发展目标的管理活动。

（一）ABC 时间管理法

最初由美国管理学家莱金（Lakein）提出。他建议为了提高时间利用率，人们可以对工作进行评估：这件事是否有助于我达成长期目标或短期目标？做出判断之后，根据事务的重要程度区分为 ABC 三个优先等级，并根据不同等级采取不同的处理措施。

1. A 级事务：是指与实现自己的目标非常相关的关键事务，也是最重要、必须要做的事项。A 级事务都是必须在短期内完成的任务。一旦完成，A 级事务就会产生显著的效果。而如果未完成，则会带来严重损失。

2. B 级事务：是指具有中等价值的事务，也是次重要、应该做的事。这类事务有助于提高个人或组织业绩，但却不是关键性的。B 级事务是应该在短期内完成的任务，虽说不那样紧迫，但它仍然很重要。若规定的完成期限较短，就应该将它们提升为 A 级。

3. C 级事务：如果对达到目标起的作用不大，可以做，但价值较低、不重要，则将其标注为 C。C 级事务可以推迟，但前提是不会造成严重后果。随着完成期限的临近，一些 C 级事项也最终转变为 A 级别或 B 级别。

值得注意的是，各级事物所占其所在整体的任务、工作总量的比例与其真正的价值不一定完全匹配。A 级事务约占任务和工作总量的 15%，但它真正的价值高达 65%。B 级事务约占任务和工作总量的 20%，价值可能也是 20%。C 级事务占任务和工作总量的 65%，价值仅为 15%。

（二）四象限时间管理法

按照重要性和紧迫性把事情和时间分成两个维度，其一是按重要性排序，其二是按紧迫性排序。然后，把所有事情纳入四象限，按照四个象限的顺序灵活而有序地安排学习和工作（图 6-4）。一般来讲，第一象限中的事情应立刻去做，第二象限中的事情应有计划地去做，第三、四象限中的事情少做。

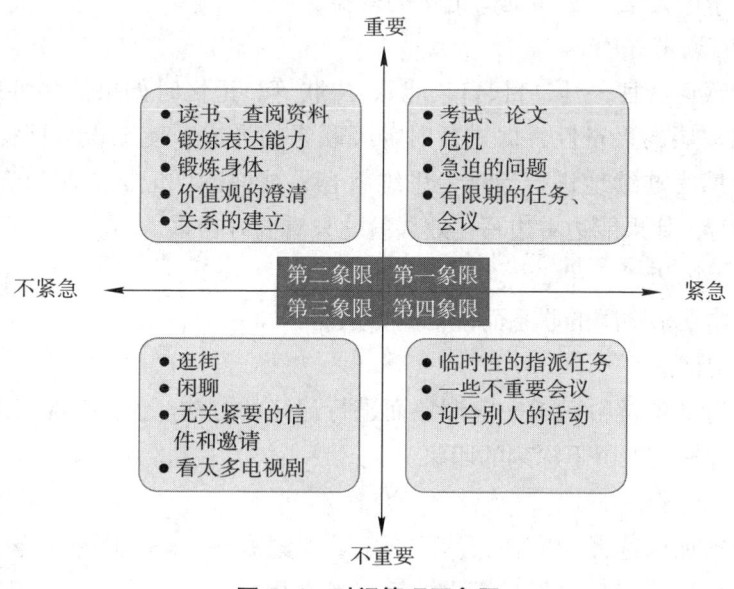

图 6-4　时间管理四象限

二、掌握学习策略

学习策略是指有效的学习规则、方法、技巧及调控方式。主要分为认知策略、资源管理策略和自我监督策略。学习策略不仅仅是学习方法的简单堆砌，更是对学习过程全面、系统地规划和调控。它涵盖了记忆策略、组织策略等多个方面，旨在帮助学习者根据自身特点和学习目标，灵活选择并优化学习方法，实现学习效果的最大化。

（一）记忆策略

学习是从记忆开始的，记忆使知识得以保持和巩固，而各种记忆策略的灵活运用无疑又给记忆增添了乐趣，并使记忆效能得到开发。记忆力反过来又促进了学习力的提高。那么，该如何改善记忆、改善学习力呢？

1. 发现逻辑联系

人们记忆材料时，不采取逐字逐句强记硬背的方式，而是首先理解其基本含义，即借助已有的知识经验，通过思维进行分析综合，把握材料各部分的特点和内在的逻辑联系，使之纳入已有的知识结构，以便保持在记忆中。理解记忆是以理解材料内容为前提的。这种理解不仅指看懂了材料，而且包括搞懂了材料各部分之间的逻辑联系，以及该材料和以前的知识经验之间的关系。因此，在记忆材料的时候，我们要尽可能清楚"先理解、后记忆"的要求，而不要从一开始就逐字逐句地死记硬背。当加工"无意义材料"时，将本来没有意义联系的内容人为地赋予意义联系，这是将机械记忆转换成理解记忆的最好办法。

2. 灵活运用多种记忆法

对于那些没有明显意义联系的学习材料，如历史年代、数字、外文单词等，我们可以利用记忆术的一些方法，采用联想、谐音、歌曲、口诀等人为的方法去建立起一定的意义联系帮助记忆，从而提高记忆的效益。

（1）多感官通道并用

人有各种感觉器官，耳、目、口、鼻、皮肤等。记忆时如果能多种感官并用，就可以提高大脑皮层的兴奋性，促进暂时神经联系的形成，使知识掌握得更快、更牢。如果仅有一种感官连续地进行活动，思维就容易被抑制，记忆效率也会降低。例如，记忆英语单词时，如果能边看边写，效果就比只看要好得多。

（2）联想记忆法

这是通过建立事物间的联系而记忆的方法。

（3）形象记忆法

这是一种对抽象材料赋予一定形象而进行记忆的方法。直观、形象的东西，尤其是视觉映像，容易给人留下深刻的印象。

（4）精选记忆法

对记忆材料加以选择和取舍，从而决定重点记哪些、略记哪些。学生每天接触的信息太多了，而这些信息并不是都需要记忆的。相对而言，公式、定义、定理、定律是精髓和本质所在，要理解，也要牢记。

（5）口诀记忆法

将记忆材料编成有韵律的口诀来记。

（6）谐音记忆法

利用谐音把毫无意义的事物变成生动的材料，从而帮助记忆。

（二）组织策略

1. 列提纲

列提纲时，要先对材料进行系统的分析、归纳和总结。然后，用简要的词语，按材料的逻辑关系，列出主要观点和次要观点。所列出的提纲，要具有概括性和条理性。

2. 一览表

首先对材料进行全面的综合分析，然后抽取主要信息，并从某一角度出发，将这些信息全部陈列出来，力求反映材料的整体面貌。

3. 流程图

流程图可用来表现步骤、事件和阶段的顺序。流程图一般是从左向右或从上到下展开，用箭头连接各步。流程图可以与层次结构图相结合使用。

4. 方阵图

方阵图是从纵、横两个维度，罗列材料中的主要信息。层次结构图和流程图都可以衍变成方阵图。

5. 思维导图

思维导图是一种视觉化的思维工具，其类型包括辐射型、层级型、时间轴型、网状型、矩阵型、鱼骨型等。因为其架构清晰、表达图像化，且能够促进联想和创新，极大地提高工作效率，因而在工作、学习中被广泛应用。

第三节　生涯发展

一、生涯发展

大学阶段是人生发展的重要时期，在此阶段同学们身体强健、精力充沛、思维活跃，人生阅历将得到飞速提升。同学们不仅可以逐步提升专业能力，在科学实验、发明创造、人际交往中崭露头角，而且可以找到与自己志趣相投的人生伙伴，尽情挥洒自己的智慧与天赋；可以享受成年人的独立自主，暂时不必为生计发愁……

不知你是否想过：我要在大学获得什么？下一段旅程我将会怎样？

生涯指的是生命从开始到结束的历程。生活中，我们更常使用的是"人生"一词。我们可以把生涯概括为生涯长度、生涯宽度和生涯厚度三个方面，生涯长度是生命从开始到结束两个端点之间的跨度，不仅指人生的绝对长度，还包括一段段的阶段性人生。生命宽度指不同生命角色之间的跨度。例如，子女、学生、职员等角色。生命厚度指个体在不同生命角色上投入的深度。随着时间的流逝，投入不同角色的深度会产生起伏，生命角色之间往往会产生重叠，某一角色投入增多，势必影响其他角色。从小学到中学，再到大学，学生角色越来越深入，个体对子女角色投入下降。

生涯发展是指个体在一生中，通过不断探索和选择，在职业、个人成长等方面逐渐演进的过程。影响生涯发展的因素众多，个人兴趣和能力是关键，兴趣能激发工作热情，而能力决定了能否胜任相应工作。教育背景提供了知识和技能基础，家庭环境也会影响职业价值观的形成。此外，社会经济环境、行业发展趋势等外部因素也起着重要作用。新兴行业的崛起会带来新的职业机会。

在生涯发展过程中，个体需要持续进行自我评估，关注外部环境变化，适时调整职业目标和发展路径，以实现较为理想的职业成就和个人满足感。

二、生涯发展的理论基础

"知彼知己，百战不殆"，自我认知构成了生涯发展的基础。大学生在生涯探索过程中，必须深入理解自身当前的能力水平、生活方式、抱负目标、成就动机、职业信念以及可动用资源。同时，亦应关注终身发展的全过程，认识到在不同成长阶段所面临的多样化发展任务与要求。因此，在进行生涯规划时，应具备全局观念，结合个人特质，恰当运用相关知识。

（一）霍兰德职业兴趣理论

霍兰德（Holland）把个人特质和工作特点联系起来，认为人的人格类型、兴趣与职业密切相关。兴趣是最好的老师，给人们活动提供巨大动力。大学生以兴趣为出发点，在和兴趣相关联的职业群里进行探索活动，选择合适的生涯规划。

霍兰德提出人格特征和兴趣可以归纳为现实型、研究型、艺术型、社会型、企业型和常规型六种类型。同时，职业环境也可划分为相应的六种类型。个体的行为被视为人格特质与环境因素相互作用的产物。

六种职业兴趣类型之间并非完全独立，而是表现出一定程度的相关性。具体而言，相邻职业兴趣类型间存在较高的相关性，而相隔较远的职业兴趣类型间相关性较低，相对立的职业兴趣类型间则呈现出最低的相关性。基于此，霍兰德提出六边形职业兴趣结构模型（图6-5）。

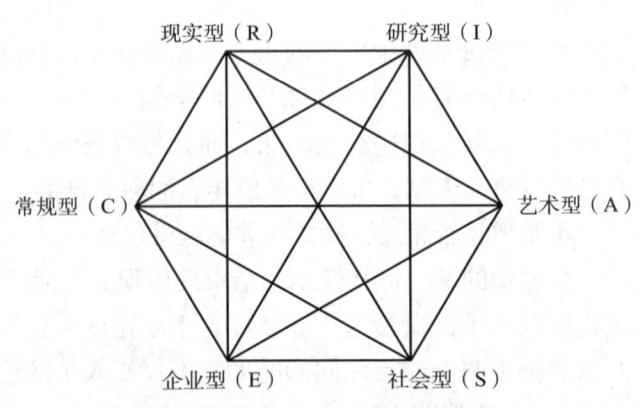

图6-5 霍兰德理论六边形模型图

1. 社会型（S）。喜欢与人交往、善言谈，喜欢倾听和关心别人，能敏锐察觉别人的感受。寻求广泛的人际关系，比较看重社会义务和社会道德。适配的职业有：教师、教育行政人员、咨询人员、公关人员等。

2. 企业型（E）。精力充沛、雄心勃勃、个性积极进取有冲劲、追求权力、权威和物质财富，喜欢竞争，敢冒风险，为人务实，做事有较强的目的性，具有领导才能。适配的职业有：项目经理、营销管理人员、政府官员、企业领导、法官、律师等。

3. 常规型（C）。尊重权威和规章制度，习惯接受他人的指挥和领导，不喜欢冒险和竞争，不喜欢领导他人。讲求规矩和精确、按部就班、喜欢关注实际和细节情况，个性谨慎保守，缺乏创造性，不喜欢冒险和竞争。他们的工作对象多与信息有关，这些信息一般以文字、数据、符号或图表的形式呈现。适配的职业有：秘书、办公室人员、会计、行政助理、图书馆管理员等。

4. 现实型（R）。情绪稳定、坦诚、节俭。愿意使用工具从事操作性工作，动手能力强，做事手脚灵活，动作协调。适配的职业有：计算机硬件人员、摄影师、制图员、木匠、厨师、技工、修理工、农民等。

5. 研究型（I）。精神世界丰富，抽象思维能力强，求知欲强，肯动脑，善思考，喜欢逻辑分析和推理。喜欢独立的和富有创造性的工作。理性考虑问题，不断探讨未知的领域。适配的职业有：科学研究人员、工程师、电脑编程人员、医生、系统分析员等。

6. 艺术型（A）。直觉敏锐、开放自由、富有想象力，有创造力，乐于创造新颖、与众不同的成果，渴望表现自己的个性，实现自身的价值。具有一定的艺术才能和个性。借助文字、声音、动作或色彩来表达内心的想法和对美的感受。适配的职业有：演员、导演、艺术设计师、雕刻家、摄影家、广告制作人、歌唱家、作曲家等。

（二）舒伯生涯发展理论

舒伯（Super）生涯发展理论中提出"自我概念"，是指个人对自己的兴趣、能力、价值观及人格特征等方面的认识和主观评价。一个人的自我概念在青春期前就开始形成，至青春期较为明朗，并于成人期由自我概念转化为生涯概念。

舒伯认为，生涯发展是一个连续的、长期的发展过程，在人的生涯发展过程中，个人的兴趣爱好、知识能力、自我概念等都会随着时间及经验而发生改变，从而可以将人的生涯发展划分为成长、探索、建立、维持和衰退五个连续的阶段（表6-2）。

舒伯的生涯彩虹图是辅助生涯规划的有效工具。"生涯彩虹"所代表的生涯发展的三个层面分别是：

1. 时间。外层数字代表的是人生主要的发展阶段和大致估算年龄，舒伯特别强调各个时期年龄划分有相当大的弹性，应依据个体不同的情况而定。

2. 广度。"生涯彩虹"的纵向层，是个人在人生发展各阶段所扮演的各种角色。他认为，人在一生中会扮演以下角色：子女、学生、休闲者、公民、工作者、持家者（夫妻、父母、祖父母、退休者）。

3. 深度。粗细不等的色块部分，指的是一个人在所扮演的每个角色上所投入的程度。图中表示不同角色的彩条的粗细则表示在不同阶段和时期每个角色所投入的程度，

表 6-2　舒伯生涯发展理论

阶段	年龄（子阶段）	主要特点	主要任务
成长阶段	10 岁之前（幻想期）	以需要为主，在幻想中扮演自己的角色	发展自我形象，发展对工作世界的正确态度，了解工作的意义
	11～12 岁（兴趣期）	以喜好为主，喜好是主要决定因素	
	13～14 岁（能力期）	在作决定时，更多考虑自己的能力	
探索阶段	15～17 岁（探索期）	综合考虑需要、兴趣、能力，对未来职业进行尝试性选择	职业偏好逐渐具体化、特定化，完成择业并初步就业
	18～21 岁（过渡期）	正式进行专业训练，更注重现实，进入职业世界，明确某种职业倾向	
	22～24 岁（尝试期）	初步确定工作领域，并尝试其成为长期职业生活的可能性，如果不合适，就重新经历上述各时期进行选择	
建立阶段	25～30 岁（实验—承诺稳定期）	寻求稳定，也可能因为生活或工作上若干变动而尚未满意	致力于工作上的稳定，统筹、稳固职业并求上进
	31～44 岁（建立期）	致力于工作上的稳固，大多数人处于富有创造性的时期	
维持阶段	45～64 岁	不断努力以求稳定职业生涯已获得的成就和社会地位，在维持既有的成就与地位时也会遇到新成员的挑战	维持既有成就与地位，维持家庭与工作间的和谐关系
衰退阶段	65 岁以后	职业角色分量逐渐减少，开始考虑退休并适应退休后的生活	注重发现新的角色，减少权利和责任，寻求以不同方式替代和满足需求

彩条越粗，表示投入该角色的时间越多；彩条越细，表示投入该角色的时间越少。

◎ **自我练习** ▬▬▬▬▬▬▬▬▬▬▬▬▬▬▬▬▬▬▬▬▬▬▬▬▬▬▬▬

画出我的角色

1. 依据舒伯的理论，思考自己现在有哪些角色，未来有哪些角色？

2. 请为每一个角色选择一个代表颜色。

3. 在一张空白的生涯彩虹图上，先用每个角色对应颜色的笔在生涯彩虹图上画上角色出现的起止年龄节点（图 6-6）。

4. 依次给每个角色根据不同年龄段的时间投入情况画出具体的宽度（这一步没有必须要求所有角色的比例加起来是 100%）。

5. 完成后，请看生涯彩虹图的内容，说说自己的设想以及感受。

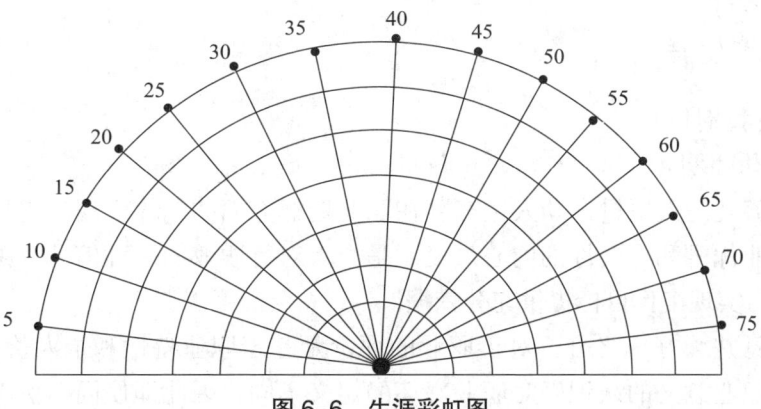

图 6-6　生涯彩虹图

（1）画完生涯彩虹图，有什么感受吗？

（2）角色是过多了，还是过少了，为什么？

（3）当下最重要的角色是什么？打算在这个重要角色上做哪些投入或者采取什么行动？

（4）有没有一些阶段多个角色所需要的时间投入都比较多，如果从投入时间的比例来看，可能会超过百分之百，对于这个问题，你怎么看待？有什么觉察？打算怎么应对？

6. 请将自己从当前年龄开始到未来五年的生涯发展用三角形标注出来，如图 6-7。

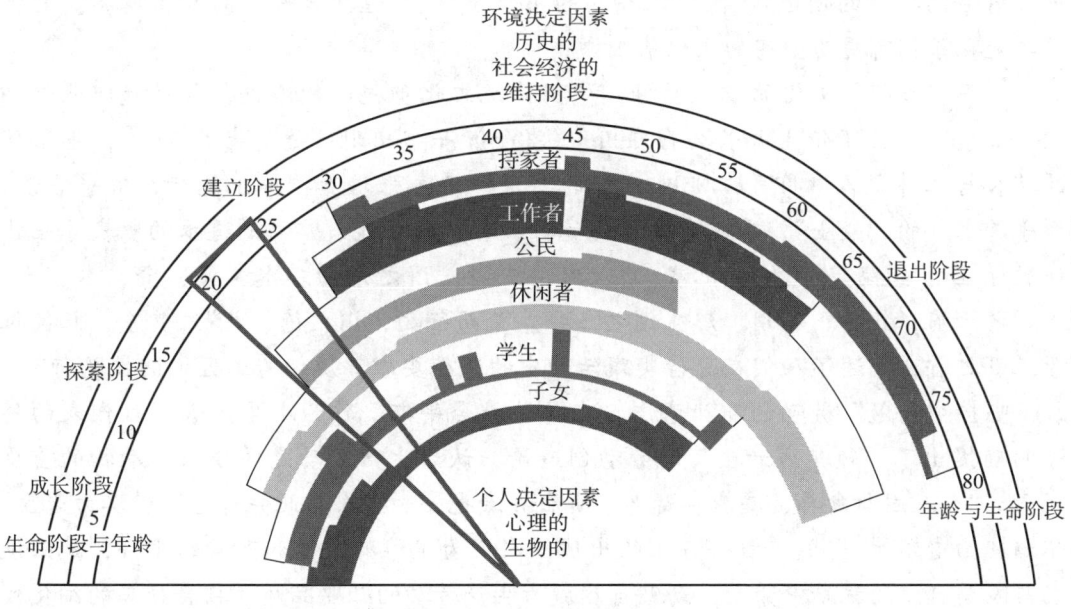

图 6-7　生涯彩虹图示例

看到当下以及未来五年角色的变化，是一种对未来的观照，有助于思考从现在需要如何努力，为该阶段做好准备。

7. 请写下画完生涯彩虹图后的整体感悟。

三、规划生涯

（一）自我剖析

1. 职业价值观

职业价值观是人生目标和人生态度在职业选择方面的具体表现，它是个体衡量社会上某种职业优劣和重要性的内心尺度，是个人对待职业的一种信念，并为其进行职业选择、努力实现工作目标提供充分依据。

职业本身并无好坏之分，对于职业的评价是基于职业特性和个人价值观做出的。不同的人对职业意义的认识，对职业好坏的定义不同，因此即使同一份工作对不同的人的意义也不一样。因此，在为自己做职业生涯规划之前，一定要清楚和明确自己的价值观和职业价值观。

◎ **文化润心**

中国传统工匠精神的内涵（节选）

传统工匠精神是中国古代工匠群体优秀品质的集中体现，受传统道德文化影响较大，我国传统工匠精神的内涵具有鲜明的时代和文化特征。

中国传统工匠精神是古代手工业生产者身上所具备的敬业又专业的优良品质，包含着"尚巧"的创造精神、"求精"的工作态度、"道技合一"的人生境界。其独特之处在于拥有更为坚实的文化基础。

认同"正德"文化的职业信仰。中国传统文化重视道德建设，劳动者职业信仰在"正德"文化下催生并长久存在着。《墨子》一书出现"德"字共34次，墨家反映"农与工肆之人"即手工业生产者的要求，又主张培养"厚乎德行、辩乎言谈、博乎道术"的"兼士"，即具有敦厚的德行、善辩的才能、广博的道术的贤良才士才能佐于国家社稷。《左传》记载，"六府、三事，谓之九功。水、火、金、木、土、谷谓之六府，正德、利用、厚生谓之三事。义而行之，谓之德、礼"。其中，正德位于三事之首，阐述了人们在进行实践活动中的道德要求，规约着工匠们的技艺行为。

坚持"勤勉"劳动的职业意志。在传统社会早期，作为小生产者利益代表的墨子明确提出了"赖其力者生"的劳动创造论，认为生产劳动是区分人与动物的重要因素。"今人固与禽兽、麋鹿、蜚鸟、贞虫异者也……今人与此异者也，赖其力者生，不赖其力者不生。"随着社会分工的出现，人们为了维持个体和氏族的生存，就必须在与险恶自然的抗争中劳动，勤勉自然成为生产劳动的必要品质。社会分工的细化致使不同工种的工匠出现，勤勉劳动的良好品质仍然是他们这一群体永恒的坚持。

造就"精巧"工艺的职业技能。古代工匠们追求技艺之"巧"。"巧"是制造优良器物的必要条件。《考工记》曰："天有时，地有气，材有美，工有巧，合此四者，然后可以为良"。"巧"意味着技艺高超、经验丰富，它不是工匠们在表面上对产品外形和技艺造作的粗浅模仿，而是他们在掌握代代相传的熟练技艺的前提下，运用自身创造性构思进行的灵巧创作。在这过程中，工匠们的双手和大脑有机结合，使自身观念与"物"碰撞，在纯熟手艺和经验的支持下，实现自身思想与感情的具象化。

资料来源：胡祎赟，槐艳鑫.中国传统工匠精神的内涵及现代转化［J］.渤海大学学报（哲学社会科学版），2020，42（5）：151-155.

2. 兴趣

兴趣是人们探究某种事物或从事某种活动的心理倾向，它以认识或探索外界的需要为基础，是推动人们认识事物、探求真理的重要动机。

当人的兴趣对象指向职业活动时，就形成了人的职业兴趣。职业兴趣主要是回答"我喜欢做什么"的问题，对人的职业活动有着重要的影响。

在职业选择过程中，个体往往将个人兴趣作为决策的重要考量因素。兴趣作为职业生涯发展的动力源泉，对于个体在特定领域或任务中的积极参与有显著影响。当个体对某项工作或任务抱有浓厚兴趣时，他们倾向于主动吸收新知识、掌握新技能，并愿意投入更多的时间和精力。这种内在的驱动力相较于外在的压力或激励，通常表现出更为持久和高效的特点。个体的价值观和追求在职业选择中扮演着关键角色。选择与个人兴趣相契合的职业，有助于实现个人自我价值与社会价值的和谐统一。个体在自己热爱的领域中不断追求卓越，不仅能够实现物质上的满足，而且能够为社会创造更大的价值。在探索个人兴趣方面，可以借助霍兰德职业兴趣测验、迈尔斯－布里格斯性格类型指标（MBTI）等科学工具进行深入分析。

3. 知识、技能、能力

知识、技能与能力有密切的关系。心理学认为，例如，一位画家所具有的色彩鉴别力、形象记忆力等。**知识**是人脑对客观事物的主观表征。例如，机动车驾驶理论、河流走势与分布知识。**技能**是指人们通过练习而获得的动作方式和动作系统。例如，骑自行车、娴熟的钢琴演奏技巧。**能力**是指个人顺利完成某种活动所必须具备的综合心理特征。

知识是能力形成的理论基础，技能是能力形成的实践基础。能力的发展是在掌握和运用知识、技能的过程中实现的；同时能力在一定程度上决定着一个人在知识、技能的掌握上可能取得的成就。

（二）了解职业

1. 职业是什么

职业是利用专门的知识和技能，参与社会分工，为社会创造物质财富和精神财富，获取合理报酬，并满足精神需求的工作。从社会的角度看，职业是劳动者获得的社会角色。从国家的角度看，每种职业都是一种社会分工。从个人的角度看，职业则是劳动者所"扮演"的社会角色，并为社会承担一定的责任和义务，同时获得相应的报酬。

我国 2022 年公示了由人力资源社会保障部、国家市场监督管理总局、国家统计局联合修订的《中华人民共和国职业分类大典》，把我国社会职业划分为 8 个大类、79 个中类、449 个小类、1636 个细类（即职业）。

2. PLACE 职业分析法

职业相关信息的获取渠道多种多样，求职网站、网络社交平台、就业中心、朋友介绍等等，必要时可以到相关单位实地观察。但是如果只问"这个工作怎么样"，就很难得到有效的信息。对于职业，我们需要有侧重地了解一些内容。下面的 PLACE 职业分析法能给我们一些启示。

P：职位（postion）。该职业在社会结构中的具体岗位分布、工作内容、职责范围以及所承担的责任，并明确职位目标。

L：工作地点（location）。包括地理位置、工作环境、出差需求及安全性等因素。

A：发展空间（advancement）。包括工作的升迁通道、升迁速度、工作稳定性、工作保障、行业前景等。

C：雇佣状况（condition of employment）。包括薪酬奖金、福利待遇、职业发展机会以及工作时长等各项待遇状况。

E：准入资格（entry requirement）。包括工作所必需的教育水平、资格证书、从业经验、人格特征、职业倾向、价值观等。

四、生涯发展规划的方法

（一）SWOT 分析

SWOT 分析是职业决策中一个非常有用的工具。S 代表优势（strength），W 代表劣势（weakness），O 代表机会（opportunity），T 代表威胁（threat）。其中，S、W 是内部因素，O、T 是外部因素。

该分析法能够使个人对自身的专业技能、行业知识、人际网络以及沟通技巧等优势与劣势有清晰的认识，并采取措施以弥补不足之处。

进行 SWOT 分析时应遵循以下四个步骤：

（1）评估自己的优势和劣势。每个人都有自己独特的性格、兴趣、价值观和能力。在当今社会分工非常精细的市场经济环境下，每个人可能只擅长某些领域，几乎不可能样样精通。有些人不喜欢整天坐在办公桌前写文件，有些人则一想到不得不与陌生人打交道就惴惴不安。请填表 6-3，列出你自己喜欢做的事情和你的优势。

表 6-3　个体职业决策的 SWOT 分析表

优势	劣势
机会	威胁

同样，通过填表 6-3，你可以找出自己不是很喜欢做的事情及自己的劣势。找出你的劣势与发现你的优势同等重要，因为你可以基于自己的长处和短处做两种选择：一是尽量避免你常犯的错误，提高你的技能；二是放弃那些对你不擅长的技能要求很高的职业。列出你认为自己所具备的很重要的强项和对你的职业选择产生影响的劣势，然后标出那些你认为对自己而言很重要的优势和劣势。

（2）找出自己的职业机会和威胁。不同的行业（包括这些行业里不同的公司）都面临不同的外部机会和威胁，所以，找出这些外部因素将帮助你成功地找到一份适合自己的工作，因为这些机会和威胁会影响你的第一份工作和今后的职业发展。如果公司处于一个经常受到外部不利因素影响的行业，这个公司所能提供的职业机会必然很少，职业升迁的机会更少。相反，充满积极外部因素的行业将为求职者提供广阔的职业前景。请列出你感兴趣的一两个行业，然后认真地评估这些行业所面临的机会和威胁。

（3）列出今后五年内你的职业目标。认真为自己做一个 SWOT 分析评估，列出你大学毕业后五年内最想实现的三个职业目标。这些目标可以包括：你想从事哪一种职业，或者你希望自己拿到的薪酬属于何种水平。请时刻记住：你必须竭尽所能地发挥出自己的优势，使之与行业提供的工作机会完美匹配。

（4）提纲式地列出一份今后五年的职业行动计划。这一步主要涉及一些具体的内容。请你列出一份实现上述每一个目标的行动计划，并且详细地说明为了实现每一个目标，你要做的每一件事，以及何时完成这些事。如果你觉得需要一些外界帮助，请说明你需要何种帮助和你如何获取这种帮助。做完分析后，你将有一个连贯的、实际可行的个人生涯策略可供参考。在当今竞争白热化的市场经济社会里，拥有一份挑战和乐趣并存、薪酬丰厚的职业是每个人的梦想，但并不是每个人都能实现这一梦想。因此，为了使你的求职和个人职业发展更具竞争力，请花一些时间界定你的个人优势和劣势，然后制订一份策略性的行动计划，务必保证有效地完成。

（二）生涯决策平衡单

平衡单（balance sheet）可以用来协助个人做重大决定（表 6-4）。它可以帮助当事人分析每一个选择方案，以及实施各个选择方案的利弊得失，最后得出优先级，择一而行。我们将从 4 个方面考虑：①自我物质方面的得失。收入、工作的难易、升迁的机会、工作环境的安全、休闲时间、生活变化、对健康的影响、就业机会等；②他人物质方面的得失。家庭经济、家庭地位、与家人相处的时间等；③自我精神方面的得失。生活方式的改变、成就感、自我实现的程度、兴趣的满足、挑战性、社会声望的提高等；④他人精神方面的得失。父母、师长、配偶等。

一般来说，平衡单按照以下步骤进行。

（1）将生涯选项水平放在决策平衡单的顶部。

（2）在平衡单的左侧，列出你在"自我物质方面的得失""他人物质方面的得失""自我精神方面的得失""他人精神方面的得失"4 个方面的重要价值观和相关考虑因素。

表 6-4 生涯决策平衡单

考虑因素	权值 （1~10）	选项一 （例：研究生）		选项二 （例：公务员）		选项三 （例：创业）	
		分数 （1~10）	加权 分数	分数 （1~10）	加权 分数	分数 （1~10）	加权 分数
1. 自我物质方面的得失							
（1）收入	6	5	30	7	42	8	48
（2）休闲时间	5	7	35	6	30	8	40
（3）升迁的机会	7	4	28	6	42	4	28
……							
2. 他人物质方面的得失							
（1）家庭经济	4	5	20	8	32	8	32
（2）家庭地位	6	5	30	8	48	7	42
……							
3. 自我精神方面的得失							
（1）生活方式的改变	6	8	48	9	54	6	36
（2）成就感	5	8	40	9	45	8	40
……							
4. 他人精神方面的得失							
（1）父母	3	7	21	8	24	6	18
（2）师长	2	7	14	8	16	6	12
……							
总分		266		333		296	

（3）给各种价值观和相关因素按 1~10 的等级分配权重，重要性越强，权重越高。而对自我的准确了解，是给价值观和相关因素分配权重的前提。

（4）按照各项生涯选项满足个体价值观和考虑因素的程度进行打分。分值在"0"到"10"之间。

（5）生涯选项的得分与各项价值观和考虑因素的权重对应相乘记分。将每一选项下所有的积分相加，得出它的总分。

平衡单是让我们更好做出选择的工具，使用平衡单时，我们需认识到得分不是最终目的，填写的过程就是认识自我和反思自我的过程，深入探索自身需求，在结束评分之后也不急于下结论，先好好审核一下你所填写的所有因素及其权重与评分，可以回头再进行一些弹性修改，反复推敲各个因素的比重及得分之后，再综合自身感受，最后做出相对满意的决定。

◎ **本章要点**

1. 学习动机是影响学习的重要因素，分为"外部动机"和"内部动机"，学习过程中适当运用"耶克斯－多德森"定律提升学习效果。

2. "ABC 时间管理法"和"四象限时间管理法"是简单易上手的管理时间、调整学习任务安排的方法。

3. 生涯彩虹图的理解与使用。

4. 运用 SWOT 分析，认识自己，规划未来发展。

◎ **本章主要概念**

学习	智力	一般智力理论
多元智力理论	晶体智力	流体智力
学习动机	学习的自我效能感	学习疲劳
学习焦虑	经典性条件作用	操作性条件作用
学习策略	四象限时间管理法	ABC 时间管理法
生涯	生涯发展	舒伯生涯发展理论
SWOT 分析	生涯决策平衡单	

◎ **推荐阅读**

简妮·爱丽丝·奥姆罗德.学习心理学.8版.北京：中国人民大学出版社，2023.

戴维·迈尔斯.社会心理学.11版.北京：人民邮电出版社，2016.

◎ **数字课程学习**

⬇教学课件　📝在线自测　📖参考文献

第七章
在爱中成长

爱情的生理学证据

你爱或者不爱他/她，有证据可查吗？

美国的一项研究表明，当恋爱中的人注视自己的爱人时，大脑中的尾状核心区域会十分活跃。这是一大片 C 形区域，离大脑中央很近。它非常原始——其中一部分被称为"爬虫类的脑"，因为其早在哺乳动物繁衍激增前就进化了，大约是在 6 600 万年前。

科学家一向以为这片区域只有指导身体动作的功能，但最近的研究却发现这一区域还具有大脑"酬偿系统"的功能。这个"酬偿系统"与欲望、动机、渴望和专注有关，它在你不能得到你所要的东西的时候，反而变得更加活跃。这也就可以解释，为什么人们在失恋后越想忘掉他/她，却反而更爱他/她了。因此，或许有一天，我们能够从脑的活动中来验证一个人是否真正地在"爱"。

爱情是人类发展中的永恒主题。《诗经》中的"窈窕淑女，君子好逑"及"哪个少女不怀春，哪个男子不钟情"等诗句都说明了爱情在人类生活中的巨大魅力。爱情可以是芳香的美酒，也可能是一杯苦水，这取决于你如何去驾驭。那么，正处于如花季节的大学生，怎样才能正确看待爱情，培育出属于自己的爱情甜蜜果实呢？本章将与大学生一起寻找爱的真谛，培育爱的能力，帮助大学生更好地处理情感与恋爱问题。

第一节　爱情概述

在浪漫的校园里，随处都能邂逅美丽的爱情。他和她，你和我，一对对正值青春年华的大学生，怀着同样的期冀走到了一起。在爱情中，他们在期待什么？他们需要什么？他们得到了什么？爱是什么？为什么他们爱得如此投入？让我们来追寻爱的真谛。

一、爱情是什么

爱情是个美妙的难题，每个人都在自己的角落里耐心期待着爱情降临。从中国的梁山伯与祝英台、西方的罗密欧与朱丽叶的动人故事，到童话中的美人鱼和王子，再到文学作品中的宝黛情长，影视屏幕中的许仙与白娘子……无不歌颂着爱的忠贞和热烈，成为人们向往和憧憬的至高爱情境界。

古往今来，爱情一直是哲学、宗教、心理学、美学、文学与社会学等学科讨论的话题。那么爱是什么？爱的动力源是什么？

"唯精神论"的代表人物——柏拉图（Plato）认为，爱情分低级的肉体之爱和高级的精神（心灵）之爱两种，肉体之爱是低级的、卑俗的，心灵之爱是高级的、高尚的，是真正的爱情。他提出，爱情的发展要经历三个阶段：第一阶段，肉体美是主要因素，它贯穿着精神，与精神融汇在一种牢不可破的美好之中；第二阶段，这种美好将减弱，精神与肉体分开，并开始排斥肉体；第三阶段，人应该进一步摆脱肉体的东西和情欲的东西。柏拉图力图使爱情充满高尚的精神，其贬低肉体、抬高精神的思想实质是一种浓厚的禁欲主义。

"唯性欲论"的代表人物罗素（Russell）则提出，人类的性"就好像饮食，都是本能的需要"，孔子在《礼记》里也讲过"饮食男女，人之大欲存焉"。所以对性的满足是对人的尊重，而长期的、过度的性压抑，可能会对身心造成不良影响。

马克思主义的爱情观认为，爱情是人的自然属性和社会属性的统一。爱情的自然属性就在于它是以性欲、性心理为自然基础，并由此而发展起来的。爱情的社会属性则在于它是在男女两性自由、互爱基础上产生的渴望，在肉体和精神上融为一体的强烈倾慕之情。

著名的性学家霭理士（Ellis）认为，"爱情是生理和心理成熟的异性个体之间产生的一种高级的浪漫情感。"从这个概念可以看出爱情有四个特征：①不仅是指生理上的成熟，更是指心理上的成熟；②是一种高级的情感，与原始的欲望有本质的区别；③爱情有别于亲情和友情，神圣而浪漫；④动力的本质是男女之间的性吸引。

综上所述，现代对于爱情的表述，尽管各有差异，但基本内容是一致的，主要涉及生物因素、精神因素和社会因素三个方面。我国心理健康教育专家蔺桂瑞认为，**爱情**就是一对男女之间，基于一定的社会关系和共同的生活理想，在各自内心中形成的对对方最真挚的倾慕，并渴望对方成为自己终身伴侣的最强烈的感情。真正的爱情既不是柏拉图式的"精神之恋"，也不是纯粹异性间的生理吸引。正如英国哲学家罗素所说："爱情源于性，又高于性。"这就是说，爱情离不开男女之间的性爱，没有性基础的爱情是不真实的爱情。但狂热的激情、生理的欲望也不等于爱情。爱情不仅仅源于两性间的自然吸引，而且更重要的，它是一种社会情感生活的产物和要求，是一种强烈的内心情感体验，是两颗心灵的相互向往、吸引和精神的升华，蕴涵着深刻的思想、道德、文化等内容。

◎ **课堂活动 7-1** ▬▬▬▬▬▬▬▬▬▬▬▬▬▬▬▬▬▬▬▬▬

发现身边的爱情

活动目的：理解爱情，澄清爱情的本质和表现。

活动时间：30分钟。

活动准备：纸、笔。

活动步骤：

引导语：步入大学校园，有的同学已经品尝到了爱的甘甜，有的正在期待爱情，但是在我们的身边，从不缺乏爱情的身影。请大家说说，你曾经遇到的或者看过的、听过的爱情是什么样子的呢？

（1）将全班同学以7~8人为一组进行分组。

（2）每个人就自己身边的爱情进行描述，听听其他人对爱情的判断，这份爱情是真正的爱情吗？为什么？

（3）每组派出一名代表描述本组最有争议的爱情，在全班范围内进行讨论。

（4）教师总结。

二、爱情的生理机制和进化意义

陷入爱情时，我们会有情不自禁、难以自拔、心跳加速、心神不宁、患得患失的感觉。这是因为爱涉及的脑区构成了人类大脑的奖赏系统（主要是大脑皮质内侧岛叶、前扣带回和海马，以及皮下区域的部分纹状体与伏隔核）。这些区域含有高浓度的神经调节物，如多巴胺，被激活时使人产生振奋、欣快，甚至是狂喜的感觉。与此同时，与认知相关的颞极与颞顶叶的激活出现钝化。换言之，多巴胺使我们痴迷又盲目，变成所谓的"恋爱脑"。爱有时也会让我们每时每刻都想起对方，对方好像总是不讲道理地闯入我们的脑海，这和恋爱中血清素的减少有关。研究表明，早期爱情阶段个体的血清素水平与强迫症患者相似，使得我们开始产生一些与伴侣相关的侵入性想法，难以控制自己的情绪。但这不全是坏事，这种"失控"状态可能具有某种进化意义，它能促使个体克服恐惧，走出舒适区，体验全新的情感。

当早期的热恋过后，长时间维持的爱情中，腹侧被盖区与尾状核的活动会持续，而腹侧苍白球、中缝核等区域的神经活动也会愈发活跃，这些区域的活动与催产素和加压素相关。在对草原田鼠的一系列研究中发现，催产素与加压素是草原田鼠坚守一夫一妻制的重要因素。

在原始社会，爱情最初的目的就是为了生命的延续，为了提高个体在自然界生存下去的可能性。而从人类社会进化角度来看，社会是发展的，爱情同样也随着社会的变化而进化着，而这种进化是为了能顺应社会和文明的变化。现代社会，爱情与人的精神诉求紧密相关，人们渴望平等和尊重，渴望拥有强烈、深沉、专一、持久的感情。一夫一妻制婚姻应运而生，它规定了人的性伴侣的唯一性、排他性，使得人类性关系从单纯的自然生理联系发展为法律、道德和心理以及生活中的相互依赖、相互合作，把人类性爱升华为高尚的情爱婚姻。希望缔结排他性的稳定关系，是人类特有的高级情感。

◎ **心理自测 7-1** ▬▬▬▬▬▬▬▬▬▬▬▬▬▬▬▬

你的爱情理智吗?

请在下面的题目中选择适合自己情况的答案。

1. 在朋友面前谈及他的时候，你会:(　　　)

A. 吹嘘他的优点

B. 有所保留，这只是我们两人的事

C. 友善地开他的玩笑

D. 对他的动机感到很困惑，怀疑他是否真的爱你

2. 如果你在街上碰到了他，你的反应是:(　　　)

A. 非常欣喜　　　　　　　　　　　　　B. 震惊

C. 紧张不安（你习惯先做好准备才与他见面）　D. 感到温暖、友善

3. 你的社交生活是:(　　　)

A. 几乎因为认识了他而完全终止

B. 有一点影响——与朋友们相处的时间少了

C. 多姿多彩——他与你的朋友相处融洽

D. 很受影响——他与你的朋友没有共同点

4. 你认为他的缺点是:(　　　)

A. 可以容忍的——这是他的吸引力之一　　B. 可以帮助他改正

C. 有点令人恼怒　　　　　　　　　　　D. 一种必须适应的毛病

5. 对他的朋友，你会:(　　　)

A. 很欣赏及喜欢与他们相处

B. 虽然与你的风格很不相同，但颇喜欢

C. 不易相处，但你会接受，因为他们是他的朋友

D. 麻烦得很，你不理会他们，他们也不理会你

6. 在经济方面，你们的关系是:(　　　)

A. 你不断送礼物给他，弄得自己囊空如洗

B. 他在你身上花了很多钱

C. 你们都囊空如洗

D. 你们储蓄了一些钱，但无暇花钱

7. 当他做了一些令你反感的事情时，你会:(　　　)

A. 暴跳如雷   B. 一言不发

C. 立即以牙还牙   D. 向他说明你为什么不高兴

8. 你认为与他交谈是：（   ）

A. 令人兴奋及有启发性   B. 像是心灵交流，尽在不言中

C. 很愉快，虽然偶尔比较沉闷   D. 并不重要

9. 当你见到他掉在地上的袜子和内衣裤时，你会：（   ）

A. 通常会提醒他，你爱他有多深   B. 笑他太散漫

C. 感到烦恼   D. 指出他太粗心大意

10. 自从与他建立关系后，你的工作（或学习）会：（   ）

A. 受到影响——你不能集中精力工作（或学习）

B. 受到忽视，但只是一小部分——你不再像以往那样投入

C. 保持不变

D. 有了进展——爱情使你充满干劲

11. 你要离开此地，但不能携他同行，你对他的情意能继续维持：（   ）

A. 数星期   B. 数个月   C. 一两年   D. 永远

12. 你认为他的外表是：（   ）

A. 一件美得令人窒息的艺术品   B. 英俊倜傥

C. 漂亮，但不出众   D. 并不漂亮，但你仍然爱他

13. 在思想方面，你认为他：（   ）

A. 极有头脑，目光远大   B. 高人一等

C. 普通   D. 并不精明，但很可爱

14. 他表达爱情的方式：（   ）

A. 非常刺激、温柔及富有创造性   B. 愉快充实

C. 有点呆笨，但你相信他会有所改善   D. 颇令人失望

评分标准：

根据下列表格，将各题得分相加，统计总分。

选择得分	1	2	3	4	5	6	7	8	9	10	11	12	13	14
A	8	6	8	6	6	8	6	6	8	8	2	8	8	8
B	6	8	6	8	4	4	2	8	6	2	4	6	6	6
C	4	2	4	4	8	2	8	4	4	4	6	2	2	4
D	2	4	2	2	2	6	4	2	2	6	8	4	4	2

91分以上：目前，你所沉醉的爱情只是幻觉。你相信爱情可以战胜一切，坚持视他为理想对象。

61~90分：你也是个感情丰富的人，但同样缺乏理智。你会考虑他的缺点，但发现自己仍然爱他。

35～60分：如果你决定与他共度一生，那便是一段实际、理智而又浪漫的关系。你会很欣赏他的某些方面，但不是全部。

34分以下：或许对方有一些很吸引你的地方，但你对他却没有多少感情。

三、爱情发展的过程

一般而言，美好的爱情要经历一个萌芽、发展、稳定，最后步入婚姻家庭的过程，男女双方培育爱情的过程，称为**恋爱**。按双方在恋爱中的关系来说，可以分为共存期、反依赖期、独立期和共生期。

共存期：这是指处在热恋期的两个人总是希望能每时每刻都在一起。他们对恋爱对象投入极大的热情和关注，容易将恋爱对象理想化。

反依赖期：情感关系稳定后，可能会有一方想要多一点的自由支配时间，这时双方很容易为了彼此间的不一致而争吵，一方会感到被冷落，或者认为双方"性格不合"而分手，有很多爱情会在此阶段遭遇障碍而中止。

独立期：这就是我们俗称的"磨合期"，双方要求更多独立自主的时间去发展自我，而不是局限在狭小的二人世界里。如果在这一时期，双方能够认识到两人的不同，尊重并支持对方的选择，两人就会进入共生期。

共生期：新的相处之道已经形成，情侣之间成为最亲近的人。这时两人对双方的性格特点、喜恶爱好、人际交往、家庭环境都比较了解，两人在保持人格独立和完整的基础上，互相尊重、扶持和成长，并可能在家庭中相伴走过一生。

◎ 文化润心

古诗词里看爱情的不同阶段

在古代，受到礼教传统的约束，男女相识的途径有限，但他们仍有很多相遇结识的机会。像《郑风·野有蔓草》："野有蔓草，零露漙兮。有美一人，清扬婉兮。邂逅相遇，适我愿兮"，就唱出了男子在野外邂逅心上姑娘的强烈愿望。相识之后则是追求和表白。《诗经》中的《关雎》："窈窕淑女，君子好逑"，写的就是一位青年追求采荇女子。汉乐府《上邪》："上邪！我欲与君相知，长命无绝衰。山无棱，江水为竭，冬雷震震，夏雨雪，天地合，乃敢与君绝。"通过罗列一系列不可能出现的自然现象，层层递进地表达了对爱人的炽烈和决绝。热恋是爱情中最甜蜜，也最难解难分的阶段。当恋人在一起的时候，会有甜蜜的约会，如"月上柳梢头，人约黄昏后"（欧阳修《元夕》）。还会有"山盟海誓"，如《诗经·王风·大车》就写了一对痴情男女以太阳立誓："穀则异室，死则同穴。谓予不信，有如皦日。"

爱情最完美的结局，就是有情人终成眷属。《诗经·郑风》里有一首《女曰鸡鸣》，就通过新婚不久的一对夫妇的对话，写出了古人对于婚姻生活的美好祈愿："宜言饮酒，与子偕老。琴瑟在御，莫不静好。"一般来说，婚后的生活较为漫长，既有新婚燕尔时的恩爱，像清人黄遵宪《新嫁娘诗》："闲凭郎肩坐绮楼，香闺细事数从头。画屏红烛初婚夕，试问郎还记得否？"就写出了新嫁不久的妻子依偎在丈夫肩上，共同回忆新婚以来恩爱生活的情景。也有晚年夫妻的相互陪伴，"醉里吴音相媚好，白发谁家翁媪"（辛弃疾《清平乐》）。不过，并非每段爱情都能"白首不分离"。如苏轼的《江城子·乙卯正月二十日夜记梦》，此词以"十年生死两茫茫"开篇，是对亡妻王弗的深情告白。

资料来源：付林鹏. 古人的浪漫告白：用诗词说情话［J］. 人民论坛，2024（1）：110-112.

第二节　心理学视角下的爱情

一、爱的理论

如果将爱情比作生活中的一杯美酒，那么，你可知道这杯美酒的酿造配方是什么？在普通人的生活经验中，"爱"可能仅仅是一种感觉，但在学者的研究领域中，捉摸不透的"爱"也是有其特殊规律性的。

（一）斯滕伯格的爱情三角理论

在爱情研究历史中，美国耶鲁大学著名心理学家斯滕伯格（Sternberg）曾提出**爱情三角理论**，是目前最受重视的爱情理论。该理论认为，人类的爱情虽然复杂多变，但基本上不外由以下三种成分构成。

动机成分（主要指性动机），也称为激情。以动机为主的两性关系是热烈的、富有激情的。激情来源于两性原始的吸引，它是一种渴慕与对方结合的心态，是一种强烈的渴望与需求。恋人之间的相互吸引、倾慕、爱恋、朝思暮想等感受即是激情的明显表征。

情绪成分，即亲密。以情绪为主的两性关系是亲密的。亲密指恋人之间的相互关心、呵护、照顾、终日厮守的愿望，相爱的双方因为亲密感而心心相印、灵犀相通。

认知成分，即承诺。以认知为主的两性关系是承诺的、守约的。承诺是维系爱情关系的基础，并且是爱情长期委身的决定，如恋人之间相互信守诺言、不逢场作戏、相约一生陪伴等。

在斯滕伯格的理论中，理想的爱情应三者俱备，且合而为一，达到这种境界的称为"完美的爱"。若缺少某一因素，就是"不完美的爱"。不同因素的组合会形成 6 种不同的爱情关系（图 7-1），包括喜欢、迷恋、空洞的爱、浪漫的爱、友谊式的爱、昏庸的爱。

（二）LEE 的爱情类型学说

加拿大社会学家李（Lee）提出将男女之间的爱情分成 6 种形态。

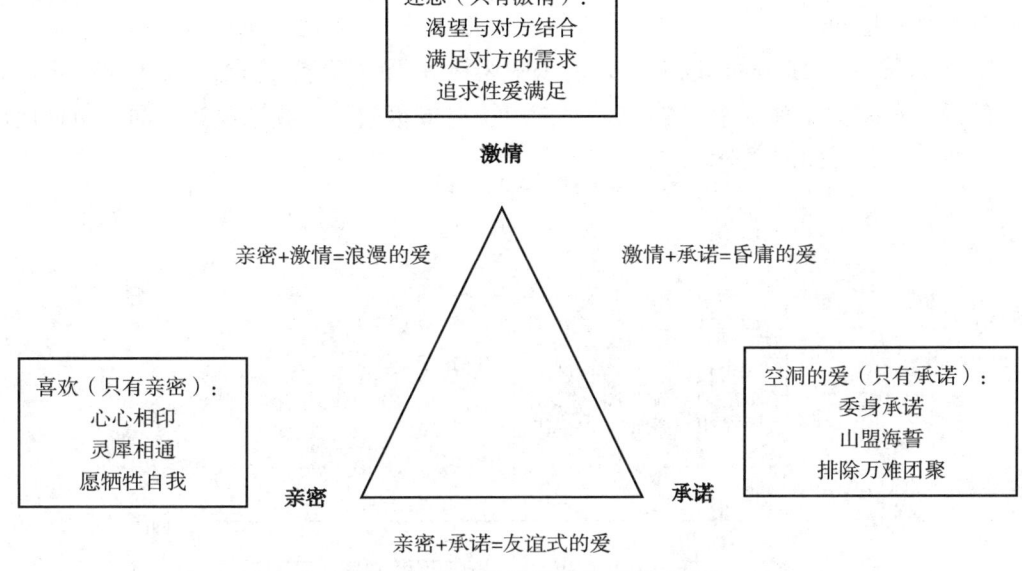

图 7-1　斯滕伯格的爱情三角理论

（1）情欲之爱：建立在理想化的外在美之上，是浪漫的、激情的爱情。其特点是一见钟情，以貌取人、缺少心灵沟通、热烈而专一，靠激情维持。

（2）游戏之爱：视爱情为一场让异性青睐的游戏，并不会将真实的情感投入，常更换对象，且重视的是过程而非结果；不承担爱的责任，寻求刺激与新鲜感。

（3）友谊之爱：是指如青梅竹马般的感情，是一种细水长流型、稳定的爱。这种爱情以友谊为基础，在长久了解的基础上滋长着，能够协调一致解决分歧，是宁静、融洽、温馨和共同成长的爱情。

（4）依附之爱：对于情感的需求非常大；依附、占有、妒忌、猜疑、狂热，在恋爱中情绪不稳定。这种强烈控制对方情感的欲望，将两人牢牢地捆在爱情这条绳索上。

（5）现实之爱：会考虑对方的现实条件，以期让自己的酬赏增加且减少付出成本。这类爱情理性高于情感，具有受市场调节的现实主义态度。

（6）利他之爱：带着一种牺牲、奉献的态度，追求爱情且不求对方回报。自我牺牲型爱情是无怨无悔的。

（三）爱的依恋理论

依恋这个概念最早是由英国精神病学家鲍尔比（Bowlby）提出的，他将依恋定义为"个体与具有特殊意义的他人形成牢固的情感纽带的倾向，能为个体提供安全和安慰"。鲍尔比提出依恋这个概念主要是用来解释婴儿与其养护者之间的情感联系，后来，心理学家发现这种依恋行为的影响会延续到人们成年，主要凸显在伴侣关系上。

Hazan 和 Shaver 将成年人的爱情视为一种依恋的过程，分为三种类型。

（1）安全依恋：与伴侣的关系良好、稳定，能彼此信任、互相支持。

（2）逃避依恋：害怕且逃避与伴侣的亲密。

（3）焦虑/矛盾依恋：时常具有情绪不稳、极端反应的现象，善于忌妒且希望与伴侣的关系是互惠的。

Bartholomew 和 Horowitz 以上述爱情依附风格理论的概念为基础，发展出一项四种类型的爱情依恋类型理论（图 7-2）。他们以正向或负向的自我意象和正向或负向的他人意象两个不同的向度来分析。

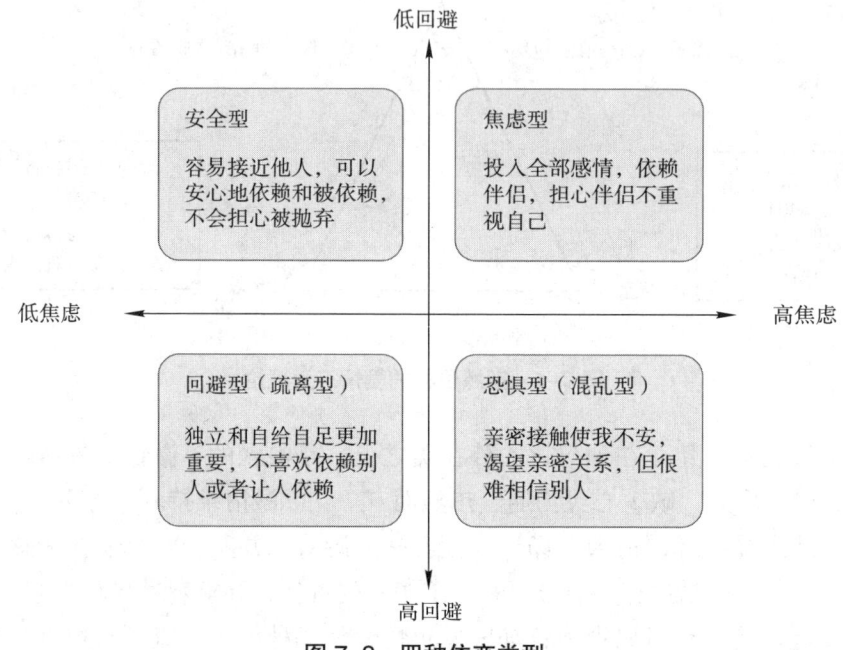

图 7-2 四种依恋类型

（1）安全型依恋：由正向的自我意象和正向的他人意象组成，焦虑被抛弃程度低，回避亲密程度低。这类个体温暖而有爱，很有安全感，会给予恋人充分的信任感，不会互相猜疑。他们可以适应独处，不患得患失。对于恋人之间的亲密动作如拥抱、亲吻等，他们感到愉悦。对于恋爱相处中的摩擦能够积极解决，在压力大的时候愿意向伴侣求助，也更愿意在对方有压力时提供支持，也就是常说的"情绪稳定的伴侣"。

（2）焦虑型依恋：由负向的自我意象和正向的他人意象所组成，焦虑被抛弃程度高，回避亲密程度低。对自己评价很低，而对伴侣期望却很高，在亲密关系中，他们是公认的"恋爱脑"，渴望与人产生强烈的情感链接，否则会感到异常的孤独和不自在。他们害怕那种被抛弃的感觉，将对方牢牢绑在身边才感觉到安全。他们以为只有这样，另一半才不会离开自己。

（3）回避型（疏离型）依恋：由正向的自我意象和负向的他人意象所组成，焦虑被抛弃程度低，回避亲密程度高。对自己评价很高，认为自己很有价值、独立性很强；但是对伴侣却很不信任，认为其不如自己优秀。在亲密关系中他们过分追求独立，强调个人空间。既不表达自己的情绪情感，也不希望爱人对自己产生情感依赖。在恋情进展到稳定阶段后，出现冷漠和退缩，想要逃避。

（4）恐惧型（混乱型）依恋：由负向的自我意象和负向的他人意象所组成，焦虑被抛弃程度高，回避亲密程度高。这种类型的依恋者兼具焦虑型和回避型的特点。他们对于亲密关系始终抱着一种质疑和不信任的态度，内心非常矛盾，对方靠得太近会表现出抗拒和回避，很难信任他人；对方稍微冷漠一点又会感到焦虑和不安，害怕另一半离开自己。遇到矛盾和冲突，就会逃避，经常对伴侣冷暴力。所以他们总是在亲密与疏远之间挣扎徘徊，在关系中总是忽冷忽热，若即若离，变幻莫测，令人费解，也很容易陷入多角或混乱的关系之中。

理解依恋理论时要注意：第一，依恋类型是可以变化的，不同时期可以表现出不同的风格。如处于稳定关系中的回避型依恋个体可能会随着时间的推移发展出更安全的依恋关系。第二，每个人的依恋类型不都是典型单一的，有的人是两种类型的交叉。甚至有人在两个维度上都居中，这样的情况不属于任何一种依恋类型。第三，同一个人在不同时期和情境下也可能有不同的类型表现。比如，有可能面对自己喜欢的人表现出焦虑型，而面对不喜欢的人就变成了回避型。因此，不必过分纠结于自己或伴侣是哪种依恋类型，而更应该关注恋爱关系中双方的心理需求和实际出现的问题。

（四）爱的价值匹配理论

价值匹配理论是一个基于经济学博弈论模型的理论，社会心理学家凯利（Kelly）和蒂博（Thibaut）将此理念应用于亲密关系，认为亲密关系的本质是双方进行的资源交换行为，人们寻找伴侣如同在人际交换的市场上购买商品，希望寻找能实现收益最大化、成本最小化的亲密关系。

在亲密关系中，收益或奖赏指可以交换、能给人带来愉悦和满足的资源；成本则是这段关系中惩罚性的、令人不悦的经历。前者既可以是困境中爱人给予的接纳和支持，也可以是爱人提供的舒适的居住环境；后者则既可以是亲密关系中的争吵和否定，也可以是为家庭放弃的事业。奖赏减去成本，就是这段关系的结果。当奖赏大于成本时，积极的体验多于消极的体验，结果自然是积极的、令人愉悦的。但这一理论认为，人们在恋爱时寻求的是最佳结果，而非仅仅追求积极结果。

结果的好坏不足以决定亲密关系的稳定性，更重要的是人们的预期。每个人对自己的恋爱关系的结果都会有一个预期，这个预期被称为"比较水平"。它可能来自过去的经验，也可能来自自尊。例如，经历过愉快、美满的恋情的人可能对未来的感情有比较高的期待，预期未来的感情也会奖赏大于成本；经历过糟糕感情的人则可能对未来的感情不抱有很高的预期。当结果（奖赏－成本）好于比较水平（预期）时，人们会感到满意，反之则会失望（即满意程度＝结果－比较水平）。

不过，价值匹配理论认为，仅凭满意程度不足以决定亲密关系能够维持多久。另一个决定感情稳定性的因素是备选项的比较水平，即假设你结束当前的恋爱关系并和另一个人进入新的恋爱关系的结果。如果你认为选择另一个人，开启另外一段感情会比当前的恋情给你带来更好的结果，就很可能会选择结束当前的关系。当然，备选项的比较水平完全是假设的，是人们对可能发生的亲密关系的预测，而这种预测有可能是错误的。一段亲密关系的结果减去备选项的比较水平，决定了人们对这段关系的依赖程度（即依赖程度＝结果－备选项的比较水平）。

满意程度和依赖程度这两个维度相对独立地分别影响着亲密关系，研究者据此将恋爱关系分成四种不同的类型。

第一种是快乐且稳定的关系。当你当前的亲密关系带来的结果既好于比较水平，又好于备选项的比较水平时，这段亲密关系是快乐且稳定的。此时，你从这段亲密关系中得到的比预期的更多，也不认为能够从其他人那里得到比现在更好的结果。你对这段关系是满意的，也不会寻求其他潜在恋情。

第二种是快乐但不稳定的关系。当你当前的亲密关系带来的结果好于比较水平，却比备选项的比较水平差时，这段亲密关系是快乐的，却不稳定。此时，你对伴侣是满意的，在这段关系中也感受到快乐，但你认为会有更具吸引力的伴侣或更令人羡慕的亲密关系在前方等待着。结束当前关系，进入新恋情是需要成本的，人们可能会失去一些朋友，可能需要搬家，甚至可能伤害孩子，但如果他们认为新恋情带来的奖赏大于这些损失，就会结束当前的亲密关系，即使这是一段快乐、令人满意的关系。

第三种是不快乐但稳定的关系。当你当前的亲密关系带来的结果差于比较水平，却好于备选项的比较水平时，这段亲密关系是不快乐的，却很稳定。此时，你对这段关系不满意，认为自己从这段关系中得到的比预期的少。不过，你同时认为，另外开始一段恋情也不会比现在的更好。即使对现状不满意，你也不会结束当前的关系。

第四种是不快乐且不稳定的关系。当你当前的亲密关系带来的结果既差于比较水平，又差于备选项的比较水平时，这段亲密关系是不快乐且不稳定的。此时，你对这段关系不满意，也认为自己可以找到更好的亲密关系，因而有足够的理由结束当前关系。同样是不快乐的恋爱关系，只有当一个人觉得自己可以找到更好的恋情时，才会决定结束当前关系。这也解释了为什么有些人明明在恋爱中并不快乐，却迟迟不愿走出来，因为他们不认为自己能够找到幸福的亲密关系。

现实生活中的恋爱关系非常复杂，即使是同一种类型的恋爱关系，情况也可能千差万别。随着关系的发展、亲密程度的增加，恋爱关系中的奖赏、成本、比较水平和备选项的比较水平都会发生变化。上述分类并非静止的，而是随着感情的深入不断变化的。

二、解读爱情中的心理现象

（一）在爱情中迷失自我——光环效应

"光环效应"是一种普遍的人际交往效应。在爱情中，这种巨大的光环效应往往会使人失去辨别能力，把恋爱对象身上的一切都看得完美无缺，即使对方有什么不足，也会被忽略淡化。当进入真实的爱情关系时，随着了解的加深，光环褪去后对方的缺点就会逐渐显现出来，如果不及时加以澄清，就容易成为双方感情的暗礁。

因此，在爱情中，我们要警惕"光环"带来的误导。透过耀眼的光环，我们还要

看到他 / 她的真实样子。试想，如果仅仅是因为他 / 她外表俊美、富有、身材好、地位高，那么把这些都拿掉后，你的爱还剩什么呢？我们爱一个人，更多的应该是因为他 / 她品质好、学识渊博、性格与自己匹配等。因为只有这些内在的东西才不容易因"意外"而突然消失，它们会随着年岁的累积越来越厚重，你们的爱也会随之变得更加稳固。

（二）神奇的一见钟情——首因效应

"首因效应"简单来说就是第一印象所产生的影响。在大学校园里，很多大学生信奉的"一见钟情""一见倾心"的浪漫感觉，就是首因效应在起作用。当我们第一次见到对方时，如果对方的外在条件符合自己内心的标准，再加上气质、谈吐等方面也足够吸引，自然而然就会对其产生一定的好感。在这种好感的驱动下，两人加深交往，有可能真正走到一起。

然而，"一见钟情"的爱情并不是都能得到完美的结局。即使是第一次见面时就互生好感，如果在日后的交往中出现较大的矛盾，那么这段感情仍然可能以分手结束。因此，一见钟情只是日久生情的基础。在爱情中，我们可以利用好首因效应，在交往中逐渐加深对对方的了解，只有当两个人真正的情投意合时，才能发展出稳定的亲密关系。同时，我们也要重视首因效应可能对爱情的负面影响，以免抱着对对方的幻想走进虚无缥缈的爱情。

（三）越熟悉，越喜欢——曝光效应

心理学家扎荣茨（Zajonc）做过这样一个实验：他向参加实验的人出示一些人的照片，让他们观看。有些照片出现了二十几次，有的出现十几次，而有的则只出现了一两次。之后，请看照片的人评价他们对照片的喜爱程度。结果发现，参加实验的人看到某张照片的次数越多，就越喜欢这张照片。他们更喜欢那些看过二十几次的熟悉照片，而不是只看过几次的新鲜照片。也就是说，看的次数增加了喜欢的程度。

当然，"曝光效应"并非万能钥匙。它发挥作用的前提是，首因效应要好，即给人的第一印象不是很差，如果第一印象就很差，那么见面越多就越惹人讨厌，"多看"反而让人"多厌"，那就得不偿失了。

（四）关系的错位——爱情中的移情现象

移情是精神分析学说的一个术语，是指来访者将自己对父母或对过去生活环境中重要人物的情感、态度和属性转移到治疗者身上，并相应地对治疗者做出反应的过程，后来，这个术语也泛指把某种情感由某一对象迁移到另一对象，被广泛应用于以精神分析为基础的诸多心理治疗技术中。在治疗关系中，移情被分成两种形式——正移情和负移情。前者指对治疗者的依恋，后者指敌意的拒绝、被动的抵抗或屈从。

在大学校园里，由于大学生的个性特征和心理发展并不成熟，因此，对恋爱对象的移情现象普遍存在。如果不及时觉察自己的移情现象，就容易把原本不属于爱情的愤怒、嫉妒、委屈等不良情绪掺杂进来，从而影响爱情的进程。

（五）寻求情感安慰——创伤吸引

我们常常以为，人们在选择伴侣时一定会看对方优不优秀，但从心理动力学的角度来看，有时候真正吸引一个人的，是两个人的内在世界的匹配度，更准确一点地说，是内在世界的相似性。尤其是两个经历过相似创伤的人，会在心理层面引发更多的共鸣，就有一种找到了自己的情感归宿、灵魂伴侣的感觉。

但创伤吸引和真正的爱情不同，它是移情的一种特殊形式。它可能在一段时间内给予双方得到"疗愈"的感觉，但是一旦一方有了真正的成长和进步，而对方停滞不前，则会造成双方关系的不对等。另外，他们可能会表现出极端强烈的需求，过度渴求对方的回应，内心的不安全感和分离焦虑会使彼此在关系中拉扯和折磨，让生活和自我都支离破碎。因此，更提倡"做好自己，再进入关系"或"双方共同成长"的关系状态。

三、爱情的影响因素

我们都渴望拥有爱情，那幸福的爱情有秘诀吗？实际上，这个问题没有统一的答案，因为爱情的建立和维持是一个复杂而微妙的过程，但其中确实有一些因素会对其产生影响，理解它们可以帮助我们获得美好爱情。

（一）社会因素

1. 经济文化环境

德国社会学家穆勒（Muller）认为，在社会经济发展低下的时期，个人情感在家庭利益面前是无关紧要的。而在经济发达的现代社会，自由独立的个体选择则变得越来越重要，社会文化对单身、晚婚、离婚和不婚等现象越来越包容，感情则成了建立现代爱情的主导契机。

我国自改革开放以来，爱情在情感、物质、稳定程度和公开 / 欲望程度四个方面发生了明显的变化，情感在爱情中的重要度不断增强；到了二十一世纪，在重视感情的同时，爱情过程中的物质需求也在不断上升，与此同时，人们对于爱情的公开程度也在不断加强，但爱情的稳定程度却不断地减弱，呈现出流动的状态。

随着移动技术的发展，高科技产品也成了爱情质量的影响因素。移动通信技术的合理使用使远距离的恋爱关系增益，但给面对面的亲密互动带来消极影响，因为高科技产品带来的信息刺激占用了个体有限的认知资源，导致个体无法专注于正在进行的互动，会让对方感到不对等，影响关系满意度。

2. 性别角色期待

性别角色期待是指个体在形成稳定的、社会认可的、与其性别身份相适应的行为之前，社会对个体提出的有关个性、行为、品质等方面的要求和期望。最明显的性别角色期待是：认为男性应当有阳刚之气、有领导力、果敢等（即工具性特质），女性应该温柔细腻、有同情心、敏感等（即表达性特质）。其实，当我们去看这些词汇时，会发现这些是人类共同的美好品格，与性别无关。同时拥有这两种特质的人，在处理与伴侣的关系时能更加游刃有余，具有更高的幸福度。

（二）个体因素

1. 人格

人格是稳定而持久的个性特质，许多研究显示人格因素会对爱情关系有显著影响。以大五人格为例，宜人性越高，态度越和善，更容易顺应伴侣，而尽责性越高，在爱情上越尽心尽责，努力维护关系，因此这两种倾向的人更易发展良好的爱情关系。而神经质特质则不容易发展爱情关系，他们易怒且易焦虑，常常引发人际摩擦、悲观情绪和冲突，从而影响关系的满意度和幸福感。

2. 个人经历

个体自婴儿期亲子互动形成的依恋关系会影响其成人期与伴侣的恋爱关系。一般来说，安全型依恋更有利于恋爱关系的发展，而不安全依恋则不利于恋爱关系。研究发现，依恋焦虑和依恋回避倾向高，恋爱质量就越低。因为依恋回避的人在恋爱关系中更倾向于投入更少的情感并保持自己的独立性，依恋焦虑的人在恋爱关系中会经常担心恋人对自己的情感和态度，会反复思考对方抛弃自己会怎么样。但在伴侣选择上，并不是所有人都倾向选择安全型的人作为伴侣。在婴儿时期因为父母的照顾方式培养出不安全的依恋类型的人，总是会下意识地找到那些会让他们重复体验不安全依恋感觉的人，因为这些人能够再一次确认他们已存在的、对亲密关系的信念，此时移情现象便发生了。

孩童时期经历过创伤的个体，由于环境的不安全、敌意或威胁导致其情绪被剥夺，需要得不到满足，这种情况的后果不仅仅是带来不愉快的感受，还会影响对自我以及外在世界和他人的看法。举例来说，如果伴侣在约会中迟到或者忘记曾经的承诺，这些事会让人产生孤独、被忽视和失望的感受，和自己曾经被同伴忽视、孤立的感受一样，这一刻他们可能怀疑自己做得不够好，或者伴侣不爱自己，进而导致过去所有的愤怒、失望、无助统统都爆发出来，这样的状态会伤害自己，也伤害伴侣。

3. 自尊

在爱情关系中，低自尊的人缺少自信，伴随高拒绝敏感性，常以回避防备的态度对待伴侣。其恋爱态度也消极，表现在对伴侣具有消极的认知，更有可能将伴侣的问题，解读为伴侣的感情和承诺正在下降，还会觉知到根本就不存在的伴侣忽视，常以负面的态度来看待伴侣的付出。而高自尊的人其行为具有多样性，某些高自尊的人会有过高的自我认同和防卫性，可能会因为觉得自己"略胜一筹"或者被冒犯，而羞辱、贬低或"惩罚"伴侣。具有安全、稳定的高自尊的人会更相信自己和伴侣，对伴侣的问题不那么敏感，在关系中更容易感受到伴侣的支持和包容，愿意积极地为对方付出，并相信自己的付出是有价值的，这样的人更有可能拥有更高质量的爱情。

4. 婚恋观

婚恋观是人们在现实生活中形成的对于恋爱婚姻的总的看法和基本观点，它决定着人们对恋爱婚姻的主观态度和价值取向，也决定着人们在恋爱婚姻实践中的行为选择和活动模式。相似的婚恋观，容易在爱情中达成一致，也就是常说的同频；反之则很难进行有效互动。恋爱或婚姻关系中一些问题或矛盾的出现皆因婚恋观不同，如对婚恋意义、择偶、相处模式、子女教育等方面的看法。婚恋观差异越大，双方的矛盾就越多，如果不能妥善处理，必将积累各自的不满和敌意，彼此间的关系将难以维系。

5. 应对方式

当我们面对生活事件的压力时，所采取的具体的应对方法、手段或策略称为生活事件的**应对方式**。具体来说，正面问题、合理表达、积极协商等成熟的应对方式能够更好地化解矛盾和解决问题，恋爱关系满意度更高，有利于关系的良性发展。反之，采用自责、幻想、逃避等不成熟的应对方式时，恋爱关系满意度越低，对恋爱关系越不利。

爱情是一个互动的过程，一个人与不同对象恋爱时，可能呈现截然不同的状态。同时，随着时间的推移、关系的深入，双方各自的认知、行为等在变化，外界现实情况也在变化，导致了爱情过程中的不确定性，所以需要双方有更多的理性、耐心和智慧去维持这段关系。

第三节 大学生爱的能力的培养

大多数人都认为爱是一种令人心旷神怡的感受，是一种强烈的情感。其实，爱也是一项决定，一种判断，一个诺言，更是一种能力。爱的能力是指建立亲密关系的能力，它既包括从父母那里获得的爱的储备，同时又表现为在爱的过程中的学习能力。那么，如何获得美好的爱情？如何去建立、发展健康的亲密关系？如何保持爱情之树常绿？我们需要在以下方面去学习和提高。

一、迎接爱的能力

迎接爱的能力包括表达爱的能力和接受爱的能力，前者是主动给予爱，后者是被动接受爱。当你喜欢或爱上一个人的时候，能否用恰当的方式和语言向对方表达出来？当爱情不期而至时，你能否勇敢地接受呢？

爱，要勇于表达。但受传统文化的影响，在大多数人的观念中，爱的表达方式是内敛的、含蓄的。实际上，每个人都有表达爱的需求，希望对方能够感受到自己内心的爱意、温暖和思念。如何表达爱？就是要找到适合自己和对方的方式，让爱意自然流露，让对方看得到、听得到、感受得到。它是一种行动、一种态度、一种让对方感受到你的关心和爱护的方式，例如，正面的夸赞和肯定，专注的陪伴，精心准备的礼物，共同分担的家务，日常的肢体接触（牵手、拥抱等），等等。

人不仅要勇于、善于表达爱，还要学会如何接受他人给予的爱。这需要我们信任自己和他人，停止内心的负面声音，不管这种声音是对自己的还是对对方的，如"我自己并没有那么好""买这些礼物浪费钱"。还要尝试接受他人的好意，以积极正面的方式去回馈，如微笑、赞美的语言、拥抱对方，尽量避免在第一时间思考"我应该做点什么去回报"。那些不敢于接受爱的人，其实是不相信自己值得被爱，因此接受爱的前提是要学会爱自己、认同自己的价值。

◎ **自我练习 7-1**

用心储藏你的爱

活动目的：检视自己爱的能力。

活动时间：30 分钟。

活动准备：纸、笔。

活动步骤：

在生活中，有很多不会爱的孩子，迷失在爱的花园里。但是你知道吗？爱别人是有前提的，即你的内心有多少爱？如果一个人的内心是干枯的，没有爱可以付出，也就缺乏爱的基础。这就是心理学家米尔提出的储爱槽理论。

大家看到的心形的储爱槽是储存爱的地方，用来解释人对爱的渴望。将自己想象成一个婴儿，在你的内心深处有个心形的储爱槽，如果这个储爱槽上有个计量表，一开始等于零。随着时间的流逝，你的父母会用自己心槽中的爱注满你的心槽。过了十几年、二十几年，当你脱离了家庭，自己成家，那时你的心槽里已经注满了爱。身为成年人的你，准备好去注满你孩子的储爱槽了吗？在一个互动模式正常的家庭里，爱是代代流传的。现在，请你拿起手中的笔，在你的储爱槽里画上一个刻度，看看父亲和母亲给了你多少爱？你的内心储藏了多少爱？

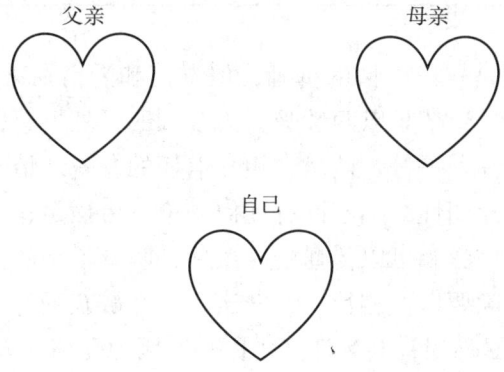

二、鉴别爱的能力

鉴别爱是指能把爱情与其他情感区分开来。一方面要鉴别自己的感情，分辨出什么是友情什么是爱情；另一方面，还要从首因效应、光环效应的迷雾中走出来，避免这些心理效应产生的消极影响；最后，在爱情中，还要觉察移情现象所产生的情感反应。那么，如何区分爱情和友情呢？

◎ **知识拓展 7-1**

喜欢还是爱？

陷入恋爱和准备恋爱的人们往往会苦恼一个问题——"我到底是爱他 / 她，还是喜欢他 / 她？"或者"我不知道自己到底爱不爱他 / 她"。表 7-1 能够帮助你确认自己的感情到底是喜欢还是爱。

表 7-1　爱情和友情的区别

爱情的表现	友情的表现
（1）如果突然看不见他 / 她，我会非常失落和难过，并感到不安	（1）如果突然看不见他 / 她，我会好奇他 / 她去了哪里，并有点想念
（2）我认为他 / 她是完美的，即使是缺点也是魅力的体现	（2）我认为他 / 她是一个很有才华并值得信任的人
（3）我想要独占他 / 她，并希望他 / 她能一直关注我、关心我	（3）我希望他 / 她认同我，但他 / 她有他 / 她的朋友我也并不在意
（4）如果他 / 她犯了错，我会气恼，但一定会原谅他 / 她，不会完全不理他 / 她	（4）如果他 / 她犯了错，我会严厉指责，并可以不理他 / 她
（5）如果他 / 她离开，我希望能和他 / 她随时通电话、保持联系，并计算他 / 她回来的日期	（5）如果他 / 她离开，我会有些不舍，但可能会因为寄情其他事儿而忘记朋友
（6）我愿意为了他 / 她做出任何牺牲，让他 / 她幸福是我的心愿	（6）我愿意帮他 / 她做一些事，但如果危及自己，就会认真考虑是否帮他 / 她
（7）我会憧憬和他 / 她一起生活的将来，甚至想到了我们的孩子	（7）和他 / 她在一起我感到愉快，但我从没想过和他 / 她一起生活并养育孩子

异性间的友情可能是一段爱情的基础，但友情和爱情在某些方面是截然不同的。首先，两者的基础不同。爱情是以两性吸引为基础的强烈情感，而友情则没有性的吸引，是同学、朋友间的一种平等、诚挚、相互信任的友爱之情。其次，两者的性质不同。爱情具有排他性和封闭性，不容许有任何的第三者插足；而友情则产生于普遍的人际关系中，是开放、广泛和可以传播的。最后，两者承担的义务不同。友情一般只承担道德义务，朋友之间要以诚相待，遵守诺言，互敬互助等；而爱情总是与婚姻家庭联系在一起，同时又必然对社会生活产生影响，因此爱情双方不仅要承担道德义务，还必须要承担法律义务。

◎ **心理自测 7-2**

鲁宾爱情 / 喜欢量表

不管你是否恋爱，试着心中想一个重要的朋友，根据自己对他 / 她的实际感受回答"是"或"否"，答案没有对错。

（一）爱情量表

1. 他／她情绪低落的时候，我觉得很重要的职责就是使他／她快乐起来。

2. 在所有的事件上我都可以信赖他／她。

3. 我觉得要忽略他／她的过失是一件很容易的事。

4. 我几乎愿意为他／她做所有的事情。

5. 对他／她，有一点占有欲。

6. 若不能跟他／她在一起，我觉得非常不幸。

7. 寂寞时我首先想到的就是去找他／她。

8. 他／她幸福与否是我很关心的事。

9. 我愿意原谅他／她所做的任何事。

10. 我觉得他／她得到幸福是我的责任。

11. 同他／她在一起的大部分时光，我就这样看着他／她。

12. 我非常享受他／她对我的信赖。

13. 没有他／她的日子，对我来说很难过。

（二）喜欢量表

1. 我们在一起时心情总是一样的。

2. 我认为他／她环境适应能力很强。

3. 我强烈推荐他／她做一项责任重大的工作。

4. 以我看来，他／她特别成熟。

5. 我相信他／她有良好的判断力。

6. 我觉得什么人跟他／她相处，大部分都有很好的印象。

7. 我觉得他／她跟我很相似。

8. 我愿意在班上或团体中，做什么事都投他／她一票。

9. 我觉得他／她是容易让别人尊敬的一个人。

10. 我认为他／她是万分聪明的。

11. 我觉得在我所有认识的人当中，他／她是非常可爱的。

12. 他／她是我很想学的那种人。

13. 我觉得他／她非常容易得到人们的钦佩。

计分方法：答"是"的给1分，答"否"的给0分，分别计算两个量表的总分。

比较爱情量表和喜欢量表的分数，如果爱情量表分数大于喜欢量表，则你对于他／她爱情成分居多，反之，则喜欢成分居多。分数越高，代表爱或者喜欢的程度越深。

三、拒绝爱的能力

拒绝爱的能力意味着敢于理智地拒绝不希望得到的爱情。在一份并不希望得到的爱情到来时来者不拒、拒之千里，或者优柔寡断都是有害的，因为爱情来不得半点勉强和将就。因此，要掌握恰当的拒绝方式，学会勇敢地说"不"。

　　不仅如此，我们还要学会正确拒绝不合适的感情。首先，要向对方表达自己的尊重，感谢对方的这份感情；其次，要态度明确，表达清楚，使用诸如"我和你只能是同学/朋友的关系"的语言，避免语焉不详，给对方留下幻想；再次，行动与语言要一致。在大学校园里，有很多同学怕对方受到伤害而继续与其保持亲密关系，这样做实则对双方的关系都是不利的；最后，要避免简单、粗暴和伤害性的拒绝，因为任何人都有爱和被爱的权利。你可以拒绝一个爱你的人，但请不要伤害一颗爱你的心。

◎　自我练习 7-2

认识我和他/她

活动目的：认识爱情中双方的不同和相同。

活动时间：30 分钟。

活动准备：纸、笔。

活动步骤：

　　如果你正处在恋爱中，你会讨厌他/她的一些习惯或行为吗？你和他/她到底有什么异同？你们的不同会成为你们之间关系的障碍吗？下面请你客观分析一下你和他/她的不同，写在横线上。

		你	他/她
兴趣	相同	_____	_____ 。
	不同	_____	_____ 。
性格	相同	_____	_____ 。
	不同	_____	_____ 。
学习习惯	相同	_____	_____ 。
	不同	_____	_____ 。
生活习惯	相同	_____	_____ 。
	不同	_____	_____ 。
原生家庭	相同	_____	_____ 。
	不同	_____	_____ 。
价值观念	相同	_____	_____ 。
	不同	_____	_____ 。
生活理想	相同	_____	_____ 。
	不同	_____	_____ 。

四、解决爱的冲突的能力

在大学校园中，很多大学生都将恋爱对象理想化，一旦进入热恋，就以为对方能完全理解自己，认为爱情可以永远保持完美状态。但大学生是不断成长的群体，他们之间的感情会随着双方交往的加深而发生变化，他们性格的差异、日常生活的琐事都可能会导致两人之间的冲突。在校园中，经常看见情侣争吵的身影。在情感世界里，爱和恨是一枚硬币的两个面，"爱有多深，恨也就有多深"，关系越亲密，感情越深，一旦发生冲突，争执的伤害也就越大，这时，我们要勇于面对爱的冲突并努力解决它。爱情和婚姻中的五大致命伤如下。

（一）坚持"我是对的"

两个人掰手腕，你用力，我也用力，两个人都很使劲，最后虽然有一方赢了，但另一方也不服气。坚持"我是对的"，就是想达到我能赢的效果，可赢了对方，比两人的关系更重要吗？

世界上不存在想法完全一致的两个人。一个人如果没有准备放弃一些自己的看法和准备接受一些与自己不同的看法，是无法成功地与任何人共同生活的。效果比道理更重要。与他人相处时，关系比对错更重要，如果所做的事对关系发展没有任何帮助，只是在争输赢，那么无论怎么努力，对方也不会感受到爱。

不再坚持"我是对的"，是打开其他爱情和婚姻致命伤之门的钥匙。能够放下"我是对的"，才能把焦点放在"关注解决问题"上，才能看到解决以下四个致命伤的方法。

（二）托付心态

在恋爱婚姻关系中经常会出现很"黏人"的情况，认为恋爱了结婚了，把我的终生都托付给了你，你就要无微不至地照顾我，托付就是把照顾自己的责任交给另一个人。

"托付心态"并不是只在爱情和婚姻中存在，还有员工对企业的托付，期望进入一家企业，企业能照顾他的一生。"托付心态"最大的伤害在于给双方都造成很强烈的无力感，而且对托付者本人的伤害更大。"你有责任让我幸福，为什么你不对我好？怎么你这样对我？"在不停地抱怨中，也会因为这种反复的消极自我暗示而感到心力交瘁。托付者本人感觉到自己很不幸福。被托付感觉到自己无论做什么，都无法满足对方而心生厌倦，直至分手。

正确的心态是：我能照顾好自己，我的人生我做主。恋爱和婚姻并不意味着个人生活的终结，而应当保持独立的自我，两人在一起是增添额外的快乐，而不应成为对方的负担。

（三）不愿意讨论自己与对方的内心感觉

试回想一下，从小到大，我们有多少情绪是被允许的？父母、长辈，允许我们拥有什么样的情绪？积极的、快乐的、开心的，还是消极的、生气的、悲伤的或是痛苦的？

接纳对方的情绪，首先也要接纳自己的情绪，允许自己拥有情绪（各种不同的情绪），学习接纳，学习同理心，当对方有情绪时，尝试同理对方的感受，"我感受到你……"或者什么也不说，只是允许和接纳对方，用行动来表达。

讨论内心感觉，与宣泄情绪是两回事。在有情绪时诚实地面对情绪，与对方讨论情绪状况，这代表着接纳，也是情绪处理的第一步。

◎ **知识拓展 7-2** ▬▬▬▬▬▬▬▬▬

爱的冲突中的戒条

人在发生冲突时，会觉得自己受到了伤害。特别是受到自己所爱之人的伤害时，往往容易口不择言，所以请记住以下戒条，才不至于伤人太深。

（1）戒出口伤人：不能攻击人身、信口开河。

（2）戒翻旧账：就事论事，不要挖掘陈年旧账，以证明对方的不是，否则"战事"扩大，"战争"升级，往往会两败俱伤。

（3）戒暴力：冲突中严禁诉诸武力，不论争吵有多激烈，都不能伤害他人的身体。

（4）戒怀恨在心：冲突过后仍耿耿于怀，只会引起更多的冲突。

（5）戒逃避：双方有意见分歧，却不加以说明和处理，只藏在心中，任其腐蚀感情。

（6）戒好胜：为了面子，知道错了也不肯道歉，往往得不偿失。

（7）戒乱开火：避免在公众场合、亲朋好友面前等不适宜的场合发火。在这样的情形下，双方往往为了保全自己的面子而加剧冲突。

（8）戒招兵买马：切忌叫来好友、亲人、同学等支持自己的第三势力，"战圈"扩大后往往更加难以收场。

（四）维持"苹果皮式"和谐

每个人都希望两人的关系和谐，不想有争吵，即便是已经有不满了，为了和谐相处，也宁愿忍气吞声，维持一份表面的和谐。正如有一种红苹果，外表看起来果皮红润、光亮，但把苹果切开，却发现里面已经完全变黑了。这就是"苹果皮式"和谐。

这样的和谐，是通过压抑矛盾、营造出来的好。其实，恋人、夫妻之间应该建立一种矛盾冲突解决机制。尊重对方，同时也尊重自己、尊重现状。在情绪激动时不要急于处理问题，等双方情绪都平静下来以后，再把自己的情绪、感受说出来，同时也了解对方的情绪、感受和想法，最后双方讨论解决问题的办法。

（五）不知如何处理冲突

在冲突中一味退让，就是在维持"苹果皮式"和谐。其实如何妥善处理冲突也是一种能力。恋人间定期、不定期地单独约会，可以往两人的"情感存折"里面存钱，保持良好的关系。同时，也可以在两人相处的时间中，讨论如何处理冲突，心平气和地把双方的感受、想法和决定说出来，让对方知道自己其实是有感觉的，也希望对方向自己说出自己的想法、感受和决定。对矛盾的问题，形成一致的处理意见，即便存在不同的看法和观点，也可以寻求共同的目标，两人一起解决问题。

在日常生活中，伴侣之间的相处不可避免地会存在冲突，有时这些冲突并不一定都是坏事，反而有助于爱情关系的增进。研究发现，情侣在冲突互动中的高唤醒度（即情绪的强烈程度）增强了情侣间的大脑活动同步，进而增进了情侣之间的爱情关系强度。

◎　**课堂活动 7-2**

你和他／她是怎么解决冲突的

活动目的：认识自己在爱情冲突中的不合理行为。

活动时间：30分钟。

活动准备：纸、笔。

活动步骤：

在每一段爱情故事中，几乎每对恋人都会发生冲突和争执。有些人很害怕冲突的发生，以为冲突意味着不合；有些人尽量压抑自己，从而维持表面上的关系和谐；还有的人从不克制自己的情绪，爱情中充满了悲伤、愤怒和指责……其实，两个人在某些观念和行为上出现冲突并不可怕，这是双方相互适应的契机。请你回忆你和他／她发生的最大一次冲突，认真思考以下问题，并与其他同学讨论。

（1）发生冲突的真正原因是什么？

（2）在冲突中，他／她想得到什么？你想得到什么？

（3）冲突是否可以顺利解决？

（4）从这次冲突中，你能得到什么启发？

五、面对失恋的心理承受能力

失去爱会使人感到一种重要关系的丧失，一种身份的丧失，需要一定的时间去面对和适应。虽然伤害不可避免，但当感情走到尽头，不得不与对方说分手的时候，作为主动分手的一方，需要注意方式方法，尽量减少对对方的伤害。分手有以下几种方式。

（1）什么也不说和不做，渐渐疏远和不联络，自然分手。

（2）将不愉快的情绪表达出来，明确告诉对方要分手。

（3）约个时间和地点，将不合适在一起的原因说明白，给对方一点时间和空间去处理情绪等。

其中，说明原因并给对方时间和空间的理性分手是最好的分手方式。能理性平和地分手是需要事先做一些心理建设和情境营造的，比如，整理自己的感情，想清楚分手的好处和坏处，考虑交往深度和可能反应；准备好分手的理由和方式，态度温和而坚定；选择时机，最好是在对方情绪稳定的情况下；事先告诉自己和对方身边的亲近朋友，以防对方情绪冲动。

如果自己是被动分手的一方，则可以从以下几个方面行动。

（1）请保持冷静，不要从"我被甩了"的角度去考虑事情，克制对对方的愤怒。

（2）可以找一个亲近、信任的人倾诉，宣泄自己的悲伤和痛苦。

（3）积极地转移注意力，不要过多沉溺和回想过去的快乐时光，有条件的可以外出远游或改变所处的环境。

（4）有效使用升华的心理防御机制，即检讨感情失败的原因，虽然这样做不利于转移注意力，但却有利于正确评价自己，避免"认为自己一无是处"的错误想法。

（5）分析自身的优势，调整自己的爱情诉求，重新定位自己的爱情目标。认识到人的一生不能仅仅为了爱情而活着，可以将自己的重心转移到事业或其他有意义的事情上来，对自身的事业目标进行一番评估，分析是否要调整，以求得成功，满足自己的价值诉求，从而对未来更有信心。

其实，分手不见得都是坏事，我们也可以从中成长和学习：让自己想明白真正需要的是什么样的爱情，了解以前对爱情不切实际的想法，找到真正的情感归宿；更能体谅别人，更能与别人沟通，也更懂得爱情的真谛。

◎　知识拓展 7-3

新时代青年婚姻观的变迁特点

1. 婚姻目的趋于个体化，婚姻关系趋于平等化

第一，青年人的婚姻目的由传宗接代向个体幸福转变。在小农时代，婚姻是一种家庭制度，目的在于传宗接代；但当代青年人更加注重自我需求。2021 年，六成以上的 18～39 岁青年认为婚姻是为了个人幸福，而为了生养子女、老了有人照顾、经济互相扶持的比例较低。

第二，青年人的分工观念由"男外女内"到"男女平等"转变。在传统社会，"夫为妻纲""男外女内"是婚姻的主流；随着女性社会地位提升，青年人对婚姻关系的期待也向"男女共主内外"转变，更注重婚姻平等、相互尊重、夫妻共同成长与自我实现。2021 年，八成以上的青年受访者认同"夫妻应该平摊家务"，比 2012 年多 8.82 个百分点。第四期中国妇女地位调查数据也显示，家庭重大事务决策由夫妻共谋的超过八成。

2. 离婚观念更加开放，离婚态度更加坦然

第一，青年人的离婚观念由保守传统向开放自主转变。我国历来有"家丑不可外

扬"的观念，以往个体可能因家庭、子女、名声等因素而维持"死亡婚姻"；现代社会不再推崇"从一而终"的婚姻观念，公众对离婚的接受度也越来越高，离婚从"难以启齿的家庭大事"变为"个体自主的私人小事"。青年人将婚姻的内在价值作为主要评判标准，婚姻解体以情感关系破裂为主，2017年司法大数据显示，77.51%的夫妻离婚原因为感情不和，14.86%的夫妻因家庭暴力而提出离婚。

第二，青年人的离婚态度由患得患失向洒脱坦然转变。由于当代青年更注重幸福感和情感满足等婚姻质量，离婚被视为是对"不幸婚姻的解脱"。同时，许多青年人进行"高调离婚"，透视出他们洒脱自由、不惧世俗的婚姻价值观。这可能是青年人更加追求精神独立所致，婚姻只被视为人生的一部分，家人、事业、兴趣爱好等与婚姻同样重要；而且离婚并不会阻碍青年人继续寻求情感生活，大部分人依旧对婚姻有所期待。

3. 单身主义观念强化，不婚主义观念兴起

青年对单身主义和不婚主义观念的认同感增强。随着大众传媒技术的普及，单身主义、不婚主义观念广泛传播，青年人逐渐将之内化并冲破婚姻年龄、形式等枷锁，追求经济独立、精神独立，更加享受单身的生活状态；与此同时，辅助生殖技术不断成熟，不婚或"生而不婚"的新型观念涌现，独身、不婚等现象受到社会的尊重、包容与接受。

资料来源：杨菊华，史冬梅. 新时代中国青年婚恋观变迁研究［J］. 青年探索，2024（4）：15-29.

六、婚姻与家庭中的自我成长

结婚，是人获得崭新成长的重要一步。正如许多人感叹的那样：相爱容易而相处太难。结婚后，两个人的优点和缺点都会全面显现，生活圈、人际圈会高度融合，在相处过程中不可避免地产生分歧和矛盾。想要有幸福的婚姻、和谐的家庭，我们就必须做出改变，获得成长。

首先，不断提升自己。在人际交往理论中，社会心理学家库利（Cooley）曾提出一个**"镜像自我"**的概念，是指个体把别人当作镜子来进行自我感知。同样，在亲密关系中，伴侣就像一面镜子，照映出一个人最真实的样子。因此，利用好婚姻这面镜子，善于从对方的反馈中，发现自己的不足、找到自己的优点，并在实践中不断练习，人格就能不断成熟和完善。

其次，接纳自己的不完美，同时接纳婚姻的不完美。在婚姻、家庭中，我们难免会遇到挫折和困难，发现自己和伴侣的种种缺点。当我们尽力去改变，但依然无法达到期望时，就需要学会接纳自己的不完美，接纳婚姻的不完美。承认自己或伴侣是一位不完美的丈夫/妻子/父亲/母亲，不再试图改变任何人，而是尊重和欣赏彼此的独特之处。在相互理解和支持的氛围中获得成长，创造幸福美满的未来。

再次，学会沟通和倾听。无论是夫妻还是亲子，关系双方的需求、期望、思维方式是不同的，因此沟通和倾听是必不可少的。研究表明，我们的态度能够影响伴侣对待我们的态度，当我们学会友善地对待自己，学会自我怜悯，学会倾听，与伴侣的互动就会形成积极的向上螺旋，关系质量就会得到提高。因此，我们要学会表达自己的感受和需求，也要学会倾听对方的感受和需求。遇到困难和矛盾时，主动交流，积极协商，找到合适的解决方法。这样，我们才能在婚姻和家庭中建立起真正的情感联系，推动婚姻关系走得更远。

最后，修正婚恋观和家庭观。每个人都是从自己的原生家庭走出来的，思想和阅历的有限性往往使人局限在自己和家庭的狭小空间里，而组建新生家庭则打开了理解他人和世界的另一扇窗户。在这个新生家庭里，我们近距离地接触另外一个异性，了解他/她的思想和行为，了解他/她的家庭及家庭对其成长的影响，这对于我们变换角度思考问题具有积极的作用。我们积极思考有关婚姻和家庭的问题，不断完善对未来的憧憬，修正不合理观念，更加整合对这个世界的理解，从而更好地经营婚姻和家庭。

婚姻中的每一次挑战和困难都是我们成长的机会。只有通过自我成长，我们才能在婚姻中找到真正的幸福，成为更好的自己。

◎ 时代心能量

新时代家庭观的科学内涵

1. 战略地位：爱国爱家的家国情怀

习近平总书记继承我国古代"家国同构"的传统家国观念，将家庭和国家的前途命运有机联系在一起，家庭和谐、家风淳朴，国家才能后顾无忧，实现可持续发展。同时，国家"强起来"才能为家庭的和谐美好提供强有力支撑。新时代家庭观把爱国和爱家统一起来，把家庭梦融入民族梦，回答了家庭在国家发展中的战略地位。

2. 目标：相亲相爱的家庭关系

"相亲相爱"指的是家庭成员之间紧密联系、相互爱护、相互帮助的和谐氛围。首先，中国自古以来就有孝亲敬长的优良传统，"孝亲"是刻进中国人血脉里的传统美德。其次，家庭建设要培育良好的家风文明，尤其下一代的品德教育。最后，夫妻关系和睦。夫妻是一个家庭的骨干，是家庭连接的纽带，夫妻关系是否和睦极大影响老人的赡养以及孩子的教养，影响着家庭的和睦、家庭成员的团结友爱。

3. 价值取向：向上向善的家庭美德

"向上"指的是要坚定理想信念。在新时代，弘扬向上的家庭美德，就是要树立远大理想，将家庭梦、个人梦融入国家梦之中，激励家庭成员为实现中国梦而奋斗。"向善"指的是要有高尚的道德品质。新时代，弘扬向善的家庭美德就是"传递尊老爱幼、男女平等、夫妻和睦、勤俭持家、邻里团结的观念，倡导忠诚、责任、亲情、学习、公益的理念"。

4. 路径：共建共享的家庭追求

"共建共享"指的是共同推动建设的同时享受建设的成果。新时代家庭观倡导家庭成员共同承担着建设家庭的责任，各自发挥其在家庭中的优势。同时，强调家庭建设还需要来自家庭外部力量的支持。新时代家庭建设不仅做到家庭建设成果家庭成员共享，而且家庭作为社会的细胞，家庭这个细胞良好，那么最终的结果也会反馈到社会这个"大躯干"，真正实现"共享"。

资料来源：姚以林. 新时代家庭观的生成背景、科学内涵与实践路径［C］// 河南省民办教育协会. 2024 高等教育发展论坛暨思政研讨会论文集（下册）. 吉林大学，2024：160-162.

◎ **本章要点**

1. 爱情是在男女性爱的基础上形成的，人类特有的一种高尚的精神生活，是生物关系和社会关系、生理因素和心理因素的统一。

2. 爱情的生理机制：多巴胺、血清素等控制欲望和吸引力，而催产素、加压素等则与依恋的感觉有关。

3. 按双方在爱情中的关系来说，爱情的发展过程可以分为共存期、反依赖期、独立期和共生期。

4. 在心理学上，关于爱情的重要理论有：斯滕伯格的爱情三角理论、LEE 的爱情类型学说、爱的依恋理论、爱的价值匹配理论。

5. 爱情中的心理现象主要有：光环效应、首因效应、曝光效应、移情效应和创伤吸引。

6. 爱情的影响因素可以分为社会因素和个体因素，其中社会因素包括经济文化环境、性别角色期待；个体因素包括人格、个人经历、自尊、婚恋观及应对方式。

7. 大学生要在以下方面培养爱的能力：迎接爱的能力、鉴别爱的能力、拒绝爱的能力、解决爱的冲突的能力、面对失恋的心理承受能力、婚姻和家庭中的自我成长。

◎ **本章主要概念**

爱情	光环效应	性别角色期待
爱情三角理论	首因效应	婚恋观
爱情类型学说	曝光效应	应对方式
爱的依恋理论	移情效应	镜像自我
爱的价值匹配理论	创伤吸引	

◎ **推荐阅读**

艾·弗洛姆. 爱的艺术. 上海：上海出版社，2008.

罗兰·米勒，丹尼尔·珀尔曼. 亲密关系. 北京：人民邮电出版社，2011.

盖瑞·查普曼. 爱的五种语言. 北京：中国轻工业出版社，2006.

◎　**数字课程学习**

⬇教学课件　　📝在线自测　　📖参考文献

第八章

性心理健康与性别认同

当提及与"性"相关的话题，人们往往表现出复杂的态度。有人讳莫如深，有人感到羞耻，有人保守，有人相对开放。不同的态度不仅反映了人们对于性的多元价值观，还反映了人们不同的生活方式和生命态度。因为，性不单单是繁衍的载体，还有更深远的社会意义，承载着个体对生命和自我的探索，涉及爱情、婚姻等社会关系。因此，"性"不仅是属于个体的自由，也有着社会属性，是严肃的。大学生应该树立安全、健康、平等、尊重、负责的性观念，正确处理好这一重要人生议题。

第一节 性心理概述

一、性的含义

性是什么？一谈到性，人们就会表现得敏感和羞怯。敏感和羞怯的背后，隐藏着一种狭隘的认识，即性是一种单纯的生理现象，是男女之间生理上的性关系。这种认识是十分片面的。实际上，性既是生理现象，也是一种社会现象和心理现象。

（一）性是人的自然属性与社会属性的统一

性，是生物学上的词汇，常指男女两性在生物学上染色体、性征等方面的差异，还指人生来具有的性的欲望和本能，它是人类生存和繁衍后代的基础条件，具有自然属性。

从生物的形态学和生理学来理解，性是伴随着有性生殖出现的。人的基因与性器官的差异形成了雄性和雌性，性征便是两性特点的表达。

人的性需要，不仅包括生理性需要，还包括社会性需要。例如，择偶的要求不仅是寻找一位异性，而且要满足个人审美的需要、爱的需要、个人生活幸福与自我发展的需要，应该考虑对方的兴趣、爱好、学历、职业、家庭等社会因素。恩格斯（Engels）指出，人类婚姻家庭从群婚到一夫一妻，到现代性爱发展的过程，完全是由生产力的发展状况和生产关系所有制的性质决定的。

性是人的自然属性和社会属性的统一体，这说明性既要受到人发展的生物规律的支配，又要受到人类社会文化发展条件和各种社会需要的制约。两者是有机联系、密不可分的。性的社会属性是人类文明进步发展的本质，人不仅是一个自然人，更是一个社会人。

（二）性在不同层面上的含义

1. 性生理

性是一种生理需要，也是一种生物本能。当男孩出现首次遗精，女孩出现月经初潮时，就标志着个体性器官达到了成熟水平。第二性征的出现，则标志着青春期性生理的成熟与逐渐完善。当个体在生理成熟的时候，性或性欲的满足就是一种生物本能，一种自然而然的生理需要。否认或者看不到这一点，就不能正视人的成长和成熟。

2. 性心理

性心理指人脑对有关性问题的反应，包括对性生理变化、性别特征和差异、两性交往关系的感知、思维、需求、渴望，以及对性所持的态度及其体验等一系列心理活动。

3. 性行为

性行为是与性内容直接关联的行为。有狭义和广义之分。狭义的性行为也称目的性性行为，是性行为的直接目的和最终体现，如性交。广义的性行为也称边缘性性行为，是目的性行为的准备阶段和辅助行为，比如接吻、相互拥抱等。

二、性心理的发展阶段

伴随着青春期的到来，青少年性发育开始成熟。这时，机体内分泌腺加强活动，由脑垂体产生的促性腺素打开性腺活动的大门，刺激生殖器官快速发育，带来青少年男女身心的一系列变化。其中最突出的就是第二性征的发育、性器官的变化及性功能的逐渐成熟。

（一）赫罗克的性心理发展四阶段说

美国心理学家赫罗克（Hurlock）认为，青少年性心理的发展经历4个阶段，每个阶段都有其明显的特征。

1. 性的反感期（12~14岁）

这一阶段的少男少女总想远远地避开异性，出现对异性的否定倾向。他们因生理发育成熟的变化而产生心理上的变化。对性不安、害羞，甚至反感。这时男女学生开始建立起各自的"独立王国"。

2. 向往年长者的"牛犊恋"期（14~16岁）

这一阶段的少男少女以崇拜年长者为主要特点。尤其是他们周围稍为年长些的异性，在容貌、学习能力、体育运动、人格或其他方面，都对他们具有强烈的吸引力。如果向往的对象为异性时，这种崇拜称为迷恋；如果是同性，则称为英雄崇拜。

3. 接近异性的狂热期（17～19 岁）

这一时期的少男少女对年长者的崇拜已经结束，开始将注意的对象转移到年龄相当的异性身上。在集体活动中，少男少女都努力设法引起异性对自己的注意，但是交往的对象多不稳定。

4. 浪漫的恋爱期（20 岁以后）

这一时期青年男女开始与自己选择的异性朋友单独交往，不愿意参加集体活动。他们开始谈论对美好未来的设想，并开始发出海誓山盟。即使不认为对方是完美无缺的异性，也会把他（她）置于值得一爱的地位。

（二）弗洛伊德的性心理发展理论

弗洛伊德认为，人具有与生俱来的本能或驱力，正是它们在塑造人格并引发行为。最初，他提出两种基本的驱力，一种是与自我生存相关的驱力（如满足饥饿、口渴等需要），另一种是性驱力（也称性本能）。二者拥有相互对立或相互转化的可能，但都是以保存与延续生命为最终目的，推动个体追求生存、繁衍、快乐和创造，统称"生本能"。后来，弗洛伊德进一步修改了驱力理论，在自我生存驱力和性驱力之外，又引入了死驱力，或称作"死本能"或"攻击本能"，会推动个体趋向破坏、毁灭和回归无机物的状态，主要表现为攻击行为和自我毁灭行为等。生本能和死本能在个体内部常引发冲突，这种冲突会对人的行为和心理状态产生影响。

弗洛伊德对于性的解读与通常的理解不同，在他看来，一切以快乐为导向的驱力都可以被视作性驱力。也就是说，在弗洛伊德的理论体系中，性驱力是一种广泛的驱力，并不单指与性行为相关联的欲望，还包括对所有能引发身体感官快乐的渴望，所以性驱力并不是在青春期才出现，而是一出生就开始发挥作用。

随着成长发展，儿童身体上产生快感的区域会逐渐集中到某些特定的部位和器官。在生命的不同阶段，最能集中产生快感的部位有所不同，但会发生有规律的转换。所以，个体在特定时期会以追求特定区域的快感为最大的愿望，这种愿望若能够得到外部刺激或养育者的满足，心理－性欲便能得到正常发展；但如果被满足的过多或太少，都会使个体固着或停滞在这一时期，无法顺利发展到下一阶段。每个阶段的固着会导致个体成年后不同的性格特征，弗洛伊德尤其关注早期经验对人格发展的重要作用。

弗洛伊德据此提出了关于性欲心理发展的五个阶段：

1. 口唇期

出生至一岁左右，这时婴儿的快感主要来源于嘴唇、舌头、口腔等，通过吸吮、吞咽等活动得到满足。这一时期的主要发展任务（潜在的冲突来源）是断奶。如果养育者能够适当哺乳和照料婴儿，则有助于形成信任他人、自信、与人和谐相处的人格特点；反之，如果"固着"在这一时期，人们则会表现出沉溺于吃喝、吸烟、接吻或收集，还有可能表现出嫉妒、被动或容易上当等特性。

2. 肛门期

两岁至三岁，这一阶段快感主要来源于肛门，主要发展任务（潜在的冲突来源）

是如厕训练。如果训练得当，肛门期发展顺利，人们可以形成独立的性格，矛盾感较少。如果训练过严或过松，就会出现肛门期"固着"，可能导致成年期出现两种性格：肛门排放性格和肛门便秘性格。前者表现为过分杂乱无序、邋遢、没有条理、不拘小节、放肆等；后者表现为表现为过分干净、过分注意条理、拘谨、吝啬、小气、固执、忍耐等。

3. 生殖器期

四岁到五岁，儿童进入生殖器期。此时，他们认识到两性之间解剖学上的差异和自己的性别，喜欢触摸自己的性器官。儿童还会出现"恋父""恋母"情结：他们会"认同"父母中同性一方，即在行为、思想和体验上以父母中的同性为榜样。这样，一方面可以"取代"同性一方而获得异性一方的情感，一方面可以因效仿同性一方得到赏识而不是惩罚。如果无法顺利处理这一发展任务，心理发展则会固着停滞在这一时期，可能在成人期出现神经症症状，较多的内心冲突，严重者导致某些性心理障碍。因此，这一阶段也是性别认同的重要阶段。

4. 潜伏期

从六岁左右开始一直到青春期之前，这一阶段的主要快感来源没有特定区域，一般在此阶段不会发生"固着"。儿童的兴趣转向外部，主要关注学习和发展各种为应付环境所需要的知识和技能。

5. 生殖期

这一阶段始于青春期，贯穿于整个成年期。如果前面的几个心理性欲阶段发展顺利，这时就可建立持久的性爱关系。这时，虽然快乐源仍指向生殖区，但人们不只是寻求自我满足，而是考虑他人的需要，在性爱的基础上建立爱情关系。

第二节 大学生的性心理健康

一、大学生性心理发展的现状及特点

2019年11月至2020年1月，中国计划生育协会、中国青年网络、清华大学公共健康研究中心共同发起并实施了"全国大学生性与生殖健康调查"，此项调查涵盖了全国34个省级行政区的1 764所高校，有效参与人数5万余人。调查结果显示，当前我国大学生的性心理呈现以下特点。

1. 科学性知识的匮乏

性知识是指从各种渠道获取的与性相关的理性认识，它是性思维和性情感活动的基础。在调查中，有关性知识的题目（满分9分），大学生的平均得分只有4.16分，低于及格线，及格的大学生占比31.84%，有8.18%的同学一题都没有答对。此外，关于性安全的问题也令人担忧：有11%~16%的大学生在日常性行为和首次性行为中不采取避孕措施，每次性行为都采取避孕措施的只有56.98%。这表明，我国大学生对于性

知识的了解较为匮乏，相关认识缺少科学性、系统性和全面性。

2. 获取性知识的途径以自学为主

我国大学生获取性知识的来源途径包括媒体（电台、网络、报刊）、教育书籍、朋友或同学、父母、老师等。调查结果显示，近七成大学生曾经主动上网搜索过性知识，但来自家庭和学校的性教育仍然十分匮乏。绝大多数大学生没有和父母沟通过关于性的困惑，此外，超过 2/3 的同学认为自己的家庭性观念偏向保守的一端，超过 1/3 的大学生认为自己的家庭性观念很传统，其中，相比男生，女生感受到的家庭性观念更趋向保守。即使到了大学阶段，也只有约一半学生曾经在学校里接受过性教育。

3. 性观念趋于开放

调查结果显示，大学生群体的性取向以异性恋为主；随着年级增长，大学生对性的需求显著提升；对婚前性行为接受度不断提高，但对"一夜情"等偶遇性行为的接受度大幅度低于其他类别的性行为。这表明，我国大学生的性观念正在矛盾中趋于开放。但与此同时，中国传统性观念也还在发挥作用，它主要表现为隐性的"保护"作用，如大学生在发生"失范""非正当"等性行为后的自我谴责、后悔、焦虑等情绪。

◎　**课堂活动 8-1** ▬▬▬▬▬▬▬▬▬▬▬▬▬▬▬▬▬▬▬▬

关于"性"，你的认识是什么

活动目的：澄清对"性"的认识。

活动时间：10 分钟。

活动准备：笔和纸。

活动过程：

1. 请从下列词汇中找出你认为与性有关的词汇

快乐、好玩、污秽、养育、恐惧、爱、美妙、信任、羞耻、不满足、忠贞、尴尬、压力、例行公事、表现、欢乐、释放、难为情、舒服、无奈、罪、厌恶、内疚、无助、享受、压抑、乏味、满足、美丽、征服、沟通、禁忌、亲密、融洽、遗憾、自卑、自信、和谐。

2. 思考

①你选了哪些词汇？

②为什么这些词与性有关？

③在你挑选的词汇中，积极方面多一些，还是消极方面多一些，为什么？

3. 小组内分享交流

二、大学生常见的性困惑

（一）性生理的困惑

大学生处于性成熟过程中，他们对自己的性发育情况充满好奇。但受传统观念的影响，人们"谈性色变"的现象较为突出，大学生受到的有关性方面的教育普遍不足，因而在性生理上有着许多困惑。

1. 性体象困扰

进入青春期后，男生和女生的体象发生了很大变化。男、女生都希望通过某些体征体现自身的魅力来吸引异性。然而，当他们的体征不如己意时，就常出现烦恼和焦虑。在心理咨询中常常见到一些男生因自己个子矮而烦恼，一些女生因体态胖而自卑，也有人因为对自己的阴茎或乳房等生理发育不满意而感到焦虑。

2. 遗精恐惧与月经困扰

遗精是指男性在无性交状态下的射精现象，是青春期男子常见的正常生理现象，这是性成熟的标志。由于受传统观念的影响，有些人可能会认为遗精会导致肾亏，因而感到焦虑不安，惊恐失措。而实际上，一次排放的数毫升精液中 99% 是水分，其余是蛋白质、糖类等，其对人体影响微乎其微。认为遗精就是"泄阳"的观念是不科学的。但这种不良心态和情绪，会严重影响大学生的正常学习、生活和身体健康，还可能导致不良后果。

女性的月经期及来月经的前几天是女性的低潮期，身体的耐受性、灵活性下降，易疲劳，不适感增加，这的确是一个需要加倍体贴的"特殊时期"。有些女生过于担心经期的不舒服，这些消极暗示都会加重自身情绪的低落和躯体的不适感，甚至造成恶性循环。

（二）性心理的困惑

我国在校大学生年龄一般在 18～22 岁，正处于青少年晚期与青年早期阶段。这一阶段，性的成熟与整个身体的发育已基本完成，但是性心理的发展并未达到成熟，这使他们对性与爱存有神秘与好奇心理，易出现各种性心理困扰。

1. 性别认同困扰

有一定比例的学生不喜欢自己的性别，其中，女大学生不喜欢自己性别的居多，这一结果可能是受到"重男轻女"封建传统观念的影响。一项调查结果显示，有 32.8% 的女大学生选择了"目前是女性，但我想选择男性"，而男大学生在相应问题的选择上为 12.8%。此外，还有研究显示，近半数现代女性性别认同较低，"存在"焦虑明显。

2. 性取向困扰

近年来，学生群体对于多元社会性别与性取向的认知水平较高，对性少数群体也多持有较为宽容的态度。但值得注意的是，相当一部分大学生不清楚不同性取向的界定依据，而且许多非异性恋群体大多曾遭遇过被歧视、被边缘化、被污名化的经历，这些经历会给他们带来巨大的心理压力，造成不可忽视的心理健康问题，包括更高的抑郁水平等。

◎　**知识拓展 8-1**

"性别不一致"的去精神病化历程

随着人们对"性别"的认识不断加深，"性别认同"上的差异也不再被认为是一种精神疾病，而是更加关注这种差异所带来的精神痛苦。

20 世纪 70 年代，对自身性别不认同的"跨性别者"曾被定义为"性别认同障碍"（gender identity disorder），被贴上精神疾患的标签，蒙受污名与歧视。最新的《精神障碍诊断与统计手册》（第 5 版）（DSM-5）中，术语"性别认同障碍"被改为"性别烦躁"（gender dysphoria），性别认同不一致不再被视作一种精神疾病。积极响应这一趋势，世界卫生组织发布的最新版本《国际疾病分类》（第 11 版）（ICD-11）中，有关"跨性别"的描述被从"精神和行为障碍"分类中去除，改称"性别不一致"并被归类到"性健康相关情况"分类中。

"性别不一致"关注的是身为跨性别者的特定经历所带来的身心体验，诊断的重心在于个体的性别经历和被指派性别之间显著且持续的不一致。终止使用"性别认同障碍"，反映出精神病学界已就跨性别并非精神疾病这一点达成共识，是跨性别去病理化历程中的重要里程碑。

"同性恋"的去精神病化历程

过去很长一段时间里，因成因的不确定性以及人数上的相对小众性，人们常常将诸如同性恋等一系列有异于社会主流的性取向定义为性障碍或性变态。随着医学、心理学和性学的发展，对"性障碍"和"性变态"的认识也开始改进。例如，同性恋是个体遗传因素、生物因素、心理因素和社会因素共同作用形成的一种复杂现象。因此，美国精神医学会与美国心理学会在 20 世纪 70 年代就开始不再将同性恋看成一种精神疾病。1994 年，世界卫生组织（WHO）出版的《国际疾病与相关健康问题统计分类》（第 10 版）（ICD-10）将同性恋从精神病诊断名册中除名。2001 年，中华医学会出版的《中国精神障碍分类与诊断标准》（第 3 版）（CCMD-3）也将同性恋删除，不再把同性恋划为病态。

美国心理学会对以下问题已经达成基本一致：同性伴侣关系与异性伴侣关系运转的方式大抵相同，性取向与个体能否成为富有爱心、善于养育的父母并没有必然关系。从社会氛围来讲，人们对同性恋的认识和态度一直在向积极的方向发展变化。

资料来源：

贺莹，彭会清，崔夕龙，等 . "性别不一致"去精神病化的思考［J］. 医学与哲学，2021，42（11）：3.

江光荣.大学生心理健康素养［M］.长沙：湖南师范大学出版社，2020.

杨恒宇.把黑白涂成七彩的颜色——多元性别视角下的性别认同测量及诠释现象学分析［D］.上海：华东师范大学，2022.

3. 性冲动与性压抑引发的困惑

性冲动是指由性刺激引起的性兴奋及性心理反应，并希望得到性满足的心理反应状态。一般情况下，大学生的性冲动可通过学习、交往、集体活动得以释放，性情感得以减弱或转移。但也有些大学生尤其是一些性格内向、性知识匮乏、人际关系紧张的学生，往往无法缓解自己内心的冲突，强迫自己回避性需求，形成严重的性压抑。有的对性欲望感到恐惧，对身体的正常性反应感到困惑与厌恶，心情烦躁不安，表现出紧张焦虑的心理状态；有的则由性压抑导致性敏感，害怕与异性交往，害怕感官受到刺激，害怕出现性联想，担心发生"越轨行为"，甚至个别的还表现出性偏离倾向，形成了性心理障碍。

其实，性冲动是一种正常的生理和心理现象，并不是不道德的事，是否符合道德关键是看采用什么样的方式去满足性冲动和性欲望，以何种方式去对待异性之间的相互吸引。

此外，性自慰、性幻想、性梦等也是正常、普遍的性行为表现形式，能够在一定程度上补偿、缓解性冲动与性压抑，无须对此产生过度的担忧、恐惧、羞愧和罪恶感。但需把握好"度"，切勿沉溺其中、无法自拔，否则将对现实生活造成不良影响。

4. 性侵害与性伤害引发的创伤

性侵害泛指一切与性相关且违反他人意愿，对他人实施造成身心侵害的行为，包括强奸、诱奸、性骚扰在内的行为都可算是性侵害，而暴露、窥淫等也可算是性侵害的一种。

受害者不仅在事发当时，而且在以后相当长的一段时间里都会存在消极退缩、担惊受怕、回避人际交往、自尊心严重受损等心理症状。如果是在儿童时期受到侵害，在青春期性意识的觉醒时，当事人会觉得自己不是个好孩子，担心迟早会被人知道；觉得自己不再纯洁，不敢建立亲密关系；想起当时的场景，就会感到无助和恐惧。被害人很可能会认为自己与同辈群体不同，自我价值感降低，并因负面事件而倍加自我责难，从而加重了不安、自责和恐惧等心理压力，直至影响到正常的学习和生活。由此可见，性伤害在本质上是造成当事人心理创伤的恶性事件，尤其是遭遇强暴这种极端性侵犯造成的心理创伤更为严重。

遭受性侵害后，应当保留证据，尽快求助，包括到医院救治，向公安机关报案，到心理咨询机构求助等。然而，据《2019—2020年度全国大学生性与生殖健康调查报告》显示，在经历性骚扰或性侵害后，近六成大学生没有向他人诉说或求助。究其原因，大家可能恐惧于"受害者有罪论"的非议，害怕遭受指责，抑或担心求助过程中因屡次回忆、述说受害情境可能经历的"二次伤害"。其实，在遭受性虐待、性骚扰时，向可信赖的成年人和相关机构寻求支持和帮助非常重要，相反，忍气吞声则可能让施暴者再次施加侵害行为。

如果在童年时期不幸受到了性伤害，需要这样来面对：

（1）明白自己当时处于无法自我保护的年龄，受到伤害，错不在受害者本人，而是施暴者。

（2）学会善待自己，不要为童年所受到的伤害自责和焦虑，不能在受到伤害后还用自责来继续伤害无辜的自己，努力调整心态帮助自己走出童年的阴影。

（3）如果身体已经受到伤害，可以寻求医学上的帮助，通过科学的治疗帮助自己恢复健康。

（4）坚信不幸的经历不会降低自己的生命价值。一个对自己充满自信的人，无论曾经遭遇过什么不幸，都依然可以拥有充满阳光的幸福生活。

（5）如果伤害给自己造成了严重的心理创伤，可以向心理治疗师等专业人员求助，以减轻恐惧、焦虑、自责等心理压力。

◎ **知识拓展 8-2**

被性侵害之后怎么办

性侵害可能造成被害人瘀青、擦伤、挫伤或刀伤等，也可能导致怀孕或感染性病。此外，被害人还需面对心理的创伤。如果性侵害事件不幸发生了，建议被害人这样做。

1. 相信你并没有犯错。不管自己当时做了什么，被侵犯都不是自己的错。

2. 找个安全的地方待着。万一遭遇袭击一定要设法到达一个安全的地方，再寻求帮助。

3. 找个信任的人陪伴你。不管当时多晚，都不要自己一个人。找亲人、朋友或老师陪伴，或找警察求助。

4. 不要洗澡，也别换衣服，尽快就医。万一不幸遭遇性侵害，就应立刻寻找合格医师检查，以进行必要的取证、治疗，并采取避孕措施。为了保存相关证据，请你先忍耐，不要洗澡更衣，许多医院都有全天 24 小时急诊，可以立刻就医。

5. 如果是被陌生人强暴，请牢记歹徒的各项特征，并且保留现场不要移动或触摸任何现场器物。

6. 尽快向警方或相关单位报案。报案不但可以减少其他人受害的机会，也是保障自己免于被加害人再度伤害的有效途径。但很多人往往会担心二度伤害而踌躇不前，甚至不去报案。如果不报案而选择自己独自面对，时间一长会加重当事人的自责自罪感和恐惧无助感，觉得没有人可以帮助自己，还会加重孤独感和绝望感，甚至患上抑郁症。

7. 寻求专业心理咨询师的帮助。你可以从各种途径，以你的方式和亲人或朋友深谈，或接受心理咨询师的专业帮助。专业的心理咨询可以帮助你疏解被压抑的情绪，如愤怒、恐惧等，可以学习掌握更多种情绪表达方式，帮助你克服罪恶感和自责感等不良情绪。

◎ 心理自测 8-1

测测你对于爱与性的看法是怎样的？

请根据你的真实想法或看法，对下列问题回答"是"或"否"。

1. 我为自己出现性冲动感到紧张与羞耻。
2. 我认为自慰是标准的性行为的一种，而过度的自慰是有害的。
3. 我觉得自己的生殖器太小，发育状况不理想。
4. 性远远不是我们的最大快乐。
5. 如果我爱一个人，我和他／她干什么都行。
6. 真正的爱情不是单相思。
7. 我与对方发生性关系，并不需要尊重或者爱对方。
8. 我认为心心相印是通向幸福的桥梁。
9. 没有爱情的性行为很难令人真正感到快乐。
10. 对有些人来说，同性恋是正常的。
11. 爱一个人主要是给予和付出。
12. 恋爱当中，拒绝与争吵都是正常的事情。
13. 不论做什么，只要不怀孕就行了。
14. 对于性，不愿意的时候就应该坚定地说"NO"。
15. 爱是包容对方，使她（他）更自信。
16. 只在乎曾经拥有，不在乎天长地久。
17. 一旦喜欢上了她（他），就非他不嫁，非她不娶。
18. 没有爱情的性行为根本不能填补人与人之间的鸿沟。
19. 爱是很简单的事情，困难的是如何找到爱的对象或者被爱。

计分方式与结果解读：

1、3、5、7、13、16、17、19 题，选"是"得"0"分，选"否"得"1"分，其余题目选"是"得"1"分，选"否"得"0"分。

性生理观念：将 1、2、3、4、10 的得分相加。如果分数在 3 分以下，则表明你对性生理的看法存在偏颇，容易产生精神压力和情绪问题。

爱情观：将 6、8、11、12、15、16、17、19 题的得分相加。如果得分在 6 分以上，表明你对什么是爱有比较正确的看法，如果在 4 分以下，那么你需要深入地思考一下，究竟什么是"爱"？

爱与性的关系：将 5、7、9、13、14、18 题的得分相加。如果你的得分在 3 分以下，也许你对爱与性的关系的看法还不成熟，容易产生使身心受到伤害的性行为。

三、大学生性心理健康的维护

（一）性心理健康及其标准

性心理健康是人类健康不容忽视的重要组成部分，也是心理健康的重要内容之一。对大学生而言，性心理健康的标准可以归纳为如下几点：①有正常的性需求和性欲望；②有科学、客观的性知识；③有正当、健康的性行为方式。

其中，正常的性需求和性欲望是性心理健康的物质基础，科学的性认识是指了解性心理健康的自我调节机制，正当、健康的性行为是指符合法律法规、校纪、道德等规范的行为。

（二）如何维护性心理健康

1. 学习科学的性知识

作为大学生，应当努力学习和掌握性科学知识，避免性无知，清除仅把性看作生物本能的片面认识。学习性生理知识，可以明白哪些生理现象是正常的，哪些现象是对身体和心理发展不利的，消除朦胧感、神秘感和恐惧感。学习性心理知识，可以了解性心理发展规律，掌握自我调控方法。学习性道德和性法律知识，可以明确性行为的道德规范和法律约束，将性行为置于道德与法律的规范之中。

下面介绍一些关于受孕与避孕的常识。

随着性器官的发育成熟，女性通常在 12 ~ 15 岁会有月经来潮，但往往不规律；到 18 岁左右卵巢与子宫发育成熟，月经周期逐渐稳定。月经规律、正常的女性，每一个完整月经周期内，卵巢有且只有一次排卵，一次排卵通常排出一颗卵子。然而，并非所有女性都会在每个周期中排卵，而且每个女性的排卵周期可能不同。子宫及其内膜是为受精卵着床做准备的，如果在排卵期没有受精卵着床，子宫内膜就会与子宫颈黏液及阴道上皮细胞一同脱落，随卵子一起排出体外，这就形成了定期的月经来潮。月经周期的长度因人而异，通常在 21 ~ 35 天之间波动。

在月经结束后的卵泡期，卵泡开始发育。随着卵泡的发育，它会产生雌激素，促进子宫内膜增厚和宫颈黏液分泌增加，为受精卵着床做准备。当卵泡发育成熟后，会排出成熟的卵子。这个过程通常发生在月经周期的第 14 天左右（但具体时间因人而异，且可能受到多种因素的影响）。排出的卵子会被输卵管的伞端捕获，并送入输卵管内。此时，如果女性在排卵期前后与男性发生性行为，男性的精子会通过阴道、子宫进入输卵管，与卵子相遇。在输卵管内，精子与卵子结合，形成受精卵。受精卵在输卵管内继续发育，并借助输卵管壁绒毛的运动，逐渐向子宫移动。大约在受精后的第 6 ~ 7 天，受精卵会到达子宫腔，并选择合适的位置着床，受精卵的滋养层细胞会分泌一种激素，使子宫内膜发生一系列变化，以适应受精卵的着床和发育。着床后，受精卵继续发育成为胚胎，并逐渐成长为胎儿。同时，母体的内分泌系统也会发生一系列变化，以适应胎儿的发育需求。

有过性行为的女性，如果平时月经周期规律，突然出现月经延迟的状况，则可能是受孕的迹象之一。在怀疑自己可能受孕后，可以使用早孕试纸进行测试。测试时应按照说明书正确操作，并在规定时间内读取结果。如果早孕试纸测试呈阳性或怀疑自己可能受孕，建议尽早进行医学检查以确认是否受孕，受孕后需要定期产检以了解胎儿的发育和健康状况。孕期女性可能会出现一系列妊娠反应，如恶心、呕吐、乳房胀痛、嗜困、疲乏、食欲不振、尿频等。但需要注意的是，这些症状并非所有女性都会出现，且程度因人而异。

需要强调的是，避孕方法的选择和使用应基于科学知识和专业建议。以下是一些科学的避孕常识：（1）使用安全期避孕法并不可靠，因为女性的排卵周期可能受到多种因素的影响而发生变化，导致安全期并不安全。（2）避孕套、避孕药等避孕方法可以提供有效的避孕效果，但使用时应遵循正确的使用方法，并在医生的指导下进行选择和调整。（3）对于长期无生育计划的女性，可以考虑采用更长效的避孕方法，如皮下埋植避孕、宫内节育器等，但需在充分了解和权衡利弊后做出决定。

2. 树立健康的性观念

大学生已经具有分辨健康与不健康性知识的能力，切勿过于沉迷强烈的性刺激，避免相关网站、视频、书刊等色情信息的诱惑对身心健康产生不良影响。与此同时也要认识到，对于大学生而言，有性生理需求和性欲望是正常的，对于相关的生理反应，需要树立科学、健康的态度，明白这是自然的生理规律。对于性需求和性欲望，需要掌握一些适合自己的、符合社会规范的方式来释放、转移以及积极调适。

3. 掌握正当的调适方法

性心理自我调适，是指在性心理发生矛盾冲突或出现问题时，采用有效方法，运用意识力量，对心理活动进行合理的控制和调节，使失衡心理得到缓解，性心理问题得到及时解决。例如，在强烈的性欲得不到宣泄时，在过度的性压抑带来痛苦时，在自慰、性梦等现象成为习惯时，在性行为出现失当时，不必惊慌失措，不可自暴自弃，要通过一定的方法加以自我调适。

（1）适当压抑法

压抑是社会对性欲最常见的对策，是个体对待性欲的传统、普遍的反应方式。适当的压抑虽然与性本能相抵触，但它却是合理的，也是必需的，对社会安定发展和个人身心健康都是有益的。大学生处在性欲旺盛时期，但主要任务是学习，应该以强烈的学习欲望来消解性欲望的张力，以紧张的学习生活来转移性需求的能量，通过培养性抑制能力，来适应校园学习环境，严守社会行为规范。

（2）转移淡化法

主动投身到校园文化活动和集体生活之中，通过参加集体活动可以转移大脑中枢神经的兴奋中心，把能量投入到学习知识、提高能力、增长才干和培养兴趣上。这样有助于减缓性冲动和降低性压抑，并有助于调节深层的本能力比多，培养健康的情感。

（3）升华替代法

升华是指性欲在环境限制下难以正常宣泄时，将其转化为另外一种积极、建设性的欲望，在创造性的活动中得以释放。心理学研究成果表明，性欲转化为其他欲望或被其他欲望所替代，不但是可能的，而且是可行的，这是人类进化的一种理想应对策略。例如，在痴迷于热恋影响学习时，或是性情感受挫时，或是性心理受到伤害时，都可以把原来的欲望转化为积极进取的动力，成为刻苦学习、努力工作、创新活动的源泉。例如，歌德在失恋后的痛苦中成就了《少年维特之烦恼》。

4. 杜绝不安全性行为

不安全性行为是指在不了解对方性传播疾病感染状况的情况下进行无保护性交的行为，具有传播性疾病的高度潜在风险。**性传播疾病**指主要通过性接触传染的一类全身性传染性疾病，我国将梅毒、淋病、生殖器疱疹、尖锐湿疣、软下疳、非淋菌性尿道炎、性病性淋巴肉芽肿和艾滋病列为重点防治的范畴。其中，**艾滋病**全称为**获得性免疫缺陷综合征（AIDS）**，是由人类免疫缺陷病毒引起的性传播疾病。这种疾病主要损害人体免疫系统，破坏人体的抵抗力，使患者易患一些普通人不易患的严重传染病或恶性肿瘤，最后导致病人死亡。由于这种病是当代对人类威胁最严重的性传播疾病，因此被西方称为"20 世纪的新瘟疫""超级癌症"。

艾滋病的传播包括三个环节：一是传染源，感染艾滋病病毒的人是本病的唯一传染源；二是传播途径，主要有性接触传播、经血液和血制品传播、母婴传播；三是易感人群，人们对艾滋病病毒普遍易感。虽然艾滋病是一种危险的传染病，但却是可以预防的，积极做好艾滋病预防，可以从以下方面着手。

（1）遵守性道德，洁身自爱，自觉远离和反对不健康的性行为方式，遵守婚前健康检查的规定，通过婚前健康检查结果知晓自身及伴侣的健康情况，明确双方是否已受艾滋病病毒感染。

（2）不以任何方式吸毒。

（3）不到消毒得不到保证的诊所、医院去打针、拔牙、针灸或手术；不要擅自从国外带入血液制品，不要使用未经检验的进口血液制品。

（4）儿童打预防针必须做到一人一针一管。

（5）不要用不消毒的针穿耳眼，不要文身。

（6）牙刷、剃须刀必须每个人自备专用，不可借用。

（7）在救护流血伤员时，要设法防止血液直接接触在自己的皮肤或黏膜上。

第三节　心理学视角下的性别解读

一、认识性别

"性别"一词对于每个人来说都十分熟悉，但它的复杂性却往往被忽视了，本节将从生理维度、社会维度、心理维度来概述"性别"一词的多重涵义。

（一）性别的生理维度——生理性别

生理维度上的"性别"概念指个体在生物学和解剖学上的身体差异，即**"生理性别"**。人类的生理性别可以分为男性、女性、间性等，其中包括了（性）染色体、生殖器、性腺、第二性征等多方面的差异，其中，性征是生理性别最为直接和外显的表现形式。性征包括第一性征和第二性征，第一性征是男女生殖器官上可以分辨出的外形和构造的差异，如男子有睾丸、阴茎，女子有子宫、阴道；第二性征是由于性激素的差异导致男女在青春期出现的一系列生理特征，例如男性开始变得声音浑厚、喉结突出，女性开始出现嗓音纤细、乳房隆起、月经来潮等变化。第一性征是与生俱来的，一般而言，胎儿性别发育的结果是男、女两性，但这一过程也会出现一些偏差，导致一些人拥有介于男性和女性之间的双性解剖学结构——通常被称为"双性人/中性人"。

（二）性别的社会维度——性别角色

社会维度上的"性别"概念指向一个人作为男性或是女性的社会和文化身份，即**"性别角色"**——个体在社会化过程中通过模仿学习获得的一套与自己性别相应的行为规范，随不同社会文化而有所不同。一个社会的性别角色标准体现了一种社会文化对男性和女性行为的不同期望，反映了区分男性与女性、以不同方式对待男性和女性的刻板印象。许多研究人员指出，性别角色的社会化从胎儿刚出生时就已经开始了，养育者会按照"性别角色"标准为孩子选择"适合其性别"的衣服、玩具、发型及回应方式等。

在早期有关性别角色的研究中，绝大多数研究者认为，男性化的心理特质和女性化的心理特质处于一个维度的两端。而且，男性应该有"男性气质"，女性应该具有"女性气质"，生理性别与社会性别越相符，适应能力就越强，心理水平就越健康。

直到20世纪70年代，这种一维性别观点受到了挑战。有研究者指出：男性化和女性化并不是同一维度的两极，而是衡量性别的两个不同维度，也就是说，男性特质和女性特质相互独立，一个人可以同时拥有二者，如既果敢坚毅（传统男性化特质），又温暖体贴（传统女性化特质），这被称为"双性化"。贝姆（Bem）1974年在此基础上根据双性化的概念，在符合社会期望的性别特质词汇中选取词汇，进而编制了贝姆性别角色量表（BSRI），并将性别角色分为四种类型：

未分化，指被试在男性和女性分量表的得分均低于相应的中位数，男女性正性特质都弱。

女性化，指被试在女性量表的得分高于该分量表的中位数，在男性量表的得分低于该分量表的中位数，女性正性特质强。

男性化，指被试在女性量表的得分低于该分量表的中位数，在男性量表的得分高于该分量表的中位数，男性正性特质强。

双性化，指被试在男性和女性分量表的得分均高于其相应的中位数，男性正性和女性正性特质都强。随之而来的研究表明，双性化水平高的个体，即那些同时具有男性化特征和女性化特征的人，可以根据特定情境表现出最适宜的行为特征。

但需要注意的是，双性化不等同于中性化，**双性化**是指一种兼具男女两性人格优点的综合型人格类型，而**中性化**则是指没有典型的男性气质，也没有典型的女性气质。我国有研究者开发了本土化的大学生性别角色量表，相关研究结果发现，大学生双性化的比例随年级增长而逐渐升高，男性化和女性化的比例没有太大变动，未分化的比例有所降低，但仍占约四分之一的比例。这表明，随着社会发展对人的全面发展的新要求，当前大学生性别特质的相关行为表现变得更加灵活，但与此同时也需意识到，大学生的性别角色发展仍处于自动自发探索、容易随波逐流的盲目状态，因此，需要进一步加强和完善性别角色教育和价值引导。

◎　心理自测 8-2

大学生性别角色量表（CSRI-50）

请您就下列形容词给自己打分。如果您觉得形容词描述的完全符合您的情况，就打 7 分；完全不符合，就打 1 分；如果有点相符但又不完全符合，请按符合的程度酌情在 2~6 分之间给分。选择没有正确或错误之分，只是请你在最能反映你实际情况的数字上打钩。

编号	项目	完全不符合						完全符合	编号	项目	完全不符合						完全符合
1	有亲和力	1	2	3	4	5	6	7	17	得过且过	1	2	3	4	5	6	7
2	乐于冒险	1	2	3	4	5	6	7	18	乐群	1	2	3	4	5	6	7
3	节俭	1	2	3	4	5	6	7	19	能体谅人	1	2	3	4	5	6	7
4	懒惰	1	2	3	4	5	6	7	20	语调柔和	1	2	3	4	5	6	7
5	有领导风范	1	2	3	4	5	6	7	21	愉快	1	2	3	4	5	6	7
6	大度	1	2	3	4	5	6	7	22	有判断力	1	2	3	4	5	6	7
7	文静	1	2	3	4	5	6	7	23	傲慢	1	2	3	4	5	6	7
8	认真	1	2	3	4	5	6	7	24	心胸开阔	1	2	3	4	5	6	7
9	真诚	1	2	3	4	5	6	7	25	推诿责任	1	2	3	4	5	6	7
10	自以为是	1	2	3	4	5	6	7	26	理性	1	2	3	4	5	6	7
11	冷静	1	2	3	4	5	6	7	27	勤俭	1	2	3	4	5	6	7
12	孝顺	1	2	3	4	5	6	7	28	富有同情心	1	2	3	4	5	6	7
13	谦虚	1	2	3	4	5	6	7	29	消极	1	2	3	4	5	6	7
14	善于倾听	1	2	3	4	5	6	7	30	男子气	1	2	3	4	5	6	7
15	沉稳	1	2	3	4	5	6	7	31	有爱心	1	2	3	4	5	6	7
16	心细	1	2	3	4	5	6	7	32	慷慨	1	2	3	4	5	6	7

续表

编号	项目	完全不符合						完全符合	编号	项目	完全不符合						完全符合
33	有组织能力	1	2	3	4	5	6	7	42	有领导能力	1	2	3	4	5	6	7
34	乐于安慰人	1	2	3	4	5	6	7	43	温柔	1	2	3	4	5	6	7
35	胆大	1	2	3	4	5	6	7	44	勇敢	1	2	3	4	5	6	7
36	不卑不亢	1	2	3	4	5	6	7	45	墨守成规	1	2	3	4	5	6	7
37	豪放	1	2	3	4	5	6	7	46	诚实	1	2	3	4	5	6	7
38	乐于助人	1	2	3	4	5	6	7	47	有支配力	1	2	3	4	5	6	7
39	女子气	1	2	3	4	5	6	7	48	温顺	1	2	3	4	5	6	7
40	文雅	1	2	3	4	5	6	7	49	不合群	1	2	3	4	5	6	7
41	投其所好	1	2	3	4	5	6	7	50	善解人意	1	2	3	4	5	6	7

结果解读：

女性化分量表题目编号：1，3，7，14，16，19，20，27，28，31，34，39，40，43，48，50，将女性化分量表的选项得分相加除以16，得到女性化性格特征得分（F）；

男性化分量表题目编号：2，5，6，11，15，22，24，26，30，32，33，35，37，42，44，47，将男性化分量表的选项得分相加除以16，得到男性化性格特征得分（M）。

全国常模中男性和女性分量表得分的中位数分别为4.8、5.0，划分性别角色类型的方法为：

未分化：M＜4.8、F＜5.0；女性化，M＜4.8、F≥5.0；

男性化，M≥4.8、F＜5.0；双性化，M≥4.8、F≥5.0。

资料来源：

黄会欣，刘电芝.中美不同时代大学生性别角色量表选词变化及性别角色观的嬗变［J］.宁波大学学报：教育科学版，2013，35（3）：5.

刘电芝，黄会欣，贾凤芹，等.新编大学生性别角色量表揭示性别角色变迁［J］.心理学报，2011，43（6）：639-649.

（三）性别的心理维度——性别认同

心理维度上的"性别"概念指向个体对自身性别的意识和接受程度，即"性别认同"。性别认同既包括个体对自身生理性别的确认，同时也包括对自身所属的社会性别角色的认同——根据社会文化对性别角色的期望选择相应的态度、价值观和行为风格，并发展为性格方面的男女特征。简言之，**性别认同**是指个体对自己是男性、女性或者其他性别的一种深刻的内在感受，它可能与生理性别一致，也可能不一致。

心理学家们提出了几种理论用以解释性别角色的发展和性别认同的形成，以下是具有代表性的理论观点。

1. 生物社会理论的观点

生物社会理论认为，一系列关键性事件会影响个体最终形成男性化或女性化的性别角色偏好。在受孕的前几周，胎儿几乎是一样的，之后差异逐渐发生——女性受孕时接受的男性的性染色体决定着胎儿的性腺、内部生殖系统以及外生殖器等的发育方向。婴儿出生伊始，社会因素即开始发挥作用，父母或其他养育者会根据孩子生殖器的外观判断婴儿的性别，并选择"适合其性别"的照料及回应方式。根据生命最初的这些来自外界的信息反馈，人们逐渐学习并确认自己的性别。但如果婴儿的外生殖器异常，它则会被错误地归入另一个性别群体，这一错误的标签则会影响其未来的性别角色发展。总之，生物社会理论强调生命早期生理发育的重要性，它影响父母及其他养育者在孩子婴儿时期如何标记其性别，并给出与标记性别相适应的养育方式，这会直接塑造孩子对自身性别最初的意识。在后续成长过程中，孩子们作为某一种性别被养育，经历该性别角色的社会化，获得社会对于性别的规范，这会显著影响他们性别角色的发展。

2. 精神分析理论的观点

弗洛伊德的精神分析理论认为，个体的性别认同和对某种性别角色的偏好是从生殖器期开始的，在这个时期，个体开始模仿并认同与他们同性别的父母。具体而言，男孩为了压抑其对母亲的渴望，被迫认同他们的父亲以减轻阉割焦虑，解决俄狄浦斯情结（或称恋母情结），从而内化男性化的特质和行为；同样，女孩的厄勒克特拉情结（或称恋父情结）使其为了取悦父亲，开始模仿和内化母亲的女性化特征和行为，并最终形成女性化的性别定型。然而这一理论的观点一直饱受质疑，如有研究发现，男孩对于父亲的认同并非由于害怕和恐惧，而是由于父子之间良好的关系，相比经常惩罚、具有威胁性的父亲，男孩更认同和蔼且慈爱的父亲。

3. 社会学习理论的观点

班杜拉（Bandura）等社会学习理论者的观点认为，儿童通过两种途径获得性别认同、形成性别角色偏好：其一是直接学习，孩子会因与其性别特征相适宜的行为得到鼓励和奖赏，而因那些与性别特征不符的行为而受到惩罚或阻止，来自重要他人的奖励或惩罚的反馈信息会强化个体的某种行为；其二是观察学习，孩子会观察和模仿同性别的他人，从而获得相应的性别态度和行为，形成性别角色。

4. 认知发展理论的观点

科尔伯格（Kohlberg）的认知发展理论提出了一种与前述理论截然不同的观点，他的主要观点为：性别角色的发展依赖于认知的发展，儿童必须对性别特征的形成有一定了解后，才能被社会经验所影响，并且他们是积极主动地参与自身性别社会化的过程，而非被动承受者。简言之，科尔伯格认为，儿童首先建立起稳定的性别认同，然后再积极寻求同性别榜样或是其他信息，从而学会像一个男孩或是女孩那样去行事。换言之，以往理论认为"人们按照男孩的标准对待我，所以我必须成为一个男孩"，认知发展理论则认为"我是个男孩，所以我必须尽我所能努力学习怎样成为一个男孩"，即性别角色认同开始于对性别的认知。

5. 性别图式理论的观点

性别图式理论实际上是一种信息加工理论，提出者认为，个体总是积极主动地参与到自身性别角色社会化的过程中。科尔伯格认为社会化的过程只有在儿童获得了对性别恒常性的理解之后才会开始，这个时期一般在 5～7 岁。与此观点不同的是，性别图式理论认为，儿童的自我社会化过程在他们形成了基本的性别认同之后就会开始，一般在 2.5～3 岁。这一理论认为，基本性别认同的建立有助于个体学习有关性别的知识，并将这些信息整合到性别图式之中，形成一系列有关男性和女性的观念与期望。性别图式一旦形成，将成为个体信息加工的脚本，影响儿童选择何种信息进行关注、加工和记忆——对与性别图式相一致的信息进行编码和记忆，而遗忘或是歪曲与其性别图式不一致的信息，使之更符合自己的图式。

总的来看，上述相关理论分别侧重于不同方面，促进了人们对于性别认同和性别角色发展的理解，我们可以尝试以一种整合的视角去理解性别的形成。首先，生理特征直接决定了如何判定一个孩子的性别，并成为人们采取何种抚育方式的主要依据；之后，重要他人对于与性别相一致行为的奖赏和鼓励，以及与性别不相符行为的惩罚和阻止，促使年幼儿童进一步学会和内化了相应的社会性别规范；随着性别社会化的发展，个体逐渐获得基本的性别认同，建立性别图式，形成一系列关于不同性别的信念和期望，并促使自身通过各种方式去学习和判断何种模式更适合自身所属的性别群体。但需要提出的是，所有的性别形成理论几乎都一致认为，一个男性或是女性应该是何种模样，很大程度上取决于其所处社会环境的性别观念，换言之，是文化塑造了性别，或许在另一个时代、另一种文化之中会孕育出与现有性别观念完全不同的男孩与女孩。

◎ **课堂活动 8-2** ▬▬▬▬▬▬▬▬▬▬▬▬▬▬▬▬▬▬

关于性别特质与性别角色的讨论

请讨论：

1. 性别特质是否只属于某一性别？是否受到所处时代和文化的影响？

2. 你是否愿意拥有一些异性的性别特质？希望拥有哪些？

3. 你是否觉得自己在某些方面受到了性别角色的限制？

4. 列出你的性别角色榜样，既可以是你身边熟悉的人，也可以是公众人物或某些作品中的角色。请互相交流：为什么将其作为榜样？希望自己哪些方面和榜样一样？当前和榜样有何相像之处？

二、重塑性别态度与行为

（一）性别差异是否真的存在

日常生活中，人们对于两性之间似乎总存在一些刻板认知，例如，认为男性应当有阳刚之气，他们独立、有力量、有攻击性，但不擅长表达感情与控制情绪；女性则热情、善于表达、更加细致和关怀，但是却较为柔弱、依赖性强等。这一系列有关性别特征的固有信念在心理学上被归属为"性别刻板印象"的范畴。

性别刻板印象指人们对男性和女性在行为、个性等方面的特征进行归纳、概括和总结后，形成相关的信念和假设，这些信念和假设反过来又影响人们去认识男性和女性，并被一步步强化，因而变得教条、类化。简言之，性别刻板印象是我们对两性认知普遍存在的一种固定的认知图式，涉及人格特征、行为表现、职业选择等诸多方面。性别差异的刻板印象究竟是一种错觉，还是确有其事呢？在一项经典研究中，研究者回顾了近 1 500 项关于男女两性的比较研究，内容涉及关于性别刻板印象的诸多方面，结果发现，几乎没有证据能够全面和确定地证明性别差异的存在，仅有非常少的几项性别刻板印象存在微小的事实根据。

因此，大多数发展心理学家更倾向于认为：两性在心理上的相似性远大于差异性。另外，或许大多数的群体层面的性别差异也并非生理因素导致的必然结果，而是文化及其他社会因素所发挥的重要作用塑造而成的。因此，万万不可单凭一个人的性别就推测其某方面的能力如何，而是要透过性别，真正去看到性别标签之下的一个人的全貌。

（二）挣脱性别藩篱，合作而非对抗

随着时代的发展，人们的性别观念已发生转型，但不可否认的是，传统性别观念带来的影响是持续且深远的。例如，在"重男轻女"思想的影响下，一些长辈或父母依然会偏爱男孩，更有甚者会把女孩当成男孩来抚育；再如，"女生要温柔淑女""男生不能轻易哭泣""男生应该选择理工类科目""幼师是女人的工作"等观念依然深入人心，而表现出男性特质的女孩或是表现出女性特质的男孩都很容易遭受来自外界的异样眼光……诸如此类由于陈旧性别观念造成的性别偏见，折射出的是传统性别角色标准的刻板与僵化，不仅是对女性的规训和约束，同样束缚了男性的发展。因此，不同性别之间或许不应该各自抱团、彼此攻讦，而是要统一战线、共同合作，携手挣脱陈旧性别观念的藩篱。

性别只是一种属性，而非限制自我个性发展的桎梏。超越刻板僵化的性别角色限定，男性和女性不再拘泥于男性化或是女性化的角色，而是尽可能地使自己作为一个"人"的潜能得到更加充分的发挥。在消除性别偏见的世界里，人们无须为了彰显所谓的"男子气"与"女子气"，而压抑真实的自我，无论男性还是女性，都将拥有无限可能——你既可以温柔敏感，也可以果敢坚定。人们需要共同努力，携手打破性别藩篱，不断促进自我的个性发展与全面发展。

◎ 时代心能量

男女平等基本国策的提出及发展过程

大家对男女平等基本国策了解多少呢？过去几十年来，随着中国社会发展和经济飞速增长，我国在制定法律、出台政策及其他促进性别平等与女性赋权的关键领域也取得了重要进展。

1950 年，新中国第一部法律——《中华人民共和国婚姻法》确立了婚姻自由、一夫一妻、男女权利平等的婚姻制度。1954 年第一部宪法规定了妇女在政治、经济、文化、社会和家庭生活各方面享有同男子平等的权利，并在历次修改中一以贯之。

1992 年制定实施的《中华人民共和国妇女权益保障法》，是中国第一部促进男女平等、保障妇女权益的基本法，具体规定了妇女的政治权利、文化教育权益、劳动权益、财产权益、人身权利和婚姻家庭权益。1995 年，联合国第四次世界妇女大会在北京召开。会议通过了具有里程碑意义的《北京宣言》和《行动纲领》，首次提出了"男女平等"基本国策。

2005 年，我国重新修订《中华人民共和国妇女权益保障法》，法律明确规定，"实行男女平等是国家的基本国策，国家采取必要的措施，逐步完善保障妇女权益的各项制度，消除对妇女一切形式的歧视"。

2012 年，"坚持男女平等基本国策"被写入党的十八大报告。2017 年，党的十九大报告指出，要"坚持男女平等基本国策，保障妇女儿童合法权益"，这是相关内容再度写入全国党代会报告。

2022 年 10 月，中国共产党第二十次全国代表大会在北京胜利召开，"坚持男女平等基本国策，保障妇女儿童合法权益"再次写入党代会报告，为新时代妇女事业发展指明了方向，提供了根本遵循。同年，再次修订《中华人民共和国妇女权益保障法》。总则中开宗明义指出，"男女平等是国家的基本国策"，并强调，国家采取必要措施，促进男女平等，消除对妇女一切形式的歧视，"禁止排斥、限制妇女依法享有和行使各项权益"。明确规定，"国家将男女平等基本国策纳入国民教育体系，开展宣传教育，增强全社会的男女平等意识，培育尊重和关爱妇女的社会风尚"。

中国发展进入了新时代。在更高水平上促进男女平等和妇女全面发展，既面临机遇，又任重道远。相信随着时代的发展，我国在男女平等方面会发展得更加完善。

（三）促进性别教育变革，实现性别平等

近年来，我国性别平等教育正在稳步推进和开展。2021 年，国务院印发《中国妇女发展纲要（2021—2030 年）》，其中提出"教育工作全面贯彻男女平等基本国策""大中小学性别平等教育全面推进，教师和学生的男女平等意识明显增强""促进性别平等教育融入学校教学内容、校园文化、社团活动和社会实践活动"等内容。2022 年国际

妇女节之际，联合国教科文组织（UNESCO）出版了一份关于性别平等的事实清单，其中强调了如何打破教育中的性别偏见和刻板印象，倡导"加强教育系统，实现性别变革，促进性别平等"理念。UNESCO 建议，教育中促进性别变革的方法可以包括：

（1）开展家长宣传计划，消除子女对教育和职业产生的性别刻板印象；

（2）在学校从低年级开始开设性别变革课程并定期举办活动，对具有危害性的性别规范和性别不平等现象进行仔细地审核；

（3）修订教学和学习材料，消除性别偏见和刻板印象以及传统性别规范，促进性别文化的多样性；

（4）对教师进行性别变革培训，使他们能够批判性地反思自己的偏见，并挑战和解构传统的性别规范和刻板印象；

（5）建设多元化的教师队伍，促进性别平等从而对所有学习者一视同仁；为所有人创造安全的学校环境，包括性少数群体学生；

（6）获得教育环境中关于性取向和性别认同及表达的客观且准确的信息；

（7）提高全校对性别偏见和刻板印象的认知，对性别偏见和刻板印象采取相应行动；

（8）获得榜样和导师的帮助，揭露关于性别能力和职业的刻板印象；

（9）在学校提供性别变革的义务咨询，打破关于职业性别划分的刻板印象，鼓励个体在其代表性不足的领域追求理想职业，如女孩可以进入 STEM（科学 science、技术 technology、工程 engineering、数学 mathematics）领域，男孩可以从事护理和教师职业。

◎　文化润心

中国传统文化中的男女平等思想

诚然，传统社会存在男尊女卑的不平等观念，但在中华民族优秀传统文化中，也不乏男女平等的思想萌芽和对女性地位的肯定。这些思想无疑是男女平等价值观形成和发展的文化基因和思想来源，既丰富了传统文化的内涵，也为现代社会的性别平等观念提供了有益启示。

兹参考全国妇联妇女研究所范红霞的归纳，列举中国传统文化中蕴含的男女平等思想：

万物齐一。《齐物论》中提出"物无贵贱，万物齐一"思想，"齐一"即平等。墨家的"兼爱"思想、法家的"法不阿贵，绳不挠曲"思想，以及儒家的"仁爱""有教无类"思想，都包含着男女平等的思想元素。

尊崇女性。女娲抟土造人、炼石补天的神话故事，远古八大姓如姜、姬、妫、姒、嬴、姞、姚、妘的女字旁，充分体现了远古时期对女性的尊敬与崇拜。

阴阳相合。在道家看来，阴阳相生相合，相辅相成，因此性别的差异并非优劣的对比，而是自然的互补，体现了道家对性别关系的独特理解。

和而不同。 儒家强调"和为贵"，同时提出"和而不同"思想，即不一味求同，承认不同，强调尊重个性差异基础上的平等、和谐。也就是说，不是要求男女完全一样，而是尊重性别差异，追求和谐共存。

此外，南宋时期的袁采在《袁氏世范》中早就提及"男女本应平等对"的观点，这可以看作是"男女平等"一词在汉语论著中的首次出现。近代以来，随着社会的进步和思想的启蒙，男女平等的理念逐渐得到更广泛的认同和推崇。女革命家秋瑾在其《勉女权歌》中明确提出了"男女平权天赋就"的观念，强调女性应享有与男性平等的权利。

传统文化中阴阳相合、和而不同等思想，对男女平等价值观的形成具有重要启发意义。剔除传统文化中歧视妇女的思想糟粕，继承和弘扬优秀传统文化中崇尚平等的思想理念，对于推动当代性别平等，培育和践行社会主义核心价值观十分重要，且十分必要。

资料来源： 范红霞.男女平等价值观的传统文化基础探析［M］// 刘亚玫，杜洁，宓瑞新，等.新发展理念下的妇女发展与性别平等.北京：社会科学文献出版社，2018：56-66.

◎ 本章要点

1. 性既是生理现象，也是一种社会现象和心理现象。

2. 美国心理学家赫罗克认为，青少年性心理的发展经历 4 个阶段：性的反感期、向往年长者的"牛犊恋"期、接近异性的狂热期、浪漫的恋爱期。

3. 弗洛伊德把性心理发展分为以下 5 个阶段：口唇期、肛门期、生殖器期、潜伏期、生殖期。

4. 大学生常见的性困惑包括性生理困惑和性心理困惑。常见的性生理困惑：性体象困扰、遗精恐惧与月经困扰。常见的性心理困扰：性别认同困扰、性取向困扰、性冲动与性压抑引发的困惑、性侵害与性伤害引发的创伤等。

5. 维护性心理健康，需要学习科学的性知识，树立健康的性观念，掌握适当的调适方法，杜绝不安全性行为。

6. 在不同维度上，"性别"有不同含义。生理维度上的"性别"指个体在生物学和解剖学上的身体差异；社会维度上的"性别"指向一个人作为男性或是女性的社会和文化身份；心理维度上的"性别"指个体对自身性别的意识和接受程度。

7. 性别角色发展和性别认同形成既有先天生理差异的作用，又有社会的影响。

8. 性别刻板印象是人们对两性认知普遍存在的一种固定的认知图式。大多数发展心理学家认为：两性在心理上的相似性远大于差异性。

9. 性别只是一种属性，而非限制自我个性发展的桎梏。不同性别之间理应统一战线、共同合作，携手挣脱陈旧性别观念的藩篱。

◎ 本章主要概念

性生理	性心理	性行为
性冲动	性心理健康	性心理自我调适
不安全性行为	性传播疾病	艾滋病
生理性别	性别角色	性别认同
未分化	女性化	男性化
双性化	中性化	性别刻板印象

◎ 推荐阅读

西蒙娜·德·波伏娃. 第二性. 郑克鲁, 译. 上海: 上海译文出版社, 2021.

李银河. 两性关系. 上海: 华东师范大学出版社, 2005.

全国妇联妇女研究所. 新时代中国性别平等与妇女发展状况. 北京: 中国妇女出版社, 2022.

◎ 数字课程学习

📥 教学课件　　📝 在线自测　　📖 参考文献

第九章
心理障碍的识别与治疗

◎ **话题导入** ▬▬▬▬▬▬▬▬▬▬▬▬▬▬▬▬▬▬▬

　　过去几十年，我国经济飞速发展，人们的心理压力及应激水平升高，进而出现越来越多的心理或行为障碍及相关问题。《中国国民心理健康发展报告（2021—2022）》显示，心理健康风险上升为全球十大风险之一。据中国精神卫生调查（CMHS）显示，除老年期痴呆外，6类精神障碍（包括心境障碍、焦虑障碍、酒精／药物使用障碍、精神分裂症及相关精神病性障碍、进食障碍、冲动控制障碍）的终生加权患病率为16.6%，即七分之一的居民在一生中发生至少一种精神障碍疾病。

　　心理异常对个体自身的成长和发展以及家庭和社会造成的危害不可小视，如不及时疏导和治疗则会带来非常严重的后果。本章将就大学生常见的心理障碍及其防治进行探讨。

第一节　认识心理障碍

一、什么是心理障碍

　　如果有人认为某人不正常，常常会冠以"神经病"的称谓，这样的说法是否正确？钱铭怡曾对这些基本概念进行了厘清。

　　神经病（neuropathy）：属于临床医学中神经病学（neurology）的研究范畴。当个体的神经系统出现障碍时表现为神经系统的不同疾病，如某人面部神经受损，因此面部肌肉无法正常运动。

　　精神障碍（mental disorders）：有时也译为心理障碍，与精神疾病（mental illness）的含义大致相同，属于临床医学中精神病学（psychiatry）的研究范畴。精神疾病包括了精神障碍的所有内容，如精神分裂症、心境障碍、焦虑障碍、人格障碍等。精神疾病也包括了脑器质性病变所致的精神障碍，如老年性痴呆，这一类障碍是因神经系统的损伤导致了异常的心理与行为而被归类于精神疾病的范畴。

　　精神病（psychoses）：属于临床医学中精神病学的研究范畴。主要指精神障碍中患者的心理功能严重受损，自知力缺失，不能应付日常生活要求或保持对现实恰当的接触的一组情况，主要包括精神分裂症（妄想障碍）和某些（具有精神病性症状的）心境障碍等。精神病有三个特点：①现实检验能力严重受损；②社会功能严重受损；③缺乏症状自知力。

心理障碍（psychological disorders）：是许多不同种类的心理、情绪、行为失常的统称，属于心理学的研究范畴，与精神障碍所涉及的内容是相似的。但它更多地反映了心理学角度对异常现象的研究与理解，以及更偏重说明重性精神病、器质性精神障碍以外的那些更多地由心理原因所致的障碍，如焦虑障碍等。

分类与诊断对于认识心理障碍和治疗十分重要。按照《中华人民共和国精神卫生法》规定（详见本章第二节），判断是否有心理问题，特别是判断是否有某种心理障碍或精神障碍，必须由专业人员（如精神科临床医生）依据专业诊断标准来完成这项工作。通常，医师所使用的评估和诊断方法主要包括观察法、会谈法和测验法。目前，在中国有《中国精神障碍分类与诊断标准》（CCMD-3，2001），在美国有《精神障碍诊断和统计手册》（DSM-5，2013），世界卫生组织有《国际疾病及相关问题的统计分类标准》（ICD-11，2022）。这些诊断分类系统为明确如何分类及诊断异常心理现象提供了良好的依据。

需注意的是，对于心理障碍需要全面的认识。一是某些心理异常症状，在普通人、非心理障碍患者身上时而也会出现，但较轻微，持续时间较短，对个体情绪、行为或社会功能并未造成严重影响。也就是说，即便一个人出现了某些心理困扰，也并不一定代表达到了心理障碍的诊断标准。二是判断是否存在心理障碍或精神障碍还需要综合考虑多方因素，包括文化、症状严重程度、个体性格特征、能力以及情境因素等，不能单凭某个标准武断判定，更不能简单地"对号入座"。

◎ **课堂活动**

了解你对心理障碍的认识

回忆最近一次与心理障碍患者接触的情境，可以是生活中的亲身经历，也可以是听人转述，或者从影视、文学作品、新闻媒体等渠道了解到的。

请讨论并分享：这个情境是什么样子的？你有何情绪体验？哪些想法导致你产生了上述情绪？这些想法从何而来？有何合理与不合理之处？

简要梳理自身对心理障碍的认识，包括但不限于：心理障碍患者的理智与情绪状态、心理障碍的可治愈性与危险性等。请思考：这些认识如何影响你对心理障碍患者的态度？

二、常见的心理障碍

（一）精神分裂症

精神分裂症是一组病因未明的严重精神疾病，主要表现是患者的思维、情感和行为互不协调，与现实环境脱离，呈现"精神分裂"现象。精神分裂症患者常沉醉于自己的病态体验中，对外界事物反应冷淡歪曲、意志衰退、行为懒散。多数病人在发病后的相当长时间内，还能保持和别人交往，但有些表现却是正常人无法理解的，例如有关系妄想、被害妄想或幻觉的病人会做出各种怪异行为。目前认为该病是脑功能失调的一种神经发育性障碍，复杂的遗传、生物及环境因素的相互作用导致了疾病的发生。

大多数精神分裂症患者初次发病的年龄在青春期至 30 岁，多起病隐袭，临床表现复杂。除意识障碍和智能障碍少见，可见各种精神症状，主要是多种精神心理过程的紊乱，包括以下方面：

1. **思维障碍**：包括思维形式障碍和思维内容障碍。**思维形式障碍**又称联想障碍，主要表现为思维联想过程缺乏连贯性和逻辑性，与精神分裂症患者交谈多有难以理解和无法深入的感觉，这是精神分裂症最具特征性的症状。**思维内容障碍**主要指妄想，妄想往往荒谬离奇、易于泛化。最多见的是被害妄想（相信有人或组织要伤害自己）、关系妄想（相信外界的人事物都与自己有关或有意针对自己）、夸大妄想（相信自己有超乎寻常的能力、财富与权力）、钟情妄想（相信某人一定钟情于自己）。妄想有时表现为被动体验，这往往是精神分裂症的典型症状，患者丧失支配感，感到自己的躯体运动、思维活动、情感活动、冲动受他人或受外界控制。

2. **感知觉障碍**：精神分裂症最突出的感知觉障碍是幻觉，以言语性幻听最为常见。精神分裂症的幻听内容可以是争论性的或评论性的，也可以是命令性的。幻听有时以思维鸣响的方式表现出来，思维鸣响是指患者在思维过程中可以听见自己大脑内所想的事，即想到什么就听见自己的想法被说出来了，例如，想到吃饭，耳边就听见"吃饭，吃饭"的声音。

3. **情感障碍**：主要表现为情感迟钝或平淡。情感平淡并不仅仅以表情呆板、缺乏变化为表现，患者同时还有自发动作减少、缺乏肢体语言。抑郁与焦虑情绪在精神分裂症患者中也并不少见，有时会导致诊断困难。

4. **意志行为异常**：患者的活动减少，缺乏主动性，行为变得孤僻、被动、退缩（意志减退）。患者在工作、学业、料理家务等方面有很大困难，往往对自己的前途毫不关心、没有任何打算，或者虽有计划，却从不实施。

5. **紧张症**：有些精神分裂症患者的行为活动异常表现为紧张综合征，因全身肌张力增高而命名，包括紧张性木僵和紧张性兴奋两种状态，两者可交替出现。患者还可表现出被动性顺从与违拗。

◎ **知识拓展 9-1**

精神分裂症的诊断标准

A. 存在两项（或更多）下列症状，每一项症状均在 1 个月中有相当显著的一段时间里存在（如经成功治疗，则时间可以更短），至少其中 1 项必须是 1、2 或 3：

1. 妄想。

2. 幻觉。

3. 言语紊乱（例如，频繁地离题或不连贯）。

4. 明显紊乱或紧张症的行为。

5. 阴性症状（即，情绪表达减少或动力缺乏）。

B. 自障碍发生以来的明显时间段内，1 个或更多的重要方面的功能水平，如工作、人际关系或自我照顾，明显低于障碍发生前具有的水平（或当障碍发生于儿童或青少年时，则人际关系、学业或职业功能未能达到预期的发展水平）。

C. 这种障碍的体征至少持续 6 个月。此 6 个月应包括至少 1 个月（如经成功治疗，则时间可以更短）符合诊断标准 A 的症状（即活动期症状），可包括前驱期或残留期症状。在前驱期或残留期中，该障碍的体征可表现为仅有阴性症状或有轻微的诊断标准 A 所列的 2 项或更多的症状（例如，奇特的信念、不寻常的知觉体验）。

D. 分裂情感性障碍和抑郁或双相障碍伴精神病性特征已经被排除，因为（1）没有与活动期症状同时出现的重性抑郁或躁狂发作；或（2）如果心境发作出现在症状活动期，则它们只是存在此疾病的活动期和残留期整个病程的小部分时间内。

E. 这种障碍不能归因于某种物质（例如，滥用的毒品、药物）的生理效应或其他躯体疾病。

F. 如果有孤独症（自闭症）谱系障碍或儿童期发生的交流障碍的病史，除了精神分裂症的其他症状外，还需要显著的妄想或幻觉，且存在至少 1 个月（如经成功治疗，则时间可以更短），才能做出精神分裂症的额外诊断。

节选：美国精神医学学会. 精神障碍诊断与统计手册（案头参考书）[M]. 5 版. 北京：北京大学出版社，2014.

*注：精神障碍的诊断应当由精神科执业医师作出，切勿自行"对号入座"，如确感不适，请尽快前往专科医院接受专业诊疗。

（二）抑郁障碍

抑郁障碍指由各种原因引起的以显著而持久的心境低落为主要临床特征的一类心境障碍，伴有不同程度的认知和行为改变。平均发病年龄为 20 ~ 30 岁，几乎每个年龄段都有患抑郁障碍的可能，女性多于男性。经过抗抑郁治疗，大部分患者的抑郁症状会缓解，抑郁症状缓解后，患者一般可恢复到病前功能水平。

抑郁障碍包括多种亚型，如破坏性心境失调障碍、重性抑郁障碍、持续性抑郁障碍（即心境恶劣）等。其中，重性抑郁障碍代表了这组障碍的典型，即日常生活中所说的"抑郁症"。**重性抑郁障碍**患者会表现出典型的"三低"症状：情绪低落、思维迟缓、意志行为减退。至少持续两周，患者几乎每天大部分时间都处于抑郁心境之中，几乎对所有的事情都丧失兴趣，大多数患者还常存在注意力不集中、信息加工能力减退、记忆力严重下降、每天都感觉很疲累、对自我和周围环境漠不关心等表现。此外，患者还会出现明显的躯体症状，包括体重、食欲、睡眠和行为活动等方面的异常，导致饮食、睡眠等方面出现生物节律紊乱。严重抑郁障碍的患者往往还存在悲观自责、消极厌世、自伤自杀的风险。

迄今为止，抑郁症的病因与发病机制还不明确，一般认为，抑郁症与遗传因素、生化代谢异常和心理社会因素有关。半数的患者遭遇过不良的心理刺激，如突然发生重大生活变故，或长期持续存在不愉快情感体验，少数患者在身体因素影响下发病。

张衍指出，人们对于抑郁症的认识存在两个误区。一是将抑郁症作为原因，而非结果。然而，症状从来只是表象，要根治的是隐藏其后的真正原因。如产后抑郁症，纵然激素水平的改变使得产妇更易患此病，但最终导致这一结果的原因可能是对产妇缺少关爱、无人可分担的照顾新生儿的疲累以及初为人母时新角色的适应困难。二是将抑郁症的原因归于个体，却忽略了其背后的社会因素。精神疾病不仅是一种个体的心理状况，而且与社会和文化背景密切相关。或许曾经在不同的文化和国家中，面对生活压力和困扰，人们会有不同的表现形式，但现在医生很少会再做这样的诊断，而更可能以抑郁症等其他疾病诊断取而代之。

◎ 心理自测 9-1

抑郁自评量表

抑郁自评量表（SDS）评定的时间范围是"现在"或"过去一周"；采用 4 级评分，主要评定症状出现的频度。其症状标准为："1"没有或很少时间；"2"小部分时间；"3"相当多时间；"4"绝大部分或全部时间。你可以按照自己的情况进行评分。

1. 我觉得闷闷不乐，情绪低沉（忧郁）。

*2. 一天中早晨最好（晨重晚轻）。

3. 我一阵阵哭出来或觉得想哭（易哭）。

4. 我晚上睡眠不好（睡眠障碍）。

*5. 我吃得跟平常一样多（食欲减退）。

*6. 我与异性密切接触时和以往一样感到愉快（性兴趣减退）。

7. 我发觉我的体重在下降（体重减轻）。

8. 我有便秘的苦恼（便秘）。

9. 我心跳比平常快（心悸）。

10. 我无缘无故地感到疲乏（易倦）。

*11. 我的头脑跟平常一样清楚（思考困难）。

*12. 我觉得经常做的事情并没有困难（能力减退）。

13. 我觉得不安而平静不下来（不安）。

*14. 我对将来抱有希望（绝望）。

15. 我比平常容易生气激动（易激惹）。

*16. 我觉得做出决定是容易的（决断困难）。

*17. 我觉得自己是个有用的人，有人需要我（无用感）。

*18. 我的生活过得很有意思（生活空虚感）。

19. 我认为如果我死了别人会生活得好些（无价值感）。

*20. 平常感兴趣的事我仍然照样感兴趣（兴趣丧失）。

测验记分：

（1）括号中为症状名称。

（2）题号左方有"*"的是指反向题，即"4"没有或很少时间，"3"小部分时间，"2"相当多时间，"1"绝大部分或全部时间。

（3）待评定结束后，把20个题目中的各项分数相加，即得到总分，然后将总分乘以 1.25 之后取整数部分，就得到标准分。

（4）按照中国常模结果，抑郁自评量表标准分的分界值为53分；其中53分以下为正常，53～62分为轻度抑郁，63～72分为中度抑郁，72分以上为重度抑郁。

* 注：精神障碍的诊断应当由精神科执业医师作出，切勿自行"对号入座"，如确感不适，请尽快前往专科医院接受专业诊疗。

◎　**自我练习**

行动的激活与保持

如果已确诊抑郁障碍，除了遵医嘱按时按量服药治疗，还可以在生活中配合一些特定的行动，以更好地疗愈，如可以尝试适量运动等。请记得，如果因抑郁或是其他负性情绪陷入低能量状态，任何活动水平的增加都可以帮助你感觉更好。那么，从现在开始，请促使自己多做一点，你可以尝试按照下列步骤去做：

第一步：明确自己要增加哪些活动。

可以逐类回想，有哪些被抑郁影响而出现行为减退的活动，思考并列出其中哪些是可以尝试做出积极改变的。

第二步：选择其中两项活动。

选择两个可以立即开始做的事情，最初的两个选择应从两类不同的活动选出。

第三步：定下具体的目标。

为每个选出的活动定下一个可以在未来一周内达到的目标。应当注意：当陷入抑郁状态时，可能比较难推动自己，因此，需要把目标定得比平常低一点。而且目标的设定需要：具体、现实、明确执行时间。此外，用记事本记录和检查自己是否在执行目标是一个很好的办法。

第四步：实现目标。

当完成了一个目标后，就可以把它在计划中删去，借此向自己证明：虽然陷入抑郁状态时做事情会很艰难，但是我还是可以达成一些目标。完成一个目标后，请立刻恭喜自己。

如果目标没有做到，究竟是什么在阻碍？可以尝试把下周的目标定得再低一点，或者制订另一个更合理的目标来替代。把目标降低至我们肯定可以做得到为止，可以从洗一个碗、打一个电话、整理一个抽屉、外出走一圈、花五分钟做点喜欢的事情等开始做起。当精力恢复时，便可尝试多做一些，但要容许自己慢慢开始。

第五步：检查目标。

请坚持执行目标，两周之后，再检查一下执行情况。是稍微提高现有目标？还是继续保持现有目标，直至觉得可以很容易做到为止呢？（可以随心选择）

此时可以适当增添一个新目标，但尽量要从之前未涉及到的活动类别中去选择，然后把这个新目标连同之前两个目标一同写下来。

一直执行这些目标，直到两周后再检查一下执行情况。还有哪些目标没有执行？受到什么阻拦吗？是否需要调整或改变某个目标呢？继续加油，继续制订三个打算不断进行的目标。有余力时，可考虑增加目标。完成一件事情后便可转移到下一个新目标，继续重复上述步骤。

下面是一个具体的操作示例，可供参考：

第一步　明确自己可以做的一些事情，并写下来。

例如，**与家人及朋友的交往**：找亲朋好友聊天、与以前的朋友恢复联系、外出参加一些集体活动等；**照顾自己**：每天按时梳洗、搞好个人卫生、定时运动、按时吃饭、给自己一个营养食谱等；**增加对自己有益的活动**：阅读、外出散步、做手工、计划出游、看电影、玩游戏或者开始尝试做些任何喜欢的事情；**日常事务**：打扫房间、整理衣柜、买菜做饭等。

第二步　选择其中的两项活动，并写下来。

1. 打扫房间

2. 找家人聊天

第三步　列表格，定下具体目标。

活动	一周内目标（具体、细化）	本周何时做？
1. 打扫房间	一周两次扫地、拖地，每次10分钟	周一、周四早饭后
2. 找家人聊天	一周三次找妈妈聊天，每次30分钟	周二、周五、周日晚饭后

第四步 行动，实现目标。

活动	一周内目标（具体、细化）	本周何时做？
1. 打扫房间	一周两次扫地、拖地，每次10分钟	周一、周四早饭后
2. 找家人聊天	一周三次找妈妈聊天，每次30分钟	周二、周五、周日晚饭后

活动 1 的目标完成后，告诉自己："我计划打扫房间，现在已经做到了，这种感觉真好！"

反思一下："找家人聊天"的目标没有实现，是我太忙了吗？还是妈妈太忙？如果忙，可以调整到一周一次，这样我觉得自己能做到。再执行一周。

第五步 检查目标。

检查目标是否完成，都完成后，下周可以增加一个目标，继续重复操作。

1. 打扫房间

2. 找家人聊天

3. 找朋友一起运动（新的目标）

◎ **知识拓展 9-2**

教你区别抑郁情绪和抑郁症

生活里，抑郁是一种很常见的情感成分，是人之常情。人们遇到精神压力、生活挫折、痛苦的境遇或生老病死等情况，自然会产生情绪变化，尤其是抑郁情绪。可以从以下几个方面区别正常的抑郁情绪与病理性抑郁。

（1）有无原因。正常人的情绪抑郁是以一定的客观事物为背景的，即"事出有因"。而病理性情绪抑郁通常无缘无故地产生，缺乏客观精神应激的条件，或者虽有不良因素，但是"小题大做"，不足以真正解释病理性抑郁征象。

（2）持续时间。临床实验表明，人的情绪以 28 天、智力以 33 天、体力以 23 天为一个变化周期。处在高峰期会精力充沛，神清气爽；处在过渡期会波动较大，过渡期属危险期；在低谷期则会精力不足，精神低迷。所以人在低谷期或是有外部事件刺激时，就会出现抑郁情绪，但通常都是一次性的，经过自我调适就能缓解；而病理性抑郁症状通常持续两周以上，甚至数月或者半年以上，且症状还会逐渐加重并恶化，不经治疗则难以自行缓解。

（3）严重程度。抑郁情绪的抑郁程度较轻，病理性抑郁的程度严重，并且会直接影响患者的工作、学习和生活，使其无法适应社会，影响其社会功能的发挥，如果不进行及时的干预治疗，最终患者可能会感觉生不如死，进而出现自我毁灭行为。

（4）生物症状。病理性抑郁往往伴有明显的生物性症状和精神病性症状，如持续的顽固失眠、出现多种消极心理和行为表现，同时体重、食欲和性欲下降，全身多处出现难以定位的功能性不适和整体性的症状关系，检查又无异常，以上这些均是抑郁症的常见征象。

（5）变化规律。典型抑郁症有节律性症状特征，表现为晨重夜轻的变化规律。许多病人常说，每天清晨时心境特别恶劣，痛苦不堪，因而不少病人在此时常有寻求自杀的念头。直至下午3~4点以后，患者的心境逐渐好转，到了傍晚，似乎感到没有毛病了。次晨又陷入病态抑郁的难熬时光。

（6）发作倾向。抑郁症可反复发作，每次发作的基本症状大致相似，有既往史可供印证。

（7）家族病史。抑郁症的家族中常有精神病史或类似的情感障碍发作史。

（三）双相障碍

双相障碍也称双相情感障碍，指临床上既有躁狂或轻躁狂发作，又有抑郁发作的一类心境障碍。典型表现为心境高涨、精力旺盛和活动增加（躁狂或轻躁狂）与心境低落、兴趣减少、精力降低和活动减少（抑郁）反复或交替发作，可伴有幻觉、妄想或紧张症等精神病性症状及强迫、焦虑症状，也可与代谢综合征、甲状腺功能异常、多囊卵巢综合征以及物质使用障碍、焦虑障碍、强迫障碍和人格障碍等共病，首次发作常在20岁之前。

双相障碍包括4种情感发作类型：躁狂、轻躁狂、混合、抑郁发作。双相障碍抑郁发作的典型表现同抑郁障碍的重性抑郁发作，前面已经介绍过，这里仅介绍其余三种。

1. **躁狂发作**：至少1周内几乎每天的大部分时间存在以下两组症状：以高涨、易激惹、自大为特征的极端心境状态，不同心境状态之间快速改变；活动增多或主观体验到精力旺盛。同时，有数条与患者一贯行为方式或主观体验不同的其他临床症状：更健谈或言语急迫，意念飘忽、联想加快或思维奔逸，过度自信或夸大，在伴有精神病性症状的躁狂患者中，可表现为夸大妄想、睡眠需要减少、注意力分散、冲动或鲁莽行为、性欲增强、社交活动或目的指向性活动增多等。

2. **轻躁狂发作**：症状与躁狂发作一致，与躁狂发作的不同点包括：①不伴精神病性症状；②不伴社会功能严重损害；③不需要住院治疗。

3. **混合发作**：至少1周内每天的大多数时间里，躁狂症状与抑郁症状均存在且均突出，或躁狂症状与抑郁症状两者快速转换。

（四）焦虑障碍

焦虑障碍是一组以焦虑症状群为主要临床相的精神障碍的总称。焦虑障碍的临床表现（即焦虑症状群）包括精神症状和躯体症状：精神症状表现为焦虑、担忧、害怕、恐惧、紧张不安；躯体症状表现为心慌、胸闷、气短、口干、出汗、肌紧张性震颤、颜面潮红、苍白等自主神经功能紊乱症状。可发生于各个年龄，通常起病于儿童期或少年期，到成年期就诊，女性患者多于男性。随着人口老龄化，老年人的焦虑症状越来越常见，并常与抑郁症状共存。

常见的焦虑障碍包括：广泛性焦虑障碍、惊恐障碍、场所恐惧症、社交焦虑障碍和特定恐惧障碍。

1. 广泛性焦虑障碍

广泛性焦虑障碍是指以广泛且持续的焦虑和担忧为基本特征，伴有运动性紧张和自主神经活动亢进表现的一种慢性焦虑障碍。临床表现包括精神症状和躯体症状两个方面：精神症状主要是以持续、泛化、过度的担忧为特征，这种担忧不局限于任何特定的周围环境，或者对负性事件的过度担忧存在于日常生活的很多方面，如过度担心自己或亲人患病或发生意外、异常地担心工作出现差错等；躯体症状主要是运动性紧张和自主神经活动亢进，运动性紧张主要表现为坐卧不宁、紧张性头痛、颤抖、无法放松等，自主神经活动亢进的症状可以涉及多个系统，如消化系统（口干、过度排气、肠蠕动增多或减少）、呼吸系统（胸部压迫感、吸气困难、过度呼吸）、心血管系统（心慌、心前区不适、感觉心律不齐）、泌尿生殖系统（尿频尿急、勃起障碍、痛经）、神经系统（震颤、眩晕、肌肉疼痛）等。

2. 惊恐障碍

惊恐障碍又称急性焦虑发作，是指反复出现不可预期的惊恐发作的一种焦虑障碍。临床表现包括①精神症状：突然的、快速发生的惊慌、恐惧、紧张不安、濒死感、失控感、不真实感、人格解体或现实解体等。②自主神经症状：心悸、心慌、呼吸困难、胸痛或胸部不适、出汗、震颤或发抖、窒息或哽噎感、头昏或眩晕、失去平衡感、发冷发热感、手脚发麻或针刺感、恶心或腹部不适等。惊恐发作通常持续时间在 1 小时内可自然缓解。发作间隙期患者日常生活基本正常，但对惊恐发作有预期性焦虑，担忧再次发作，常出现回避行为。

3. 场所恐惧症

场所恐惧症是指患者对多种场景（如乘坐公共交通、人多时或空旷场所等）出现明显的不合理的恐惧或焦虑反应，因担心难以脱离或得不到及时救助而采取主动回避这些场景的行为，或可在有人陪伴和忍耐着强烈的恐惧焦虑置身这些场景，症状持续数月，使患者感到极度痛苦，家庭、社交、教育、职业和其他重要领域功能明显受损的一种焦虑障碍。可在童年发病，发病高峰多在青少年和成年早期。

场所恐惧症的临床表现特征具备恐惧症的共同特点：①恐惧的对象存在于客观环境中；②焦虑、恐惧情绪指向特定的物体或场所；③焦虑、恐惧的程度与现实威胁不相符合；④回避是缓解焦虑、恐惧的主要方式；⑤患者能够认识到恐惧的不合理性，但又不能控制。

场所恐惧症患者置身于难以迅速离开或逃离的地点及场景时出现的恐惧或焦虑，可同时伴有惊恐发作或惊恐发作样症状。为此，患者感到焦虑、紧张不安，出现头晕、心悸、胸闷、出汗等自主神经系统症状。有的患者可克服这种困境，但仍感到恐惧、痛苦。在有人陪伴的情况下，焦虑、恐惧的程度会有所减轻。因此，患者会越来越依赖他人的陪伴，有些患者由此而常常把自己困在家里，不敢出门，影响其社会功能。

◎ 时代心能量

我国有序推进"心理治疗"项目进医保工作

党的二十大报告将"推进健康中国建设"作为增进民生福祉、提高人民生活品质的重要举措，并提出了"重视心理健康和精神卫生"的要求。国家卫生健康委员会2019年颁布的《健康中国行动（2019-2030年）》中，将心理健康促进行动确定为15项重大行动之一。其中，心理治疗无论是与药物治疗相结合，还是作为主要治疗方式，都在消除患者精神障碍、治疗疾病和康复中发挥着积极有效的作用。一般来说，心理治疗需要每周至少一次且持续进行一段时间，短则数月，长则数年，这对于很多家庭来说是一笔较大的开支。

近年来，我国不断探索尝试心理治疗项目纳入医保的合理路径。2016年，北京开始试点将心理咨询纳入医保；2018年，深圳试点将心理治疗和心理咨询纳入医保；2021年，广东省医保部门将心理治疗正式纳入报销范围；2022年，江苏省医保局也将心理治疗纳入医保支付范围，并在全省统一执行，由自费丙类调整为医保乙类；2024年，海南省决定将18岁(含)以下儿童青少年参保患者开展"心理咨询"服务项目纳入医保支付范围，并对"心理咨询"医疗服务项目内涵、价格等进行规范。相信随着时代的发展，我国心理治疗纳入医保支付范围的相关政策会陆续健全和完善。

资料来源：娄宇. 心理治疗项目纳入医保需探索合理路径. 工人日报，2022-12-05.

4. 社交焦虑障碍

社交焦虑障碍，又称社交恐惧症，是指在一种或多种社交或公共场合中表现出与环境实际威胁不相称的强烈恐惧或焦虑及回避行为。典型场合包括公开演讲、会见陌生人、在他人注视下操作，或使用公共卫生间等。社交焦虑障碍患者往往在公共场合中承受极大痛苦，精神和躯体上的焦虑症状极易使患者竭尽全力避免社交场合，严重影响其社交关系、生活质量和职业前景。社交焦虑障碍发病年龄较早，一般起病于儿童中期，但就医年龄通常在青少年和成年早期。

社交焦虑障碍的主要临床特征为患者因在社交或表演场合过度害怕被他人审视和感到尴尬，导致明显的痛苦或功能损害。成人主要表现为对社交场合的回避以及脸红、出汗、心跳加速等躯体症状。儿童及青少年主要表现为回避社交活动或情境，包括在他人面前说话或表演、结识新儿童、与教师等权威人物交谈或以任何方式成为关注的焦点等。社交焦虑障碍儿童的社交技能并不一定差，但由于焦虑症状，患者可能会在社交方面表现得很笨拙，如说话较少、声音小或者犹豫不定。

5. 特定恐惧障碍

特定恐惧症是一种对某种特定物体或场景产生强烈、持久且不合理的恐惧，害怕随之而来的后果，并对恐惧的物体或场景主动回避，或者带着强烈的害怕和焦虑去忍受的一种焦虑障碍。根据不同的恐惧刺激，患者可伴有不同躯体反应，如心跳加速、出汗、战栗、呼吸急促、头晕等。恐惧的对象包括动物（如狗、蜘蛛、昆虫）、自然环境（如高处、雷鸣、水）、情境（如飞机、电梯、封闭空间），其他对象包括血液、疾病、窒息等，患者害怕的物体或场景可能是一种，也可能是几种合并出现。其中，以动物恐惧症和高度恐惧症最为常见。特定恐惧症常在童年或成年早期出现并持续数年或数十年，并可增加罹患其他精神障碍的风险。

◎　心理自测 9-2

焦虑自评量表

焦虑自评量表（SAS）共有 20 个项目，请仔细阅读并理解每一条的内容，然后根据你最近一星期的实际情况，选择一个与你的情况最相符合的答案。A 表示没有或很少时间有该项症状，B 表示小部分时间有该症状，C 表示相当多的时间有该症状，D 表示绝大部分时间或全部时间有该项症状。

1. 我觉得比平常容易紧张或着急。

2. 我无缘无故地感到害怕。

3. 我容易心里烦乱或觉得惊恐。

4. 我觉得我可能将要发疯。

*5. 我觉得一切都很好，也不会发生什么不幸。

6. 我手脚发抖发颤。

7. 我因头痛、颈痛和背痛而苦恼。

8. 我感觉容易衰弱和疲乏。

*9. 我觉得心平气和，并且容易安静坐着。

10. 我觉得心跳得很快。

11. 我因为一阵阵头晕而苦恼。

12. 我有晕倒现象，或觉得要晕倒似的。

*13. 我吸气呼气都感到很容易。

14. 我的手脚麻木和刺痛。

15. 我因胃病和消化不良而苦恼。

16. 我常常想要小便。

*17. 我的手脚常常是干燥、温暖的。

18. 我脸红发热。

*19. 我容易入睡并且一夜睡得很好。

20. 我做噩梦。

计分：正向计分题 A、B、C、D 按 1、2、3、4 计分；反向计分题 A、B、C、D 按 4、3、2、1 计分。标 * 的第 5，第 9，第 13，第 17，第 19 题为反向计分题。

总分乘以 1.25 取整数，即得标准分，分值越小越好，分界值为 50。

一般来说，总分低于 50 分者为正常，50~60 分者为轻度焦虑倾向，61~70 分者为中度焦虑倾向，70 分以上者为重度焦虑倾向。

（五）强迫障碍

强迫症是一种以反复、持久出现的强迫思维或强迫行为为基本特征的精神障碍。**强迫思维**是以刻板的形式反复进入患者意识领域的表象或意向，**强迫行为**则是反复出现的刻板行为或仪式动作。患者明知这些思维或动作没有现实意义、没有必要、多余，有强烈的摆脱欲望，但却无法控制，因而感到十分苦恼。强迫症有两个发病高峰期，即青少年前期和成年早期。

强迫症状有多种表现，患者可能以一种为主，也可能几种兼而有之。

1. **强迫观念**。头脑中反复出现多种毫无意义的思想、语言、记忆、联想等，包括强迫性怀疑、强迫对立观念、强迫性穷思竭虑等。例如，对已经做完的事情，虽然反复确认但仍然不放心——强迫性怀疑；对以前的往事反复回忆，难以摆脱，痛苦不堪——强迫性回忆；有时思考一些毫无现实意义的问题，或产生某些不能控制的联想，尽管逻辑推理正常，自制力也完整，也知道没有必要深究，但总是无法克制——强迫性穷思竭虑。

2. **强迫意向**。反复产生一些违背自己意愿而有可能导致可怕后果的欲望冲动，虽然这种意向一般不会付诸行动。

3. **强迫行为**。强迫行为与强迫观念密不可分，是强迫观念的外化。明知无意义但控制不住去重复一些行为动作，如强迫计数，不由自主地去数路过的电杆或台阶、教室的灯或课桌椅；也表现为强迫性仪式动作，如说话前总要敬礼鞠躬；还可表现为强迫洗手、强迫洗衣、强迫检查等行为。

患者普遍能够认识到以上的表现都是自己大脑的产物，并且这些表现往往是不合情理的或者是过度的，但是这种自知力因人而异。强迫症患者的自知力在完整、不完整（不确信其症状是否合理）和完全丧失（出现妄想）之间呈现连续模型。

如果被确诊为强迫症，除了遵医嘱接受治疗，还可以配合一些行动来促进康复，这里介绍一种技术——暴露及反应预防（exposure and response prevention，ERP），核心思想是在安全的环境中暴露于会引发强迫恐惧的事物或情境，而不采取任何避免或缓解焦虑的行动。通过这种方式，将有助于逐渐学会控制焦虑反应，并减少强迫行为的发生。参考拉马涅尔（Lamagnere）在《走出强迫症》一书中对 ERP 的讲述，简要介绍 ERP 应如何操作。

准备：请预留 3~6 周时间，每天至少抽出 2~3 个小时。告诉你最直接接触的家庭成员，你在做什么事，如果可能让他们支持你。

主要步骤：

第一步 再确认，用表格记录自己的认知症状。

首先得建立一个清单，把自己所有的强迫行为一个一个地列出来。

你必须专注的觉察，以便了解此刻的困扰是来自强迫性的观念或行为。

第二步 选择一个长期目标，哪怕目前看起来，它完全在能力范围之外。

减少强迫冲动可能要花上几周或几个月，不能急于求成。在过程中要学习控制自己不对强迫想法作出反应，不管他们有多干扰。目标是控制你对强迫症状的反应，而不是去控制强迫思考或冲动。

第三步 构建练习等级。

将每一个长期目标，按照由易到难的顺序建立情景清单。

第四步 开始应用暴露与反应预防。

按焦虑和恐惧层级由弱到强的过程进行面对、适应和脱敏，上一层级脱敏完成后再进行下一层级，循序渐进地减轻焦虑和超越恐惧。

运用 15 分钟法则，就是延缓反应的时间至少 15 分钟以上。刚开始时可以从延缓 5 分钟做起。千万不要没有延迟就立即反应。只要不断地练习，将会大大地减低强迫症状的强度。一般而言，越多的练习，就会越顺手。焦虑和恐惧层级较轻的一般需要 1~2 天，层级中等的 2~3 天，层级较重的需要 3~5 天。

第五步 双重束缚疗法（强迫症状的束缚和保证书的束缚）。

对于强迫的人来说，可能存在一种高估思维重要性的认知图式，其中有这样一种思维，觉得"我想到了某件事或把它写出来，那这件事真的会发生"，因此感到担心和害怕。对此，可以利用这种心理，采用写保证书的方法，给自己施加压力去进行练习。

但要注意，无法进行某项练习，可能是因为它在现阶段对于你来说太难了。所以，在借助这个方法之前，需要重新审视一下自己的等级清单。

下面列举一个具体的操作示例，以供参考：

大四学生小乐想要考研，面对考试的压力，感到焦虑，出现了怕脏强迫的症状。主要是怕外出感染病毒并污染了家里，还怕尿液沾到身上、接触小虫子和触碰地面等。一旦怀疑接触了脏东西就会感到难受并去清洗。

1. 用表格记录自己的认知症状。

问题	示例
如果有诱发你强迫症的情景，请描述	接触到了脏东西，感觉很难受
强迫思维：我脑海中出现的想法（不自主的）	接触到脏东西就会生病
评价性想法：关于强迫思维、情景、该采取的行为或可能出现的结果，你是如何考虑的	生病了，就没有精力复习 学习效率低，影响考研结果 我恐怕考不上研究生了

续表

问题	示例
情感结果：怎样的不适感	焦虑、担忧
强迫行为：我感到必须要做或想的事"为了让我感觉好一些"（自主的）	频繁洗手
所惧怕的结果：如果我不做出此强迫行为，会发生什么	我会一直处在焦虑当中，一直保持这种焦虑状态很可怕

2. 确定长期目标

两小时洗一次手。

3. 划分焦虑和恐惧层级。

触碰外面的地面1分；

在外面接触小虫子2分；

在外面沾到尿液3分；

在家里接触地面4分；

在家里接触小虫子5分；

在家里沾到尿液6分；

感觉接触到病毒传染源10分。

4. 从易到难开始应用暴露与反应预防。

首先有意识地到外面接触地面，让自己的手上沾上灰尘，并且不去清洗，带着脏东西慢慢适应和放松，等坚持15分钟以上再进行下一层级的脱敏。刚开始练习时，适应时间可以定为5分钟，完成后，再增加时长。

5. 写保证书。

本人×××，保证坚定、严格地遵守×月×日开始每天进行抗强迫练习。一旦发生违规行为，我担保……

◎ 知识拓展9-3

强迫症的诊断标准

A. 具有强迫思维、强迫行为，或两者皆有。

强迫思维被定义为如下：

1. 在该障碍的某些时间段内，感受到反复的、持续性的、侵入性的和不必要的想法、冲动或表象，大多数个体会引起显著的焦虑或痛苦。

2. 个体试图忽略或压抑此类想法、冲动或表象，或用其他一些想法或行为中和它们（例如，通过某种强迫行为）。

强迫行为被定义为如下：

1. 重复行为（例如，洗手、排序、核对）或精神活动（例如，祈祷、计数、反复默诵字词）。个体感到重复行为或精神活动是作为应对强迫思维或根据必须严格执行的规则而被迫执行的。

2. 重复行为或精神活动的目的是防止或减少焦虑或痛苦，或防止某些可怕的事件或情况；然而，这些重复行为或精神活动与所设计的中和或预防的事件或情况缺乏现实的连接，或明显是过度的。

注：幼儿可能不能明确地表达这些重复行为或精神活动的目的。

B. 强迫思维或强迫行为是耗时的（例如，每天消耗 1 小时以上）或这些症状引起具有临床意义的痛苦，或导致社交、职业或其他重要功能方面的损害。

C. 此强迫症状不能归因于某种物质（例如，滥用药物）的生理效应或其他躯体疾病。

D. 该障碍不能用其他精神障碍的症状来更好地解释（例如，广泛性焦虑障碍中的过度担心），躯体变形障碍中的外貌占先观念，囤积障碍中的难以丢弃或放弃物品，拔毛癖（拔毛障碍）中的拔毛发，抓痕（皮肤搔抓）障碍中的皮肤搔抓，刻板运动障碍中的刻板行为，进食障碍中的仪式化进食行为，物质相关及成瘾障碍中物质或赌博的先占观念，疾病焦虑障碍中患有某种疾病的先占观念，性欲倒错障碍中的性冲动或性幻想，破坏性、冲动控制及品行障碍中的冲动，重性抑郁障碍中的内疚性思维反刍，精神分裂症谱系及其他精神病性障碍中的思维插入或妄想性的先占观念，或孤独症（自闭症）谱系障碍中的重复性行为模式。

标注如果是：

伴良好或一般的自知力： 个体意识到强迫症的信念肯定或很可能不是真的，或者它们可以是或可以不是真的。

伴差的自知力： 个体意识到强迫症的信念可能是真的。

缺乏自知力 / 妄想信念： 个体完全确信强迫症的信念是真的。

标注如果是：

与抽动症相关： 个体目前有或过去有抽动障碍史。

节选：美国精神医学学会 . 精神障碍诊断与统计手册（案头参考书）[M] . 5 版 . 北京：北京大学出版社，2014.

*注：精神障碍的诊断应当由精神科执业医师作出，切勿自行"对号入座"，如确感不适，请尽快前往专科医院接受专业诊疗。

（六）创伤后应激障碍

创伤后应激障碍是指个体经历、目睹或遭遇到一个或多个涉及自身或他人的实际死亡，或受到死亡的威胁，或严重的受伤，或躯体完整性受到威胁后，所导致的个体延迟出现和持续存在的一类精神障碍。创伤后应激障碍的核心症状为创伤性再体验、回避和麻木、警觉性增高。

1. 创伤性再体验

主要表现为思维、记忆或梦中反复、不自主地闯入与创伤有关的情境或内容，在接触创伤性事件相关的情景、线索时，诱发强烈的心理痛苦和生理反应。有些患者会出现分离症状，持续时间可从数秒到数天，称为闪回症状，患者的感受仿佛再次亲临创伤性事件的现场，当时的情景如同放电影一样生动、清晰。患者还会频繁出现与创伤性事件相关的噩梦。

2. 回避和麻木

对创伤相关的刺激存在持续的回避，表现为有意识回避与创伤性事件有关的话题、影像和新闻，也可表现为无意识对创伤事件的选择性/防御性遗忘或失忆，或在创伤事件后拼命地工作，也是一种回避的表现。许多患者还存在"心理麻木"的现象，表现为对任何事情都兴趣索然，对他人和周围环境产生显著的非真实感，感到自己与外界疏远、隔离，很少与人交谈和亲近，情感范围狭窄，常有罪恶感，失去对人和事物的信任感和安全感，难以与他人建立亲密的关系。

3. 警觉性增高

此症状在创伤暴露后的第一个月最普遍且严重，表现为高警惕性、长时间寻找环境中的危险线索、惊跳反应、激越、烦躁不安、易激惹、注意力难以集中、噩梦、易惊醒等。

（七）进食障碍

进食障碍是指以反常的进食行为和心理紊乱为特征，伴发显著体重改变或生理、社会功能紊乱的一组疾病。主要包括神经性厌食、神经性贪食和暴食障碍。

1. 神经性厌食

神经性厌食（即厌食症）是以对低体重的过度追求和对体重增加的病态恐惧为心理特征，以有意造成营养摄入不足和体重下降或体重不增为行为特征，由此并发营养不良等生理特征的一类心理生理疾病。最常见于青少年和年轻女性，男性患者相对少见，发病的两个高峰年龄是 13~14 岁和 17~18 岁。

目前诊断神经性厌食的必要条件有 3 条：①由患者自己造成的显著低体重，即低于正常体重范围的最低值（《国际疾病分类》第 11 次修订本（ICD-11）中成人为 $BMI < 18.5 \text{ kg/m}^2$）；②尽管 BMI 低于正常体重范围的最低值，仍然强烈害怕体重增加或害怕变胖或有持续的妨碍体重增加的行为；③对自己的体重或体形有体验障碍，对体重或体形的自我评价不恰当，或对目前低体重的严重性持续缺乏认识。

2. 神经性贪食

神经性贪食（即贪食症）是一类以反复发作的暴食及强烈的控制体重的先占观念为特征的进食障碍，导致病人采取极端措施以削弱所吃食物的"发胖"效应。主要表现为反复发作、不可控制、冲动性地暴食，继之采取防止增重的不适当的补偿性行为，如禁食、过度运动、诱导呕吐，以及滥用泻药、利尿剂、食欲抑制剂、代谢加速药物等。神经性贪食发病年龄往往较神经性厌食晚，多数发生在青少年晚期和成年早期，有很大一部分是由神经性厌食发展而来。

暴食发作是神经性贪食主要的临床症状，常常在不愉快的心情下发生。每个患者发作的频率不等。暴食发作具备以下几个特点：进食量为正常人的数倍；暴食发作中进食速度很快；所食之物多为平时严格控制的"发胖"食物；有强烈的失控感，一旦开始暴食，很难自动停止；常掩饰自己的暴食行为。暴食行为之后继之以补偿行为，以防止体重增加。当食物被清除或消耗掉后，又可产生暴食行为，继之采取各种补偿行为，这样反复恶性循环。这些行为与其对自身体重和体形的过度关注和不恰当的评价有关。大多数神经性贪食患者体重在正常范围内，但也有些可能超重，他们关注自己的体像和外形，在意别人如何看他们，并且关注他们的性吸引力，往往对身体明显感到不满意。神经性贪食患者情绪障碍的特点是情绪波动性大，易产生不良情绪，如愤怒、焦虑不安、抑郁、孤独感、冲动症状等。神经性贪食患者的自伤、自杀等行为较神经性厌食发生率高，共病抑郁障碍远高于神经性厌食。

3. 暴食障碍

暴食障碍是以反复发作的暴食为主要特征的一类进食障碍，主要表现为反复发作、不可控制、冲动性地暴食，不伴随神经性贪食特征性的补偿行为。暴食障碍的患病率明显高于神经性厌食和神经性贪食。

暴食障碍患者对体重、体形无不恰当的自我评价，无肥胖恐惧，因此暴食后无补偿性行为来消除暴食带来的体重增加，但会对暴食感到痛苦，易肥胖，往往会出现消化系统并发症（从恶心、腹痛、腹胀、消化不良到严重者可出现急性胃扩张）和肥胖及相关并发症（如高血压、2 型糖尿病、睡眠呼吸暂停综合征等）。

（八）人格障碍

人格障碍指个体人格特征明显偏离正常，具有稳定和适应不良的性质，同时伴有自我和人际功能的损害，这种损害不符合个人发展阶段和社会文化环境。没有明确的起病时间，不具备疾病发生发展的一般过程，通常开始于童年期或青少年期，并长期持续发展至成年甚至终生，因其适应不良的行为模式难以矫正，仅有少数患者在一定程度上有所改善。人格障碍的致病风险因素包括：父母过度保护、否认拒绝型养育方式、父母关系不良、单亲家庭、被虐待等。

人格障碍一般特征如下：

（1）患者在认知内容、情绪体验、行为方式和人际关系等方面存在异常。这些异常显著偏离特定的文化背景和一般认知模式。

（2）人格的异常表现相对固定，不因周围环境的变化而改变。

（3）起始于青春早期，往往在儿童期就初露端倪。

（4）常伴有社会功能的明显损害，部分患者为此感到痛苦，多数患者若无其事。

人格障碍分为三大类：A 类包括偏执型人格障碍、分裂样人格障碍、分裂型人格障碍，B 类包括反社会型人格障碍、边缘型人格障碍、表演型人格障碍、自恋型人格障碍，C 类包括回避型人格障碍、依赖型人格障碍、强迫型人格障碍。下面简要介绍几种常见人格障碍的基本特征及临床表现。

1. 偏执型人格障碍

偏执型人格障碍的典型特征是无端的猜疑。始于儿童和青少年，特别是独居、同伴关系差、过度敏感、想法与语言特殊以及有些特殊幻想的个体，经常被描述成"特殊"或"古怪"。他们总是怀疑他人存在对自己不利的各种可能，所以难于维持与他人长期稳定的关系。在普遍猜疑的背景下，患者往往会对人际细节过度关注，如语气、眼神，甚至一些下意识动作，都会被他们进行恶意归因。同时，他们也会错误地阐释或夸大自己的疑虑，因此患者常常处于愤怒与不安当中，部分患者甚至会先下手为强，攻击他人；有些患者会退缩，回避让他们焦虑的场景。偏执型人格障碍患者以男性较多见，且以胆汁质或外向性格的人居多。

2. 分裂型人格障碍

分裂型人格障碍的基本临床特征是社交关系的脱离和人际交往中情感表达受限的普遍模式，在临床中较为少见。患者往往表现出对人际关系缺乏兴趣，缺少对亲密关系的欲望，缺乏温情，不关心他人，可能对社交常识毫无察觉，并对社交线索不能给出恰当的回应，在社交中显得笨拙、肤浅和我行我素。因此患者的人际关系一般很差，难以与其他人建立深切的情感联系。患者通常对他人的肯定或批评显得无所谓，不会被别人的看法所困扰，他们通常显得很"呆板"，没有明显的情绪反应，并极少以诸如微笑、点头等姿势或表情进行回应。他们常常表现出社会性的隔离，或是"独行者"，似乎"超凡脱尘"，不在意夫妻间的交流，家人团聚的天伦之乐等。分裂型人格障碍表现为性欲淡漠、生活平淡、刻板，缺乏创造性和独立性，职业功能同样可能受损，难以适应多变的现代社会生活。

3. 边缘型人格障碍

边缘型人格障碍是一种以情感、人际关系、自我意象不稳定及冲动行为为特征的复杂而严重的人格障碍，以反复无常的心境和不稳定的行为为主要表现。起病于成年早期，具有自杀率高、社会负担重、共病率高的特点，常共病其他精神障碍。临床特征包括以下4个方面：①强烈和不稳定的人际关系：患者人际界限不清，在过度介入和退缩两极间波动，与人关系极好或极坏，几乎没有持久的朋友。②情绪不稳定：可出现抑郁、焦虑、易被激怒、甚至引发肢体冲突；尤其是当患者感到失去别人的关心时，心境会发生戏剧性改变，往往表现出不适当的、强烈的愤怒。③自我认知异常：患者自我形象、目的及内心的偏好（包括性偏好）常常是模糊不清或者扭曲的，低自尊，缺乏持久的自我认同感，常有持续的空虚感，在应激情况下可出现偏执和分离性症状。④行为症状：可能伴有一连串的自杀威胁或自伤行为（这些表现也可能在没有明显促发因素的情况下发生），患者行为不计后果，计划能力差，容易冲动。

4. 反社会型人格障碍

反社会型人格障碍是以不遵守社会规范、漠视或侵犯他人权利为特征的认知情感行为模式，该模式也被称为心理病态、社会病态或逆社会型人格障碍。常始于儿童或青少年早期并持续到成年，男性患者是女性患者的 3～5 倍。患者主要表现为对他人基本利益的广泛忽视或故意侵害，主要包括对他人的感受漠不关心，缺乏感情、待人冷酷无情；缺乏责任感，无视社会规范和义务，经常违法乱纪；尽管建立人际关系无困难，但是不能长久保持；无内疚感，不能从既往经历特别是惩罚中吸取教训；对挫折的耐受性极低。常在童年或者青少年时期（18 岁以前）存在品行问题，如经常撒谎、逃学、吸烟、酗酒、欺负弱小、虐待动物；经常偷窃、斗殴、赌博；破坏他人或者公共财物；无视管教、校规、社会道德礼仪，甚至出现犯罪行为。

5. 强迫型人格障碍

强迫型人格障碍以过分要求秩序严格和完美、缺少灵活性和开放性为特征，许多特点与强迫症一致，与强迫性障碍有较高的共病率，和抑郁障碍关系密切。临床主要表现为过度追求完美、注重细节、反复思考、按部就班、希望所有事情都能按照既定程序发展，以保证自己对外界及自身的控制，若不能控制则会带来不安全感，难以适应新环境。对己、对人要求苛刻，不善于情感表达。整日与表格、笔记本和便签为伍，对排便习惯、时间观念和整洁特别感兴趣。

6. 依赖型人格障碍

依赖型人格障碍以对他人的过度依赖为主要特征，行为上表现为对依赖对象过分顺从和依附，沉浸在害怕被拒绝和抛弃的恐惧之中，没有他人强烈的建议和保证时，难以做出日常决定。患者往往存在社交焦虑、悲观情绪。在评估时，需要结合年龄和文化因素，当依赖行为与个人发育阶段及文化背景不适宜时，才可以诊断。依赖型人格障碍患者的症状可分为依附、顺从、害怕忧虑三大类（过度的依附和顺从是害怕忧虑的根源，同时，因为害怕忧虑患者会更加的顺从和依附）：

"依附"是指过度地依赖他人的照顾、建议和保证。患者将自己生活的决策权力交付他人，大到婚姻、工作、社交，小到穿衣、吃饭等琐事，都无法自我决定。过度的依附心理使得患者在未获得充分的建议和保证时通常不知所措，以致难以独立生活。

"顺从"是指甘愿听从所依附之人的支配。患者按照他人的建议、要求生活处事，即使是导致自己不愉快甚至可能会使其置身险境的不合理要求，患者亦会表现出心甘情愿。

"害怕忧虑"是指担忧失去照顾，不敢面对独处的生活情境，常以先占观念形式出现，无确切的现实依据。患者的担忧几乎都集中于害怕失去既得的支持、照顾，并由此导致一系列的行为心理特征，包括缺乏自信、懦弱、屈从、不敢表达诉求、不敢发泄情感等。

7. 自恋型人格障碍

自恋是人类的普遍特征，也是健康人格的主要构成部分。自恋能帮助个体对批评和失败进行防护，甚至成为个人成就动机的一种体现，但自恋型人格障碍有对自恋的过度要求，患者的基本特征是对自我价值感的过度夸大和缺乏对他人的共情。自相矛盾的是，在这种自大之下，自恋者往往长期体验着一种脆弱的低自尊，只是他们的自大总是无处不在。在青少年中自恋的问题比较常见，但是大多数青少年能够以此成长而不出现症状，只有极少数的自恋型行为会持续到成年，最终成为自恋型人格障碍患者。

自恋型人格障碍是个相当广泛的基本病理心理特征，临床诊断为双相障碍、抑郁障碍、物质成瘾等疾病的患者均可见自恋型人格障碍的特点。自恋型人格障碍也常伴有边缘型、反社会型、偏执型、表演型和强迫型人格障碍的特点。患者有一种不切实际的自大感，他们夸大自己的才能、成就等，并要求别人把他们当作特殊人物对待。但这种夸大并没有达到妄想的程度，与患者的实际情况有部分相符。患者对他人缺乏基本的共情能力，往往只能体会和理解自己的感受，无法理解、关心他人。在人际关系中他们更倾向于成为一个情感上的剥削者，他人往往成为患者满足自身病理性自恋的工具。这使患者很难与他人建立起基于相互依赖的长期稳定的人际关系。患者对批评过分敏感，若不能获得认可，或面对无法抗拒的现实时会表现出脆弱，易出现自恋创伤，临床表现为抑郁心境，或者表现出不合理的愤怒或不能谅解的报复欲望。

第二节　心理障碍的诊断与治疗

一、不同程度心理障碍应向谁求助

如果出现了心理上的不适，你可以寻求家人、朋友、同事的帮助，如果需要一个专业的人和自己聊一聊，帮助你缓解心理焦虑，那么也可以尝试心理咨询。但如果你的正常生活已经频繁受到影响，出现幻觉、躯体化反应、行为及精神障碍，请及时前往医院就诊，挂号精神科或心理科，接受专业诊疗。各类人格障碍和精神障碍的分类有着严格界定，他们需要在精神卫生专科医院进行规范的药物治疗和心理治疗。

心理咨询师：通常是在各心理机构从业的咨询师。处理问题：一般心理问题\严重心理问题，对来访者的心理状态只能进行评估，但不能进行诊断和治疗，没有处方权，意味着不能开药。

心理治疗师：医院或医疗机构心理科的医生，需要相关部门颁发证书。可诊疗问题：一般、严重心理问题\疑似神经症\神经症\人格障碍。能为患有心理疾病的人群进行认知情感行为方面的治疗，但不能为患者开药。

精神科医生：医院精神科的医生，持有医师资格。可诊疗问题：各类精神障碍，包括但不限于精神分裂症、双相情感障碍、解离障碍等病情的评估、诊断和治疗，具有处方权和诊断权。

二、《中华人民共和国精神卫生法》有关规定（节选）

（一）精神障碍的法律界定

第七章第八十三条　本法所称精神障碍，是指由各种原因引起的感知、情感和思维等精神活动的紊乱或者异常，导致患者明显的心理痛苦或者社会适应等功能损害。

本法所称严重精神障碍，是指疾病症状严重，导致患者社会适应等功能严重损害、对自身健康状况或者客观现实不能完整认识，或者不能处理自身事务的精神障碍。

（二）精神障碍患者的就诊与送医

第三章第二十八条　除个人自行到医疗机构进行精神障碍诊断外，疑似精神障碍患者的近亲属可以将其送往医疗机构进行精神障碍诊断。对查找不到近亲属的流浪乞讨疑似精神障碍患者，由当地民政等有关部门按照职责分工，帮助送往医疗机构进行精神障碍诊断。

疑似精神障碍患者发生伤害自身、危害他人安全的行为，或者有伤害自身、危害他人安全的危险的，其近亲属、所在单位、当地公安机关应当立即采取措施予以制止，并将其送往医疗机构进行精神障碍诊断。

医疗机构接到送诊的疑似精神障碍患者，不得拒绝为其作出诊断。

第三章第三十条　精神障碍的住院治疗实行自愿原则。

诊断结论、病情评估表明，就诊者为严重精神障碍患者并有下列情形之一的，应当对其实施住院治疗：

（一）已经发生伤害自身的行为，或者有伤害自身的危险的；

（二）已经发生危害他人安全的行为，或者有危害他人安全的危险的。

第三章第四十九条　精神障碍患者的监护人应当妥善看护未住院治疗的患者，按照医嘱督促其按时服药、接受随访或者治疗。村民委员会、居民委员会、患者所在单位等应当依患者或者其监护人的请求，对监护人看护患者提供必要的帮助。

（三）精神障碍的诊断与治疗资质

第二章第二十三条　心理咨询人员应当提高业务素质，遵守执业规范，为社会公众提供专业化的心理咨询服务。

心理咨询人员不得从事心理治疗或者精神障碍的诊断、治疗。

心理咨询人员发现接受咨询的人员可能患有精神障碍的，应当建议其到符合本法规定的医疗机构就诊。

心理咨询人员应当尊重接受咨询人员的隐私，并为其保守秘密。

第三章第五十一条　心理治疗活动应当在医疗机构内开展。专门从事心理治疗的人员不得从事精神障碍的诊断，不得为精神障碍患者开具处方或者提供外科治疗。心理治疗的技术规范由国务院卫生行政部门制定。

三、科学认识药物治疗

如果患有躯体疾病，人们对前往医院就诊和接受药物治疗通常持较为开放的态度。然而，当面对心理障碍时，由于缺乏足够的认识和理解，许多人可能会犹豫不决，甚至排斥接受药物治疗。这种现象在一定程度上与心理障碍的病耻感以及心理求助的污名化有关，社会普遍对心理疾病持有偏见，认为其是个人意志薄弱的表现，而非一种需要医学干预的疾病。然而，心理障碍有其生理病理的基础，药物治疗在心理障碍治疗的不同阶段起着主导作用或者基础作用。

参考段文婷的归纳，在此列举人们对药物治疗的常见偏见以及应持有的科学态度。

在进行心理障碍的药物治疗时，常存在以下几个方面的偏见与行为：

1. 认为药物副作用大，对身体有严重损害，一旦吃上抗精神类药物就会上瘾，对药物形成依赖很难再戒掉，因此抗拒药物治疗；

2. 一定程度上相信药物治疗的效果，但担心用药太久不好，能不用药最好不用药，因此会在吃了一小段时间药之后感觉状态好转就立马私自停药，不能足量足疗程地服药；

3. 认为抗精神类药物都是西药，西药不如中药好，即便进行药物治疗也要选用中药而拒绝使用西药；

4. 对药物疗效有过高期待，希望药物服用后就有立竿见影的效果，这类患者常在治疗初期失去耐心而选择放弃药物治疗。

为达到良好的药物治疗效果，就诊时应做到以下几点：

1. 与医生构建良好的治疗联盟，提高个人治疗的依从性。患者与医生积极沟通参与治疗方案的制订过程，设置阶段性的治疗目标，设立合理的期待，评估效果。如若对药物治疗有过高期待、对药物副作用有过度担忧或用药过程中有不适反应，应及时与医生沟通，通过医生的讲解来提升治疗信心和依从性。

2. 与医生进行充分沟通，便于医生评估诊断与治疗。就诊时客观陈述实情，不有意回避和隐瞒，陈述内容包括当前精神状况与表现、安全风险、既往病史、家族病史、治疗史、当前治疗情况等信息，此外还需要主动详细地告诉医生既往药物治疗效果，以及当前可能有的躯体疾病和用药情况。

3. 坚持足量足疗程的治疗，在医生的指导下安全用药。每一种心理疾病药物都有其起始剂量、常用有效剂量、最大推荐剂量，这些都因病症的严重程度、患病阶段个体身体素质的不同而不同。不同药物的起效时间差异也很大，例如抗抑郁药，大多数患者在治疗用药 2 周后才能看到明显效果，强迫障碍的药物治疗在 4~6 周后才会有显著效果，有些患者甚至治疗 10~12 周才有改善。因此，要对药物治疗效果有合理期待，用药后应当定期复诊，及时处理任何可能的不良反应。若感觉治疗效果不佳应与医生商讨是否需要逐步进行调药治疗，确定治疗无效时需要与医生商讨下一步治疗方案。在治疗过程中，还需注意所患疾病是否给自己带来继发性获益（即因病而获得现实与心理层面上的益处）以及预防因自感治疗效果不佳放弃治疗。

四、心理治疗的常用方法

（一）心理分析疗法

心理分析疗法又称为精神分析疗法、分析性心理治疗，是心理治疗中最主要的一种治疗方法。

1. 经典心理分析疗法

经典的心理分析疗法为弗洛伊德所创立。其本质是：努力理清早年心理发育受挫的过程，解决当下面临的潜意识冲突。精神分析发展理论应用此疗法使病人从无拘束的会谈中领悟到心理障碍的症结所在，并逐步改变自己行为模式，从而达到治疗的目的。具体的技术包括：自由联想、梦的解析、移情、解释。这种治疗主要适用各类神经症的治疗。目前又发展出各种投射性的心理治疗技术，如沙盘游戏，绘画治疗等。

2. 认知领悟心理疗法

认知领悟疗法简称领悟疗法，这一疗法是钟友彬根据心理动力学理论并结合中国的具体情况和多年实践于 20 世纪 70 年代末提出的，又称"中国式的心理分析法"。这种疗法实际上是充分利用来访者的认知能力，引导其认识自己在个体心理发育某一阶段上所发生的某种停滞，并认识到这类心理发育停滞造成的心理和行为特点，进而引导来访者认识这些停滞的心理和行为特点与现在的年龄阶段是何等的不相容、不合理，最后通过领悟自身心理和行为的不合理性，达到矫治的目标。

认知领悟疗法认为，成年人产生心理问题的根源不在现在，而在于无意识幼年期的创伤体验，幼年期创伤包括父母离异、缺乏或失去母爱、各种躯体病痛和灾难、体罚、过度的情绪刺激、剧烈惊吓等。由此产生的焦虑称为初级焦虑。成年人处在困境中或遇到严重的心理冲突，同样会产生焦虑情绪，称为次级焦虑。这些焦虑经过心理机制的加工被转换成各种神经症的症状，但患者并不自知。

认知领悟疗法的治疗原理是把无意识的心理活动变成有意识的，使求治者真正认识到症状的意义，以实现领悟，使症状消失，这也是心理分析法治疗的原理。

（二）行为疗法

行为疗法是建立在行为主义理论基础上的心理治疗方法，行为主义理论认为来访者的异常行为和正常行为一样都可以通过学习获得，也能够通过另一种学习消失。行为疗法把治疗的着眼点放在可观察的外在行为或可以具体描述的心理状态上。根据行为学习及条件反射理论，行为疗法是消除和纠正异常状态并建立一种新的条件反射和行为的治疗方法。

1. 系统脱敏疗法

系统脱敏疗法又称交互抑制法，这种方法主要是诱导来访者缓慢地暴露出导致神经症焦虑、恐惧的情境，并通过心理的放松状态来对抗这种焦虑情绪，从而达到消除焦虑或恐惧的目的。根据这一原理，在心理治疗时从能引起个体较低程度的焦虑或恐惧反应的刺激物开始进行治疗，一旦某个刺激不会再引起患者焦虑和恐惧等情绪反应时，治疗者便可向处于放松状态的患者呈现另一个比前一刺激略强一点的刺激，如果一个刺激所引起的焦虑或恐惧状态在患者所能忍受的范围之内，那么经过多次反复的呈现，他便不再会对该刺激感到焦虑和恐惧，治疗目标也就达到了，这就是系统脱敏疗法的治疗原理。

采用系统脱敏疗法进行治疗应遵循三个步骤：①建立恐怖或焦虑的等级层次，这是进行系统脱敏疗法的依据和主攻方向；②进行放松训练；③要求求治者在放松的情况下，按某一恐惧或焦虑的等级层次进行脱敏治疗。

2. 满灌疗法

满灌疗法又称"暴露疗法""冲击疗法""快速脱敏疗法"。它是鼓励求治者直接接触引致恐惧焦虑的情景，坚持到紧张感觉逐渐消失的一种快速行为治疗法。

3. 厌恶疗法

厌恶疗法又称"对抗性条件反射疗法"，它是应用惩罚的厌恶性刺激，即通过直接或间接想象，以消除或减少某种适应不良行为的方法。厌恶疗法的特点是，治疗期较短，效果较好。

4. 生物反馈疗法

生物反馈疗法是利用现代生理科学仪器，通过人体内生理或病理信息的自身反馈，使患者经过特殊训练后，进行有意识的"意念"控制和心理训练，使内脏逐步可以随意调节自身躯体机能，从而消除病理过程、恢复身心健康。

（三）来访者中心疗法

来访者中心疗法是人本主义心理疗法中的主要代表，这个疗法不是由某个学派的杰出领袖所创立，而是由一些具有相同观点的人实践得来的，其中有来访者中心疗法、存在主义疗法、完形疗法等。其中以罗杰斯（Rogers）开创的来访者中心疗法影响最大。

罗杰斯认为个体内部蕴藏着自我实现的强大推动力，具有善良和良好发展的天然本性，治疗中只要提供适宜条件，提供一个优良的人际关系环境，来访者就能发挥其内在的潜能，自发地改变和成长。其实质就是让人领悟自己的本性，不再倚重外来的价值观念，让人重新信赖、依靠机体估价过程来处理经验，破除固有的不正确观念，使之可以自由表达自己的思想和感情，由自己的意志来决定自己的行为，掌握自己的命运，修复被破坏的自我实现潜力，消除心理问题，促进个性的健康发展。治疗师通过真诚的交流、无条件的积极关注、共情等方式，与来访者建立一种互相尊重、相互理解的良好关系，创造一种帮助其了解自身的环境气氛，心理治疗的过程就是自我转变的过程。

（四）认知疗法

认知疗法于二十世纪六七十年代产生于美国，是根据人的认知过程影响其情绪和行为的理论假设，通过认知和行为技术来改变求治者的不良认知，从而矫正并适应不良行为的心理治疗方法。它运用认知重建的方法纠正人们不合理的信念，教给人们改善行为的技能和解决问题的策略。认知疗法不直接纠正患者的心理障碍，而是通过改变患者的不良认知来消除其症状。经过多年的探索发展，主要心理治疗方法有理性情绪疗法、贝克认知疗法、认知行为矫正法等。

（五）音乐疗法

音乐疗法是应用音乐和言语疏导的心理效应来改善和调节人的心理和生理功能，

改善情绪状态，以减轻或消除症状的一种心理治疗方法。音乐不仅能给人以艺术的享受，而且对人的心理健康有重要作用。现代神经生物学研究证明，音乐对人的神经系统、心血管系统、内分泌系统、消化系统、呼吸系统等都有明显的影响，乐曲的不同节奏、旋律和速度等，可产生镇静、兴奋、催眠、降压等不同的效果。

常用的心理治疗方法还有森田疗法、接纳承诺疗法、焦点解决疗法、表达性艺术疗法等。如果觉察到自己在心理方面存在问题，请积极主动地自助与求助，必要时请前往正规医院进行专业诊疗，以避免延误病情。

◎　**知识拓展 9-4**

森田疗法

森田疗法是由日本精神科医生森田正马（Morita Shoma）创立的一种心理治疗体系，出现于 20 世纪早期（1919 年），主要用于焦虑症、恐惧症、强迫症、神经症性睡眠障碍等神经症的治疗。他认为神经症的根本原因在于想以主观愿望控制客观现实而引起的精神拮抗作用的加强，所谓精神拮抗作用表现为当一种心理出现时，另一种与之相反的心理也会出现；神经症的症状是疑病素质和由它引发的精神活动过程中的精神交互作用所致。因此，森田疗法的原则是"顺其自然，为所当为"，即对症状和情绪变化完全服从，放弃抗拒，以消除精神内部冲突。

森田疗法的独特之处主要有以下四点：第一，不问过去，注重现在；第二，不问症状，重视行动；第三，生活中指导，生活中改变；第四，陶冶性格，扬长避短。森田疗法的疗程一般为一月，可分为四个阶段：一是绝对卧床期，隔离患者，使其对症状听之任之、平静下来，产生生活欲望；二是轻工作期，让患者白天到户外做轻微活动；三是重工作期，让患者读书、劳动，体验工作的愉快；四是生活训练期。森田治疗有住院和门诊多种形式，住院治疗有利于患者摆脱在原环境产生的惰性，加上病友间的交往、医生的指导、自身的领悟，就比较容易治愈。

五、中国传统的心理治疗思想

绵延几千年的中华传统文化中蕴含着极其丰富的心理治疗的思想，这些治疗思想主要蕴含在传统哲学思想、中医学和民俗学当中。大致可以分为两个层次：广义的中国传统心理治疗，蕴含于中国传统文化之中，它为如何安身立命、修身养性、处理人与自然、人与社会的关系提供了中国人特有的思维方式和价值取向；狭义的传统心理治疗，主要指蕴含在中国医学中的心理治疗思想，涉及心理病理学解释及治疗的理念。下面分别从民俗学和中医学两个角度简要阐述我国传统文化中所蕴含的心理治疗思想。

（一）中国传统民间文化中的心理治疗思想

心理健康离不开特定的社会文化环境。中国传统民间文化中存在着普遍而有效的心理援助和治疗体系，如丧葬习俗、四时节庆等民俗活动，它们不是专业化的心理治疗方法，但却以最自然的方式维护着我国民众的心理健康。

1. 丧葬习俗：中国传统的哀伤疗愈

我国传统文化中围绕丧葬的民俗活动以其特有的方式抚慰亲人死亡带给人的创伤，与"哀伤辅导"不乏异曲同工之妙。所谓**哀伤辅导**，是针对丧恸者所产生的哀伤情绪所进行的协助疏导，其目的是通过心理疏导，帮助丧恸者在合理的时间内克服丧亲的哀伤、走出丧亲的阴影、处理与逝者之间因为失落而引发的各种情绪，回归正常的生活。丧葬习俗在心理治疗上独具特色，首先，诉说和倾听的模式就是其中之一。祭奠仪式或场所往往就是给人们提供了一个诉说的特定环境，通过诉说（忏悔、诉苦、怀念等）使人们获得心理上的平衡。比如家庭祭祀中人们会真诚地与逝去的先人"对话"表达思念之苦，祈求他们的保佑，让情感得以宣泄。其次，通过祭奠仪式来告别，也让分离具象化，增加对逝者死亡事实的确定和接受，减轻对死亡的焦虑和恐惧。再者，丧葬习俗还能够让生者和逝者建立情感联结，形成具有疗愈作用的精神寄托。

2. 四时节庆：周期性的心理治愈

中国人的各种节日，往往都与饮食有关，人们通过聚餐、准备特定食品等形式，不仅满足了胃口的需要，更满足了心理的需要。这种从共同分享食物中带来的快乐，让人们忘记了实际生活中所遇到的艰难与痛苦，并让人们牢记不管有什么重大事件发生，他们都与家庭成员共命运。此外，仔细盘点中国传统节日，会发现这些节日的分布大体是均匀的，差不多每个月都会有一个节日，从而保证了人们的心理活动的一张一弛；同时还会发现，不同的节日，虽然有不同的主题和对象，如清明——已故亲人；七夕——情人；中秋——所有家庭成员；重阳——老人……但它们基本上都是以家庭为主要线索的，这保证了中国人能够在不断的节日中巩固和维护家庭关系，也保证了中国人社会生活的稳定和谐，从而保证了中国人情感和理性的平衡。

以春节为例，春节是中国人的第一大节日，中国人的过年文化构成世界文化中的一大奇观：回家过年构成大规模的短期人口流动，采购年货构成集中的消费活动，年夜饭构成同一时间内大规模的家庭聚会，看春晚形成大规模的艺术欣赏活动……而这一切的背后，是中国人对过年特有的心理需求和满足。"过年"是每一个中国人的基本心理节奏，"过年"是365天的句号，是积聚一年的心理放松，是一次心理的"磁盘清理"，通过它人们获得了新的存储空间，获得面对新的一年的信心。再如清明节，它是一个庄重的日子，祭祖扫墓，一家人、一族人乃至整个民族追贤思孝。站立在祖先和已故亲人的墓前，在离他们最近的地方，与他们对话，告慰故人，也告慰自己，求得内心的宁静与平和，心灵得到释放，同时收获一种寄托。这是中国人特有的精神生活，也是中国人特有的面对生死这样的重大问题的心理辅导活动，它让所有的人思考死亡和生活。很多中国人都有这样的体会：一次清明的祭奠活动，人的内心似乎也变得更加"清明"，更加超脱。

（二）中医学中的心理治疗思想

1. 异常心理的病理学解释

中医对异常心理现象从本质上把握，从唯物主义的形神观出发，相信形神合一。"形"即"身"，"神"指的是一种精神或心理活动，认为人的身体和心理是统一的，"形"是基础，"形俱而神生"，也就是先有形（身体）后有神（心理），神不能脱离形而独立存在，把异常理解成机体失调所致。具体讲，中医把人体看作是一个以五脏（心、肺、肝、肾、脾）为中心，通过经络的沟通和气血的运行而形成的有机整体。五脏功能的正常运转产生对应的心理活动，即五脏化五气（志）以生喜、怒、悲、忧、恐，后来又进而发展成喜、怒、悲、思、忧、恐、惊七情之说。"形"与"神"之间相互联系、相互作用。内脏功能的健全是心理健康的基础，"五脏安定，血脉和则精神乃居"《灵枢·平人绝谷篇》；反之，精神的康泰对内脏的功能亦起到良好的作用"志意和……五脏不受邪矣"。

中医把人体看作一个由两类相反相成的因素所构成的一个动态平衡系统。这相反相成的两方被概括为"阴"和"阳"这一对概念。《黄帝内经》说："阴阳者，天地之道也，万物之纲纪，变化之父母，生杀之本始，神明之府也。治病必求于本。""治病必求于本"，这个"本"，就是阴阳的动态平衡。在古医籍中，一般认为人体阴阳二气的失调（动态平衡被破坏）乃是产生异常心理的基本原因。至于引起体内阴阳二气失调的因素，又可分为外、内两类。外感因素以自然界的寒热风燥等为主，内感因素则是人的异常情志活动。《黄帝内经》明言："夫百病之始生也，皆生于风雨寒暑，阴阳喜怒，饮食居处，大惊卒恐。"

2. 治疗原则

中医在漫长的历史发展过程中，总结出一些心理治疗的原则。

（1）**医心为先**：中国有句古语，"心病还需心药医"，说明中国很早就有心理治疗的理念。朱丹溪在《丹溪心法》中强调："五志之火，因七情而生……宜以人事制之，非药石所能疗也，须诊察其由以平之。"《青囊秘录》中说："善医者，先医其心，而后医其身，其次则医其未病。……医人疾病，斯为下矣"。

（2）**标本兼治**：中医一贯强调要标本兼治。孙思邈在《备急千金要方·诊候》中说："古之善为医者，上医医国，中医医人，下医医病。"医者的最高境界是要把患者的病症与患者甚至整个社会联系起来考察，通过"医国""医人"来"医病"，体现了一种"生物－心理－社会"三位一体的治疗模式。

（3）**因人而治**：中医治疗学特别强调"因人制宜"，即充分重视患者的遗传禀赋、性别年龄、人格特点、自然条件、社会环境等因素，强调因时、因地、因人而施行医治，凸现了个性化的治疗特点。

（4）**重视医患关系**：《素问·汤液醪醴论》云："病为本，工为标；标本不得，邪气不服。"这里"工"指医生，"病"指病人，所讨论的标本关系即医患关系。意思是病人是医患关系的主要方面，医生要以病人为中心，强调建立良好医患关系的重要性。

（5）**养生防病**：《素问·四气调神大论》里说："是故圣人不治已病治未病，不治已乱治未乱。"意指待大病已成再施治，为时已晚；应该注重养生之道，强调摄生养护、调节情绪，通过增强肌体的免疫力和抵抗力来养生防病，防患于未然。

3. 治疗方法

在治疗方法方面，古代中医的实践也有许多值得借鉴的地方。公元 7 世纪，隋代的巢元方撰写了《诸病源候论》一书，其中论述的异常症状达四五十种，有些类似于现代医学中的精神分裂症、躁狂症和抑郁症等。唐代名医孙思邈在其《千金要方》中还记录了一个案例，一位精神失常半年多的和尚服用了他配的药物，在连睡了两昼夜后恢复了正常。金代名医张子和在其论著《儒门事亲》中也记录了许多心理异常治疗的案例。此外，明代和清代我国出现的名医甚多，他们著述丰富，对异常心理现象的论述也非常多。明代杰出的医药学家李时珍在《本草纲目》中总结了我国 16 世纪前我国中医药物的知识，记载了治疗癫痫、狂惑、健忘、惊悸、烦躁、不眠等症状的药物达数百种之多，并介绍了一些方剂。对于心理问题的治疗，中医已经形成了心理治疗与药物治疗并用施治方式。

根据一些学者的归纳，中医心理治疗方法主要有：

（1）祝由治疗法

祝由本为古代中医一科，历代太医院都设有此科。但祝由科杂合了各种方术一类的成分，为历代大医家所不屑，逐渐没落，后来被禁。但祝由治疗中含有一些心理治疗成分，如告诉病人所患疾病的病因、病理、病情、发展、转归，以及在治疗中应注意的事项，让病人"知其病之所从生者"，以期改变其心理预期，增强信心和求生意志来战胜疾病。这和现代心理治疗和咨询中提供信息的治疗策略有相通之处。

（2）开导之法

开导之法的本质是通过动之以情、晓之以理的方式，帮助病患提升认知水平、转换思维方式，从而走出心理困境。《黄帝内经》有一段直接论述"心理咨询"的文字，"且夫王公大人，血食之君，骄恣从欲，轻人而无能禁之，禁之则逆其志，顺之则加其，病便之奈何，治之何先？岐伯曰：人之情，莫不恶死而乐生，告之以其败，语之以其善，导之以其所便，开之以其所苦，虽有无道之人，恶有不听者乎"。岐伯所说的话里，包含着深刻的心理咨询的道理。医生所做，不是教导，不是"灌输"，而是顺着人"恶死而乐生"的本性，让当事人自己去想明白道理，进而改变其生活态度。

（3）情志相胜疗法

根据中医五行相生相克的理论，人的各种情志之间具有相互滋生和相互制约的动态关系。《黄帝内经》中说："怒伤肝，悲胜怒；喜伤心，恐胜喜；思伤脾，怒胜思；忧伤肺，喜胜忧；恐伤肾，思胜恐。"利用五种情志彼此相克的道理，设法引起与症状相克的情绪反应，以达到治疗目的。名医张从正对《黄帝内经》的情志相胜之说有杰出的发挥："悲可以治怒，以怆恻苦楚之言感之；喜可以治悲，以谑浪亵狎之言娱之；

恐可以治喜，以恐惧死亡之言怖之；怒可以治思，以污辱欺罔之言触之；思可以治恐，以虑彼志此之言夺之。凡此五者，必诡诈谲怪，无所不至，然后可以动人耳目，易人视听。"

（4）以平治惊（脱敏疗法）

《黄帝内经》有"惊者平之"一条治则。经名医张从正一番阐发和应用，真可视为现代行为治疗中脱敏治疗的先驱。《儒门事亲》中治疗卫德新之妻是一个广为流传的医案："卫德新之妻，旅中宿于楼上。夜值盗劫人烧舍，惊坠床下，自后每闻有响，则惊倒不知人，家人辈蹑足而行，莫敢冒触有声，岁余不痊。诸医作心病治之，人参、珍珠及定志丸，皆无效。戴人见而断之曰：惊者为阳，从外入也，恐者为阴，从内出也。惊者，为自不知故也；恐者，自知也。足少阳胆经属肝木。胆者，敢也。惊怕则胆伤矣。乃命二侍女执其两手，按高椅之上，当面前，下置一小几。戴人曰：娘子当视此，一木猛击之，其妇大惊。戴人曰：我以木击几，何以惊乎？伺少定击之，惊也缓。又斯须，连击三五次；又以杖击门；又暗遣人击背后之窗，徐徐惊定而笑曰：是何治法？戴人曰：《内经》云：惊者平之。平者，常也，平常见之必无惊。是夜使人击其门窗，自夕达曙，夫惊者，神上越也。从下击几，使之下视，所以收神也。一、二日，虽闻雷而不惊。"

（5）传统体育：健身气功

健身气功是以自身形体活动、呼吸吐纳、心理调节相结合为主要运动形式的民族传统体育项目，是中华悠久文化的组成部分。气功的内涵是通过调身、调息、调心的锻炼，改善自身的健康状况，使心身臻于高度和谐的技能。目前国家体育总局健身气功管理中心推广的健身气功功法共有健身气功·易筋经、健身气功·五禽戏、健身气功·六字诀、健身气功·八段锦、健身气功·太极养生杖、健身气功·导引养生功十二法、健身气功·十二段锦、健身气功·马王堆导引术、健身气功·大舞、健身气功·明目功（青少版、成人版）、校园五禽戏（小学版、初中版、高中版）11 种。

中医健身功法具有调神（意念调整）、调息（呼吸调整）、调身（体力锻炼）三要素，这三者中调神是"统帅"，起主导作用。中医功法通过调神练意促使气机协调，让人达到静心状态，对人的情感、情绪与中枢神经系统有着积极的改善作用。练习中医健身功法可以在心理上消除精神的紧张与压力，舒展身心使人精力充沛地投入学习与工作，并有益于睡眠与饮食以提升身体机能。有研究者综述了近年来中医养生功法对大学生抑郁症影响的研究进展，结果显示，练习中医养生功法如太极拳、五禽戏、八段锦、易筋经和六字诀等对改善和治疗大学生抑郁症均有明显效果，其治疗机理主要是通过调节经络、补益元气和提升精气神，使练习者的脏腑滋养、气血充盈，以此来促进情志舒畅达到改善和治疗抑郁症的目的。

（6）药膳与针灸

中医认为"百病之生，皆有虚实。"人的情志不仅与心脑有关，而且与气血津液、五脏六腑的虚实功能状况相关。如"神有余则笑不休，神不足则悲""血有余则怒，不足则恐""血并于上，气并于下，心烦惋善怒；血并于下，气并下上，乱而喜忘"（《素问·调经论》）。所以，能涤荡五脏六腑的中药和疏通经脉气血的针灸都能成为治疗精神疾患和心理障碍的有效手段。

自古以来，就有证据说明我国的药膳食疗经过文化传统的演变，逐渐成为了医学中治疗方法中重要的一部分。有关医学书籍春秋时期的《黄帝内经》、汉代的《神农本草经》、隋唐时期的《千金要方》、宋元时期的《太平圣惠方》以及明清时期的《本草纲目》中都详细记载了亦食亦药的食物种类与药膳方。现代中医提出：肝郁气滞、心神不足、肾阳亏虚等是抑郁症发生的重要原因，可服用一些具有相关治疗作用的药物，如柴胡、莲子、柏子仁、玫瑰花、百合和郁金等，可考虑选择红枣、百合和玫瑰花，代茶饮，适合用于伴有心情郁闷、叹气、失眠症状的抑郁症患者。运用中药治疗精神疾病应注意病情的轻重缓急，急则治其标，缓则治其本。一般来说，中药疗法较为适合于一般的心理疾病的辅助治疗和精神疾病的恢复期治疗，以及适合改善精神疾病时的各种躯体症状；如若中西药兼用，服用时间上应有一定的间隔。

中药针灸的疗效，其关键在于辨证施治，因人、因时、因地立法方药。"高者抑之，下者举之，有余折之，不足补之，佐以所利，和以所宜，必安其主客，适其寒温，同者逆之，异者从之"（《素问·至真要大论》）。这既是中药针灸治疗的原则，也同样是心理治疗的原则，如"神有余，则泻其小络之血，出血勿之深斥，无中其大经，神气乃平。神不足者，视其虚络，按而致之，刺而利之，无出其血，无泻其气，以通其经，神气乃平"。而"血有余，则泻其盛经出其血。不足，则视其虚经内针其脉中，久留而视；脉大，疾出其针，无令血泄"（《素问·调经论》）。

（7）中医五行音乐疗法

中医音乐治疗最早起源于我国经典医学著作《黄帝内经》中的"五音疗法"，所谓"五音"是指宫、商、角、徵、羽的民族调式音乐，并根据其五音表现，将其分为土音、金音、木音、火音、水音五种调式类型，根据人体五脏的生理特征，结合中医文化中按照五行对人体体质进行划分的特点，针对不同患者施用不同的音乐治疗调式，以达到促进五脏气血循环的诊疗目的。

中医音乐治疗具有几千年的发展历史，古代音乐治疗认为音乐为"和合之气"，天地之间需要阴阳和谐，人体也需要阴阳和谐，人体出现某种疾病往往是由于阴阳之气不和谐所致，而音乐可以发挥调和阴阳的作用，以达到"必先五胜疏其血气，令其调达，而致和平"的效果，达到人体阴阳和谐的治疗目的。针对现代中医音乐治疗机制的研究更为深入，国外研究机构的生理学研究实验报告中提出，音乐的旋律、节奏有助于刺激人体大脑，促进乙酰胆碱、去甲肾上腺素等递质的释放，以达到改善大脑皮层功能的目的。同时音乐可以直接对人体主管情绪的下丘脑以及边缘系统产生作用，从而实现调节情绪的目的，进而通过治疗机制，对部分疾病产生良好的治疗效果。

郭子光教授和张子游教授在《中医康复学》一书中总结了中国传统音乐康复治疗的一些实施方法。例如："音乐安神法"，代表乐曲有梁代古曲《幽兰》、晋代古曲《梅花三弄》等，是以清幽柔绵之曲治疗紧张、焦躁所致的病症或怡情悦志、胎教等；"音乐开郁法"代表乐曲有汉魏古曲《流水》、唐代古曲《阳关三叠》等，是以爽快鲜明之曲治疗精神忧郁所致的病症；"音乐悲哀法"，代表乐曲有汉代古曲《小胡》等，是以凄切悲凉之曲来治疗愤怒暴躁所致的病症；"音乐激怒法"，代表乐曲有唐代乐曲《离骚》《满江红》等，是以激昂悲壮之曲治疗忧思郁结所致的病症；"音乐喜乐法"，代表乐曲有宋代《黄莺吟》、唢呐独奏《百鸟朝凤》等，是以轻松喜悦之曲来治疗悲哀郁怒所致的病症等等。经过多年的临床试验证明，中国传统音乐在音乐治疗中确实有着不可小视的作用。

◎　文化润心

欧阳修学古琴愈幽忧之疾

"凡人之生也，必以平正。所以失之，必以喜怒忧患。是故止怒莫若诗，去忧莫若乐。"

——《管子·内业》

春秋时期秦国名医医和，最早从医学的角度提出了关于音乐对于人的性情乃至健康的影响。医和认为过度宣泄感情的音乐，使人失去平和本性，甚至产生疾病，而只有中正平和的音乐，才能节制人心，使人保持平和本性和远离疾病。

古琴音乐尤其追求以中正平和之音、清微淡远之境达到养神养心的目的，清代《五知斋琴谱》谓古琴"其声正，其气和，其形小，其义大。如得其旨趣，则能感物。志躁者，感之以静；志静者，感之以和：和平其心忧乐不能入"，说的是古琴能调畅人的情志，令人消愁解闷，心绪安宁，胸襟开阔，乐观豁达。《孔子家语》则这样描述古琴的修身养性功能："琴之所贵，贵在中声为节，不卑不亢……故能使体静而新鲜，体静则阳气不燥，如是则阴平阳密，精神乃治，生气得养。"因此弹奏古琴时要做到"神闲""意定""貌恭""心静"，方能达到心平气和，物我两忘，天人合一的境界，欣赏或是演奏古琴都对人情志性疾病的调养十分有益。

宋代著名文学家欧阳修，关切国事，同情人民的疾苦，由于他直言敢谏，屡遭诬陷和贬官，但由于他政治上、文学上的才能为王朝所重视，贬官不久，又得到起用。后来官位越做越高，名气越来越大，政治上倾向于保守，因此，反对王安石的"新法"。在矛盾的仕途中，他曾患有严重的"幽忧之疾"，多方求医无效。后来欧阳修向好友孙道滋学琴，只要抚弄琴弦，投入到琴声中去，他便万事离心，烦恼尽除，不觉间抑郁症竟痊愈。欧阳修在《寿亲养老新书·置琴》中写道："予尝有幽忧之疾，退而闲居，不能治也。既而学琴于友人孙道滋，受宫声数引，久而乐之，不知其疾之在其体也。"就其医理而言，宫音属古代五声之一，归脾，脾主思，思可解忧，故以宫音醒脾而解忧。欧阳修不仅自己深深得益于古琴，而且还通过其切身体会，道出了"欲平其心，以养其疾"的心得，认为抚琴可以"听之以耳，应之以手，取其和者，道其湮郁，写其幽思，则感人之际，亦有至者焉"。他的朋友杨寘，因心情抑郁致病，欧阳修特地送给他一张琴，告诉他，用药物治疗不如以琴曲来寄托情怀和排遣忧思，并将其亲身经历及体会撰写了一篇《送杨寘序》，这便是我国古代用音乐进行心理治疗的范例之一。

节选：

李炜弘，王米渠，李世通，等. 恐怒等情志发病的音乐心理治疗古案6例［J］. 现代中西医结合杂志，2006，15（18）：2443-2445.

蒋笛.“中和”基础之上的中国传统音乐治疗略探［J］. 艺海，2017（5）：112-115.

◎ 本章要点

1. 心理障碍是指一个人由于生理、心理或社会原因而产生的心理机能障碍，即认知、情绪或行为机能紊乱，表现为内心痛苦、社会功能受损、行为异常或违反社会规范。

2. 精神分裂症主要表现为病人的思维、情感和行为互不协调，与现实环境脱离，呈现“精神分裂”现象，幻觉、妄想、思维（言语）紊乱是其典型症状。

3. 抑郁障碍指以显著而持久的心境低落为主要临床特征的一类心境障碍，患者会表现出典型的“三低”症状：情绪低落、思维迟缓、意志行为减退。

4. 双相情感障碍指临床上既有躁狂或轻躁狂发作，又有抑郁发作的一类心境障碍。典型表现为心境高涨、精力旺盛和活动增加（躁狂或轻躁狂）与心境低落、兴趣减少、精力降低和活动减少（抑郁）反复或交替发作。

5. 焦虑障碍是一组以焦虑症状群为主要临床相的精神障碍的总称，特点是过度恐惧和焦虑，以及存在相关的行为障碍。

6. 强迫症是一种以反复、持久出现的强迫思维或强迫行为为基本特征的精神障碍。患者明知这些思维或动作没有现实意义、没有必要，有强烈的摆脱欲望，但却无法控制，因而感到十分苦恼。

7. 创伤后应激障碍的核心症状为创伤性再体验症状、回避和麻木症状、警觉性增高。

8. 进食障碍是指以反常的进食行为和心理紊乱为特征，伴发显著体重改变和（或）生理、社会功能紊乱的一组疾病。

9. 人格障碍是指人格特征明显偏离正常，并具有稳定和适应不良的性质，同时伴有自我和人际功能的损害，这种损害不符合个人发展阶段和社会文化环境。

10. 心理障碍是可以治疗的，而且也是可以治愈的。常用的心理治疗方法包括心理分析治疗、行为治疗、来访者中心疗法、认知疗法、音乐疗法等。如果认识到自己在心理方面存在问题，应积极应对，主动寻求专业帮助。

◎ 本章主要概念

神经病　　　　　精神障碍　　　　精神病

心理障碍　　　　　精神分裂症　　　　抑郁障碍

双相障碍　　　　　躁狂发作　　　　　焦虑障碍

广泛性焦虑障碍　　惊恐障碍　　　　　场所恐惧症

社交焦虑障碍　　　特定恐惧症　　　　强迫障碍

创伤后应激障碍　　进食障碍　　　　　神经性厌食

神经性贪食　　　　暴食障碍　　　　　人格障碍

◎ **推荐阅读**

罗伯特·戴博德.蛤蟆先生去看心理医生.陈赢，译.天津：天津人民出版社，2020.

洛莉·戈特利布.也许你该找个人聊聊.张含笑，译.上海：上海文化出版社，2021.

约翰·蒂斯代尔等.八周正念之旅：摆脱抑郁与情绪压力.聂晶，译.北京：中国轻工业出版社，2017.

戴维·伯恩斯.伯恩斯新情绪疗法.李亚萍，译.北京：科学技术文献出版社，2014.

◎ **数字课程学习**

⬇教学课件　　📝在线自测　　📖参考文献

第十章

心理危机应对与生命意义

◎ **话题导入** ━━━━━━━━━━━━━━━━━━━━━━━━━━━━━━━━━━

生命的意义是什么？中国诗词文化中充满了对生命意义的追寻。

"天平山上白云泉，云自无心水自闲"，是在淡泊宁静中生发出坦荡；"岁华一任委西风，独有春红留醉脸"，是在凋零秋寒中，发现一丝春意；"云散月明谁点缀，天容海色本澄清"，是在历经风雨后，依旧平和自如。

在这一章，我们将要了解大学生心理危机的表现及心理危机干预与应对的方法。在这里，我们一起探索生命的意义，让我们走出"小园香径独徘徊"，也"莫问千秋万岁名"，在广阔天地中发现自己。珍爱生命，热爱生活，学会生存，就从自我做起，从现在做起吧！

第一节　心理危机

一、心理危机的定义

1954 年，美国心理学家卡普兰（Caplin）首次提出心理危机的概念，并对其进行了系统研究。他提出，**心理危机**是当个体面临突然或重大生活遭遇（如亲人死亡、婚姻破裂或天灾人祸等）时所出现的心理失衡状态。他认为，每个人都在不断努力保持一种内心的稳定状态，使自身与环境相平衡与协调，当重大问题或变化使个体感到难以解决、难以把握时，平衡就会被打破，正常的生活受到干扰，内心的紧张不断积蓄，继而出现无所适从甚至思维和行为的紊乱，进入一种失衡状态，这就是危机状态。

在我国，特别是从 20 世纪 90 年代开始，学者们逐渐关注心理危机，开展了广泛的研究并取得了一些决定性的成果。如樊富珉认为危机有两层含义：一是指突发事件，是出乎人们意料发生的，如地震、水灾、空难、疾病暴发、恐怖袭击、战争等；二是指人们所处的紧急状态。由此可见，心理危机有两个关键因素，一是与挫折有关，二是处于一种不平衡状态。

心理危机是当个体遭遇到某个事件或境遇超过了自己的资源和应对能力，个体日常处理问题的方法及其惯常的支持系统不足以应对困境时产生的一种心理失衡状态。

《高校心理危机干预工作指南》将**高校学生心理危机**定义为：高校学生在校期间，身心健康平衡被打破，学生的思维、情绪情感、行为功能严重失调，感觉到强烈痛苦，无法适应学校学习、生活，表现为出现自我伤害或是伤害他人的想法、计划、实施冲动或是严重身心疾病急性发作等情况。

二、大学生心理危机的表现

1. 诱发因素

（1）生活中遭遇重大事件。如家庭发生重大变故（亲人死亡、父母离异、家庭经济危机等）、意外事件（自然灾害、车祸、诈骗等）、遭遇性危机（性伤害、性侵犯、意外怀孕、性取向问题等）；

（2）早年生活经历创伤事件（校园欺凌、家庭暴力、被遗弃等），社会支持系统严重不足；

（3）性格内向、经济严重贫困，或学业困难；

（4）生活中发生可能影响个人发展的事件（如考试、学业、毕业、就业、失恋、人际关系失调、受处分等）；

（5）身体出现严重疾病，如患上恶性传染性疾病、肿瘤等医疗费用很高或难以治愈的疾病；或患有慢性疾病，个人很痛苦，治疗周期长，经济负担重；

（6）学校适应困难，或性格、行为或生活方式突然发生改变；

（7）因身边人出现危机状况而受到影响，产生恐慌、担心、焦虑、困扰，如自杀或他杀者的同宿舍、同班同学、家人等。

2. 预警因素

（1）心理健康测评中显示有明显的情绪困扰和身心不适，或具有自杀想法，且自杀倾向较高；

（2）有自伤、自杀想法，或已经实施过相关行为，具有自杀史；或家族中有自杀史；

（3）谈论过自杀并考虑过自杀办法，直接或间接地有过自杀的暗示和威胁，并在社交网络媒体、信件、日记、图画或乱涂乱画的只言片语中流露出死亡的念头；

（4）出现幻听、幻觉、妄想、躁狂、攻击、胡言乱语等异常心理行为的临床表现；

（5）不明原因突然给同学、朋友或家人送礼物、请客、赔礼道歉、诉说告别的话等行为明显改变；

（6）情绪明显异常，如特别烦躁、高度焦虑、恐惧，易感情冲动，或情绪异常低落，或情绪突然从低落变为平静，或饮食睡眠受到严重影响等；

（7）出现强烈的生理反应，身体明显不适，但经医院检查无器质性病变者，如肠胃不适、腹泻、食欲下降、抽搐、头痛、心悸、疲乏、容易惊吓、感觉呼吸困难、胸闷、哽塞感等。

3. 符合医学诊断标准

具有心理障碍诊断史、精神类药物服药史，或已经诊断为神经症、心境障碍或精神障碍，如焦虑、抑郁、双相情感障碍、恐怖症、强迫症、癔症、精神分裂症，处于急性发作期。

若出现上述情况，尤其是多种特征并存的学生，请主动寻求、积极接受帮助。

三、大学生心理危机的类型

大学生是一个特殊的群体。成长中的发展性课题，如自我同一性、职业生涯规划、恋爱与情感、人际关系、学业成绩等，它们既是成长的外部动力，也是潜在的应激源，使大学生容易发生成长性心理危机。另外，大学生处在走向成熟的过渡阶段，生理方面具备了更多成人的特征，但社会阅历和经验相对不足，处理问题的能力更是有限，这种反差的存在，使得心理危机容易得到表现乃至爆发。根据来源不同，大学生心理危机可分为 4 类：发展性心理危机、境遇性心理危机、存在性心理危机和病理性心理危机。

（一）发展性心理危机

这是大学生中最常见的心理危机。这类危机往往出现在个人成长和发展过程中某些重大转变的节点，这时外界对个体的要求往往出现重大的改变，从而导致个体出现异常的心理反应。对大学生来说，新生入学的不适应、宿舍人际关系的不和谐、考试屡遭挂科、不喜欢所学专业、评优落选、不能顺利就业等等，当我们遇到这样一些发展中的困难或阻滞时，就会产生压力，若未及时化解，就会逐渐转化为心理危机。但只要及时接受咨询和疏导，努力将"危险"转化为"机会"，我们就会豁然开朗，并会得到自我的成长。

（二）境遇性心理危机

境遇性危机是指出现突然或异常的事件且个体无法预测和控制时出现的危机。例如，交通意外、身患绝症、被性侵、遭遇自然灾害等。如 2008 年 5 月 12 日汶川大地震，对于因这场地震而出现的心理危机就属于境遇性心理危机。再如亲历父母亡故、车祸现场等重大生活事件也可能导致境遇性心理危机。

（三）存在性心理危机

存在性危机是指伴随着重要的人生问题，如人生目的、责任、自由和承诺等出现的内部冲突和焦虑，如感觉生活孤独或无意义。存在主义心理治疗创始人亚隆（Yalom）认为，我们生活中的所有痛苦都基本源自 4 个方面的困扰：死亡、孤独、自由和责任、意义。实际上，因为年龄和身心发展阶段的固有特点，大学生对存在性问题的思考是比较集中的。

生和死是人生的基本课题，一个人活在世上，一定会去考虑生命、死亡。我什么时候死？我应该怎么样去过自己的一生？探索人生，探索自我发展，探索自己存在的意义和价值，这种思考肯定会有很多的困扰。很多大学生有这样的困惑：我存在的意义到底何在？人终极的目的地就是死亡，反正我会死，我为什么还活？这些存在性的困扰，人们尤其是青年人在探索自我、探索人生时总会遇到。

（四）病理性心理危机

在大学生群体发生的心理危机中，多以病理性为主要特征，如抑郁症、焦虑症、躁狂症等，因为某些心理障碍或心理疾病本身可能就是一种心理危机。中国科学院心理研究所对 20 万人次进行调查，在《中国国民心理健康发展报告（2021～2022）》中指出，有 16.54% 的学生存在轻度抑郁风险，4.94% 的学生存在重度抑郁风险，4.65% 的学生存在中度焦虑风险，2.37% 的学生存在重度焦虑风险。

四、心理危机的发展过程

突如其来的危机事件，会让我们陷入震惊、迷茫、无措、痛苦的心理深渊，同时，也会让我们经历遥望、希望、激动、感动、喜悦的重生之路。人们对危机的心理反应通常经历四个不同的阶段。

（一）冲击期

危机事件发生不久或当时，感到震惊、恐慌、不知所措。如亲人或朋友突然死亡，突然听到某种传染疾病大面积暴发等消息后，大多数人会表现出恐惧、焦虑、痛苦和愤怒的强烈情绪，有的人还伴随着罪恶感，导致行为退缩，情绪抑郁。

（二）防御期

在这个时期，个体想恢复心理上的平衡，控制焦虑和情绪紊乱，恢复受到损害的认知功能。但是个体还不知如何做，不知如何正确地解决这个问题，于是会出现否认、合理化等应对方式。

（三）解决期

经历了危机初期的彷徨与无措后，个体会逐渐恢复平静，说服自己接受现实，寻求各种资源努力设法解决问题。此时，个体焦虑减轻，自信增加，社会功能逐渐恢复。

（四）成长期

个体经历了危机变得更加成熟，获得应对危机的技巧。但也有人消极应对而出现种种心理不健康的行为。

五、影响心理危机结局的因素

同样一件事情，在有些人眼里或许不是难事，能有效应对解决，而对于另外一些人来说，则可能成为具有创伤性质的心理危机事件。而同样的心理危机发生在不同人的身上，会因当事人的人格特质和应对方式的不同而呈现不同的结局。那么影响心理危机结局的因素有哪些呢？一般说来，某一事件是否会成为危机，以及危机是否能顺利度过，主要受以下因素的影响。

个体对事件的知觉。对某一事件的认知和主观感受几乎决定了人们的行为应对方式。如果个体对某事件的认知出现偏差，其主观感受和所采取的行为也可能偏离正常反应。而如果对事件的知觉是客观的、合乎逻辑的，则会提高解决问题的可能性。如一个同学总是认为"世界上没有人会真正关心你，人只能靠自己"，在生活中便较少感受到人际温暖，在遇到冲突时，更会倾向于做出负面推理，从而使人际关系更加糟糕。

社会支持系统。人的本质是社会性的，人际交往和他人的支持是人类的基本需要。社会支持系统是人们应对各类压力的重要心理资源，当这种资源缺乏或丧失时，我们在压力面前将变得无比脆弱、不堪一击，从而导致心理危机的发生。若在危机中未得到足够的社会支持，心理危机可能进一步发展而导致不良后果。

应对机制。人们通过日常生活，学会了运用各种手段去应对焦虑和减少紧张，并逐步形成了应对压力的模式。那些被运用的、有效的应对策略会成为人们日常生活中解决压力的一部分，并被纳入认知模式中，逐渐形成了一套解决压力的有效的应对机制。相反，如果没有恰当的、有效的应对机制，个体的压力或紧张将持续存在，危机便会随之产生。

个体的人格特征。心理危机还受个体人格特征的影响，容易陷入危机状态的个体在人格上具有特异性，如情绪不稳定、敏感性高、依赖性强、思维偏执等。

六、心理危机可能的结局

由心理危机所产生的失衡状态并不是持续终生的。绝大多数学者认为，人的心理危机状态要持续 4~6 周，其结局一般有四种。

（一）顺利度过危机

危机事件激发个体去面对问题、克服困难，采取得当措施，因此他不仅顺利地度过了危机，而且学会了解除困境的新方法，并总结经验和教训，整个身心健康水平得到提高，心理素质得到增强，人格得到了成长与完善，这是最佳的结局。

（二）残留心理创伤

特别是成长中的大学生，有的会在创伤后形成对人、对事的偏见，遇到同样的事情会采取消极的态度，影响日后的社会适应。如大学生失恋之后如果留下阴影，可能会对世间是否存在真爱产生怀疑，不敢再次踏入亲密关系。

（三）导致心理障碍

当事人表现出心理的恐慌、无助，应激障碍慢性化，表现出创伤再体验、警觉性增强以及回避、麻木等症状，甚至转为神经病或精神病。

（四）未能度过危机

心理崩溃，采取自伤自毁，甚至自杀的行为。

七、心理危机的极端表现——自杀

自杀是指个体蓄意或自愿采取各种手段结束自己生命的行为，是心理危机中的极端行为反应。世界卫生组织报告数据显示，全球每年大约有 100 万人死于自杀。为降低自杀率，预防自杀，自 2003 年起，世界卫生组织将每年 9 月 10 日确定为"世界预防自杀日"。因此，每个人都需要了解自杀行为，增强对不良生活事件的应对能力。

（一）自杀的信号

1. 外表的线索

体重减轻，表情木然，疲倦，眉头深锁，忧郁、悲伤，退缩，仪表不整，注意力不集中，有时显得激动，坐立不安，情绪忽然由悲哀转变为正常或高昂等。

2. 心理上的线索

感到无助、无望、空虚、无能及强烈的孤独感，有丧失、羞耻、失望的感觉，无价值感、自尊心低落、思考及综合能力减低、自责感深、仇恨、愤怒，有时无法控制自己的冲动行为。

3. 语言上的线索

（1）直接向人说："我想死""我不想活了"；

（2）间接向人说："我所有的问题马上就要结束了""现在没有人可以帮助我""没有我，他们会过得更好""我再也受不了了""我的生活毫无意义"等；

（3）谈论与自杀有关的事或开自杀方面的玩笑，如跟同学开玩笑"我死了你会伤心吗"；

（4）谈论自杀计划，包括自杀方法、日期和地点；

（5）流露出无助或无望的心情；

（6）突然与亲友告别；

（7）谈论一些容易获得的自杀工具、可行的自杀方法。

4. 行为上的线索

（1）突然、明显的行为改变（如中断与他人的交往或出现很危险的行为）；

（2）抑郁症状毫无理由地消失；

（3）写遗嘱，交代后事；

（4）写告别信给至亲好友；

（5）清理自己所有的东西；

（6）将自己心爱之物分赠他人；

（7）阅读有关死亡的资料；

（8）对所有身边事物失去兴趣；

（9）社会隔离，减少与家人、邻居、亲戚朋友的来往；

（10）突然增加酒精、药物的滥用或极度依赖网络。

5. 环境上的线索

（1）重要人际关系的结束；

（2）家庭发生大的变故，如亲人死亡、经济困难等；

（3）显示出对环境的不良适应，并因而失去信心。

6. 并发性线索

（1）从社交团体中退缩下来；

（2）显现出抑郁的征兆；

（3）显现出不满的情绪；

（4）睡眠、饮食规则变得紊乱，失眠、显得极度疲惫、身体常有不适、生病等。

（二）自杀的阶段

自杀过程一般分为 4 个阶段：自杀念头萌生阶段、自杀彷徨阶段、自杀决定阶段、自杀实施阶段。

1. 自杀念头萌生阶段

自杀者因各种原因出现自杀念头。有些自杀念头是闪念之间，而有些自杀念头则是一经产生就很难消除。尤其是理智性自杀念头一经形成，会相当顽固，挥之不去。

2. 自杀彷徨阶段

萌生自杀念头后，常常会有一段时间的犹豫不决、彷徨徘徊，此刻，他们心中充满着激烈的冲突与斗争，在生与死的抉择中，无数次进行权衡与选择。包括考虑自杀方式、自杀后果、自杀时的感觉、自杀未遂造成残疾的可能、自杀后亲人及其朋友的感受等。在彷徨中，他们也可能做一些理论上的准备，如搜集有关自杀的信息，搜集自杀主题的作品，或观看有关的影视录像。

3. 自杀决定阶段

自杀者在经过激烈的生与死的较量之后，做出自杀决定，心态也随之恢复了平静，认为找到了最终解决问题的出路。这时他们可能会有一些反常的举动，如忽然话多了起来，与同学非常亲近，表露出歉意，以及处理后事等一些行为。与此同时，他们也在积极准备行动计划，如写遗书、准备工具、交代后事、打电话或写信告知相关人员。

4. 自杀实施阶段

自杀者经过足够的心理准备后，死亡的心理能量充满着内心。他们会坚决果断、采取某种方式结束自己的生命。

（三）关于自杀的认识误区

对于自杀，我们似乎总能听到一些"坊间传说"。它们未经验证真伪，但却会耽误转介和干预的最佳时机。因此，厘清以下认识误区是必要的，也是重要的。

1. "威胁别人说要自杀的人不会自杀"

事实上大量自杀死亡者曾威胁过别人或者对他人公开过自己的想法。10 个自杀的人中，有 8 个曾经表示过自杀的意愿。比如，他可能会突然谈起与死亡相关的话题，或在社交媒体上频繁发布充满绝望情绪的表达。此时若能给予重视，及时干预，或许可以挽救一条生命。

2. "不可以直接跟自杀者提及任何与自杀相关的话题"

与有自杀倾向的人探讨相关话题，不会对自杀者产生直接刺激，反而能大大缓解他"我是不被人理解的"和"没有人愿意帮助我"的绝望情绪。因此，谈论自杀、直面死亡并不是禁忌，而是在向对方释放一个信号：他可以安全地，不受到指责、非议以及评价地向你寻求帮助。这也能更好地帮助双方建立信任关系，进而有可能降低他们的紧张情绪，让他们有机会重新思考这一主题。

3."自杀者都有严重的精神疾病"

有一些自杀者患有精神疾患，但有些只是抑郁、孤独、绝望、无助、被虐待、受打击、失望、失恋等情绪。

4."自杀发生在家庭中，具有一种遗传倾向"

自杀倾向没有遗传性，它是认同、模仿的结果，或者是情境性的。

5."自杀总是一种冲动性行为"

事实上有些自杀是冲动行为，另一些则是在仔细考虑之后才实施的。

（四）自杀的心理学理论

1. 弗洛伊德的内向攻击

弗洛伊德的心理动力学观点认为，自杀是个体经历巨大心理刺激时激发的内心冲突所导致的。有时，这种刺激使人退行至更原始的自我状态，或者抑制个体对他人或社会的敌意，从而使个体的攻击性情绪转向内部对自我的攻击。弗洛伊德称之为忧郁状态，也就是我们目前所说的抑郁。在一些极端案例中，这种抑郁尤其强烈，以至于个体选择自我毁灭或自我惩罚，而不是去攻击他人。

2. 发展阶段

发展心理学用生命阶段的观点来看待自杀。个体若未能成功驾驭其生命阶段会变得多疑、内疚、孤僻且迟钝，直到他们再也无力应对，就可能选择自杀作为出路。

3. 绝望

绝望理论认为，一些个体相信高度期望的结局不会发生或者认为高度厌恶的结局将会发生，而他们又无力改变状况，唯一的逃避就是死亡。贝克的"消极认知三角"：对自我、世界和未来的消极思想是绝望的核心内容。

4. 心理痛楚

心理痛楚一词是由自杀学创始人施耐德曼（Shneidman）指出：心理痛楚、不安（个体如何不安以及痛苦的程度）和压力（更多消极因素的累积导致压力的增加），这三者相结合，形成了激活自杀的关键条件。**心理痛楚**是指心理或精神上的伤害、痛苦、悲伤和酸楚，可能与内疚、羞耻、害怕变老、失去亲人、其他消极认知或情感有关。无法忍受的心理痛苦是一个与所有自杀事件都相关的变量。心理痛楚与失意、受阻和挫败的心理需求相关。因而自杀可以消除与需求受挫有关的压力。

5. 自杀三阶段理论

克隆斯基（Klonsky）和梅（May）于2015提出了自杀三阶段理论。该理论认为痛苦、绝望、联结和自杀能力是自杀行为的核心成分。个体从产生自杀意念到做出自杀尝试经历了3个阶段（图10-1）。痛苦、绝望和联结共同导致自杀意念产生，影响自杀意念强弱，个体是否有自杀能力是自杀意念转化为自杀尝试的决定性因素。痛苦不仅包括通常意义上的心理和情感痛苦，还包括生理痛苦、社会孤立、累赘感知和归属受挫、挫败和受困、消极的自我认知和许多其他令人厌恶的想法、情绪、感知和经历等。

绝望指对痛苦的改善感到绝望。联结既包含与其他人的联结，也包括与兴趣、角色、工作的联结，以及任何能让个体投入到生活中去的目标感和意义感。自杀能力包含气质性的、获得性的和实际的三方面变量。气质性变量指可能会提高个体自杀能力的与生俱来的生物或遗传因素。获得性变量指的是个体在反复经历与痛苦、伤害、恐惧和死亡相联系的体验过程中获得的一种执行自杀行为的能力。实际变量指使自杀尝试更容易发生的具体因素，如致命方式的可获得性。

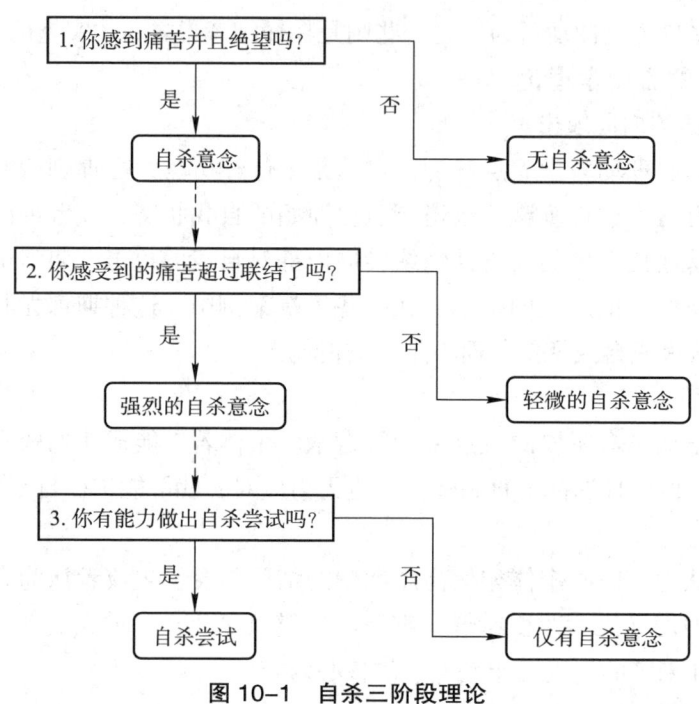

图 10-1 自杀三阶段理论

◎ **心理自测 10-1**

自杀态度问卷

指导语：本问卷旨在了解你对自杀的态度。下列每个问题的后面，都标有 1、2、3、4、5 五个数字供你选择，分别代表你对问题从"完全赞同"到"完全不赞同"的态度，请根据你的选择在方框内打钩。

序号	题目	完全赞同	赞同	中立	不赞同	完全不赞同
1	自杀是一种疯狂的行为	1	2	3	4	5
2	自杀死亡者应与自然死亡者享受同样的待遇	1	2	3	4	5
3	一般情况下，我不愿意和有过自杀行为的人深交	1	2	3	4	5

序号	题目	完全赞同	赞同	中立	不赞同	完全不赞同
4	在整个自杀事件中，最痛苦的是自杀者的家属	1	2	3	4	5
5	对于身患绝症又极度痛苦的病人，可由医务人员在法律的支持下帮助病人结束生命（主动安乐死）	1	2	3	4	5
6	在处理自杀事件过程中，应该对其家属表示同情和关心，并尽可能为他们提供帮助	1	2	3	4	5
7	自杀是对人生命尊严的践踏	1	2	3	4	5
8	不应为自杀死亡者开追悼会	1	2	3	4	5
9	如果我的朋友自杀未遂，我会比以前更关心他	1	2	3	4	5
10	如果我的邻居家里有人自杀，我会逐渐疏远和他们的关系	1	2	3	4	5
11	安乐死是对人生命尊严的践踏	1	2	3	4	5
12	自杀是对家庭和社会一种不负责任的行为	1	2	3	4	5
13	人们不应该对自杀死亡者评头论足	1	2	3	4	5
14	我对那些反复自杀者很反感，因为他们常常将自杀作为一种控制别人的手段	1	2	3	4	5
15	对于自杀，自杀者的家属在不同程度上都应负有一定的责任	1	2	3	4	5
16	假如我自己身患绝症又处于极度痛苦之中，我希望医务人员能帮助我结束自己的生命	1	2	3	4	5
17	个体为某种伟大的、超过人生命价值的目的而自杀是值得赞许的	1	2	3	4	5
18	一般情况下，我不愿去看望自杀未遂者，即使是亲人或好朋友也不例外	1	2	3	4	5
19	自杀只是一种生命现象，无所谓道德上的好与坏	1	2	3	4	5
20	自杀未遂者不值得同情	1	2	3	4	5
21	对于身患绝症又极度痛苦的病人，可不再为其进行维持生命的治疗（被动安乐死）	1	2	3	4	5
22	自杀是对亲人、朋友的背叛	1	2	3	4	5
23	人有时为了尊严和荣誉而不得不自杀	1	2	3	4	5
24	在交友时，我不太介意对方是否有过自杀行为	1	2	3	4	5

序号	题目	完全赞同	赞同	中立	不赞同	完全不赞同
25	对自杀未遂者应给予更多的关心与帮助	1	2	3	4	5
26	当生命已无欢乐可言时，自杀是可以理解的	1	2	3	4	5
27	假如我自己身患绝症又处于极度痛苦之中，我不愿再接受维持生命的治疗	1	2	3	4	5
28	一般情况下，我不会和家中有过自杀者的人结婚	1	2	3	4	5
29	人应有选择自杀的权利	1	2	3	4	5

评分方法：

该量表由 4 个分量表组成，1、3、7、8、10、11、12、14、15、18、20、22、25 题为反向计分，即选择 "1" "2" "3" "4" "5" 分别记 5、4、3、2、1 分；其余条目均为正向计分，即选择 "1" "2" "3" "4" "5" 分别记 1、2、3、4、5 分。

对自杀行为性质的认识	1、7、12、17、19、22、23、26、29 题平均分
对自杀者的态度	2、3、8、9、13、14、18、20、24、25 题平均分
对自杀者家属的态度	4、6、10、15、28 题平均分
对安乐死的态度	5、11、16、21、27 题平均分

分别计算 4 个维度的条目均分，以 2.5 分和 3.5 分为两个分界值，将对自杀的态度分为三种情况：

≤2.5 分为对自杀持肯定、认可、理解和宽容的态度；

＞2.5 分或 ＜3.5 分为对自杀持矛盾或中立态度；

≥3.5 分为对自杀持反对、否定、排斥和歧视态度。

你的得分是：_____。

八、非自杀性自伤

非自杀性自伤在青少年群体中的发生率逐年增长。非自杀性自伤是后续发生自杀行为的重要危险因素，国外有研究显示在发生非自杀性自伤后的 12 个月内，重复非自杀性自伤发生率为 26.30%，自杀行为的发生率为 0.44%，比匹配的一般人群高 37.2 倍。杜庆贵等研究发现，初次非自杀性自伤的年龄存在集中现象，高发年龄为 11～14 岁，最常见于 13 岁。非自杀性自伤已成为严重影响青少年身心健康的重要精神问题。

（一）非自杀性自伤的定义

非自杀性自伤是指不以自杀为目的，直接地、故意地伤害自己身体组织（包括割伤、咬伤、抓伤等），且不被社会和文化所认可的行为。

（二）非自杀性自伤的诱发因素

1. 环境因素

（1）创伤经历

个体在成长过程中遇到的忽视或者虐待，包括情感上或身体上的忽视、虐待，性侵害，同伴欺凌，自然或者社会灾害等，都是诱发产生自伤行为的重要因素。经历不良的家庭生活事件，会降低个体在行为和生理上应对痛苦的能力，进而导致非自杀性自伤行为的出现。

（2）缺乏社会支持

缺乏足够的社会支持，与家人和同伴的消极互动也是重要的风险来源。例如，不安全的亲子依恋，父母的情感忽视是预测诱发非自杀性自伤的重要来源。同伴的欺凌也会大大增加非自杀性自伤行为的出现。

2. 个人因素

（1）情绪调节困难

有研究指出，曾发生非自杀性自伤的个体在该行为发生前常伴有难以调节的情绪状态。

（2）消极认知

消极的认知风格可能使得个体对负性生活事件做出更为消极的因果推理，更可能责备自己，也会诱发非自杀性自伤行为。

（3）精神障碍

研究发现，患有精神心理障碍的个体更容易产生非自杀性自伤行为，如抑郁障碍、焦虑障碍及双相情感障碍等。

（三）非自杀性自伤的干预

1. 情绪技能的训练

加强个体情绪调节能力的训练。从个人体验出发，鼓励其多尝试不同的情绪调节行为来代替当前的风险行为。

2. 家庭系统的关注

家庭系统作为与非自杀性自伤青少年接触最直接和密切的微观系统，对于个体，尤其是青少年的自伤行为表现出两极化特点。较差的家庭系统和更严重的自伤行为有关，相反良好的家庭系统可以起到保护作用。因此，对于自伤行为的干预，应该更多关注整个家庭系统，邀请青少年的家长一并参与，通过家庭教育等形式提升其家庭功能。

3. 社会支持的寻求

当家庭系统难以给予足够支持时，来自其他方面的社会支持就显得尤为重要。在干预自伤行为时，也需要对个体进行必要的社交技能训练，搭建支持性的社会网络。

4. 自我关怀的学习

自我关怀传递了一种自我觉察和自我接纳的态度。当自己处在困难、挫折、痛苦、失望等不好的情景时，对自己消极的状态要保持开放和友善的态度，安抚和关心自己，更好地帮助自己远离消极的自我认知，避免用自伤惩罚和苛责自己。

5. 团体干预的帮扶

自伤的个体可能会被外群体排斥和误解，而具有相同自伤行为的个体又会自然形成内群体。因此，针对自伤的团体干预可以建构一个相互理解的团体氛围，减少非自杀性自伤的发生频率，降低因重复非自杀性自伤最终导致自杀行为的危险。

第二节　心理危机的干预与应对

一、心理危机干预的定义

心理危机干预是指采取紧急应对的方法帮助危机者解除迫在眉睫的心理危机，使其急性症状得到迅速缓解或消失，心理功能逐渐恢复到危机前的水平，增强其应对危机事件的能力，重新适应生活。《高校心理危机干预工作指南》将**高校学生心理危机干预**定义为：高校心理工作中识别、发现存在心理危机的学生，需依靠团队的系统工作，采用专业方法向存在心理危机的学生提供有效的帮助和支持，避免出现严重自伤、自杀或伤人、杀人等严重后果，辅助其及时就医，恢复身心健康，重新适应高校学习和生活。

心理危机干预工作是一项长期性、系统性的工作，需建立健全学校与家庭、精神卫生医疗机构、社会各部门协同联动的工作格局。心理危机干预的目标有：

① 稳定情绪，防止发生过激行为；
② 提供及时、有效、适当的帮助；
③ 迅速恢复存在危机学生的心理平衡；
④ 提升危机应对能力与信心；
⑤ 提升危机学生的心理素养水平。

二、心理危机应对

首先要认识到：心理危机是每个人都可能遇到的人生境遇，而且，我们完全有能力度过心理危机。面对危机，我们应该认真对待、积极应对。

（一）积极求助

在自己出现危机征兆时，要及时向外界求助，以帮助自己尽快解除危机。根据自身心理状况和需求，可以选择不同的求助渠道。

1. 争取社会支持

社会心理学认为，社会支持是个体在与社会发生联系时所获得的精神上和物质上的支持，是人们有意识或无意识构建的在一定情境下处理应激事件时的一种资源。从这个角度来看，社会支持系统既包括个人与社会所发生的客观实际的联系，如直接得到物质上的捐助；也包括个体在一定情境中主观体验到的情感上的支持，即个体在社会交往中体验到的被尊重、被支持、被理解和对生活环境满意与适应的程度。父母、亲人、朋友、同学、伙伴、老师等是我们身边关系亲近的人，也是我们重要的社会支持资源。

2. 寻求专业心理援助

心理援助是应对心理危机非常重要的方法之一。为了适应大学生的心理需求，目前各大高校均设有心理咨询室。在需要的时候，个体可以考虑寻求专业支持，受过训练的专业人员能够为个体进行心理疏导，并且传递科学的心理常识，尽最大努力帮助个体恢复正常学习生活状态。当危机情况较为严重，可直接与专科精神医疗机构取得联系。

（二）确保安全

危机应对最重要的是安全。自己出现危机征兆时，首先要避免可能对自己或他人造成的伤害，通过各种努力与行动来保障生命处于安全状态。尽可能通过熟悉的日常事件获得对生活的掌控感，保持生活规律，按时作息、饮食、工作和学习。可以尝试制订一份安全计划，帮助自己应对危机。

◎ **自我练习**

安全计划模板

学生：_____ 班级：_____	
教师：_____ 日期：_____	
当我感到… 或想到…	我可以… （做一些有助于我分散注意力 / 应对感受 / 不再被问题困扰的事情）
我喜欢自己这些长处… （写下 / 画出关于我的正面事情）	
我想做的事情… （写下 / 画出我喜欢 / 享受的事情，并写下为什么我期盼做这些事情）	
有助于照顾自己、应对压力和令自己感觉良好的事情…	

（三）接受帮助

处在心理危机中的个体，往往对自己当下糟糕的状态感到绝望，认为没有办法让自己恢复正常。因此，请务必坚信：他人的帮助能够帮助自己缓解困境。所以，积极配合外界给予的帮助十分重要。

三、如何帮助心理危机当事人

（一）识别危机信号

在应对危机的过程中，觉察是至关重要的一步。我们要对危机的表现与状态培养敏感性，及时发觉处于危机状态的个体，心理危机信号参考本章第一节。

（二）共情理解

让当事人讲述其经历给他们带来的感受，耐心倾听、不批判。相信他们说的话，当他们说要自杀时，一定要认真对待。理解和共情当事人的痛苦，认识到该事件对当事人各个方面的影响，并从认知上给予正面的、积极的引导。

（三）安全看护

密切关注学生状态，优先确保其生命安全。针对有严重自杀风险的学生，立即告知其监护人、班主任、辅导员或者学校心理咨询中心。确保其不会独处，并时刻有成人陪同。移走所有可能造成伤害的物件。同时，保护其他学生及人员安全。

（四）转介至专业机构

对周围陷入心理危机或存在自杀风险的同学，及时给予支持和帮助，必要时转介至专业机构，以获得及时的帮助。

◎ **知识拓展 10-1** ▬▬▬▬▬▬▬▬▬▬▬▬▬▬▬▬▬▬▬▬

专业机构能帮你做什么？

在学校心理健康教育中心及社会专业医疗机构，专业人员会为你提供如下服务，帮助你度过心理危机。

（1）评估你的心理危机状况。

（2）帮助你疏导负性情绪。

（3）帮助你正视危机，提供可能的应对和处理方式。

（4）帮助你获得新的信息和知识，从而寻找另外的解决办法。

（5）可能的话，在日常生活中提供必要帮助，如离开应激性情境，创建安全环境等。

（6）采用专业技术，如焦点解决短期心理治疗、认知行为疗法、辩证行为治疗等技术，帮助你澄清有关认识误区。

（7）督促你接受帮助和治疗。

四、校园欺凌

近年来，校园欺凌事件频频发生，已经成为一个不能回避的社会问题。滕洪昌和姚建龙的研究显示，我国校园欺凌的发生率为 5.91%～33.36%。校园欺凌（史）是造成大学生心理危机的主要原因之一。

（一）校园欺凌的定义

校园欺凌是指发生在校园内外、学生之间，一方单次或多次蓄意或恶意通过肢体、语言及网络等手段实施欺负、侮辱行为，给另一方造成身体伤害、财产损失或精神损害等的事件。

（二）校园欺凌的常见类型

校园欺凌主要包括直接欺凌和间接欺凌两种类型。

1. 直接欺凌

直接欺凌是指采用公然、明显的方式进行欺凌，包括直接身体欺凌和直接言语欺凌等类型。其中，直接身体欺凌包括打、踢、抓咬、推搡、勒索、抢夺和破坏物品等身体动作行为；直接言语欺凌包括辱骂、讥讽、嘲弄、挖苦、起外号等言语行为。

2. 间接欺凌

间接欺凌是指以较不易被发现的方式进行欺凌，通常借助第三方进行欺凌，包括关系欺凌、网络欺凌等类型。其中，关系欺凌包括传播谣言、社会孤立、冷暴力等；网络欺凌是通过电子信息手段，如电子邮件、微信、网站等散布图像、侮辱性语言或者视频等来进行。

（三）校园欺凌的影响

校园欺凌的危害深远。2014 年《美国精神病学杂志》曾刊登一项研究，发现校园欺凌的负面影响可以一直持续到中年以后，经常受到欺凌的孩子在步入中年以后存在更大的抑郁、焦虑、自杀风险，在 50 岁时认知功能也会很差。英国研究者跟踪调查了一组在 14 岁时欺凌他人的学生，研究发现，调查对象在 32 岁时仍有 18% 的人会欺凌他人，有超过六成的人具有高度侵略性，他们暴躁、易怒、喜欢争论和有暴力倾向，20% 的人走上了暴力犯罪的道路。欺凌行为对受欺凌者和欺凌者成年后的人格都有不良影响，必须高度重视，杜绝此类现象的发生。

（四）校园欺凌的应对

1. 我被欺负了，应该怎么做

（1）积极求助

校园欺凌具有反复性、长期性的特点，不及时处理很有可能导致更持久、更严重的欺凌。最有效的应对方式就是将被欺凌的经历告诉身边信任的家人、朋友、老师等。在一个安全的环境下，倾吐过去的经历会让我们得到外界的支持，让压抑的情绪得到释放。

（2）做好自我照顾

照顾好自己的身体，提升自我防护意识和防护能力，平时加强身体素质训练，以便在危险的时刻进行自保。

（3）转移情绪

去做一些喜欢的事情，给自己的不良体验找到释放的出口，将自己从坏情绪中抽离出来。

（4）摆脱负罪感和羞耻感

被欺凌不是你的过错。发现自己的闪光点，树立信心，与同学友好相处，宽容、理性、和平解决矛盾。积极寻找生活的意义感，从而获得力量。

2. 不做附和者或冷眼旁观者

（1）拒绝煽风点火，拒绝成为欺凌者的"帮凶"。

（2）拒绝当事不关己的旁观者，适当对被欺凌者表达同情和关心。

（3）在能力范围内施以援手，帮助被欺凌者。

（4）及时向老师、家长报告，甚至报警。

第三节　生命意义

一、关于生命

（一）什么是生命

生命从何而来？这样看似简单的问题，至今却无从定论。

什么是生命？古代哲学倾向于把生命看作是"气"的活动，强调生命是一个永不停息的代谢过程。把生命看成一个物质运动过程，常把生与死联系起来讨论，这也是中国哲学一体化的思维特点，例如"有血脉之类，无有不生，无生不死，以其生，故知其死也"，把生命看作是与死亡对立的事物。现代哲学则把生命定义为生物的组成部分，是生物的成长、繁殖、代谢、应激、进化、运动所表现的一系列生存发展意识。在19世纪下半叶，德国思想家、哲学家、革命家恩格斯（Engels）对生命下了定义："生命是蛋白体的存在方式，这个存在方式的基本因素在于和它周围的外部自然界的不断的新陈代谢，而且这种代谢一旦停止，生命就随之停止，结果便是蛋白质的分解。"学者冯契在其主编的《哲学大辞典》里指出："生命是主要由核酸、蛋白质分子组成的，以细胞为单位的复合体系的存在方式。"

总的来说，生命主要包括新陈代谢、生长、发育、遗传、变异、感应和运动等。生长和发育是生命的基本过程，而新陈代谢则是生命的更新。

（二）生命的历程

人类生命的历程包括出生、成长和死亡三大阶段。

1. 出生

人类生命的诞生，是精子和卵子结合的产物。成年女性一年中，大概只有 30 天可以受孕。每次月经周期的中间，女性的卵巢都会释放一个（偶尔会多于一个）卵泡，成熟的卵子会从卵泡中排出，这种现象被称为"排卵"。排卵时，卵泡破裂，卵子便开始向子宫缓慢移动。如果 24 小时内它没有遇到可以结合的精子，这个卵母细胞便会萎缩消失。与此同时，在受孕过程中上亿个精子喷薄而出，幸存者将穿过子宫颈口，游过子宫，向输卵管的壶腹部进发。最终，有一个幸运的精子进入卵子，这里称之为"受精"。受精卵在输卵管中行进四天后，到达子宫腔并自由停留三天左右，等待子宫内膜修复后，便找个合适的地方住进去，这就称为"着床"。生命的历史从此开始。经过十月怀胎，从受精卵的分化到胎儿逐渐发育完成，在适当的时候瓜熟蒂落，一个新的生命便降落人间。

2. 成长

人的一生可以分为婴儿期、幼儿期、童年期、青春期、青年期、中年期和老年期等几个阶段。从生理上看，除去天灾人祸的意外掠夺生命，人从婴儿期开始就不断发育，18 岁达到体能的高峰，然后平稳过渡到 35 岁，35 岁以后各项机能开始衰退。到了 60 岁就开始急速下降，最后逐渐走向死亡。

（1）婴儿期（0～3 岁）：人类智慧开始发展的阶段，是人生发育最旺盛的阶段。人最初的自我意识开始发展。人的"第一反抗期"也在此阶段形成。

（2）幼儿期（3～7 岁）：幼儿期也称学前期，生理变化比较大，神经系统特别是大脑皮层结构和功能不断成熟和发展。这一阶段是他们学习和模仿的重要心理阶段。

（3）童年期（7～12 岁）：学龄初期，人生发育最重要的阶段。

（4）青春期（12～18 岁）：学龄中期，是个体从童年期向青年期发展的过渡时期，是人类成长的第二个生长高峰期，也是身心迅速生长发育的关键期。伴随着身体发育，男女生出现第二性征，开始对两性关系进行探索，也会出现"第二反抗期"。

（5）青年期（18～35 岁）：个体生理功能的旺盛时期，也是心理从不成熟走向成熟的过渡阶段，更是人一生中最宝贵的黄金时期。在这一时期，青年将度过重要的大学学习阶段，直至毕业走向工作岗位，并在社会实践中形成自己的世界观、人生观和价值观。这一阶段，青年男女步入婚姻家庭，实现一系列家庭和社会角色的转变。

（6）中年期（35～60 岁）：生理、心理相对稳定的阶段，也是生理功能初步走向退化的转变时期。在四五十岁之后，子女离开自己建立新的家庭，会面临"空巢期"，产生寂寞和失落感。

（7）老年期（60 岁以后）：走向人生的完成阶段，实现人生价值的最后时期。同时，开始直接或间接地接触和思考死亡这一人生的重大主题。

3. 死亡

美国《布莱克法律大辞典》把死亡描述为"生命的永息，生存的灭失，血液循环的停止，呼吸脉搏的终止"。对死亡的另一种定义，是大脑全部功能的永久丧失，也即

"神经系统上的死亡"。随着年龄的增长，人的身体机能下降和衰老，人最终要面对死亡、走向死亡，这是不可抗拒的自然规律。

（三）生命的形态

人的生命是以生物性、精神性和社会性这三种形态存在的。

1. 生物性

我们以人的形态存活于世间，看得见、摸得着，有温度、有呼吸，需要进行生命活动，遵循生老病死生物规律，人人平等，无一例外。更具体来说是我们具备生物性特征的身体，是从无到有，承载着我们的意识和精神的载体，是我们进入现实世界的通道。从这个意义上来说，生物性的存在形态是人的生命存在的最基本特征，是生命的精神性和社会性存在的基础和前提。

2. 精神性

亿万年生物进化的漫长历史，造就了区别于其他生物的特殊存在——人类。除了要满足生理和安全这样的生物性基础需要外，我们也产生了对归属与爱、对尊重、对自我价值实现的需要，这很客观地反映出了人类生命的精神性的存在。相对于生物性存在来说，精神性的存在是一种超越和升华。它可以允许人在生命存在的意义和价值上拓宽广度，尽情绽放。

3. 社会性

人是群居性动物，抱团取暖、共御外敌，这样种族才得以延续。没有人可以是一座孤岛，信息大爆炸的时代更是将每个人都与其他人紧紧相连。欢愉的时刻，与他人分享；痛苦的时刻，我们也需要被他人理解。在与人沟通、交往和互动中，我们的社会性自然发展，生命也随之更加丰富完整。

（四）生命的特征

1. 有限性

生命的有限性是由两个方面决定的。一是人的生命的存在时间是有限的，每个人的生命都遵循从无到有，从有到无的客观规律；二是人的生命是无常的，生老病死、旦夕祸福，难以预测。坦然接受生死，用心体验活着的每一个时刻，生命的长度虽难以控制，但生命的广度和深度由我们自己决定。

2. 一次性

"人生就像一本书，傻瓜们走马观花似的随手翻阅它，聪明的人用心阅读它，因为他们知道这本书只能读一次。"生命不仅是有限的，而且这有限的生命只有这一次，不可再生。剪掉的头发可以再长，庄稼收割了明年也可以再种，春夏秋冬一年四季轮回交替，明天的太阳照常会升起……可是如果生命结束了，没有下次机会，一旦失去，不会再来。成为父母的儿女、他人的朋友、爱人的伴侣、孩子的家长，一生也仅此一次，所以在拥有的时候就要好好珍惜，对不辞辛苦给你关爱的人、对可以让你体会世间一切的生命，都要怀有感激之心。

3. 独特性

德国哲学家莱布尼茨（Leibniz）说过："世界上没有完全相同的两片叶子。"对于生命而言也是如此。无论是过去、现在还是未来，都有且只有唯一的一个你。每个人都是这个世界上独一无二的存在，都有不同的际遇，都面对各自生活中不同的挑战，也都会成就不同的人生轨迹。在追求的过程中，我们不需要追寻别人的脚步，不知如何是好时，只要想想"这是我自己的人生啊"，便会重新找回对自己命运的把控，以一种要对自己的人生负责任的态度坚持走下去。

4. 不可逆性

正如罗曼·罗兰（Romain Rolland）所说："人生不售来回票，一旦动身，绝不能复返。"我们不能修改已经上交的试卷，也无法回到去年的夏天。人从豆蔻年华、三十而立、四十不惑、七十古稀到百岁期颐，是一个循序渐进、不可逆转的过程，只有每个阶段我们都认真地对待，踏实地度过，才能够坦然、勇敢地迎接下一个阶段，走到生命尽头时方可无憾。

◎ 时代心能量

伟大抗疫精神

一个国家有多尊重生命就会挽救多少生命。

2019年12月，新型冠状病毒出现，并迅速蔓延。面对来势汹汹的新型冠状病毒疫情，以习近平同志为核心的党中央，率领全党全军全国各族人民风雨同舟、勇抗疫情。中国始终把人民群众生命安全和身体健康放在第一位，始终把特殊群体安危视作头等大事，不惜代价、不计成本全力畅通抢救生命的"绿色通道"。

习近平总书记亲自指挥战"疫"，多次主持中央政治局常委会会议和中央政治局会议，对疫情防控战略策略作出部署，成立中央应对疫情工作领导小组，派出中央指导组……

"把人民生命安全和身体健康摆在第一位""尽最大可能挽救更多患者生命""最大限度提高治愈率、降低病亡率"……习近平总书记多次作出重要部署，要求全力以赴救治每一个患者。生命至上，集中体现了中国人民深厚的仁爱传统和中国共产党以人民为中心的价值追求。

2021年9月，党中央批准了中央宣传部梳理的第一批纳入中国共产党人精神谱系的伟大精神，抗疫精神被纳入。伟大抗疫精神，是在抗击新冠肺炎中形成的众志成城抗击疫情的精神，即：生命至上，举国同心，舍生忘死，尊重科学，命运与共。

◎ 课堂活动

一、生命曲线

活动目的：人的一生，总是充满了曲折。在成长道路上，有令我们开怀幸福的时刻，也有令我们悲伤痛苦的时刻。这每一笔欢乐或痛苦都是我们人生的宝贵财富。现在，让我们拿起笔，来画一画自己的生命曲线，认识自己的生命历程吧。

活动准备：笔和纸

活动时间：30分钟

活动步骤：

1. 请看下图的坐标，其中横坐标代表你的年龄，纵坐标代表你对生活的满意程度。未来使曲线起伏明显，可以把对过去最不幸事情的满意度定为0，最高兴、最成功的事情，满意度定为100%。

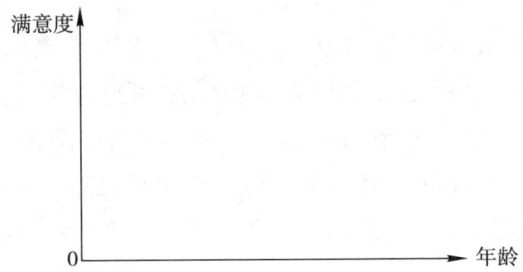

2. 请你找出自己生活中的一些重要的转折点，如果你认为此转折点是正性的，满意度较高，请用绿色表示，如果你认为此转折点是负性的，满意度较低，请用红色表示。然后将这些转折点连成线，一边连线一边反省。最后，请你用虚线表示你未来人生的趋向。

3. 我们每个人在生活中都要面临大大小小的压力，当承受的压力超过了自己的应对能力时，就会出现危机。请你看着你的生命曲线中出现的那些"红点"，按照对你的影响的严重程度，将历次危机写在下面。同时，请你回想一下，它发生在何时？你是凭借什么度过危机的？它又教会了你什么？

二、生命时间

假如现在你个人的生命处于0~100之间，接下来我们来玩一个游戏。发给每人一张长条纸用笔将它划成10份（每一份代表生命中的10年，分别写上10、20的字样，最左边的空余部分写上"生"字，最右边空余部分写上"死"字）。

第一个问题：请问你现在的年龄是多少？过去的生命再也不会回来了，请撕得干净些。

第二个问题：请问你想活到多少岁？（假如你不想活到100的话，就把后面的撕掉）。

第三个问题：请问你想多少岁退休？

第四个问题：请问你会如何让剩余的生命更有价值？

二、面对死亡

对于世间万物而言，死亡都极具震撼与威慑力；也正因如此，无数的人都在苦苦找寻着长寿的秘方，但终究都要走向死亡的结局。死亡之所以可怕，不仅在于它不可避免，而且还在于人们很容易就能意识到它总有一天会到来。身边的长辈慢慢变老，皱纹增加、记忆受损以及关节疼痛；相识的朋友同学意外离世，对我们而言都是有关死亡的提醒。因此，思考死亡，是为了更好地活着，正如恩格斯在《自然辩证法》中所说"生就意味着死"，谈死才能论生。

（一）死亡态度

死亡态度是指个体面对死亡时所持的评价性的、较稳定的内部心理倾向。死亡是人生命旅程的必然结果，不同的人对死亡有不同的态度。一方面，对必死性的认识使人们表现出死亡焦虑与恐惧，因此，在死亡面前，回避、压抑与否认便成了常用选项。

但在面对死亡时，人们的态度只有消极一面吗？答案是否定的。

有研究者发现，年轻人与老年人在面对死亡时存在很多的差异。如一项调查发现，随着年龄从 18 岁逐渐增加到 80 岁，人们对死亡的焦虑程度也在逐渐降低；此外，老年人的死亡焦虑低于中青年，死亡接受程度高于中青年。

这或许是因为，老年人比年轻人经历了更多的生命的丧失，因而他们也会更多地体会到生命的有限性，也许他们会选择性地对积极信息做出更多的回应。有研究发现，在面对不利情境时，老年人通常具有更低水平的防御与攻击性，这或许是因为他们希望避免生活中的各种冲突；社会情绪选择理论指出，当意识到生命有限时，人们就会有更强烈的动机去寻找正性的情感与满意的生活。一项有关大脑的研究发现，无论是积极情绪图片，还是消极情绪图片，都能激活年轻人的杏仁核；但就老年人而言，只有积极的图片才能让他们的杏仁核处在激活状态。

基于国外众多相关研究，福琼（Fortner）和奈默尔（Neimeyer）通过元分析的方法总结道：虽然年轻人的死亡恐惧很高，但中年人的死亡恐惧更高，而老年人的恐惧水平却是相对最低的；同样地，通过对中国人死亡态度的调查，国内研究者也得出了较为类似的结论。

那么，当面对死亡时，人们更加害怕什么呢？

埃里克森的心理社会发展理论指出，整合与绝望（generativity versus stagnation）的冲突是成年晚期的重要危机。当个体回头看自己所经历的生活时，如果实现了对生活经历、重要关系、付出与收获的整合，对自己的一生感到满足，觉得自己的人生是有意义与有价值的，这就使他们能够有尊严地面对死亡；而如果对自己的一生感到遗憾、失败，自己的人生毫无价值，那么就会感到绝望。或许对老年人而言，死亡并没有那么可怕，而失去健康、孤独与停滞、失去生命的尊严、无法从事自己所热爱的事情才是真正可怕的东西。因此，请记得多抽出些时间去陪陪家中的老人，他们爱与需要你，就如你爱与需要他们一般。

◎ 心理自测10-2

死亡态度量表

仔细阅读以下陈述，"1"至"5"表示你在多大程度上同意句子的描述，"1"表示非常不同意，"5"表示非常同意，在适合你情况的选项上打钩（√）。

内容	非常不同意	不同意	不确定	同意	非常同意
1. 不知道自己会在何时、何地死去，对此我深感不安	1	2	3	4	5
2. 死亡会带走我生活中所有的麻烦和烦恼	1	2	3	4	5
3. 我接受"我的死亡是不可避免的"这个事实	1	2	3	4	5
4. 我从来都不想去参加亲人或朋友的葬礼	1	2	3	4	5
5. 出行时我总会担心发生意外事故	1	2	3	4	5
6. 死亡可以摆脱我的痛苦和疼痛	1	2	3	4	5
7. 如果一个朋友或亲人快要死了，我不愿意别人告诉我	1	2	3	4	5
8. 我总是试着不去想关于死亡的事	1	2	3	4	5
9. 死亡意味着一切的结束，这让我感到很恐惧	1	2	3	4	5
10. 死亡可以让我从沉重的生活负担中解脱出来	1	2	3	4	5
11. 我不害怕死亡，但也不会主动选择自杀	1	2	3	4	5
12. 我相信天堂会比现实世界好	1	2	3	4	5
13. 我从来不去考虑死亡时的感觉	1	2	3	4	5
14. 如果我的亲人、朋友都离世了，那种孤独感会让我感到害怕	1	2	3	4	5
15. 相信有来世，可以使我坦然面对死亡	1	2	3	4	5
16. 亲人或朋友临终前，我不敢去探视他	1	2	3	4	5
17. 我一直担心离世时，亲人或朋友都不在我身边	1	2	3	4	5
18. 我相信我死后会上天堂	1	2	3	4	5
19. 死亡可以让我从这个可怕的世界中逃脱出来	1	2	3	4	5
20. 我一直都不敢面对死亡，也不想去谈论它	1	2	3	4	5
21. 我认为死亡是生命中自然存在的一部分	1	2	3	4	5
22. 死亡可以带给我一个全新的美好生活	1	2	3	4	5
23. 我可以接受身边的朋友已死亡的定局	1	2	3	4	5
24. 我向往死后的生活	1	2	3	4	5
25. 我觉得死亡可以解脱世间的苦难	1	2	3	4	5

计分方法：各维度题目得分相加，即得到态度水平。

维度1：死亡恐惧与焦虑，包含1、6、11、16、20题。主要反映个体对死亡持有的恐惧及焦虑情绪。

维度2：逃离导向的死亡接受，包含2、7、12、22、29题。主要反映个体视死亡为逃脱不理想生活的途径。

维度3：自然接受，包含3、13、24、26题。主要反映个体认为死亡是生命的必然过程。

维度4：趋近导向的死亡接受，包含14、17、21、25、28题。主要反映个体认为死后有更好的世界存在。

维度5：死亡逃避，包含5、9、10、15、19、23题．主要反映个体尽量避免考虑或者接触与死亡有关的事件。

资料来源：崔静，老年人死亡态度量表编制及其与主观幸福感的相关性研究［D］. 天津：天津医科大学，2012.

（二）临终关怀

生老病死，是人类的自然规律。而对于身患绝症或濒临死亡的病人，如何使他们能够正确认识死亡和生命的存在，如何在有限的时间内减轻痛苦，安度余生，这是医学界乃至全社会面临的新课题。于本世纪60年代出现的一种新型的医疗服务——临终关怀，成为保护生命的重大举措。

临终关怀并非是一种治愈疗法，而是一种专注于在患者在将要逝世前的几个星期甚至几个月的时间内，减轻其疾病的症状、延缓疾病发展的医疗护理。临终关怀是近代医学领域中新兴的一门边缘性交叉学科，是社会的需求和人类文明发展的标志，主旨是让临终者有尊严地面对死亡议题，让他们更加高质量、积极地面对生命最后一程。

1. 充分尊重临终者的意愿，提供更多选择。包括但不限于告诉临终者真实的病情，召开家庭会议，让病人自己决定最后的阶段要如何度过。如果病人选择为最后一点希望战斗，那么就继续治疗。如果病人希望平静地度过最后的时光，医疗手段完全可以转向缓解痛苦，让他们安宁地走向终点。

2. 科学护理，有效陪伴。尊重他们的进食意愿，适度的脱水和空腹能起到镇痛的作用，让他们感觉舒适一些。当身体长时间处于脱水状态，临终者血液循环速度锐减，新陈代谢慢，往往体表温度都比较低，这时不是给病人多盖被子，而是轻轻给病人的手脚做做按摩，用温水擦擦身体，这样身体更容易暖和起来。很多病人临终时因为疾病缠身，经常喊痛，如果医生开止痛药，不要过度纠结，缓解临终者疼痛是最紧要的，也是最人道的。让病人保持侧卧，把头枕得高一点，打开窗户，留出足够的空间，加速空气流通，能使病人呼吸畅通。

3. 充分表达，让爱永驻。在死亡前，临终者会陷入长时间的昏睡。在他们醒来时，记得多说说话，抓住最后的告别时刻。听觉很可能是最后消失的感官，也是我们和将要离世之人最后一个对话的机会，讲出最后的告别，让爱留存得久一些。

（三）哀伤和哀悼

1. 哀伤

哀伤即一个人在所爱之人死亡后的体验，包含想法、感受、行为和生理变化，这些体验的形式和强烈程度会随时间变化。一般来讲，丧亲者普遍存在以下正常反应：

（1）感受：包括悲伤、愤怒、责备、内疚和后悔、焦虑、孤独、疲惫、无助、震惊、想念、解脱、麻木等。许多正常哀伤行为看起来都有点像抑郁的表现。但是在哀伤反应中，并不存在失去自尊这一问题。

（2）身体感觉：包括胃部空虚的感觉，胸闷、喉咙干燥、对噪声敏感，呼吸急促和困难、肌肉乏力，人格解体感"感觉一切都不真实"等。

（3）认知：包括不相信、混乱、先占观念"如何让逝者复活"、临场感"逝者仍然在自己身旁"、幻觉等。

（4）行为：包括睡眠问题、进食问题、分心和心不在焉的行为、社交退缩、梦见逝者、回避与逝者相关的提醒物、寻找与呼唤、叹气、到访可以想起逝者的地方、珍视属于逝者的物品等。

需要说明的是：如果丧亲后的哀伤反应较为严重，且持续超过 2 个月，则可以进行抑郁的诊断评估，并进行抗抑郁药物治疗。抑郁状况在药物治疗中得到缓解后，治疗的关注就可以转移到依恋关系的冲突上，因为这些冲突无法单独通过药物治疗来解决。

◎ 文化润心

我们的节日——清明节

清明节，又称踏青节、行清节、三月节、祭祖节等，清明节源自上古时代的祖先信仰与春祭礼俗，兼具自然与人文两大内涵，既是自然节气点，也是传统节日。扫墓祭祖与踏青郊游是清明节的两大礼俗主题，这两大传统礼俗主题在中国自古传承，至今不辍。

"清明时节雨纷纷，路上行人欲断魂"是对清明最形象的描述。清明，一个敬仰生命的日子。我们寄托哀思、缅怀亲人。但清明的意义从来不在于沉湎哀伤，而是教会每个人去正视不可避免的死亡与更多的逝去，思考生命的价值，形成属于自己的生死观。

清明节，也是人们亲近自然、踏青游玩、享受春天乐趣的欢乐节日。光绪年间《岁时百问》中提到："万物生长此时，皆清洁而明净。故谓之清明。"清明时节，雨水慢慢多起来，此时是农耕的重要节点。"清明前后，种瓜点豆""春种一粒粟，秋收万颗子"。清明而后，万物新生。

祭祖和春游相结合，哀思过后，调整心情，拥抱春天，且惜当下，不失为中华民族敬畏生命的精神内蕴和情感体现。我们需要给自己一个新的开始，去活得更好和更有意义。

2. 哀悼

哀悼是个体面对逝者死亡时所经历的适应过程，也即接受丧失的过程。帕克斯（Parkes）聚焦于个体对已经离开人世的人的依恋表现，为哀悼定义了四个时期：第一个时期是刚丧失不久后的麻木麻痹时期。第二个时期是思念的过程，人们会渴望离世的亲人回到自己身边，试图否认丧失的发生。第三个时期，个体会经历混乱和绝望的时期，丧亲者可能会发现自己难以应对周围的环境。第四个时期，丧亲者将重建行为，重新将生活整合在一起。

哀伤是需要时间的。然而，"时间治愈一切"并非对所有人都是正确的。治愈与否取决于哀伤者在这段时间做了什么。哀悼包括四项基本任务：

（1）接受逝者已逝的事实。这不仅仅是智力认知上的接纳，还有情感上的接纳。要相信"他不会再回来了，重聚是不可能的，至少此生如此"。接受丧失现实的反面是拒绝相信和否认，如冷冻遗体期望日后恢复生命迹象，否认情感——"我并不想念他"，选择性遗忘关于逝者的事情，以及期望团聚等。

（2）处理哀伤的痛苦。要允许自己感受痛苦，并且理解这些痛苦终有一天会过去。而不是隔绝自己的情感并且否认自己正处于痛苦中。

（3）适应一个没有逝者的世界。亲人的死亡会影响个体在世上的日常生活，如丧偶者不得不接受独自生活、独自抚养孩子、面对空荡荡的房子，独自处理财务等；生者不得不学习新的技能，并承担起原来由逝者扮演的角色……这是**外部适应**。另外，亲人的死亡也使个体必须面对调整自我概念的挑战，如"我的奶奶去世了，作为孙女的我没有了，那么我是谁呢"。尤其对于通过关系和照顾他人来定义自己的个体而言，哀悼的一个目标是使他们感受到自己是一个完整的自我，而非只是关系中的那个"我"，这是**内部适应**。第三个方面是**精神适应**，即个体对世界的认知。死亡事件会动摇一个人设想中世界的基础，挑战个体基本的生活价值观和哲学信念，很多丧亲者"感觉自己失去了生活的方向"。因此，丧亲者需要寻找丧失带来的生活变化的意义，并重新获得对生活的某种掌控。

（4）寻找纪念逝者的方式，同时步入接下来的生活。丧亲者不需要放弃与逝者的关系，而是在情感生活中寻找一个合适的位置给逝者。记住逝者的最好方式是——让他与我们同在，但是我们依然过自己的生活。

当完成以上四个时期的任务，有关逝者的心理表征在日常生活中不再强烈的被激活时，哀悼就结束了。当没有完成以上任务时，个体会感到"牢牢抓住过去的依恋，拒绝进入新的依恋"，并有可能"发现失去是如此痛苦，于是暗下决心再也不爱了"。还有一些丧亲者感觉自从丧失逝者后，自己的生活和世界停滞了，感觉"没有活着"。

◎ **知识拓展 10-2**

什么时候寻求专业的帮助来缓解悲伤

在经历重大丧失事件后，比如亲人的死亡，随着时间的推移，悲伤、麻木或愤怒的感觉逐渐缓解是正常的。然而，如果随着时间的推移，你没有感觉变好，或者你的悲伤越来越强烈，这可能是一个迹象，你的悲伤已经发展成一个更严重的问题，如复杂的悲伤或严重的抑郁。

如果你正在经历复杂的悲伤或临床抑郁症的症状，应立即与心理健康专业人士交谈。未经治疗，复杂的悲伤和抑郁会导致严重的情绪损害，危及生命的健康问题，甚至自杀。但治疗可以帮助你变得更好。

如果你有以下症状，请联系一个处理悲伤问题的咨询师和专业治疗师：

① 感觉生活不值得活下去；
② 希望你和你的爱人一起死；
③ 为自己的损失或未能防止损失而自责；
④ 感觉麻木，与他人断绝关系超过几周；
⑤ 因为你的丧失而很难相信别人；
⑥ 无法执行你正常的日常活动。

（四）人生意义

人生的意义是心理学界长久以来的研究主题，心理学家们通过理论、实验、调查研究等方法试图回答如下几个方面的疑问：①人生的意义是什么？②如何评估人生的意义？③什么因素让人生充满意义？④人生意义与幸福感的关系？

人生的意义是一个因人而异的多元化主观感受，人们对于有意义的人生的认识是有共识的。金（King）和希克斯（Hicks）提出了决定人生是否有意义的 6 个维度：

维度 1：积极情绪。已有研究发现，积极情绪的程度与人生意义的强度成显著正相关性；积极情绪可加强人们对人生有意义的认同感。而且，积极情绪随年龄的增长而增加，通常在人们晚年时积极情绪到达一生中的最高值。

维度 2：社会联结。是指与他人亲近和产生联结感的体验，涉及到被爱、被关怀和被重视的主观感受。在不同文化背景下，人们的社会联结状况与主观的人生意义感具有强相关性。因为，一个人对人生的看法很大程度上取决于自己的行为是否能让外界和他人变得更美好。这样的利他行为往往能让人们认为自己的存在感得到证明，从而人生充满意义。

维度 3：信念和世界观。世界观是基于对世界如何运作的客观认知衍生出的主观感受，它为个体提供了对世界运作的感觉的总体信念结构，为人们回答有关于生存的基本问题提供认知标准。例如帮助人们理解自己和他人的经历和体验、衡量什么目标有价值、为人生计划提供参考。

维度 4：自我。麦克亚当斯（McAdams）和奥尔森（Olson）在研究中证明："感觉到与自我的强烈联系"（真实的自我）有助于人们理解自身的生活，了解人生的总体目标，而强烈的目标感是有助于人们增强人生意义感的。

维度 5：时间统觉。时间的流逝是人类体验中最基本的方面之一。随着时间的推移，我们经历了生老病死、欢笑与泪水。时间的流逝让我们意识到生命的有限性，这种意识促使我们珍惜每一刻。加拿大心理学家 Tulving 在 1980 年代提出了"**时间统觉**"的概念，是指一种假设的允许人类持续地对过去和未来有意识的能力。这样的能力能够让人对自己的人生事件及目标产生连贯性的主观感受，而这样的感受能够让人认为自己的人生充满意义，如对过去的怀旧、对未来的憧憬。

维度 6：对死亡的觉悟。死亡可以被视为人生是否有意义的终极证明，因为死亡会让任何人思考自己的生活是否真正有意义。"向死而生""由死观生"就说明，对死亡的明确反思有可能触发许多以成长为导向的过程。例如很多战胜癌症的病人、躲过地震的幸存者、从战场安全回来的战士，都会更加珍惜与家人相处的时间和情感，也更加重视平淡的生活和健康。因此，意识到生命的有限性并不会破坏人生的意义。相反，生命终结的事实似乎增强了人们对人生价值的珍惜，从而潜在地增强了对人生最终的主观意义。

◎ 心理自测 10-3

生命意义感量表

下表是 10 项题目，请按题目的理解，根据自己真实情况，在 1~7 分程度中，找到符合自己的一个程度分，在相应的位置打钩。其中 1 分表示"完全不一致"、7 分表示"完全一致"。

内容	完全不一致	基本不一致	不一致	不确定	基本一致	一致	完全一致
1. 我正在寻觅我人生的一个目的或使命	1	2	3	4	5	6	7
2. 我的生活没有明确的目的 *	1	2	3	4	5	6	7
3. 我正在寻找自己生活的意义	1	2	3	4	5	6	7
4. 我明白自己生活的意义	1	2	3	4	5	6	7
5. 我正在寻觅让我感觉自己生活饶有意义的东西	1	2	3	4	5	6	7
6. 我总在尝试寻找自己生活的目的	1	2	3	4	5	6	7
7. 我的生活有一个清晰的方向	1	2	3	4	5	6	7
8. 我知道什么东西能使自己的生活有意义	1	2	3	4	5	6	7

续表

内容	完全不一致	基本不一致	不一致	不确定	基本一致	一致	完全一致
9. 我已经发现一个让自己满意的生活目的	1	2	3	4	5	6	7
10. 我一直在寻找某样能使我的生活感觉起来是重要的东西	1	2	3	4	5	6	7

计分方法：按以下维度分别计算各题得分。得分越高，生命意义感越强。

生命意义感（5题）：2、4、7、8、9

寻求意义感（5题）：1、3、5、6、10

注意：第2题为反向计分项目。

最后，虽然"人生意义"是一个很大的话题，但落实到每个人身上可能都是一些普通的真挚感情、家常便饭、嬉笑瞬间以及对话片段，这些让我们留恋此生。对生命的眷念让我们珍惜美好，让我们原谅他人和自己，让我们希望如果有来生，还能再来这个世界一次。其实人生的意义可能并不难寻找。无论是起早贪黑，还是睡到日上三竿；无论是安居乐业，还是四海漂泊；无论是为别人而活，还是为自己而活，只要活下去，并且尽可能快乐地活下去，人生总会有它的意义。这个意义不需要因为外界的认可才自我肯定，只需要我们内心真正的快乐，活着，就能充满意义！

◎ 本章要点

1. 心理危机是一种心理失衡状态。身处心理危机状态的大学生有较为明显的身心症状和行为表现。

2. 非自杀性自伤是指不以自杀为目的，直接地、故意地伤害自己身体组织（包括割伤、咬伤、抓伤等），且不被社会和文化所认可的行为。非自杀性自伤的诱发因素含环境因素和个人因素。

3. 心理危机干预是帮助危机者解除迫在眉睫的心理危机，逐渐恢复心理功能，重新适应生活。

3. 校园欺凌主要包括直接欺凌和间接欺凌两种类型。校园欺凌的负面影响可以一直持续到中年以后。

4. 人类生命的历程包括出生、成长和死亡三大阶段。

5. 人的生命是以生物性、精神性和社会性这三种形态存在的。

6. 生命是有限的、一次性的、独特的、不可逆的。

7. 死亡态度指个体对死亡做出反应时所持的评价性的、较稳定的内部心理倾向。

8. 临终关怀的主旨是让临终者有尊严地面对死亡议题，让他们更加高质量、积极地面对生命最后一程。

9. 哀伤即一个人在所爱之人死亡后的体验，包含想法、感受、行为和生理变化，这些体验的形式和强烈程度会随时间变化。

10. 哀悼是个体面对逝者死亡时所经历的适应过程，也即接受丧失的过程。

◎ **本章主要概念**

心理危机	非自杀性自伤	死亡态度
高校学生心理危机	心理危机干预	哀伤
境遇型心理危机	高校学生心理危机干预	哀悼
存在性心理危机	校园欺凌	外部适应
自杀	直接欺凌	内部适应
心理痛楚	间接欺凌	精神适应

◎ **推荐阅读**

米奇·阿尔博姆.相约星期二.吴洪,译.上海：上海译文出版社,2017.

欧文·D.亚隆,玛丽莲·亚隆.生命的礼物：关于爱、死亡及存在的意义.童慧琦,等,译.北京：机械工业出版社,2023.

陆晓娅.影像中的生死课.北京：北京师范大学出版社,2016.

◎ **数字课程学习**

📥教学课件　📝在线自测　📖参考文献

读者意见反馈

为收集对教材的意见建议，进一步完善教材编写并做好服务工作，读者可将对本教材的意见建议通过如下渠道反馈至我社。

咨询电话　400-810-0598

反馈邮箱　gjdzfwb@pub.hep.cn

通信地址　北京市朝阳区惠新东街4号富盛大厦1座　高等教育出版社总编辑办公室

邮政编码　100029

防伪查询说明

用户购书后刮开封底防伪涂层，使用手机微信等软件扫描二维码，会跳转至防伪查询网页，获得所购图书详细信息。

防伪客服电话　（010）58582300